Jahrbuch StadtRegion

Reihe herausgegeben von
Christine Hannemann, Stuttgart, Deutschland
Frank Othengrafen, Dortmund, Deutschland
Jörg Pohlan, Hamburg, Deutschland
Brigitta Schmidt-Lauber, Wien, Österreich
Rainer Wehrhahn, Kiel, Deutschland

Das Jahrbuch StadtRegion erscheint seit 2001 und ist ein interdisziplinäres Forum für stadt- und regionalspezifische Themen. Es wendet sich an Wissenschaftler*innen, Praktiker*innen und Studierende, die sich mit diesem Themenfeld theoretisch wie praktisch in der Stadt- und Regionalsoziologie, der Geographie, der Ökonomie, den Politikwissenschaften, der Geschichte sowie der Stadt- und Regional- wie auch der Raumplanung an Hochschulen, in Verwaltungen, in Kommunen und in privaten Büros etc. beschäftigen. Seit 2004/05 erscheint das Jahrbuch alle zwei Jahre.

Die Herausgeber*innen

Prof. Dr. Christine Hannemann
Fakultät Architektur und Stadtplanung
FG Architektur- und Wohnsoziologie
Universität Stuttgart

Prof. Dr.-Ing. Frank Othengrafen
Fakultät Raumplanung
FG Stadt- und Regionalplanung
Technische Universität Dortmund

Prof. Dr. Jörg Pohlan
Stadtplanung
HafenCity Universität Hamburg

Prof. Dr. Brigitta Schmidt-Lauber
Institut für Europäische Ethnologie
Universität Wien

Prof. Dr. Rainer Wehrhahn
Geographisches Institut
Christian-Albrechts-Universität Kiel

Weitere Bände in der Reihe http://www.springer.com/series/15810

Christine Hannemann ·
Frank Othengrafen · Jörg Pohlan ·
Brigitta Schmidt-Lauber ·
Rainer Wehrhahn
(Hrsg.)

Simon Güntner
(Gasthrsg.)

Jahrbuch StadtRegion 2019/2020

Schwerpunkt: Digitale Transformation

Hrsg.
Christine Hannemann
Universität Stuttgart
Stuttgart, Deutschland

Frank Othengrafen
TU Dortmund
Dortmund, Deutschland

Jörg Pohlan
HafenCity Universität Hamburg
Hamburg, Deutschland

Brigitta Schmidt-Lauber
Universität Wien
Wien, Österreich

Rainer Wehrhahn
Universität Kiel
Kiel, Deutschland

Simon Güntner
TU Wien
Wien, Österreich

Jahrbuch StadtRegion
ISBN 978-3-658-30749-3   ISBN 978-3-658-30750-9 (eBook)
https://doi.org/10.1007/978-3-658-30750-9

Die Deutsche Nationalbibliothek verzeichnet diese Publikation in der Deutschen Nationalbibliografie; detaillierte bibliografische Daten sind im Internet über http://dnb.d-nb.de abrufbar.

© Springer Fachmedien Wiesbaden GmbH, ein Teil von Springer Nature 2020
Das Werk einschließlich aller seiner Teile ist urheberrechtlich geschützt. Jede Verwertung, die nicht ausdrücklich vom Urheberrechtsgesetz zugelassen ist, bedarf der vorherigen Zustimmung des Verlags. Das gilt insbesondere für Vervielfältigungen, Bearbeitungen, Übersetzungen, Mikroverfilmungen und die Einspeicherung und Verarbeitung in elektronischen Systemen.
Die Wiedergabe von allgemein beschreibenden Bezeichnungen, Marken, Unternehmensnamen etc. in diesem Werk bedeutet nicht, dass diese frei durch jedermann benutzt werden dürfen. Die Berechtigung zur Benutzung unterliegt, auch ohne gesonderten Hinweis hierzu, den Regeln des Markenrechts. Die Rechte des jeweiligen Zeicheninhabers sind zu beachten.
Der Verlag, die Autoren und die Herausgeber gehen davon aus, dass die Angaben und Informationen in diesem Werk zum Zeitpunkt der Veröffentlichung vollständig und korrekt sind. Weder der Verlag, noch die Autoren oder die Herausgeber übernehmen, ausdrücklich oder implizit, Gewähr für den Inhalt des Werkes, etwaige Fehler oder Äußerungen. Der Verlag bleibt im Hinblick auf geografische Zuordnungen und Gebietsbezeichnungen in veröffentlichten Karten und Institutionsadressen neutral.

Planung/Lektorat: Cori A. Mackrodt
Springer VS ist ein Imprint der eingetragenen Gesellschaft Springer Fachmedien Wiesbaden GmbH und ist ein Teil von Springer Nature.
Die Anschrift der Gesellschaft ist: Abraham-Lincoln-Str. 46, 65189 Wiesbaden, Germany

Inhalt

Editorial IX

I Schwerpunkt

Die Digitalisierung des Zusammenlebens: Über die Wirkungen
digitaler Medien in Quartier und Nachbarschaft 3
Anna Becker und Olaf Schnur

Digitalisierung des Einzelhandels in Deutschland: Auswirkungen
auf Regionen, Städte, Gemeinden und Verkehr 25
Bernd Buthe und Andrea Jonas

Kritische Perspektiven auf eine automatisierte und vernetzte Mobilität 53
Jens S. Dangschat und Andrea Stickler

WLand: Zum Potential ländlicher Digitialisierung 75
Kerstin Schenkel und Torsten Wißmann

Smart Cities und sozialräumliche Gerechtigkeit: Wohnen und Mobilität
in Großstädten 91
Anke Strüver und Sybille Bauriedl

II Analysen und Kommentare

Die künstlerische Stadt. Räumliche Mechanismen gesellschaftlicher
Stabilisierung und Dynamisierung am Beispiel der Street Art 113
Anna-Lisa Müller

Paragraphen als Lösung für die Stadt von Übermorgen?
Planungspraktische Auswirkungen der BauGB-Novellen 2011
und 2013 131
Kathrin Prenger-Berninghoff und André Simon

Qualifizierung von Stadtrand und Suburbia durch
schienengebundenen Nahverkehr 153
Axel Priebs

Gesundheit in städtischen Quartieren messen? Strategien und
Lösungsansätze am Beispiel Hamburger Grünräume und Spielplätze........175
Evgenia Yosifova und Annika Winkelmann

III Rezensionen

Barlösius, Eva (2019): Infrastrukturen als soziale Ordnungsdienste:
Ein Beitrag zur Gesellschaftsdiagnose 193
Lucas Barning

Lang, Christine (2019): Die Produktion von Diversität in städtischen
Verwaltungen. Wandel und Beharrung von Organisationen in der
Migrationsgesellschaft 199
Jan Lange

Beauregard, Robert A. (2018): Cities in the Urban Age. A Dissent 203
Harry Leuter

Henkel, Anna; Lüdtke, Nico; Buschmann, Nikolaus & Hochmann,
Lars (Hrsg.) (2018): Reflexive Responsibilisierung. Verantwortung für
nachhaltige Entwicklung 207
Tanja Mölders

Wendt, Matthias (2018): „Weil es nur zusammen geht."
Commons-basierte Selbstorganisation in der Leipziger
Hausprojekteszene 211
Ana Rogojanu

Doppelrezension zu: Rink, Dieter & Haase, Annegret (Hrsg.) (2014):
Handbuch Stadtkonzepte. Analysen, Diagnosen, Kritiken und Visionen
und: Gestring, Norbert & Wehrheim, Jan (Hrsg.) (2018): Urbanität im
21. Jahrhundert. Eine Fest- und Freundschaftsschrift für Walter Siebel 217
Jens Wietschorke

IV Dokumentation und Statistik

Monitoring StadtRegionen. Ein Rückblick auf knapp 20 Jahre
Raumentwicklung im 21. Jahrhundert 225
*Stefan Fina, Frank Osterhage, Jutta Rönsch, Karsten Rusche,
Stefan Siedentop, Kati Volgmann, Ralf Zimmer-Hegmann*

Editorial

Zukunftsbilder, die mit der Digitalisierung verbunden sind, reichen von völlig überzeichneten euphorischen Utopien bis zu dystopischen katastrophalen Untergangsszenarien. Mit dem Jahrbuch StadtRegion 2019/2020 reihen wir uns in diesen Diskurs ein, indem wir das Thema „Digitale Transformation" zum Schwerpunktthema auserkoren haben. Angesichts der Komplexität des Themas haben wir zur fachlichen Unterstützung bei Akquise, Auswahl und Bearbeitung der Beiträge im Schwerpunktthema einen Gastherausgeber gewinnen können: Simon Güntner, seit 2018 Professor für Raumsoziologie an der Technischen Universität Wien, hat engagiert und kritisch die Beiträge im Schwerpunktthemenfeld zusammen mit den Herausgeberinnen und Herausgebern kuratiert.

Wir sind uns bewusst, dass die digitalen Zukünfte im Feld der Stadt- und Regionalforschung schon in einer ganzen Reihe von markanten Publikationen thematisiert worden sind (z. B. Wüstenrot 2004, Bauriedl; Strüver 2018, Schreiber; Göppert 2018, Soike; Libbe 2018, Karvonen et al. 2020). Die Vielfalt der inhaltlichen Positionen und der disziplinären Perspektiven spiegelt die Komplexität des Themas wider. Zahlreiche Beiträge nehmen einen zunehmend kritischen Standpunkt ein, der auf die Risiken der Digitalisierung in ihren gegenwärtigen Ausprägungen hinweist, die in erster Linie wirtschaftsgetrieben und Ausdruck eines fossilen „Überwachungskapitalismus" ist (Zuboff 2018) – dies gleichwohl in einer thematischen unübersichtlichen Vielfalt und vor allem in einer unüberschaubaren Verstreutheit, sodass es schwierig ist, in diesem Themenfeld so etwas wie eine klare Kontur auszumachen. Hinzu kommen weithin hörbare, kritische Stimmen, wie die des Sozialpsychologen Harald Welzer, Mitglied im interdisziplinären Rat für Digitale Ökonomie der Bundesrepublik, der darauf verweist, dass die Digitalisierung weitgehend wirtschaftsgetrieben sei. Bisher haben Bürgerinnen und Bürger wenig Möglichkeiten über die Ausgestaltung der digitalen Zukunft mitzuentscheiden. Insgesamt attestiert er der Digitalisierungsdebatte in Politik und Wirtschaft eine

„fröhliche Unbedarftheit in Sachen Wirklichkeit", denn diese sei „symptomatisch für die gesellschaftliche Debatte über die Digitalisierung – sofern man von einer solchen überhaupt sprechen kann" (Welzer 2019: 6).

Diese Ausgabe des Jahrbuchs wurde wesentlich Ende 2019 und Anfang 2020 bearbeitet. Gerade im Frühjahr 2020 gingen die Reaktionen auf die COVID 19-Pandemie mit einem nicht vorherzusehenden Digitalisierungsschub einher, der sämtliche Lebensbereiche umfasst. Da die redaktionelle Arbeit am Jahrbuch im Februar 2020 weitgehend abgeschlossen waren, konnten diese hier nicht berücksichtigt werden. Die Auswirkungen werden die Stadt- und Regionalforschung sicherlich beschäftigen und geben diesem Schwerpunktthema eine ungeplante Aktualität. Denn, dass der Stand der Digitalisierung und der Verständigung über deren gesellschaftliche Wirkungen und Folgen gerade in Deutschland dramatisch rückschrittlich ist, formuliert der Netzaktivist Sascha Lobo[1] unermüdlich, indem er drastisch, aber treffend wie folgt kritisiert:

> „Ich spreche hier in Deutschland von einigen [...] geburtenstarken Alterskohorten, ich spreche hier von Leuten, die demnächst nicht mehr so wohlhabend sein werden, wie sie sich jetzt fühlen, weil sie einen guten Job verlieren. [...] Wir sprechen hier von einer taumelnden Autoindustrie. Wir sprechen hier von einer demnächst taumelnden Maschinenbauindustrie, die damit verknüpft ist. Wir sprechen hier von einer Vielzahl von Mittelständlern, die den Wohlstand dieses Landes ausmachen und die Digitalisierung noch nicht richtig hinbekommen haben. Erst recht nicht wenn man das aus der Perspektive der digitalen Transformation betrachtet. Ich glaube nicht, dass wir zwingend von einer Rezession und von einem Niedergang von Deutschland sprechen müssen und zwingend davorstehen. Ich glaube aber, das ist möglich!" (Lobo 2020: Min. 21.05-22.50).

Die Wirkung der Digitalisierung bedeutet in jedem Fall eine epochale Transformation. Diese betrifft im Themenfeld der Stadtregion Verwaltungsabläufe ebenso wie die Steuerung der technischen und sozialen Infrastruktur, Mobilität und Verkehr, Zahlungssysteme, Produktion, Wohnen, Bildung und, ganz allgemein, die Gestaltung des Alltags. Eine Vielzahl von Themenfeldern und Fragestellungen sind aufgerufen:

- Digitalisierung und Stadt- und Regionalentwicklung
  Welche Aspekte der Digitalisierung sind für die Entwicklung von Städten und Regionen besonders relevant? Wie äußern sich diese derzeit und wie reagieren Stadtverwaltungen und -politik auf die entsprechenden Herausforderungen?

---

1 Verschriftlichung des freigesprochenen Statements durch die Autorin.

- Digitalisierung der städtischen Infrastruktur
Mit welchen Zielen und mit welchen Folgen werden Infrastrukturen digitalisiert? Was bedeutet die Umstellung für die Nutzer*innen (z. B. in der Energieversorgung)?

- eGovernment und digitale Partizipation
Welche digitalen Formate zur Verbesserung der Information und Partizipation in der Stadtpolitik werden entwickelt und eingesetzt? Wie verändert sich die Stadtpolitik durch die neuen Formen der Mitgestaltung? Zeichnet sich in diesem Zuge auch ein „Digital Divide" ab?

- Big Data in der Stadtplanung
Wie wird „Big Data" in der Stadtplanung eingesetzt und welche Verbesserungen können damit erreicht werden? Wie werden die Daten gesichert und geschützt? Welchen Einfluss bekommen private IT Konzerne auf die Stadtentwicklung?

- Smart City / Wie smart ist die Smart City?
Welche Ansätze und Varianten der „Smart City" zeigen sich in der Praxis? Wer sind die Treiber dieser Entwicklung und welche Verbesserungen versprechen sie sich davon? Welche ökonomischen, technischen, sozialen und politischen Risiken sind mit diesen Strategien verbunden? Wie arbeiten Stadtverwaltungen und IT Unternehmen dabei zusammen?

- Digitalisierung und Automatisierung von Verkehr und Mobilität
Wie (und wann) werden sich Digitalisierung und Automatisierung von Verkehr und Mobilität im Stadtraum äußern? Welche Vorteile und Verbesserungen sind zu erwarten, welche Rebound-Effekte zeichnen sich ab?

- Digitalisierung des ländlichen Raums
Mit welchen Zielen und Strategien treiben ländliche Regionen Breitbandausbau und Digitalisierung voran? Wie werden Bevölkerung und Unternehmen eingebunden und beteiligt?

Mit dem Themenschwerpunkt „Digitale Transformation" werden im vorliegenden Jahrbuch verschiedene Dimensionen der Digitalisierung räumlicher Lebenswelten präsentiert und diskutiert. Der Band bietet sowohl einen Einstieg in die komplexe Materie als auch in konkrete Themenfelder, die heute schon den Alltag in unseren Städten und Regionen verändern.

Die Beiträge des *Schwerpunkts* im vorliegenden Jahrbuch wurden „kuratiert", insofern die Beiträge im Schwerpunkt erstmals im Jahrbuch StadtRegion durch einen CfP – Call for papers (Güntner et. al. 2018) – eingeworben worden sind. Diese Vorgehensweise war sehr erfolgreich und bescherte dem Gastherausgeber und der Redaktion die Notwendigkeit zur Auswahl von Beiträgen[2].

Im ersten Beitrag „Die Digitalisierung des Zusammenlebens: Über die Wirkungen digitaler Medien in Quartier und Nachbarschaft" diskutieren *Anna Becker* und *Olaf Schnur* die Verbindung analoger Alltagspraktiken mit der digitalen Sphäre in deren Wirkung und den Sozialraum. Sie nehmen in den Blick, wie Nachbarschaftsplattformen und soziale Medien die heutigen Nachbarschaftspraktiken beeinflussen. Als kontrastierender Analyserahmen dient das Nachbarschaftskonzept von Bernd Hamm von 1973, das anhand einer empirischen Studie auf seinen aktuellen Gehalt überprüft wird. Die Autorin und der Autor zeigen, dass die grundlegenden Funktionen von Nachbarschaft auch in der Postmoderne erfüllt werden. Sie zeigen gleichwohl wie sich das Spektrum an Praktiken deutlich erweitert hat. Letztendlich plädieren die Autorin und der Autor dafür, Quartiere stärker als hybride Räume zu verstehen, bei denen die digitale Sphäre in sozialräumlichen Analysen konsequent miteinbezogen werden sollte.

„Ohne Digitalisierung hat der Einzelhandel keine Chance." So und so ähnlich lauten viele der Schlagzeilen, die eine der einschneidendsten Veränderungen für die stadtregionale Infrastruktur und Alltagswelten ansprechen: die Digitalisierung des Einzelhandels. Insbesondere der stetig wachsende Online-Handel verändert derzeit sowohl Konsumverhalten als auch Verkehrs- und Lieferbeziehungen und somit in hohem Maße stadtregionale Strukturen. Der zweite Beitrag im Jahrbuch „Digitalisierung des Einzelhandels in Deutschland: Auswirkungen auf Regionen, Städte, Gemeinden und Verkehr", verfasst von *Bernd Buthe* und *Andrea Jonas*, betrachtet die Effekte des Online-Handels auf Logistik, Verkehr und Stadt- und Regionalentwicklung. In den Blick werden die vielfältigen Interdependenzen dieser Aspekte zueinander genommen. Darüber hinaus bieten der Autor und die Autorin eine Abschätzung der verkehrlichen Auswirkungen des Online-Handels anhand von Szenarien und auf der Grundlage von bundesweiten, regionaldifferenzierten Daten. Damit werden räumliche Muster des Online-Handels verständlich aufbereitet sowie räumliche und soziodemographische Einflussfaktoren analysiert.

Mit dem von *Jens S. Dangschat* und *Andrea Stickler* verfassten Beitrag wird auch in diesem Jahrbuch der Wandel der Mobilitätsformen in Folge der Digitalisierung

---

2 Wir bedanken uns sehr bei all den Kolleginnen und Kollegen, die uns die wichtigen Themenvorschläge offeriert haben und bitten um Verständnis, dass wir eine Auswahl treffen mussten.

verhandelt, dies jedoch, im Gegensatz zu vielen anderen Publikationen, in einer bewusst skeptischen Perspektive, die schon im Titel des Beitrags verdeutlicht ist: „Kritische Perspektiven auf eine automatisierte und vernetzte Mobilität". Der Autor und die Autorin betonen die zentrale Bedeutung der Entwicklung der automatisieren und vernetzten Mobilität für die digitale Transformation von Städten und Regionen. Sie konstatieren aber, dass im politischen Diskurs zur automatisierten und vernetzten Mobilität die Perspektive auf die angeblichen Vorteile zu Unrecht überwiege. Denn, so wird gezeigt, es stehen diesen Vorteilen eine Reihe von Risiken gegenüber, welche vor allem im Widerspruch zu einer nachhaltigen Verkehrs-, Mobilitäts- und Siedlungspolitik stehen. Als konstruktiven Vorschlag zum Umgang mit diesen Nachteilen werden partizipativ erarbeitete Szenarien vorgestellt, die zeigen, dass der Entwicklungspfad der automatisierten Mobilität noch nicht abschließend festgelegt ist und durchaus durch Planung, Politik und Zivilgesellschaft beeinflusst werden kann. Daraus würden sich weitgehend andere Raumstrukturen ergeben als in einem rein wettbewerbsgetriebenen Prozess.

Auch im darauffolgenden Beitrag, der die Digitalisierung im sogenannten ländlichen Raum in Deutschland in die Perspektive nimmt – „WLand: Zum Potential ländlicher Digitalisierung" –, wird von der Autorin und dem Autor eine explizit kritische Perspektive verfolgt. *Kerstin Schenkel* und *Torsten Wißmann* diskutieren vor dem Hintergrund heterogener Entwicklungszustände, starker Urbanisierungstendenzen, erheblicher Schrumpfungsprozesse und schwacher lokaler Organisiertheit den schwindenden Einfluss auf demokratische Gestaltungsprozesse. Der Neologismus WLand ist dabei als Verschränkung von WLAN und Land zu verstehen. Denn, jenseits des „landläufigen" Verständnisses der Digitalisierung des ländlichen Raumes – gemeint als Anschluss peripherer Regionen an das World-Wide-Web – können ländliche Räume als Möglichkeit gesehen werden, digitale Potentiale in Verschränkung mit nicht-digitalen Konzepten und unter dem Primat einer emanzipativen, sozial gerechten Gemeinschaftsentwicklung zu entfalten.

Das Schwerpunktthema wird abgerundet durch einen Beitrag von *Anke Strüver* und *Sybille Bauriedl*. Sie setzen sich mit dem Konzept der „Smart City" auseinander, stimmen dabei aber nicht in das vielstimmige, undifferenzierte Hohelied auf dessen Potenziale ein. Stattdessen stellen sie die Frage nach der sozialräumlichen Gerechtigkeit im Kontext der Digitalisierung. Die Autorinnen zeigen Gerechtigkeitslücken der bislang angebotsorientierten Strategien auf und fordern ein Recht auf eine digitale Stadt. Damit einher geht ihr Plädoyer für eine nachfrageorientierte Betrachtung der digitalen Transformation auf dem Weg zu einer sozial und ökologisch nachhaltigen Entwicklung. Den Nachhaltigkeitsanspruch machen sie mit Blick auf sozialräumliche Aspekte der Geschlechtergerechtigkeit explizit, denn die vergeschlechtlichte Arbeitsteilung prägt die Formen des Wohnens und der Mobilität.

In der Rubrik *Analysen und Kommentare* werden ausgewählte aktuelle Diskussionen aufgegriffen und für die Stadt- und Regionalforschung relevante jüngere Untersuchungen vorgestellt. In diesem Jahrbuch offerieren wir vier Beiträge, die sehr unterschiedliche Themenfelder – urbane Graffitis, BauGB-Novellen, stadtregionalem Schienenverkehr und stadtplanerisch relevanten Gesundheitsfragen – thematisieren.

Im Zentrum des ersten Beitrages „Die künstlerische Stadt. Räumliche Mechanismen gesellschaftlicher Stabilisierung und Dynamisierung am Beispiel der Street Art" von *Anna-Lisa Müller* steht die nicht nur für die Humangeographie bedeutsame Frage nach den räumlichen Mechanismen gesellschaftlicher Stabilisierung und Dynamisierung in der (Groß)Stadt. Sie schlägt mit ihrer empirischen Analyse ein Konzept der künstlerischen Stadt vor. Resümierend versteht sie Stadt als ein Gebilde, in das sich räumliche und gesellschaftliche Verhältnisse einschreiben, das diesen Verhältnissen einen Rahmen gibt und diese so stabilisiert.

Der Beitrag „Paragraphen als Lösung für die Stadt von Übermorgen? Planungspraktische Auswirkungen der BauGB-Novellen 2011 und 2013" wurde von *Kathrin Prenger-Berninghoff* und *André Simon* erarbeitet und wendet sich dem in den letzten Jahren deutlich erweiterten Aufgabenspektrum des kommunalen Politik- und Verwaltungshandelns zu. Insbesondere bei Flächenplanungen in den drei Handlungsfeldern Klimaschutz, Klimaanpassung und Innenentwicklung spielt die Stadtentwicklung im Weiteren und die Bauleitplanung im engeren Sinne eine wichtige Rolle. Die rechtlichen Rahmenbedingungen dafür – „Klimaschutznovelle" und „Innenentwicklungsnovelle" werden in diesem Beitrag kritisch reflektiert. Konstatiert wird, dass Klimaanpassung, Klimaschutz und Flächensparen vielerorts Gegenstand informeller Planung ist und damit nicht in der Breite in der formellen kommunalen Planung angekommen ist.

Im dritten Beitrag dieser Rubrik reflektiert *Axel Priebs* die aktuelle Diskussion um die offensichtlichen Gestaltungsdefizite an den Rändern der Großstädte und insbesondere im suburbanen Raum indem er die „Qualifizierung von Stadtrand und Suburbia durch schienengebundenen Nahverkehr" diskutiert. An erster Stelle plädiert er für eine Wiederbelebung einer integrierten Siedlungs- und Nahverkehrsplanung, die durch die internationalen Ansätze der „Transit oriented development" unterstützt werde, bei denen regionalplanerische, verkehrliche und stadträumliche Aspekte gleichermaßen beachtet werden. Erst neue Schienenstrecken – und besonders die Verlängerung von Strecken ins Umland sowie neue tangentiale Strecken – können die aktuell und zukünftig notwendigen stadträumlichen Qualitäten schaffen. Schieneninfrastruktur und Fahrzeuge sollten, so postuliert er, als stadtregionale Gestaltungselemente erkannt und der baukulturelle Qualitätswille gestärkt werden.

Wiederum ein ganz anderes Thema wird mit dem vierten Beitrag „Gesundheit in städtischen Quartieren messen? Strategien und Lösungsansätze am Beispiel

Hamburger Grünräume und Spielplätze" von den Stadtplanerinnen *Evgenia Yosifova* und *Annika Winkelmann* aufgegriffen. Sie behandeln gesundheitsrelevante Umwelt- und Umgebungsfaktoren in ihrer kleinräumig unterschiedlichen Ausprägung. Wieder einmal wird mit diesem Beitrag nachgewiesen, dass der Sozialstatus der Bewohner*innen von Quartieren mit den Umweltbedingungen korreliert. Hier am Beispiel der Auswertung quartiersbezogener Daten in sechs statistischen Gebieten mit unterschiedlich ausgeprägtem Sozialstatus in Hamburg. Im Fokus stehen Grünräume und Spielplätze sowie ihre potentiellen Auswirkungen auf die Gesundheit der Bewohner*innen.

Den elften Band des Jahrbuchs StadtRegion vervollständigt wieder die Rubrik *Rezensionen*. Auch das Feld der Stadt- und Regionalforschung ist von einer Fülle an Publikationen charakterisiert. Publikationsdruck und die zunehmend quantitativ ausgerichtete Leistungsbewertung sowie die Möglichkeiten des Internet bewirken einen immer weiteren Anstieg der Anzahl von Veröffentlichungen. Für die Auswahl der besprochenen Publikationen wurden innerhalb der Redaktion deshalb drei Kriterien zugrunde gelegt: Zum einen handelt es sich um Titel, die in den vergangenen drei Jahren (2017 bis 2019) erschienen sind. Zum anderen konnten aus der Fülle der infrage kommenden Titel diejenigen ausgewählt werden, die einen allgemeininteressierenden Überblick über das interdisziplinäre und thematisch weit gefächerte Spektrum der Stadt- und Regionalforschung nicht nur des deutschsprachigen Raums ermöglichen. Hinzu kommt ein weiteres, also drittes, Auswahlkriterium: Zunehmend erreichen die Herausgeber*innen Anfragen, mit Titelvorschlag, für eine Möglichkeit, im Jahrbuch eine Rezension zu veröffentlichen. Auch diese werden von uns gerne geprüft und nach Möglichkeit berücksichtigt.

Die Rubrik *Dokumentation und Statistik* präsentiert das traditionelle „StadtRegionen Monitoring", das in dieser Ausgabe des Jahrbuches nun bereits zum vierten Mal in Folge vom Institut für Landes- und Stadtentwicklungsforschung (IFL) – diesmal von *Stefan Fina, Frank Osterhage, Jutta Rönsch, Karsten Rusche, Stefan Siedentop, Kati Volgmann* und *Ralf Zimmer-Hegmann* – erarbeitet wurde. Die Vielzahl der Autor*innen verweist auf die Komplexität der Ausarbeitung, zumal erstmalig eine Zeitreihe für ausgewählte Indikatoren der Raumentwicklung in Deutschland zusammengestellt worden ist, die so weit wie möglich den bisherigen Verlauf des 21. Jahrhunderts wiedergibt. So können die für die Bevölkerungsentwicklung hochrelevanten Konzentrationsprozesse in dynamischen Großstädten nachgezeichnet werden. Insbesondere wird so aufgezeigt, dass sich der Wohnraum in diesen Städten weiter verknappen wird. Dies, so dramatisch, dass das wirtschaftliche Folgen haben werde: Beschäftigungszentren und Arbeitsorte verlagern sich im Wettbewerb um innerstädtische Flächennutzungen tendenziell vermehrt ins Stadtumland, wobei diese Trends je nach wirtschaftlicher Ausrichtung und Gesamtsituation einer StadtRegion, wie für Deutschland typisch, differenziert zu bewerten sind.

Das Jahrbuch bietet somit Aufsätze zu einem aufmerksamkeitsrelevanten Thema, aktuelle Berichte, Kommentare und Rezensionen, sowie den Service einer komprimierten Zusammenfassung wichtiger aktueller räumlicher Entwicklungstrends in Deutschland.

Für die Redaktion
Christine Hannemann

P. S. in eigener Sache: Mit diesem Jahrbuch verabschiede ich mich aus dem Herausgeberteam. Seit 2000 hatte ich die Freude und die Ehre an der Publikation des Jahrbuches mitzuwirken. Konkret sind 11 Bände mit meiner Beteiligung entstanden. Ich erinnere den Anfang als langsames, aber intensives Zusammenwachsen der ersten Gruppe der Herausgeber*innen. Was haben wir gestritten, auch mit dem damals noch existierenden Beirat, ob das Jahrbuch „Stadt" oder „StadtRegion" heißen soll. „StadtRegion" wurde durchgesetzt und war die richtige Entscheidung, so sehe ich das bis heute. Ein besonderer Höhepunkt war für mich immer die Entscheidung über das Thema des jeweiligen nächsten Jahrbuches. Die Herausgeberschaft ist eine Möglichkeit, neue Themen zu erkunden und/oder aktuelle Themen hinsichtlich der stadtregionalen Situation zu fokussieren. Neben den inhaltlichen Aspekten war das Jahrbuch für mich vor allem immer eine willkommene Möglichkeit, in einem sehr angenehmen, freundschaftlich unterstützenden und wertschätzenden kollegialen Kreis agieren zu können. Wer die „Löwengrube" Universität kennt, weiß um den Wert einer solchen Akteurskonstellation. Dafür möchte ich mich bedanken und wünsche den aktuellen Herausgeber*innen alles Gute, und immer ein sicheres Gespür bei der Themenwahl.

Literatur

Bauriedl S. & Strüver A. (2018) (Hrsg.). *Smart City. Kritische Perspektiven auf die Digitalisierung in Städten*. Bielefeld: Transcript.

Güntner, S. & Herausgeberteam Jahrbuch StadtRegion (2018). *Call for papers: Digitale Transformation*. Veröffentlicht am 15.11.2018 auf der Website des Jahrbuchs StadtRegion. http://www.jahrbuchstadtregion.de/jahrbuecher/jahrbuch-stadtregion-2019-20/ (Zugriff 12.03.2020).

Karvonen, A., Cook, M., & Haarstad, H. (ed.) (2020). Urban Planning and the Smart City: Projects, Practices and Politics. *Urban Planning*, 5 (1).
Lobo, S. 2020. Generationenkonflikt: Die zornigen Zwanziger. In *Spiegel Audio/ Lobo – der Debattenpodcast.* https://www.spiegel.de/thema/podcast_lobo/, Zugriff: 08.01.2020).
Schreiber, F. & Göppert, H. (2018). *Endbericht. Wandel von Nachbarschaft in Zeiten digitaler Vernetzung.* Berlin: vhw-Schriftenreihe 9.
Soike, R. & Libbe, J. (2018). *Smart Cities in Deutschland – eine Bestandsaufnahme.* Berlin: Deutsches Institut für Urbanistik gGmbH.
Welzer, H. (2019). Künstliche Dummheit. Digitalisierung first, Nachdenken second: Die smarte neue Weltbeglückung der Netzkonzerne blendet alle Konflikte, alle Ungleichheit aus. Wir sollten uns nicht von Algorithmen vorschreiben lassen, wie wir leben wollen. In *DIE ZEIT*, Nr. 34/2019, S. 6.
Wüstenrot (2004) – Wüstenrot Stiftung (Hrsg.). *Räumlicher Strukturwandel im Zeitalter des Internet. Neue Herausforderungen für Raumordnung und Stadtentwicklung.* Wiesbaden: VS Verlag für Sozialwissenschaften.
Zuboff, S. (2018). *Das Zeitalter des Überwachungskapitalismus.* Frankfurt/ New York: Campus Verlag.

I
Schwerpunkt

Die Digitalisierung des Zusammenlebens
Über die Wirkungen digitaler Medien in Quartier und Nachbarschaft

Anna Becker und Olaf Schnur

Zusammenfassung

Analoge Alltagspraktiken sind mittlerweile auf vielfältige Weise mit der digitalen Sphäre verbunden. Digitale Technologien wirken somit bis in den Sozialraum hinein und beeinflussen das Zusammenleben in Quartier und Nachbarschaft. Viele dieser kleinräumlichen Effekte sind allerdings noch unbekannt. Im vorliegenden Beitrag nehmen wir in den Blick, wie Nachbarschaftsplattformen und soziale Medien die heutigen Nachbarschaftspraktiken beeinflussen. Als kontrastierender Analyserahmen dient das Nachbarschaftskonzept von Bernd Hamm von 1973, das anhand der Ergebnisse der vhw-Studie *Vernetzte Nachbarn* und unter Einbeziehung weiterer Untersuchungen auf seinen aktuellen Gehalt überprüft wird. Die Autor*innen kommen dabei zu dem Schluss, dass die grundlegenden Funktionen von Nachbarschaft auch in der Postmoderne erfüllt werden. Jedoch hat sich das Spektrum an Praktiken deutlich erweitert, die durch die Digitalisierung zudem transformiert und zum Teil erst ermöglicht werden. Daher plädieren die Autor*innen dafür, Quartiere stärker als hybride Räume zu verstehen, bei denen die digitale Sphäre in sozialräumlichen Analysen konsequent miteinbezogen wird.

Abstract

Everyday practices are now connected to the digital sphere in many ways. The impact of digital technologies is thus reaching right into social space and influencing communal life in neighbourhoods and local areas. However, many of these small-scale effects are still unknown. In this article, the authors examine how neighbourhood platforms and social media influence contemporary neighbourhood practices. The analysis draws on Bernd Hamm's modern neighbourhoods concept of 1973, which is examined in contrast for the contemporaneity of its content based on findings from the VHW study *Vernetzte Nachbarn* (Networked Neighbours), while also taking further studies into account. The authors conclude that the basic functions of neighbourhoods continue to exist in postmodern times. However, the spectrum of practices has expanded considerably. Digitisation has transformed them, and to a degree has even made other practices possible. For this reason, the authors argue for increased recognition of neighbourhoods as hybrid spaces in which the digital sphere is consistently included in socio-spatial analyses.

Schlüsselbegriffe

Nachbarschaft, Quartier, Soziale Medien, Digitalisierung, Sozialkapital, Bernd Hamm, Nachbarschaftsplattformen, Hybride Räume, Postmoderne

1 Digitalisierung der Nachbarschaft

> *"Revolution doesn't happen, when a society adopts new technologies – it happens when a society adopts new behaviors."*
> (Clay Shirky 2008)

Egal, ob wir uns mit Freund*innen verabreden, Essen gehen möchten, uns durch den Stadtraum bewegen oder jemanden kennenlernen wollen. All diese Tätigkeiten finden mittlerweile mediatisiert und damit mehr oder weniger im oder über das Internet statt: Wahrscheinlich haben wir einen Messenger wie WhatsApp, Telegram oder Signal verwendet, um mit Freund*innen einen Zeitpunkt zu vereinbaren, wir haben über Google Maps ein Restaurant in der Nähe gefunden, die Bewertungen auf Yelp oder Tripadvisor gelesen, vielleicht einen Tisch über OpenTable reserviert und, weil die S-Bahn sich laut App verzögert, noch schnell ein Auto oder Fahrrad für den Weg dorthin gemietet. Und falls man sich spontan entscheidet, zum Pärchenabend doch nicht alleine zu erscheinen, findet man mit einem Wisch bei Tinder, Lovoo oder Zoosk bestenfalls noch die Begleitung für den Abend.

Doch unabhängig davon, wie dieser Abend schließlich endet, macht das Beispiel deutlich, auf welch vielfältige Weise unsere analogen Alltagspraktiken mit der digitalen Sphäre, also der aus neuen elektronischen Technologien und Datenströmen konstituierten Umgebung, selbstverständlich verbunden sind. Dieser Wandel ist vor allem bemerkenswert, da das Internet in seiner heutigen Form erst seit 25 Jahren besteht und die Markteinführung des iPhones nur ein gutes Jahrzehnt zurückliegt. Denn erst mit der Verbreitung des Smartphones[1] und damit dem mobilen Internet wurden Informationen überall verfügbar und Kommunikation, Kollaboration und soziale Vernetzung über digitale Medien zu jeder Zeit möglich. Auch die Nutzungsoptionen raumbezogener Daten liegen ständig ‚auf der Hand', so dass durch Ortungsdienste und Lokalisierungsfunktionen auf lokale Dienstleistungen zugegriffen und ortsbezogenes, nutzergeneriertes Wissen abgerufen und individuell erweitert werden kann. Damit steht eine wachsende, dezentrale Menge an Informationen zur Verfügung, welche die Möglichkeiten ihrer Nutzung und Aneignung durch Zivilgesellschaft sowie öffentliche und private Akteur*innen konstant (auch räumlich) erweitert. In der Folge müssen wir auch Quartiere und Nachbarschaften stärker als hybride Räume oder analog-digitale Kontinuen begreifen, da die Digitalisierung bis in den Sozialraum hineinwirkt. Gegenüber den offensichtlichen Effekten z. B. durch Wohnungstauschbörsen (AirBnB, 9flats, FairBnB), Onlinehändler (Amazon, Zalando, Ebay) oder Mobilitäts- und Lieferdienste, die Wohnungsmärkte, Ökonomie, Verkehr und damit das alltägliche Zusammenleben im Quartier direkt beeinflussen, scheinen viele kleinräumige Auswirkungen allerdings noch unbemerkt. Mit dem vorliegenden Aufsatz wollen wir daher einen Blick darauf werfen, wie soziale Medien und digitale Plattformen das Verständnis und die Funktionen von Nachbarschaft sowie das Zusammenleben im Sozialraum verändern.

2 Forschung in hybriden Sozialräumen: Die *Vernetzte Nachbarn*-Studie des vhw

Seit einigen Jahren nimmt das digitale Angebot zu, das speziell auf den Sozialraum und die lokalen Bedürfnisse von Anwohner*innen ausgerichtet ist. Neben Tauschbörsen und lokalen Facebook-Gruppen ist vor allem eine wachsende Landschaft an

---

1   Der Anteil der Smartphone-Nutzer an der Bevölkerung betrug in Deutschland im Jahr 2018 bereits rund 81 Prozent; in der Altersgruppe der 14- bis 49-Jährigen liegt der Nutzeranteil sogar bei über 95 Prozent (Statista 2019).

Nachbarschaftsplattformen festzustellen, die Menschen digital vernetzen und vor Ort zusammenbringen wollen. Die Angebote reichen von ehrenamtlich geführten Stadtteilblogs über lokale Diskussionsgruppen in sozialen Medien bis hin zu kommerziellen, professionellen Plattformen mit bundesweiter Reichweite inklusive Smartphone-App (z. B. nebenan.de, nextdoor.de, allenachbarn.de, fragnebenan.com). Neuerdings hat zudem auch die öffentliche Hand Quartiersplattformen für sich entdeckt. In der Folge haben etwa in Deutschland Kommunen (Landeshauptstadt Hannover 2016), Länder (Forum Seniorenarbeit 2016; MV NRW 2017) und der Bund (FH Dortmund o. J.) Nachbarschaftsplattformen installiert oder gefördert, um „eine leichte Vernetzung verschiedener sozialer Milieus [zu ermöglichen] und neue Nachbarschaften [zu schaffen]" (BMBF; BMUB 2016: 2). Trotz der zunehmenden Verbreitung und gezielten Förderung liegen über die Nutzung dieser Plattformen sowie sozialraumbezogene digitale Medien kaum empirische Untersuchungen vor (Schreiber et al. 2017: 211).

Daher hat der vhw – Bundesverband für Wohnen und Stadtentwicklung e. V. 2016 das Forschungs- und Beratungsinstitut Adelphi und Zebralog – die Agentur für crossmediale Bürgerbeteiligung beauftragt, die Wirkung dieser digitalen Medien auf das Zusammenleben in Nachbarschaften zu untersuchen. Dem explorativen Charakter der Studie entsprechend wurde die Untersuchung in vier Fallstudien umgesetzt: Berlin-Wedding als heterogenes, innerstädtisches Quartier mit Gentrifizierungstendenzen, München-Neuperlach als Großwohnsiedlung in Stadtrandlage mit „soziodemografischen Herausforderungen" (Landeshauptstadt München 2016) sowie Paderborn-Elsen als traditionelles Einfamilienhausgebiet mit aktivem Vereinsleben und Meißen als sächsische Kleinstadt mit einer für Ostdeutschland charakteristischen Bevölkerungsstruktur[2]. Um den Zusammenhang von digitaler Mediennutzung und sozialräumlichen Kontexten zu verstehen, wurden sowohl die analogen (baulich-räumlichen, sozialen, infrastrukturellen) Rahmenbedingungen als auch die digitale Verfügbarkeit von digitalen Medien, Plattformen und Blogs in die Analyse einbezogen und die Sozialräume damit als hybride Räume untersucht. Mit der Idee von hybriden Räumen gehen wir von der Annahme aus, dass die „vermeintlich harten Grenzen zwischen realen und virtuellen Räumen […] sich im alltäglichen Umgang [..] verflüssigen" (Unger 2010: 110). Denn mittlerweile sind die meisten analogen Aktivitäten mit der virtuellen Sphäre verbunden (ebd.: 99) und auch physisch-materielle Orte bilden sich in der digitalen Sphäre ab (Hagemann 2017). Dadurch entsteht eine hybride Erfahrungs- und Alltagswelt, in der sich die

---

2 Dazu zählen u.a ein hoher Anteil älterer Menschen und eine geringe Zahl an Personen ohne deutsche Staatsangehörigkeit.

digitale und analoge Sphäre wechselseitig beeinflussen und – so die These – auf das soziale Zusammenleben in Nachbarschaften auswirken.[3]

3 Quartier und Nachbarschaft im sozialen Wandel

Bevor wir uns mit der Transformation von Nachbarschaften durch Digitalisierung auseinandersetzen, sind einige konzeptionelle Vorbemerkungen zu Quartier und Nachbarschaft notwendig, zumal fachlich variierende und umgangssprachliche Bedeutungen die Verständigung erschweren.

Eine über die Jahre immer wieder zitierte Definition von Nachbarschaft stammt von Bernd Hamm, der Nachbarschaft allgemein als „soziale Gruppe, die primär wegen des gemeinsamen Wohnorts interagiert", beschrieb (Hamm 1973: 18). Welche Bedeutung Nachbarschaft für einen Menschen hat, hängt davon ab, in welcher Lebensphase sie sich befindet, welche Lebenslage und welcher Lebensstil er bevorzugt. Wie sich Nachbarschaft ausgestaltet, hängt zudem mit der Bevölkerungsstruktur (z. B. sozioökonomisch, demographisch, kulturell), der Bebauung (z. B. Woh-

---

[3] Dementsprechend wurde neben einer klassischen Sozialraumanalyse eine Übersicht über die digitalen Medien mit lokalem Bezug erstellt, in denen Anwohner*innen miteinander interagieren. In Berlin-Wedding und München-Neuperlach waren dies die Plattform nebenan.de sowie lokale Facebook-Gruppen, in Paderborn-Elsen die Plattform Lokalportal.de und die Apps ortsansässiger Vereine und in Meißen fand die „digitale Nachbarschaft" primär auf lokalen Facebook-Seiten statt. Dabei konzentriert sich die Studie auf lokale Öffentlichkeiten in den sozialen Medien, die breit zugänglich und stark frequentiert sind. Die Interaktionen und Kommunikationen zwischen den Bewohner*innen wurden über die Dauer der Feldphase von Juli bis November 2017 beobachtet und ausgewertet. Dafür wurden Feldnotizen angelegt, in denen die Art und Frequenz der Aktivitäten, die diskutierten Themen, aber auch subjektive Eindrücke wie der ‚Tonfall' und die Umgangsformen zwischen den Nutzenden dokumentiert wurden. Auch wenn bei dieser Methode die Zustimmung von Forschungsteilnehmenden nicht wie gewohnt im Vorfeld eingeholt werden kann, lässt sich das Vorgehen forschungsethisch legitimieren, da sich die Feldforschung ausschließlich auf öffentlich einsehbare Diskussionsverläufe beschränkt und eine vollständige Anonymisierung der Daten erfolgt ist. Ergänzend zu der verdeckten Online-Beobachtung wurden teilnehmende Beobachtungen bei analogen Veranstaltungen vor Ort durchgeführt, die über digitale Medien organisiert wurden. Als empirischer Kern der Studie sind in jedem Untersuchungsraum fünf bis sieben Expert*innengespräche, darunter Vertreter*innen der Kommune, sozialer Einrichtungen und zivilgesellschaftlicher Organisationen sowie Betreiber*innen lokaler Blogs und Facebook-Gruppen sowie 15–20 problemzentrierte Interviews mit aktiven Nutzer*innen der lokalen Plattformen und digitalen Medien, geführt worden (Schreiber; Göppert 2018).

nungsbestand, öffentlicher Raum) und den politischen Rahmenbedingungen vor Ort (z. B. Programm ‚Soziale Stadt', Bedeutung von Bürgerbeteiligung) ab, womit auch das Quartier als Kontext angesprochen ist. Die Begriffe Nachbarschaft – als soziale Gruppe – und Quartier sollten entsprechend analytisch getrennt werden: Im Gegensatz zu Nachbarschaft verstehen wir das Quartier als Ort verschiedener Nachbarschaftsnetzwerke, es umfasst aber auch das Wohnumfeld als materielles und affektiv wirkendes Setting, in dem sich fluide nachbarschaftliche Praktiken – das ‚Nachbarschaft-Machen' – abspielen.[4] Welche Relevanz Nachbarschaft für benachbart Wohnende aufweist und welche nachbarschaftlichen Praktiken jeweils dominieren, ist außerdem abhängig vom gesamtgesellschaftlichen Kontext, der sich auf der Makroebene (z. B. Nationalstaat) ebenso wie auf der Mikroebene, also im Lokalen (z. B. einer Stadt) oder sogar Sublokalen (z. B. einem Quartier), auswirkt. Dabei ist Nachbarschaft immer kulturell und historisch divers – die folgenden Ausführungen orientieren sich entsprechend an der ‚westlichen' Welt und einem relativ begrenzten zeitlichen Ausschnitt, der die werdende Spätmoderne umreißt. So standen noch in der Prämoderne, also in der Zeit vor der Industrialisierung bzw. in deren Frühphase dörfliche Formen von Nachbarschaft oder deren Adaptionen in den frühindustrialisierten Städten im Mittelpunkt. In der Moderne prägen bereits traditionelle Arbeiterquartiere die Industriestädte, die zunehmend durch Zugewanderte heterogenisiert wurden. Bekannte Studien verfolgten wichtige nachbarschaftliche Phänomene dieser Zeit, wie z. B. die Netzwerke und Solidarität unter Einwandererfamilien in *The Urban Villagers* von Herbert Gans (1962) oder das Verhältnis von Etablierten und Außenseitern in der Winston Parva-Studie von Norbert Elias und John Scotson (1965). Arrangements, die noch in den 1960er Jahren funktionierten, wurden seit der Fordismuskrise der 1970er Jahre brüchig (Esser; Hirsch 1987). Die Mittelschichtskernfamilie, die eine Weile lang den Modus des Sozialen und die Nachbarschaften mitbestimmt hatte, wurde zum Auslaufmodell. Parallel dazu beschleunigten sich die ökonomische Globalisierung und der technologische Wandel (Internet, Digitalisierung, Kommunikation, Mobilität), und neue transnationale Migrationsformen lösten die Gastarbeiterwanderung ab. Mit der fortschreitenden Individualisierung differenzieren sich bis heute Arbeits-, Haushalts- und Familienformen ebenso wie Konsum- und Lebensstile aus. Die neuen räumlichen, sozialen und biographischen Diskontinuitäten (u. a. durch arbeitsbe-

---

4 Aus einer sozialgeographischen Perspektive kann das Quartier definiert werden als „[…] ein kontextuell eingebetteter, durch externe und interne Handlungen sozial konstruierter, jedoch unscharf konturierter Mittelpunkt-Ort alltäglicher Lebenswelten und individueller sozialer Sphären, deren Schnittmengen sich im räumlich-identifikatorischen Zusammenhang eines überschaubaren Wohnumfelds abbilden" (Schnur 2014: 43).

dingte Umzüge, fragile Familienarrangements) schlagen sich auch sozialräumlich nieder. Nachbarschaften als soziale Phänomene entwickeln sich diskontinuierlich und werden tendenziell vielfältiger und unübersichtlicher.

Trotz dieser Fragmentierungen scheint Nachbarschaft jedoch auch heute kein überkommenes Konzept zu sein. Es sind insbesondere zwei auf den ersten Blick paradoxe Phänomene, die die heutigen Nachbarschaftsverhältnisse beeinflussen: Globalisierung und Singularisierung. Dem von Roland Robertson (1998) beschriebenen Glokalisierungsprozess zufolge entsteht eine Verbindung der Örtlichkeit mit der Welt. Das Quartier und Nachbarschaftsbeziehungen können dabei als wichtige Orte für Deutungs- und Aneignungsprozesse sowie als „Resonanzsphäre" (Rosa 2016) dienen, denn „[a]ngesichts des raschen technologischen und sozialen Wandels und der zahlreichen gesellschaftlichen Krisen wächst das Bedürfnis nach Halt, Zugehörigkeit und Vergewisserung enorm (...)" (Frank 2019: 172). Ebenso führt der soziodemographische Wandel angesichts von Alterung, der Zunahme an Einpersonenhaushalten und Alleinerziehenden zu einer Singularisierung, sodass soziale, ökonomische und kulturelle Angebote im Wohnumfeld und außerverwandtschaftliche Netzwerke besonders in der Nachbarschaft an Bedeutung gewinnen. Trotz dieser gewichtigen Argumente ist es keineswegs angebracht, romantisierend von einer Nachbarschaftsrenaissance zu sprechen. Vielmehr ist von einer Ausdifferenzierung bekannter und neuer nachbarschaftlicher Praktiken auszugehen. Martin Albrow (1998) argumentiert diesbezüglich aus einer poststrukturalistischen Perspektive, dass heute plurale soziale Figurationen („Soziosphären") existieren, „die durch ihr Nebeneinander an einem Ort [dem Wohnort] verbunden sind, ohne jedoch eine lokale Kultur oder Gemeinschaft zu erzeugen" (ebd.: 307). Es ist demnach keine allgemeine soziale Erosion zu unterstellen, die die soziale Kohäsion peu à peu untergräbt, sondern es entstehen neue, fluide Phänomene und offenere Praktiken von Nachbarschaftlichkeit und Vergemeinschaftung.

4 Nachbarschaftsdimensionen heute: Bernd Hamms „Betrifft: Nachbarschaft" revisited

Um die heutigen, neuen Formen von Nachbarschaft und deren Wandel durch Digitalisierung nachvollziehen und beschreiben zu können, erscheint es vielversprechend, einmal mehr die Nachbarschaftstheorie von Bernd Hamm von 1973 als kontrastierenden Analyserahmen heranzuziehen. Mit ihren idealtypischen Nachbarschaftsfunktionen – „Nothilfe", „Sozialisation", „Kommunikation" und „soziale Kontrolle" – stellt Hamms Studie eine der wenigen kohärenten Untersuchungen basaler Funktionen des Phänomens Nachbarschaft ihrer Zeit dar.[5] Die Studie, die Nachbarschaft aus der prädigitalen Perspektive einer reifen, aber auch bereits brüchig werdenden Moderne betrachtet, wird nachfolgend mit Hilfe neuerer Theorieangebote diskutiert und anschließend hinsichtlich ihrer digitalen Transformation aktualisiert:

- Die Praxis der Hilfsbereitschaft und Unterstützung in Notlagen ist bis heute ein wesentlicher Bestandteil nachbarschaftlichen Zusammenlebens (Fromm; Rosenkranz 2019). Um „Nothilfe" als soziale Praxis auch in die Tat umzusetzen, ist ein entsprechendes Umfeld notwendig. Dazu zählen z. B. bauliche oder infrastrukturelle Rahmenbedingungen (wie etwa die Erreichbarkeit eines Supermarkts), aber auch eine spezifische sozialstrukturelle Zusammensetzung der Nachbarschaft oder die Quartiersatmosphäre (z. B. anonym, konflikthaft vs. vertraut, kooperativ). Digitale Infrastrukturen wie WhatsApp- und Facebook-Gruppen oder digitale Nachbarschaftsplattformen kommen heute als Katalysatoren lokalen Sozialkapitals und damit als wichtige Kontextfaktoren gegenseitiger Unterstützung hinzu.
- Bernd Hamm verstand Nachbar*innen als „Sozialisationsagenten", insbesondere in der Sozialisation von Kindern und in der Integration von Neuzuzügler*innen (Hamm 1973: 82). Kinder erweitern während des Heranwachsens Schritt für Schritt ihr Aktionsfeld von der häuslichen in die nachbarschaftliche Umgebung hinein – und später darüber hinaus. Das Quartier hat auch in der Postmoderne als Lernraum für Kinder eine entscheidende Bedeutung (Hüther 2013: 40f; 25). Bei Zuzügen verhält es sich ähnlich – unabhängig davon, ob die neuen Nachbar*innen aus Syrien, der Schweiz oder Schleswig-Holstein kommen. Auch hier geht es um das (wechselseitige) Kennenlernen anderer Verhaltensweisen, Konventionen und den Umgang mit Rollenerwartungen. Dabei werden auch neue, kleinräumig genutzte digitale Medien zunehmend relevant.
- Kommunikation – sei sie verbal oder nonverbal – ist ein weiterer zentraler Bestandteil nachbarschaftlicher Alltagspraxis und kann im besten Falle eine kohäsive, vertrauensbildende Wirkung entfalten (Forrest; Kearns 2001). Durch Kommunikation wird eine wichtige Informationsressource sichergestellt, die zum erheblichen Nutzwert von „weak ties" (Granovetter 1973) oder „bridging social capital" (Putnam 2000) beiträgt und sogar mobilisierend und politisierend wirken kann. Gartenzaun- oder Treppenhausgespräche befriedigen zudem ein

---

5   Zu erwähnen sind hier u. a. noch die ähnlich gelagerten Werke *The Urban Neighborhood* von Suzanne Keller und *The Death and Life of Great American Cities* von Jane Jacobs für den englischsprachigen Bereich (Keller 1968, Jacobs 1961).

Bedürfnis nach Kontakt und Kommunikation (als Gegengewicht zu Einsamkeit und Anonymität), das gerade vor dem Hintergrund eines gefühlten Kontrollverlustes und überbordender Komplexität unserer postmodernen Umgebungen eine neue Dimension hinzugewonnen hat. Die neue Arbeitswelt (Freelancer, HomeOffice, Co-Working etc.) in Kombination mit neuen Instrumenten (z. B. WhatsApp-Gruppen, Social Media, Nachbarschaftsplattformen etc.) macht nachbarschaftliche Kommunikation wesentlich fluider und vielfältiger als in modernen und generell vormodernen Zeiten.

- Soziale Kontrolle und die Durchsetzung von Normen gestalten sich im nachbarschaftlichen Kontext eher schwierig, weil die möglichen Sanktionen wie formale (z. B. Hausregeln, Polizeiruf) oder informelle (z. B. Klatsch, Grußverweigerung) nur schwach wirken und Ausweichmöglichkeiten in andere Kontexte bestehen (Hamm 1973: 90). In individualistischen postmodernen Milieus wird eine zu starke soziale Kontrolle tendenziell abgelehnt, jedoch haben unterschiedliche soziale Milieus hier unterschiedliche Präferenzen – zumal soziale Kontrolle auch dem Schutz gefährdeter Gruppen in der Nachbarschaft dienen kann (Hamm 1973: 91, mit Bezug auf Jacobs 1961). Zweifellos sind beim Thema der sozialen Kontrolle heute Veränderungen sichtbar. Über technologieaffine soziale Praktiken (z. B. WhatsApp-Gruppen, Sharing-Ansätze) können flexiblere Abstufungen von sozialer Kontrolle erreicht werden.

5 Nachbarschaftsfunktionen 2.0

Ebenso wie das Quartier als Kontextbedingung mehr oder weniger förderlich für die Funktionen von Nachbarschaften sein kann, ist davon auszugehen, dass auch das jeweilige Design digitaler Medien Interaktionen und Handlungsweisen sowohl direkt als auch indirekt beeinflusst (Lischka; Stöcker 2017): Nachbarschaftsplattformen wie nebenan.de sind von vornherein auf lokale Vernetzung ausgerichtet, während die Nutzer*innen die sozialräumliche Ausrichtung auf Facebook über lokale Gruppen selbst herstellen. Auch ist bei der in Deutschland am weitesten verbreiteten Plattform nebenan.de eine Registrierung nur mit verifizierter Adresse in der Nachbarschaft und mit Klarnamen möglich. Zwar herrscht auf Facebook ebenfalls Klarnamenpflicht; diese ist jedoch juristisch umstritten und wird nur punktuell vom Anbieter eingefordert. Darüber hinaus bestehen kaum Registrierungsbeschränkungen. Ein weiterer Unterschied zwischen Facebook und nebenan. de gründet in der Nachrichtenauswahl, die bei Facebook durch einen intransparenten Algorithmus selektiert und über die Sammlung personenbezogener Daten individualisierte Werbung platziert (Fanta 2019). Auch steht Facebook wegen der Weitergabe nutzerbezogener Daten in der Kritik. Von solchen Vorgehensweisen grenzen sich die Gründer von nebenan.de ab. Beiträge auf der Plattform werden ohne Vorsortierung chronologisch angezeigt, und Werbung wird nur von lokalen Gewerbebetreibenden oder Dienstleistern eingestellt, wofür keine personenbezogenen Daten verwendet werden und darüber hinaus die lokale Infrastruktur unterstützt werden soll (Scherkamp 2019).

Durch ihre unterschiedlichen Funktionen und Rahmenbedingungen sprechen die lokalbezogenen digitalen Medien auch verschiedene Bedürfnisse und Vorlieben der Anwender*innen an, die sich in der Nachfrage und den Nutzungsweisen der Angebote niederschlagen: Im kleinstädtischen Kontext der Stadt Meißen, die durch eine hohe „Kreuzung sozialer Kreise" (Simmel 1908) geprägt ist, stieß die Nachbarschaftsplattform *Lokalportal* auf wenig Resonanz. Der digitale Austausch findet in lokalen Facebook-Gruppen statt, die vor allem als Austragungsort für kontroverse Diskussionen um virulente Fragen der Innen-, Sicherheits- und Asylpolitik dienen. Demgegenüber ist die Großwohnsiedlung München-Neuperlach durch ein hohes Maß an wahrgenommener Anonymität und einen Mangel an physischen Begegnungsorten gekennzeichnet. Viele der Interviewten nutzen daher die Nachbarschaftsplattform nebenan.de, um nachbarschaftliche Kontakte und gemeinsame Freizeitaktivitäten zu intensivieren. Darin zeigt sich die kontextabhängige Nutzung und Wirkung digitaler Medien, welche die Relevanz einer hybriden Forschungsperspektive unterstreicht.

Im Folgenden werden nun die Ergebnisse der vhw-Studie in den Kontext weiterer empirischer Untersuchungen gestellt und es wird erörtert, inwieweit die Digitalisierung im Allgemeinen und soziale Medien wie Nachbarschaftsplattformen im Besonderen die Funktionsweisen von Nachbarschaft beeinflussen.

5.1 Nachbarschaftliche Hilfeleistungen: Neue Reziprozität und Engagementverstärker

Die Funktion der Nachbarschaftshilfe ist auch auf den neuen Plattformen omnipräsent: 70 Prozent der im Rahmen der Studie *Vernetzte Nachbarn* Befragten gaben an, Nachbarschaftsplattformen auch mit der Motivation zu nutzen, für Unterstützung in der Nachbarschaft bereit zu stehen oder solche in Anspruch nehmen zu wollen (Schreiber et al. 2017: 214). Eine quantitative Auswertung der Vernetzungsabsichten von Nachbar*innen auf nebenan.de in Köln zeigt ein ähnliches Bild. Fast jede*r Fünfte bietet nachbarschaftliche Unterstützung an: sei es Pakete anzunehmen, Nachhilfe zu geben, Blumen zu gießen, Katzen und Kinder zu sitten oder für weitere alltägliche und punktuelle Hilfen bereitzustehen (Üblacker 2019). Als charakteristische Auswirkung des demographischen Wandels zeigt sich ebenfalls, dass die Bereitschaft zur Nachbarschaftshilfe besonders in den Quartieren stark ausgeprägt ist, in denen ein hoher Anteil von Einpersonenhaushalten lebt (ebd.: 146 ff.). Die Nutzungsmotive von Nachbarschaftsplattformen sagen zwar nichts über die tatsächliche Inanspruchnahme von Unterstützung und deren Effekte in der Nachbarschaft aus. Die Interviews der vhw-Studie konnten jedoch zeigen, dass allein das Wissen um die Bedarfe und Angebote der anderen Anwohnenden schon zu einem Gefühl der Zugehörigkeit und Verbundenheit beitragen kann:

> *„Man kennt die Leute ein bisschen mehr, auch wenn sie noch anonym sind. Man weiß ungefähr, aha, hier wohnen Menschen, die haben genau die gleichen Probleme wie du, also z. B. die brauchen mal eine Bohrmaschine (...). Man kennt die Leute ein bisschen mehr und weiß, wenn ich das will, dann kann ich darauf zugreifen und mich da hinwenden"* (Nutzerin von nebenan.de, Berlin-Wedding, Interview am 7.8.2017).

Darüber hinaus wurde durch die Erhebung deutlich, dass sowohl die Plattformen als auch lokale Facebook-Gruppen tatsächlich ein Instrument für den Transfer von Ressourcen darstellen können. In den Interviews wurde von vielfältigen Formen der Unterstützung berichtet, die über Facebook-Gruppen und Nachbarschaftsplattformen zustande kamen, wie z. B. Hilfe bei der Wohnungssuche, bei rechtlichen Angelegenheiten oder Hausaufgaben und Bewerbungen. Die Wirkung nachbarschaftsbezogener Medien geht dabei, wie die Studie *Vernetzte Nachbarn* zeigt, häufig über die eigentliche Hilfeleistung hinaus: Über die auf Unterstützung angelegten Begegnungen wurden vielfach auch feste Beziehungen zu Personen etabliert, die nicht dem eigenen Milieu, der Herkunft oder Altersgruppe entsprechen. Demnach können die digital vermittelten Hilfestellungen den Aufbau von milieuübergreifendem „bridging social capital" (Putnam 2000) unterstützen und somit zu einer Verdichtung verlässlicher sozialer Beziehungen und einem erhöhten, potenziellen Ressourcentransfer im Quartier beitragen (Becker et al. 2018: 208).

Über die gegenseitige Unterstützung in der Nachbarschaft hinaus, verspüren viele Menschen den Wunsch, ihr näräumliches Umfeld mitzugestalten und sich vor Ort zu engagieren. Dies zeigt sich an der Vielzahl sozialer Bewegungen (z. B. *Recht auf Stadt*) und kollaborativer Praktiken (*Sharing Economy, Urban Commons*), die sich mit Hilfe digitaler Medien für lokale Zwecke organisieren (Schnur; Günter 2014). Diese Tendenz bildet sich ebenfalls in den Nutzungsintentionen von nebenan. de-Nachbarschaften ab: 13,6 Prozent gaben an, sich für soziales Engagement in ihrer Nachbarschaft zu interessieren, wie eine entsprechende Studie des Forschungsinstituts für gesellschaftliche Weiterentwicklung (FGW) verdeutlicht (Üblacker 2019: 146 ff.). Die *Vernetzte Nachbarn*-Studie konnte zudem herausstellen, dass digitale Medien existierende Engagementmöglichkeiten sichtbar machen und durch digitale Kontaktaufnahme die ‚Schwellenangst' reduzieren, um auf Initiativen und lokale Akteur*innen persönlich zuzugehen. Dementsprechend sind eine Reihe der Interviewten erst über die Plattformen auf politische und zivilgesellschaftliche Initiativen aufmerksam geworden und seither z.B. in der Flüchtlings- und Obdachlosenhilfe oder in Nachbarschaftsinitiativen aktiv (Schreiber; Göppert 2018). Darüber hinaus bieten digitale Medien die Möglichkeit, selbst auf wahrgenommene Missstände vor Ort zu reagieren oder Mitstreitende für gemeinsame Aktivitäten zu gewinnen, ohne dafür institutionelle Strukturen aufbauen zu müssen (*Organizing Without Organizations*, Shirky 2008), wie der Betreiber eines bekannten Stadtteilblogs beschreibt:

> *„Ich wundere mich immer, was über die Pinnwand alles läuft. (…). Leute, die was zu verschenken haben, diese Lebensmittelretter, Obdachlosenhilfe, das alles vernetzt sich. Soziale Projekte, die in Privatinitiative entstehen, ohne Verein, ohne Träger. Einfach weil sie sagen: ‚Ich kann das nicht mehr mitansehen, ich mache jetzt irgendetwas'"* (Betreiber eines Stadtteilblogs, Berlin-Wedding, Interview am 6.7.2017).

Aktivierung und Mobilisierung über soziale Medien erfolgen allerdings nicht nur im Interesse eines inklusiven Gemeinwesens und demokratischer Werte, denn gerade über Facebook-Gruppen organisieren sich vielerorts auch antipluralistische Bürgerinitiativen, rechte Bürgerwehren und Protestgruppen gegen Geflüchtete (Dinar et al. 2016). Soziale Medien zeigen sich damit als Abbild der Gesellschaft, deren Tendenzen und politische Polarisierungen sie verstärken können (Becker et al. 2020).

5.2 Sozialisation: Soziale Medien und Plattformen als digitale Ankunftsorte

Dass Nachbarschaft als Ort der Sozialisation bzw. sozialen Integration auch heute noch von Bedeutung ist, konnte die *Vernetzte Nachbarn*-Studie besonders für die Gruppe der Hinzugezogenen herausstellen. Personen, die aufgrund geographischer Mobilität noch keine Netzwerke vor Ort aufbauen konnten, aber den Wunsch verspüren, sich temporär niederzulassen oder längerfristig an einen Ort zu binden, nehmen die lokalen Vernetzungsmöglichkeiten durch digitale Plattformen vermehrt dafür in Anspruch (Schreiber; Göppert 2018: 21; siehe auch Üblacker 2019: 159). Zwar zeigt die Untersuchung, dass Menschen mit Migrationshintergrund auf den Nachbarschaftsplattformen deutlich unterrepräsentiert sind. Jedoch nutzen Migrant*innen ihrerseits kleinräumlich ausgerichtete Facebook-Gruppen, um Informationen über das lokale Leben zu erhalten, Kontakte vor Ort aufzubauen und Unterstützung in der Nachbarschaft zu erhalten (Schreiber; Göppert 2018). Dies trifft vor allem auf Migrant*innen zu, die nur über geringe Ressourcen verfügen und damit im höheren Maße auf die Nachbarschaft als Ort des Ankommens und Einlebens angewiesen sind, wie das folgende Interviewzitat eines Geflüchteten in Meißen verdeutlicht:

"At the beginning, we said, we will found a [Facebook-]Group and when we do something, we will post it in the group. (...) It makes it easier to make it accessible for our people, the refugees here in Meißen" (Nutzer einer lokalen Facebookgruppe, Meißen, Interview am 14.9.2017).

Aber auch für aus dem Inland Zugezogene kann das Einleben besonders in kleinstädtischen Kontexten mit ihren tendenziell überschaubareren Sozialstrukturen und dichteren nachbarschaftlichen Netzwerken eine Herausforderung darstellen:

„Das war am Anfang schon echt schwer. Das erste Jahr, als wir hier hingezogen sind, ich kenn das ja so, dass man sich auf der Straße grüßt, aber man hatte das Gefühl, die haben Angst, dass man sie überfällt" (Zugezogene und Nutzerin von Lokalportal, Paderborn-Elsen, Interview am 14.8.2017).

Digitale Medien und Plattformen konnten auch hier beim Ankommen und Einleben unterstützend wirken. Besonders ortsbezogene Informationen und lokaljournalistische Inhalte können helfen, die eigene Nachbarschaft und ‚lokale Kultur' kennenzulernen, das Zugehörigkeitsgefühl zu stärken und vor allem mit ‚Einheimischen' über lokale Themen mitreden zu können (Schreiber; Göppert 2018). Mehr noch ist zu vermuten, dass über die Kommunikation in den Nachbarschaftsforen ortsübliche Umgangsformen, Gesprächskulturen und Verhaltensweisen erlernt werden können.

Auf diese Weise können Nachbarschaftsplattformen und digitale Medien für neu Zugezogene und Personen mit geringem lokalen Sozialkapital als „introduction service" (Wellman; Hampton 1999: 652) in der Nachbarschaft angesehen werden. Sie sind Informationspool, schwarzes Brett und Veranstaltungskalender. Sie können die Kontaktaufnahme vor Ort erleichtern und beim Akklimatisieren helfen. Insgesamt bleibt festzuhalten, dass Menschen aufgrund zunehmender geographischer Mobilität und transnationaler Migration in eine Vielzahl an sozialen Netzwerken eingebettet sind, in denen ebenfalls Prozesse der Vergemeinschaftungen und Sozialisation stattfinden (Becker 2018). Nachbarschaft ist dabei ein wichtiger Sozialisationsort unter vielen.

5.3 Digitale Kommunikation: ‚Was die Nachbarschaft schreibt, das bleibt.'

Die Grundfunktionen sozialer Medien sind auf Kommunikation und Vernetzung ausgerichtet. Daher verwundert es nicht, dass durch deren Nutzung deutlich mehr Austausch – auch auf der Ebene von Quartier und Nachbarschaft – stattfindet: Nach einer repräsentativen Befragung in Deutschland gaben 23 Prozent der Haushalte bereits im Jahr 2017 an, mit ihren Nachbarn über WhatsApp, Facebook und andere soziale Medien zu kommunizieren (Bölting; Eisele 2019: 106). Aber wie verändern digitale Plattformen und Angebote konkret die Kommunikation innerhalb von Nachbarschaften?

Schaut man sich die Motive und Nutzungsweisen der Nachbarschaftsplattformen an, steht weniger die Kommunikation an sich, sondern die Marktplatzfunktion an erster Stelle (Schreiber et al. 2017). Doch ungeachtet dessen, ob nun ein Kinderwagen verkauft, ein Yogakurs angeboten oder eine Demonstration organisiert wird, alle Aktivitäten stellen Kommunikationsanlässe dar, die ihre Wirkung auf das Identifikations- und Zugehörigkeitsgefühl auch unabhängig davon entfalten, ob die Aktivitäten und Transaktionen zustande kommen. Zudem geht die Wirkung der Kommunikation weit über den Kreis der daran Teilnehmenden hinaus. Denn anders als das gesprochene Wort am Gartenzaun, Spielplatz oder an der Supermarktkasse ist die digitale Kommunikation in Nachbarschaftsforen, WhatsApp-Chats und Facebook-Gruppen verschriftlicht und damit mehr oder weniger dauerhaft fixiert. Auf diese Weise kann sie von einem, je nach Medium unterschiedlich großen Teilnehmendenkreis mitverfolgt und nachgelesen werden. Dies entfaltet im Kontext von Nachbarschaft eine besondere Wirkung, denn selbst wenn die Diskussionen nur von einer geringen Anzahl von Personen geführt werden, erhöht bereits ihr passives Beobachten nicht nur den Grad der Informiertheit, sondern ebenfalls das Gemeinschafts- und Zugehörigkeitsgefühl zur Nachbarschaft:

> *„Solche Netzwerke [wie nebenan.de] sind sehr nützlich für Leute wie mich (…). Weil man sich zumindest passiv auch als Teil der Nachbarschaft fühlt. Während Leute ohne solche Netzwerke überhaupt nichts von ihrer Nachbarschaft mitbekommen würden"* (Nutzer von nebenan.de, Berlin-Wedding, Interview am 9.8.2017).

Denn auch ohne den Nachbar*innen persönlich zu begegnen, wird über die Diskussionsbeiträge, Angebote und Veranstaltungen ein Eindruck vermittelt, wie die Menschen in der Nachbarschaft „ticken", was sie bewegt und welche Einstellungen und Bedürfnisse sie haben. Dementsprechend gab eine Mehrzahl der in der vhw-Studie befragten Nutzer*innen von Plattformen an, ein tieferes Vertrauen in und ein gestärktes Identifikationsgefühl mit der Nachbarschaft entwickelt zu haben. Insbesondere Plattformen, auf denen mit Klarnamen und Profilbild kommuniziert wird, tragen selbst bei passiver Nutzung zu einer Stärkung der „public familiarity" (Blokland; Nast 2014) bei und können das Gefühl von Anonymität in der Nachbarschaft verringern. Dieser Effekt verstärkt sich weiter, wenn aus der digitalen Kommunikation analoge Aktivitäten entstehen. Denn selbst kurze Begegnungen, wie beim Verkauf oder Tausch von Gegenständen, tragen dazu bei, sehr lose Verbindungen, so genannte „very weak ties" (Jonuschat 2012) aufzubauen. Daher bilden sich über die Plattformen neue und erweiterte soziale Netzwerke heraus, welche die Binnenkommunikation, das Gefühl von Zugehörigkeit sowie soziales Vertrauen verstärken können (Becker et al. 2018: 207).

Wie die vhw-Studie zeigen konnte, sind bei digitaler Nachbarschaftskommunikation aber ebenfalls Exklusionspraktiken zu beobachten. Denn auch bei Beziehungen, die über digitale Medien hergestellt oder geführt werden, ist eine Tendenz zur Homophilie zu beobachten. Homophilie bedeutet, dass sich ähnliche Eigenschaften anziehen und deshalb besonders enge Bindungen primär zwischen Personen mit ähnlichen sozialen Merkmalen und Einstellungen („bonding social capital", Putnam 2000) aufgebaut werden (vgl. hierzu kritisch: Chun 2018). Ebenso werden Ressentiments aus dem analogen in den virtuellen Raum übertragen und Formen sozialer und ethnischer Grenzziehungen über digitale Plattformen reproduziert. In der Folge wurden als ‚Andere' wahrgenommene Personen von digitalen Interaktionen und analogen Aktivitäten wie Nachbarschaftsstammtische u. a. mit Begründungen wie diesen ausgeschlossen:

„Der soziale Background ist wichtig. Nicht, dass du in der Gruppe einen hast, der kurz vor Sozialhilfeempfänger steht. Das können wir nicht gebrauchen" (Nutzer von nebenan.de, München-Neuperlach, Interview am 21.8.2017).

„Und vor allem sind es auch nur Deutsche. Da kommen keine Ausländer. Das ist für uns einfach ganz toll. Da sind die Ausländer außen vor" (Nutzerin von nebenan.de, München-Neuperlach, Interview am 22.8.2017).

Die sozial selektive Wirkung setzt sich auf den Ebenen der Nachbarschaften sowie der Nutzer*innen fort. Besonders in Quartieren mit einer ressourcenarmen Bevölkerung werden digitale Nachbarschaftsplattformen seltener verwendet (Kurtenbach 2019: 127f.). Zudem sind auf intensiv genutzten Nachbarschaftsplattformen Mittelschichtsangehörige mit höherem Bildungsniveau gegenüber ressourcenschwächeren Personen und Menschen mit Migrationshintergrund deutlich überrepräsentiert

(Becker et al. 2018). Dadurch können „[...] auch virtuelle Plattformen, die auf das an sich offene bzw. frei zugängliche Internet setzen, den Effekt der sozialen Schließung nicht verhindern. Im Gegenteil: mit speziell dafür ausgestalteten Angeboten wird dieses Prinzip innerhalb der Nachbarschaft möglicherweise sogar unterstützt [...]" (Bölting; Eisele 2019: 108).

Dass digitale Kommunikation in der Nachbarschaft darüber hinaus polarisierende Wirkungen entfalten kann, zeigt das Beispiel der in der *Vernetzte Nachbarn*-Studie untersuchten Fallstudie Meißen und ihrer lokalen Facebook-Gruppen. Diese fungieren vor allem als Austragungsort für politische Diskussionen, insbesondere zu den Entwicklungen im Kontext der Zuwanderung Geflüchteter. Da sich gerade in der Kleinstadt viele Anwohnende, die in lokalen Facebook-Gruppen miteinander diskutieren, auch aus dem analogen Alltag kennen, führten die Sichtbarkeit politischer Einstellungen in den sozialen Medien und die emotional aufgeladenen, aggressiven, teils beleidigenden Diskussionen nicht nur zu einem ‚Entfreunden' auf Facebook, sondern auch zum Kontaktabbruch in der ‚analogen' Nachbarschaft. Begegnungen mit Personen gegenteiliger politischer Einstellungen wurden in der Folge gemieden und ehemals regelmäßig stattfindende gemeinschaftliche Aktivitäten haben in der Nachbarschaft ebenfalls nachgelassen (Schreiber; Göppert: 2018; Becker et al. 2020).

5.4 Soziale Kontrolle: Sicherheit, Diskursverkuschelung und Homogenitätsbestrebungen

In den USA, in denen Nachbarschaftsplattformen eine intensivere Nutzung und höhere Verbreitung erfahren, ist zu beobachten, dass Sicherheit und soziale Kontrolle an erster Stelle der Nutzungsmotive stehen. Als Hauptgrund zur Verwendung der am weitesten verbreiteten Plattform Nextdoor werden „Um schnell über einen Einbruch in der Nachbarschaft zu informieren" und „Um eine Neighborhood Watch Group auf die Beine zu stellen" angegeben (Tiedge 2016). Darüber hinaus wird Nextdoor, eine Plattform zum Austausch und zur Vernetzung von Nachbar*innen, in den USA zunehmend zur gegenseitigen Überwachung und Ausübung sozialer Kontrolle in der Nachbarschaft verwendet (Daub 2019). Dabei wird vermehrt über Fälle von ‚Racial Profiling' sowie ‚Public Shaming' berichtet, bei denen Personen nur aufgrund ihrer Hautfarbe als verdächtig gemeldet werden (Peterson 2016) oder die Plattform als digitaler Pranger für Verhaltensweisen verwendet wird, die den vermeintlichen Normen in der Nachbarschaft zuwiderlaufen (Hopkinson 2018).

Über derartige Nutzungsweisen von Nachbarschaftsplattformen liegen für den deutschen Raum bisher kaum Berichterstattungen und Befunde vor. In Deutschland wird vor allem Facebook von einschlägigen (oft rechtspopulistisch einzuordnenden) Gruppen verwendet, die privat organisiert in der Nachbarschaft für ‚Sicherheit' sorgen wollen. Viele dieser Bürgerwehren existieren allerdings nur im Internet als symbolische Protestgruppen mit geringen Aktivitäten in der analogen Nachbarschaft. Nur vereinzelt bestehen mit den Neighbourhood Watch Groups vergleichbare Zusammenschlüsse von Bürger*innen, die sich aufgrund wahrgenommener Sicherheitsdefizite und eines Vertrauensverlusts in die Staatsgewalt digital organisieren (Quent 2016).

Auf den Nachbarschaftsplattformen hingegen findet, wie die *Vernetzte Nachbarn*-Studie zeigt, zwar ebenfalls ein Austausch über Auffälligkeiten, Vermüllung des öffentlichen Raums und Kriminalität statt – aber bisher werden vor allem gemeinsame Aktivitäten und Lösungsmöglichkeiten angestrebt (Schreiber; Göppert 2018). Auf Plattformen wie nebenan.de, auf denen mit Klarnamen und Profilbild agiert wird, aber auch in moderierten Facebook-Gruppen, herrscht zudem – anders als sonst in den sozialen Medien[6] – eher ein respektvoller und höflicher Umgangston vor. Hier zeigt sich ein gewisses Maß an sozialer Kontrolle und eine selbstregulierende Funktion aufgrund des geringen Anonymitätsempfindens. Hasskommentare und fremdenfeindliche Äußerungen bilden die Ausnahme und werden von der Online Community sofort gemeldet oder maßregelnd kommentiert. Der im Rahmen des *Vernetzte Nachbarn*-Projekts interviewte Administrator einer lokalen Facebook-Gruppe beschreibt:

„Es hat eine große Selbstreinigungskraft. (...) Ich habe in den ganzen Jahren vier Kommentare vielleicht gelöscht. Also fast gar nicht. Weil keiner sich traut, diesen Konsens aufzukünden" (Administrator einer lokalen Facebook-Gruppe, Berlin-Wedding, Interview am 9.8.2017).

Die Kehrseite dieser sozialen Kontrolle und Selbstregulierung ist, dass politische und ambivalente Themen in den Foren und Nachbarschaftsplattformen weniger zur Sprache kommen. Gerade nebenan.de, so das Ergebnis der vhw-Studie, wird von den Nutzer*innen als unpolitischer Raum beschrieben und verwendet, wodurch die Chance ungenutzt bleibt, über lokalpolitische Themen in einem von Respekt

---

6   In einer repräsentativen Studie des IDZ Jena geben 40 % der Befragten an, online Hasssprache wahrgenommen zu haben und jede*r zwölfte Teilnehmende (8 % der Befragten) war bereits persönlich von Hate Speech im Netz betroffen. Vor diesem Hintergrund geben etwa die Hälfte der Internetnutzer*innen an, sich seltener zu ihrer politischen Meinung zu bekennen (54 %) und weniger an Diskussionen im Netz zu beteiligen (47 %) (Geschke et al. 2019).

geprägten Rahmen zu diskutieren oder gemeinschaftliches, politisches Handeln zu ermöglichen (Schreiber; Göppert 2018).

Die globalisierungsbedingten Verunsicherungen führen auf der Ebene der Nachbarschaft und durch lokalbezogene Medien damit zu unterschiedlichen, beinahe paradoxen Wirkungen: Auf Nachbarschaftsplattformen wie nebenan.de werden brisante und konfliktreiche politische Themen tendenziell ausgespart, um die Atmosphäre einer harmonischen und friedlichen Nachbarschaft nicht zu gefährden. Auf Verunsicherungen aufgrund eines vermeintlichen Kontrollverlusts des Staates oder eines wahrgenommenen Diversitätsstresses wird partiell auch mit einem erhöhten Sicherheits- und Kontrollbedürfnis sowie Homogenitätsbestrebungen (Rassismus, Rechtsextremismus) reagiert, die in sozialen Medien wie Twitter oder Facebook ihren Ausdruck finden und zugleich als Instrument verwendet werden, um soziale Kontrolle und außerstaatliche Gewalt auszuüben.

6 Fazit: Nachbarschaft in der Postmoderne – Kontinuität durch digitalen Wandel

Die Gegenüberstellung der von Bernd Hamm definierten Nachbarschaftsfunktionen der Moderne mit ihren heutigen Wirkungsweisen macht deutlich, dass Nachbarschaft durch Digitalisierung ebenso ermöglicht wie transformiert wird. Gesellschaftliche und technologische Entwicklungen gehen dabei Hand in Hand: Wie der Prozess der Globalisierung löst auch die vermeintliche Atomisierung und Enträumlichung der Kommunikation und Vernetzung durch Social Media raumbezogene Ausprägungen und Verortungen aus. Die Frage „Wo bist Du gerade?" zu Beginn nahezu jeder mobilen Kommunikation kann für den Relevanzgewinn des Ortes durchaus als symbolisch gelten. Auch im (nachbarschaftlichen) Alltag hat digitale Kommunikation einen zentralen Stellenwert eingenommen und unterstützt die Menschen dabei, ihre verschiedenen Vorstellungen, Erwartungen und Bedarfe an Nachbarschaft zu realisieren. Digitale Medien und Nachbarschaftsplattformen tragen hier zu einer Erhöhung, Verdichtung und Intensivierung der Kommunikation innerhalb der Nachbarschaft ebenso wie zum Aufbau von lokalem Sozialkapital bei. Diese lokalen Netzwerke können das Gefühl sozialer Integration erhöhen, die Möglichkeiten gegenseitiger Hilfeleistungen und lokalen Engagements erweitern, aber auch mit einer Zunahme – erwünschter wie unerwünschter – sozialer Kontrolle und Ausgrenzungen einhergehen.

Aus einer netzwerktheoretischen Perspektive ist es dabei besonders interessant, dass durch digitale Medien im Quartier u. a. sehr schwache Beziehungen entstehen, die in ihrer Bedeutung für heutige Nachbarschaften zunehmend Beachtung finden. Einerseits wird ein geringer Anteil starker Bindungen häufig mit einer ‚Erosion' von nachbarschaftlichem Sozialkapital in Verbindung gebracht, andererseits zeigt sich, dass eine Vielzahl sehr schwacher Verbindungen einen zentralen Beitrag zur sozialen Atmosphäre und zu generalisiertem Vertrauen im Quartier leisten. Das daraus resultierende Sozialkapital kann als Voraussetzung dienen, um bei gegebenem Anlass gemeinsam in Aktion zu treten, ob nun zum Zwecke der Geselligkeit bei Nachbarschaftsfesten oder auch für die politischen Interessen der Nachbarschaft, z. B. im Zuge der Stadt(teil)entwicklung.

Insgesamt differenziert sich über die neuen, digitalen Instrumente das Spektrum an nachbarschaftlichen Praktiken noch einmal deutlich aus. Zentral scheint hierbei, dass die potenzielle Zugehörigkeit zu einer Community – sei sie nun lokal oder translokal – bis zu einem gewissen Grad regulierbar ist oder auf ‚Standby' gehalten werden kann. Denn mit Hilfe digitaler Medien lassen sich Sozialitäten und Identitäten auf neue Art verknüpfen und die vier von Bernd Hamm (1973) beschriebenen Nachbarrollen – in einem Spektrum von Ablehnung und Anonymität bis hin zu einem engeren Miteinander – neu ausfüllen. Die digitale Zugänglichkeit zur Nachbarschaft wird niedrigschwelliger und flexibler, aber potenziell auch unverbindlicher und weniger verlässlich.

Über unsere Auseinandersetzung mit Nachbarschaft unter den Bedingungen des gesellschaftlichen und digitalen Wandels konnten wir herausstellen, dass nachbarschaftliche Beziehungen und das Quartier für viele, nicht nur ältere und alleinstehende Personen einen wichtigen funktionalen wie sozialräumlichen Bezugsrahmen darstellt, der durch digitale Medien oft erst seine gewünschte Bedeutung erhält. Mehr noch wurde deutlich, dass die Alltagshandlungen von Menschen nicht mehr nur analog verortet sind, sondern in einem Kontinuum aus digitalen und analogen Praktiken entstehen. Daher scheint es sowohl in Forschung als auch Praxis geboten, stärker in hybriden Raumkontexten zu denken und die virtuelle Sphäre in sozialräumliche Analysen, Strategien und Handlungskonzepte konsequent miteinzubeziehen.

Literatur

Albrow, M. (1998). Auf Reisen jenseits der Heimat. Soziale Landschaften jenseits der Stadt. In U.Beck (Hrsg.), *Kinder der Freiheit* (S. 288–314). Frankfurt am Main: Suhrkamp.

Becker, A. (2018). *Zwischen Mobilität und Sesshaftigkeit. Sozialräumliche Verortung hochqualifizierter Migranten in Hamburg.* Wiesbaden: Springer VS.

Becker, A., Göppert, H., Schnur, O., & Schreiber, F. (2018). Die digitale Renaissance der Nachbarschaft. Soziale Medien als Instrument postmoderner Nachbarschaftsbildung. In *Forum Wohnen und Stadtentwicklung*, Berlin. S. 206–210.

Becker, A; Schreiber, F., & Göppert, H. (im Erscheinen). Zwischen Netz und Nachbarschaft. Die sozialräumliche Wirkung digitaler Medien im Kontext antipluralistischer Haltungen und politischer Polarisierung. In L. Berg, & J. Üblacker (Hrsg.), *Rechtes Denken, rechte Räume*.

BMBF & BMUB (2016). *Impulse für die Arbeitsgruppen*. Zuletzt eingesehen am 01.02.2017 unter https://www.wege-in-die-zukunftsstadt.de/download_file/view/229/336.

Blokland, T. (2003). *Urban bonds*. Cambridge: Polity Press.

Blokland, T. & Nast, J. (2014). From Public Familiarity to Comfort Zone: The Relevance of Absent Ties for Belonging in Berlin's Mixed Neighbourhoods. In *International Journal of Urban and Regional Research*, 38(4), S. 1142–1159.

Bölting, T. & Eisele, B. (2019). Wohnzufriedenheit im Quartier und die digitale Nachbarschaft. In R. G. Heinze, S. Kurtenbach, J. Üblacker (Hrsg.), *Digitalisierung und Nachbarschaft. Erosion des Zusammenlebens oder neue Vergemeinschaftung?* (S. 93–114). Baden-Baden: Nomos.

Chun, W. H. K. (2018): Queering Homophily. Muster der Netzwerkanalyse. In *Zeitschrift für Medienwissenschaften* 18: S. 131–148 (zuletzt eingesehen am 18.11.2019 unter https://www.degruyter.com/downloadpdf/j/zfmw.2018.10.issue-1/zfmw-2018-0112/zfmw-2018-0112.pdf).

Daub, A. (2019). *Wer nicht ins Bild passt, wird fotografiert und gepostet: Was die App Nextdoor mit Nachbarschaften in San Francisco macht*. NZZ Online. Zuletzt eingesehen am 15.07.2019 unter https://www.nzz.ch/feuilleton/die-macht-der-angst-wie-nextdoor-die-gesellschaft-homogenisiert-ld.1490584.

Dinar, C., Mair, T., Rafael, S., Rathje, J., & Schramm, J. (2016). *Hetze gegen Flüchtlinge in sozialen Medien*. Berlin: Amadeu Antonio Stiftung. Zuletzt eingesehen am 18.05.2018 unter http://www.amadeu-antonio-stiftung.de/w/files/pdfs/hetze-gegen-fluechtlinge.pdf.

Elias, N., & Scotson, J. L. (1965). *Etablierte und Außenseiter* (Auflage 2006). Frankfurt am Main: Suhrkamp.

Esser, J., & Hirsch, J. (1987). Stadtsoziologie und Gesellschaftstheorie. Von der Fordismus-Krise zur „postfordistischen" Regional- und Stadtstruktur. In W. Prigge (Hrsg.), *Die Materialität des Städtischen*. (S. 31–56). Basel, Boston: Birkhäuser.

Fanta, A. (2019). *Facebooks Algorithmus formt unser Leben*. Netzpolitk.org. Zuletzt eingesehen am 12.08.2019 unter https://netzpolitik.org/2019/facebooks-algorithmus-formt-unser-leben-dieser-hacker-will-herausfinden-wie/.

FH Dortmund (o. J.). *QuartiersNETZ: Ältere als (Ko-)Produzenten von Quartiersnetzwerken im Ruhrgebiet*. Zuletzt eingesehen am 27.01.2017 unter https://www.fh-dortmund.de/de/fb/8/forschung/quartiersnetz.php.

Forrest, R., & Kearns, A. (2001). Social Cohesion, Social Capital and the Neighbourhood. In *Urban Studies*, 38(12), S. 2125–2143.

Forum Seniorenarbeit (Hrsg.) (2016). Digitales Engagement: Für unser Quartier und unsere Nachbarschaft. In *Im Fokus – Seniorenarbeit in Bewegung*, 1/2016. Zuletzt eingesehen am 23.11.2016 unter http://forum-seniorenarbeit.de/wp-content/uploads/2016/03/Im-Fokus_01-2016-Web.pdf.

Frank, S. (2019). Die Digital Natives und das Wohnen in der Stadt der Zukunft: Widersprüche und Ambivalenzen. In R. G Heinze, S. Kurtenbach, & J. Üblacker (Hrsg.), *Digitalisie-*

rung und Nachbarschaft. Erosion des Zusammenlebens oder neue Vergemeinschaftung? (S. 165–184). Baden-Baden: Nomos.
Fromm, S., & Rosenkranz, D. (2019). Unterstützung in der Nachbarschaft. Struktur und Potenzial für gesellschaftliche Kohäsion. Wiesbaden: Springer VS.
Gans, H. J. (1962). The Urban Villagers. Group and Class in the Life of Italian-Americans. New York: Free Press.
Geschke, D., Klaßen, A., Quent, M., & Richter, C. (2019). Hass im Netz: Der schleichende Angriff auf unsere Demokratie. Eine bundesweite repräsentative Untersuchung. IDZ Jena.
Granovetter, M. (1973). The Strength of Weak Ties. In American Journal of Sociology, 78(6), S. 1360–1380.
Hagemann, T. (Hrsg.) (2017). Gestaltung des Sozial- und Gesundheitswesens im Zeitalter von Digitalisierung und technischer Assistenz: Veröffentlichung zum zehnjährigen Bestehen der FH der Diakonie. Baden-Baden: Nomos.
Hamm, B. (1973). Betrifft: Nachbarschaft. Düsseldorf: Bertelsmann Fachverlag.
Hopkinson, S. (2018). How Social Media Turns Neighbors Into Vigilantes. Huffington Post. Zuletzt eingesehen am 15.07.2019 unter https://www.huffpost.com/entry/opinion-hopkinson-nextdoor-gentrification-police_n_5b036b18e4b0a046186f0e27.
Hüther, G. (2013). Kommunale Intelligenz. Potenzialentfaltung in Städten und Gemeinden. Hamburg: Ed. Körber-Stiftung.
Jacobs, J. (1961). The Death and Life of Great American Cities. New York.
Jonuschat, H. (2012). The Strength of Very Weak Ties – Lokale soziale Netze in Nachbarschaften und im Internet. Diss., Humboldt-Universität zu Berlin. Berlin.
Keller, S. (1968). The Urban Neighborhood. A Sociological Perspective. New York.
Kurtenbach, S. (2019). Digitale Segregation. Sozialräumliche Muster der Nutzung digitaler Nachbarschaftsplattformen. In R. G. Heinze, Kurtenbach, & J. Üblacker (Hrsg.) (2019), Digitalisierung und Nachbarschaft. Erosion des Zusammenlebens oder neue Vergemeinschaftung? (S. 115–142). Baden-Baden: Nomos.
Landeshauptstadt Hannover (Hrsg.) (2016). Informationsdrucksache Nr. 2254/2016: Digitale Quartiersplattform. Zuletzt eingesehen am 27.01.2017 unter https://e-government.hannover-stadt.de/lhhsimwebre.nsf/DS/2254-2016.
Landeshauptstadt München – Referat für Stadtplanung und Bauordnung der Landeshauptstadt München (Hrsg.) (2016). Neuperlach. Das Neue Untersuchungsgebiet. Zuletzt eingesehen am 16.12.2017 unter https://www.muenchen.de/rathaus/Stadtverwaltung/Referat-fuer-Stadtplanung-und-Bauordnung/Stadtsanierung/Neuperlach.html.
Lischka, K. & Stöcker, C. (2017): Digitale Öffentlichkeit. Wie algorithmische Prozesse den gesellschaftlichen Diskurs beeinflussen. Arbeitspapier im Auftrag der Bertelsmann Stiftung.
MV NRW – Ministerium für Bauen, Wohnen, Stadtentwicklung und Verkehr des Landes Nordrhein-Westfalen (Hrsg.) (2017). Bürger vernetzen Nachbarschaften. Quartiersentwicklung nutzt digitalen Wandel. Projektbroschüre.
Peterson, A. (2016). How this social network for neighbors is trying to fix its racism problem. Washington Post Online. Zuletzt eingesehen am 15.07.2019 unter https://www.washingtonpost.com/news/the-switch/wp/2016/08/26/how-this-social-network-for-neighborhoods-is-trying-to-fix-its-racism-problem/?.
Putnam, R. D. (2000). Bowling Alone: The Collapse and Revival of American Community. New York: Simon & Schuster.
Quent, M. (2016). Bürgerwehren. Hilfssheriffs oder inszenierte Provokation? Berlin: Amadeu Antonio Stiftung.

Robertson, R. (1998). Glokalisierung: Homogenität und Heterogenität in Raum und Zeit. In U. Beck (Hrsg.), *Perspektiven der Weltgesellschaft* (S. 192–220). Frankfurt am Main: Suhrkamp.
Rosa, H. (2016). *Resonanz. Eine Soziologie der Weltbeziehung.* Berlin: Suhrkamp.
Scherkamp, H. (2019). *Warum Nutzer diesem Gründer Geld zahlen?* Gründerszene.de. Zuletzt eingesehen am 12.08.2019 unter https://www.gruenderszene.de/business/christian-vollmann-nebenan-de-interview.
Schnur, O. (2014). Quartiersforschung im Überblick: Konzepte, Definitionen und aktuelle Perspektiven. In O. Schnur (Hrsg.), *Quartiersforschung: Zwischen Theorie und Praxis* (S. 21–56). Wiesbaden: VS Verlag für Sozialwissenschaften.
Schnur, O., & Günter, H. (2014). Collaborative Consumption, Sozialkapital und Quartier. Eine Annäherung. In *Raumforschung und Raumordnung* 72(5). S. 401–413.
Schreiber, F., Becker, A., Göppert, H., & Schnur, O. (2017). Digital vernetzt und lokal verbunden? Nachbarschaftsplattformen als Potenzial für sozialen Zusammenhalt und Engagement – ein Werkstattbericht. In *Forum Wohnen und Stadtentwicklung*, Berlin. S. 211–216.
Schreiber, F., & Göppert, H. (2018). *Wandel von Nachbarschaft in Zeiten digitaler Vernetzung. Endbericht zum Forschungsprojekt „Vernetzte Nachbarn".* vhw-Schriftenreihe Nr. 9.
Shirky, C. (2008). *Here Comes Everybody. The Power of Organizing without Organizations.* London: Allen Lane.
Simmel, G. (1908). *Die Kreuzung sozialer Kreise.* In: G Soziologie. München/Leipzig, 305–344.
Statista (2019). *Anteil der Smartphone-Nutzer in Deutschland in den Jahren 2012 bis 2018*, Zuletzt aufgerufen am 15.07.2019 unter https://de.statista.com/statistik/daten/studie/585883/umfrage/anteil-der-smartphone-nutzer-in-deutschland/.
Tiedge, A. (2016). *Netzwerke für Nachbarn. Online wird die Stadt zum Dorf.* Spiegel Online. Zuletzt eingesehen am 30.09.2019 unter https://www.spiegel.de/netzwelt/web/nebenan-de-wirnachbarn-nextdoor-netzwerke-fuer-nachbarn-a-1106979.html.
Üblacker, J. (2019). Digital vermittelte Vernetzungsabsichten und Ressourcenangebote in 252 Kölner Stadtvierteln. In R. G. Heinze, S. Kurtenbach, & J. Üblacker (Hrsg.), *Digitalisierung und Nachbarschaft. Erosion des Zusammenlebens oder neue Vergemeinschaftung?* (S. 143–164). Baden-Baden: Nomos.
Unger, A. (2010). Virtuelle Räume und die Hybridisierung des Alltags. In P. Grell, W. Marotzki, &H. Schelhowe (Hrsg.), *Neue digitale Kultur- und Bildungsräume* (S. 99–117). Wiesbaden: Springer VS.
Wellman, B. & Hampton, K. (1999). Living Networked On and Offline. In *Contemporary Sociology* 28. S. 648–654.

Die Autorin und der Autor

Dr. Anna Becker, vhw – Bundesverband für Wohnen und Stadtentwicklung e. V., Bundesgeschäftsstelle; abecker@vhw.de

Dr. Olaf Schnur, vhw – Bundesverband für Wohnen und Stadtentwicklung e. V., Bundesgeschäftsstelle; oschnur@vhw.de

Digitalisierung des Einzelhandels in Deutschland
Auswirkungen auf Regionen, Städte, Gemeinden und Verkehr

Bernd Buthe und Andrea Jonas

Zusammenfassung

Die Digitalisierung des Einzelhandels und insbesondere der stetig wachsende Online-Handel verändern derzeit sowohl Konsumverhalten als auch Verkehrs- und Lieferbeziehungen und wirken somit in hohem Maße auf städtebauliche und räumliche Strukturen. Zum einen erfährt der stationäre Einzelhandel in Städten und Gemeinden zunehmend Konkurrenz durch den Online-Handel. Zum anderen hat der Online-Erwerb von Waren vielfältige Auswirkungen auf den Personen- und Güterverkehr, auf logistische Konzepte und auch auf städtebauliche Aspekte. Der Online-Konsum weist dabei, in Abhängigkeit zum Warensortiment, räumliche Unterschiede auf.

Der vorliegende Beitrag betrachtet daher die Effekte des Online-Handels auf Logistik, Verkehr, Städtebau und Stadt- und Regionalentwicklung nicht isoliert, sondern nimmt die vielfältigen Interdependenzen dieser Aspekte zueinander in den Blick. Dazu erfolgt zunächst eine Abschätzung der verkehrlichen Auswirkungen des Online-Handels sowie die Darstellung möglicher zukünftiger Entwicklungspfade des Online-Handels anhand von Szenarien. Im Anschluss werden mit Hilfe bundesweiter, regionaldifferenzierter Daten räumliche Muster des Online-Konsums dargelegt sowie räumliche und soziodemographische Einflussfaktoren analysiert.

Abstract

The digitisation of retail and the constantly growing e-commerce especially, is currently changing the behaviour of consumers as well transport and logistics. It has a strong effect on urban structures, too. On the one hand, traditional retail and stores in cities are in an increasing competition with e-commerce. On the other hand, e-commerce effects transport and logistics, logistic concepts and urban structures in many ways.

Therefore, the article looks in an integrated perspective on the effects of e-commerce on logistics, transport and urban design, with a focus on the interdependence between these factors. An estimation, how e-commerce will be effecting transport in the future, and different scenarios are also part of this analysis. Furthermore, nationwide and regional data are used to describe spatial patterns of e-commerce in Germany and are analysed in combination with regional and sociodemographic indicators.

Schlüsselbegriffe

Online-Handel, Einzelhandel, Szenarien, Logistik, Verkehr, Städtebau

1 Trends des Online-Handels in Deutschland

Der stetig wachsende Online-Handel kann derzeit als einer der bedeutendsten Trends im Konsumverhalten der Menschen angesehen werden und zugleich als ein Trend der Digitalisierung, der bereits heute den Alltag von Städten und Regionen verändert und beeinflusst. Immer mehr Waren werden nicht mehr in Geschäften vor Ort beschafft, sondern online bestellt und anschließend geliefert und häufig zurückgesandt. Dies wirkt sich sowohl auf den stationären Handel in Innenstädten und Stadtteilzentren als auch auf Verkehrsaufkommen und -belastungen aus.

Knapp 10 Prozent der Waren werden heute in Deutschland online erworben. Während der Anteil im Internet gekaufter Produkte zu Beginn des Jahrtausends noch bei unter einem Prozent lag, ist deren Anteil kontinuierlich angestiegen. Auch wenn sich der Zuwachs in der Vergangenheit etwas abgeschwächt hat, wird auch zukünftig mit einem weiteren Anstieg des Onlineumsatzes gerechnet. Im Jahr 2018 lag der Online-Umsatz bei 53,3 Milliarden Euro (HDE 2019).

Dabei gibt es deutliche Unterschiede zwischen Produkten, die vermehrt über das Internet und solchen, die überwiegend im stationären Handel erworben werden. Technik, Unterhaltungselektronik, Bücher oder Bekleidung zählen neben Sport- und Freizeitprodukten zu den sogenannten „etablierten" Online-Branchen (GfK 2015, HDE 2018) oder „Kernbranchen" (HDE 2019). Lebensmittel und Drogerieartikel, sogenannte „Fast Moving Consumer Goods" (FMCG), werden derzeit überwiegend stationär gekauft und gelten als daher „Nachzügler-Branchen" (HDE 2018) oder „Wachstumstreiber-Branchen" (HDE 2019).

Durch den zunehmenden Online-Handel kommt es zu einer Verschiebung der Lieferbeziehungen. Das klassische Transportaufkommen vom Warenlager zum Geschäft nimmt durch die direkte Belieferung des Endkunden ab. Lieferdienste der KEP-Branche (Kurier-Express- und Paketdienste) übernehmen die Zuständigkeit für die letzte Meile zum Kunden mit der Konsequenz, dass sich die Personenverkehrsströme (Einkaufswege) reduzieren und sich die städtischen Lieferverkehre vermehren. Folglich kommt es durch den Online-Handel zu einer Verschiebung vom Personenverkehr hin zum Güterverkehr. Diese Entwicklung zeichnet sich insbesondere dadurch aus, dass anstelle von zentralen Anlaufpunkten in Form von Geschäften die Lieferungen in eine Vielzahl von Endkunden zersplittern. Aufgrund der aktuellen Wettbewerbssituation und den damit verbundenen enormen Kostendruck arbeitet die KEP-Branche an dauerhaft wirtschaftlich darstellbaren Logistikkonzepten, die eine stärkere Bündelung von Lieferverkehren durch bspw. innerstädtische Depots oder Pick-up-Points vorsehen.

Die komplexen Wechselwirkungen zwischen Personen- und Güterverkehr im Bereich des Online-Handels sind bislang nur ungenügend wissenschaftlich durchdrungen. Ursächlich hierfür ist eine Datenlage, die es erschwert, Indikatoren zu bilden. Um Wirkungen im Bereich Verkehr, Logistik und Städtebau quantitativ oder zumindest qualitativ abschätzen zu können, hat das Bundesinstitut für Bau-, Stadt- und Raumforschung im Bundesamt für Bauwesen und Raumordnung (BBSR) ein Forschungsprojekt mit dem Titel „Verkehrlich-städtebauliche Auswirkungen des Online-Handels" in Auftrag gegeben, dessen Ergebnisse hier komprimiert dargestellt werden (BBSR 2018).

Zentrales Merkmal des Online-Handels ist die weitgehende orts- und zeitunabhängige Verfügbarkeit von Waren und Dienstleistungen. Trotz dieser Ortsunabhängigkeit wirkt der Online-Handel unterschiedlich auf den Raum. Verschiedene Studien haben insbesondere die Auswirkungen des Online-Handels auf Innenstädte untersucht. Sie zeigen, dass vor allem Innenstädte prosperierender (Groß-)Städte deutlicher weniger negative Auswirkungen des Online-Handels erfahren, als Städte und Stadtteilzentren in räumlich-strukturell benachteiligten Städten (BBSR 2017, Stepper 2016). Wie sich der Online-Konsum bundesweit, d. h. auch in ländlichen Regionen darstellt, ist bislang kaum empirisch untersucht. Um Aussagen über die räumlichen Muster des Online-Konsums bundesweit tätigen zu können, hat das BBSR daher räumlich differenzierte Daten ausgewertet.

Kernfragestellungen des vorliegenden Artikels sind daher:

- Wie wirkt sich der zunehmende Online-Handel bundesweit auf Verkehr, Logistik und Städtebau aus?
- Wie wird sich der Online-Handel zukünftig bundesweit auf die Lieferverkehre auswirken?
- Welche kleinräumigen Muster zeigt der Online-Konsum privater Haushalte in Deutschland?
- Welche Faktoren beeinflussen diese räumlichen Muster?

Der Artikel führt im Folgenden die Ergebnisse der beiden Studien zusammen. Zunächst werden bundesweite Strukturen des gewerblichen und privaten Online-Handels betrachtet, bevor auf kleinräumiger Ebene die Muster des Online-Konsums privater Haushalte analysiert werden. Die Verbindung der Ergebnisse ermöglicht einen umfassenden, auf empirischen Untersuchungen und Szenarien basierenden Blick auf die aktuelle Situation des Online-Handels in Deutschland.

2 Verkehrliche Auswirkungen des Online-Handels

Die Auswirkungen des Online-Handels auf das Verkehrsgeschehen sind ausgesprochen komplex und lassen sich nicht einfach empirisch darstellen. Vielmehr ist eine Auffächerung der vielfältigen Wirkungsbeziehungen notwendig um Aussagen treffen zu können. Ausgangspunkt vieler Analysen sind die zunehmenden Endkundenlieferungen, die in der Öffentlichkeit als Belastung wahrgenommen werden. Seitens der Bevölkerung besteht die Sorge, dass durch die Vielzahl der in die Wohngebiete einfahrenden Lieferfahrzeuge die Lebensqualität und die Verkehrssicherheit immer stärker beeinträchtigt wird. Neben den zusätzlichen Emissionen werden Parkplatzknappheit oder Verkehrsbeeinträchtigungen (z. B. Parken in der zweiten Reihe) als Argumente angeführt (vgl. Reichel 2015).

2.1 Entwicklung der Verkehrsströme durch den Online-Handel

Unstrittig ist, dass bei wachsendem Online-Handel Teile des Einkaufsverkehrs vom Personen- hin zum Güterverkehr verlagert werden und eine räumliche Verschiebung der Güterströme von den Stadtzentren hinein in die Wohnlagen entsteht (vgl. Zhou/Wang (2014). Sowohl der Umfang des neu entstehenden Güterverkehrs als auch die Menge des potentiell eingesparten Personenverkehrs hängt von vielen verschiedenen Faktoren ab, die miteinander in Kontext gebracht werden müssen. Dem wachsenden innerstädtischen Güterverkehr stehen aktuell kaum nachweisbare Einsparungen im Personenverkehr gegenüber (vgl. Hiselius et al (2012). Offenbar werden Einkaufswege nicht in nennenswertem Umfang substituiert. Einerseits dürfte dies an der noch kaum vorhandenen Verfügbarkeit periodischer Güter im Online-Handel liegen. Der Online-Konsum von FMCG fokussiert sich derzeit vor allem prosperierende Großstädte und ihr Umland (vgl. Kap 3.3 und Abbildung 5). Zum anderen scheint der Substitutionseffekt von Einkaufswegen nur gering zu sein, da u. a. ihre Einbindung in Wegeketten und die Freizeitfunktion von Einkäufen diesem entgegenstehen. Deutlich zunehmende Cross-Channel-Strategien im Einzelhandel (z. B. „Showrooms") stellen den Substitutionseffekt auch bei der Informationsbeschaffung in Frage und deuten in Kombination mit neu entstehenden Abhol- und Retourenwegen sogar auf eher zunehmende Wegehäufigkeiten hin.

Daher dürfte die Gesamtverkehrsleistung durch den wachsenden Online-Handel eher ansteigen. Von negativen Umwelteffekten allein auf Basis einer steigenden Gesamtverkehrsleistung auszugehen, greift jedoch zu kurz. Entscheidend ist dabei, mit welchen Verkehrsmitteln diese im Personen- wie im Güterverkehr realisiert wird. Es ist davon auszugehen, dass die Bedeutung der Luftfracht zunehmen wird, da der Luftverkehr nicht nur für weite Strecken geeignet ist, sondern auch in der Lage ist, den Wunsch der Konsumenten nach sehr zeitnaher Belieferung zu befriedigen. Zudem existiert scheinbar eine weltweit unbegrenzte Produktvielfalt, die zu Einkäufen animiert. Die globale Aufstellung des Online-Handels führt demnach zu einer stärkeren Belastung von Verkehrsknoten wie Frachtflughäfen und Seehäfen (vgl. Bundesministerium für Verkehr (2001)). Angesichts der hohen Ansprüche der Online-Kunden in Bezug auf die Liefergeschwindigkeit wird es tendenziell eher zum Einsatz schnellerer, kleinerer und oft unzureichend ausgelasteter Fahrzeuge kommen (vgl. Tiwari/Singh (2011)). Ob der Güterverkehr insgesamt damit energieintensiver wird, hängt von den eingesetzten Fahrzeugen bei der Belieferung ab. Immer mehr Paketlieferdienste greifen auf Elektrofahrzeuge (wie z. B. den StreetScooter) zurück. Zudem werden auf der letzten Meile durch die starke Fragmentierung der Liefervorgänge eher kleine Verkehrsmittel (z. B. Lastenfahrrad) begünstigt, die tendenziell bessere Potentiale für emissionsfreie Antriebe bieten. Entscheidend für die Gesamtbewertung ist aber auch, welche Verkehrsmodi auf Seiten des Personenverkehrs potentiell substituiert werden. Anders als in ländlichen Regionen mit meist langen Wegstrecken, nutzt im urbanen Umfeld die Bevölkerung tendenziell eher emissionsarme Modi über kurze Strecken (z. B. Fuß und Rad, ÖPNV). Die Abbildung 1 stellt grafisch den Modal Split in Prozent für den Fahrtzweck „Einkaufen" im Jahr 2010 für 20 Städte dar, die einen geringen Anteil im Motorisierten Individualverkehr (MIV) aufweisen. Hier zeigt sich, dass gerade größere Städte lediglich einen MIV-Anteil von 26,25 Prozent bis 33,28 Prozent aufweisen.

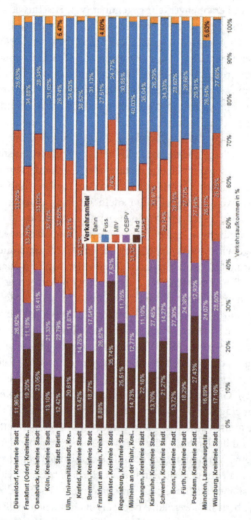

Abb. 1 Verkehrsaufkommen in Prozent für das Jahr 2010 für den Fahrtzweck Einkaufen mit geringen MIV-Anteil
Datenbasis: BMVI (2014)

Digitalisierung des Einzelhandels in Deutschland

Ein anderes Bild ergibt sich bei der Betrachtung von Städten mit hohem MIV-Anteil. Wie die Abbildung 2 zeigt, weisen insbesondere ländlich geprägte Städte einen hohen MIV-Anteil in Höhe von 70,91 Prozent bis 74,38 Prozent.

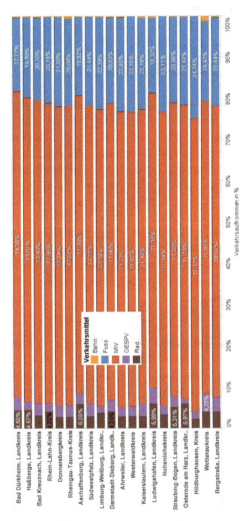

Abb. 2 Verkehrsaufkommen in Prozent für das Jahr 2010 für den Fahrtzweck Einkaufen mit hohen MIV-Anteil
Datenbasis: BMVI (2014)

Werden die emissionsarmen Verkehrsmittel im Bereich „Einkaufen" durch motorisierte Belieferungen und/oder motorisierte Wege substituiert, so können in Summe mehr Emissionen durch den Online-Handel entstehen. Der Einfluss des zur Verfügung stehenden Verkehrsmittels von Privathaushalten auf den Online-Handel wird in Kapitel 3.5 (Abbildung 6) untersucht.

Ob und wie sich der Modal Split bei Güter- und Personenverkehr reorganisiert, hängt in erheblichem Maße auch von der Raumstruktur ab. Im Güterverkehr ist die Nähe und Dichte der Belieferungsstationen entscheidend für die Bündelungsfähigkeit der Lieferungen. Im Personenverkehr hängt die Verkehrsmittelwahl mit der modalen Erreichbarkeit des stationären Handels und eventueller Pickup-Points ab. Tendenziell besteht dabei ein negativer Zusammenhang zwischen Erreichbarkeit, Siedlungsdichte und Raumausstattung. Unter der Annahme, dass der Personenverkehr tatsächlich reduziert wird, sind in den ländlichen Räumen aufgrund der längeren Wege und des MIV-lastigeren Modal Splits deutlichere Umweltwirkungen möglich als in den urbanen Räumen. Auch hier wird der Gesamteffekt aber in erheblichem Maße davon abhängen, wie viel Güterverkehr im Gegenzug induziert wird. Dabei muss davon ausgegangen werden, dass Logistiknetze im ländlichen Raum deutlich weniger effizient betrieben werden können und daher ein größerer Teil der möglichen Verkehrsreduktion im Personenverkehr durch einen energieintensiven Lieferverkehr kompensiert wird. Wie demnach die Gesamtbilanz des Online-Handels zu bewerten ist und wie sich diese bei einer Ausweitung der Online-Angebote auf den periodischen Bedarf gestalten wird, ist nach derzeitigem Wissensstand unklar.

2.2 Online-Handel verändert KEP-Markt und Logistik

Die Analysen zu den Wirkungsbeziehungen zwischen dem Online-Handel und dem KEP-Markt zeigen, dass steigende Umsätze im Online-Handel einen direkten Einfluss auf das Sendungsvolumen im KEP-Markt und hier insbesondere auf den Paketmarkt haben. Durch das wachsende Sendungsvolumen werden vielfältige Änderungen, Anpassungen und Optimierungen in den Netzen der KEP-Dienstleister sowohl im Hauptlauf als auch auf der ersten und letzten Meile angestoßen und ausgelöst. Dabei wird an vielen „Stellschrauben" (wie z. B. Belieferungskonzepte, Marketingkampagnen, Kooperationen) innerhalb der Unternehmen zugleich gearbeitet, so dass singuläre Wirkungsbeziehungen zwischen Sendungsvolumen und einzelnen Indikatoren bzw. Kenngrößen der Netzinfrastruktur nicht separiert und abgeleitet werden können.

Auch wenn eine quantitative Analyse des Zusammenhangs zwischen dem Wachstum des Sendungsvolumens und der Anzahl und Kapazität der Umschlagsinfrastrukturen aufgrund mangelnder Datenbasis (fehlende Zeitreihe), der schwierigen Vergleichbarkeit von Netz- und Leistungskennziffern und Vereinheitlichung über die KEP-Anbieter hinweg und aufgrund mangelnder, geeigneter operationalisierbarer Indikatoren nicht durchführbar ist, können einige grundlegende Wirkungsketten zumindest qualitativ als gesichert angesehen werden. Mit dem stark steigenden Sendungsvolumen wird es für die KEP-Unternehmen notwendig, ihre Netze und Umschlagsinfrastrukturen bzgl. Kapazität und Qualität an die geänderten Rahmenbedingungen anzupassen. Die Anzahl und die Größe von Verteilzentren und Zustellbasen nehmen daher zu. Aus den Veränderungen in den Netzen (Ausbau und Steigerung der Leistungsfähigkeit) resultieren wiederum durch Anpassungen bei der Fahrzeugstruktur und beim Fahrzeugeinsatz Änderungen in den verkehrlichen Wirkungen im KEP-Markt. Hier lassen sich erste quantitative Trends dieser Wirkungsbeziehungen erkennen, allerdings fehlen für eine umfassende quantitative Analyse in den amtlichen Statistiken und Erhebungen wesentliche Teile des KEP-Marktes bzw. liegen für den dort erfassten Bereich erst Daten ab dem Jahr 2010 vor.

Die weitreichendsten Veränderungen sind auf der letzten Meile festzustellen. Derzeit werden vielfältige Anstrengungen unternommen und zahlreiche Innovationen (wie z. B. Einsatz von Lastenräder oder auch Drohnen) entwickelt, die die Verteilprozesse im Rahmen der Endkundenbelieferung effizienter gestalten sollen. Entsprechende logistische Konzepte und Maßnahmen zur Lösung des Problems der „letzten Meile" sollen helfen, Bündelungseffekte zu erzielen, den Stopp-Faktor im Endkundengeschäft zu erhöhen und den Transportaufwand zu reduzieren. In den Fokus der Zustellkonzepte rücken dabei auch verstärkt die Anforderungen und Zustellwünsche aus Endkundensicht. Mit den Zustellkonzepten und der Akzeptanz und Nutzung durch die EndkundInnen gehen die wichtigsten verkehrlichen (Wegeaufwand, Fahrten, Verkehrsleistung im Personen- und Wirtschaftsverkehr) und städtebaulichen Wirkungen (z. B. Flächenverbrauch durch die wachsende Bedeutung von Logistikzentren sowie deren Mikro-Depots) im Markt einher.

Neben dem Wachstum im Sendungsvolumen und der Bedeutungsverschiebung einzelner Marktsegmente – Business to Consumer Sendungen (B2C) – sind auch Veränderungen in der Anbieter- und Wettbewerbsstruktur beobachtbar, die durch den Online-Handel angestoßen bzw. ausgelöst werden. Das Angebot der etablierten KEP-Dienstleister wird erweitert und die Produktions- und Leistungsprozesse angepasst. Daneben treten neue Wettbewerber in den Markt ein. So wird z. B. der Aufbau von eigenen Lieferprozessen und -strukturen durch (große) Online-Händler vorbereitet bzw. in ausgewählten Städten bereits umgesetzt.

2.3 Auswirkungen des Online-Handels auf städtebauliche Infrastrukturen

Die Auswirkungen des Online-Handels auf die städtebaulichen Infrastrukturen lassen sich mit der vorhandenen Datengrundlage nur schwer identifizieren und vor allem quantifizieren. Zum einen liegt dies am sehr hohen Aggregationsniveau der frei verfügbaren Datensätze. Folglich können zwar Auswirkungen auf Bundesebene oder regionale Abgrenzungen einzelner Handelskammern abgebildet werden, räumliche Differenzierungen und somit Auswirkungen auf städtische Regionen, Regionen mit Verdichtungsansätzen oder ländliche Regionen können im Zeitverlauf jedoch nicht analysiert werden. Dies wird besonders am Beispiel der Umsatzentwicklung des stationären Einzelhandels in Zusammenhang mit einem wachsenden Online-Umsatz deutlich. Auf Bundesebene können die Entwicklungen dargestellt und mögliche Ursachen identifiziert werden, aber in welcher Form sich der stationäre Einzelhandel in eher ländlich geprägten Regionen entwickelt, welche Folgen ein wachsender Online-Handel auf Kernstädte oder innerstädtische Randlagen hat, ist quantitativ nicht nachweisbar. Dies gilt besonders für die genaue Berechnung oder Abschätzung des Flächenverbrauchs, Strukturverschiebungen innerhalb von Branchen oder Infrastrukturen wie Haltebuchten oder Paketboxen. Für das Segment des privaten Online-Konsums nimmt Kapitel 3 daher räumliche Muster in den Blick.

Gleichwohl können die Abhängigkeiten zumindest qualitativ beschrieben werden. Wird eine steigende Anzahl von Sendungen in innerstädtischen Gebieten mit konventionellen Dieselfahrzeugen abgewickelt, so nehmen zwangsläufig die Belastungen (sowohl bezogen auf Emissionen als auch auf Unfallrisiken und Flächennutzungskonflikte) zu. Insbesondere die Heimbelieferung von Endkunden bringt es mit sich, dass diese Belastungen flächenhaft die gesamten Liefergebiete betreffen. Werden hingegen alternative Lieferkonzepte gewählt, die entweder durch eher punktförmige Lieferbeziehungen dominiert sind oder die bewusst auf kleinere Fahrzeuge setzen, so entstehen neue Flächenbedarfe für Infrastruktur, die derartige Lieferansätze erst ermöglichen: Abholstellen und Mikro-Hubs müssen in diesen Fällen möglichst in unmittelbarer Kundennähe geschaffen werden. Gerade in Gebieten mit besonders hohen Kundendichten können durch die neuen Nutzungsansprüche Flächenkonkurrenzen erheblich verstärkt werden. Aber auch Abholstellen und Mikro-Hubs müssen durch größere Logistikzentren beliefert werden, die einen hohen Flächenverbrauch verursachen.

2.4 Drei Szenarien zur Zukunft der Lieferverkehre

Im Rahmen des BBSR Forschungsprojektes „Verkehrlich-städtebauliche Auswirkungen des Online-Handels" (vgl. BBSR 2018) war ursprünglich geplant, eine Prognose für den Online-Handel zu erstellen. Aufgrund der schlechten Datenlage war dies leider wissenschaftlich fundiert nicht möglich. Auch der projektbegleitende Expertenbeirat, indem das Vorhaben sowie (Teil-)Ergebnisse durch ein interdisziplinäres Fachgremium diskutiert und validiert wurden, empfahl anstelle einer Prognose drei möglichst unterschiedliche Szenarien („Business as Usual" (BAU), „Schnelligkeit", „Schnelligkeit plus Innovation") zu entwerfen. Dies trägt auch der hohen Dynamik des Online-Handels am besten Rechnung. In Abstimmung mit dem Expertenbeirat wurden für das Jahr 2030 divergierende Annahmen dazu getroffen, wie sich Lieferprozesse vor dem Hintergrund sich wandelnder Online-Handels-Güterstrukturen und Kundenpräferenzen weiter ausgestalten werden und mit welchen Auswirkungen auf Logistikkonzepte, Verkehrskennzahlen und städtebauliche Indikatoren dabei zu rechnen ist.

In allen Szenarien werden mehrheitlich Standardsendungen erwartet. Allerdings nimmt der Anteil der Standardsendungen in den Szenarien „Schnelligkeit" und „Schnelligkeit plus Innovation" signifikant ab. In diesen Szenarien gewinnen die Express- und die same-day-Sendungen an Bedeutung. Treiber für taggleiche Lieferungen werden die städtischen Regionen sein, in denen Lieferkonzepte der ansässigen Händler und/oder Logistikhubs eine taggleiche Lieferung erst ermöglichen. Vor allem aufgrund des höheren Anteils der FMCG-Güter am Online-Handel wird die Bedeutung der Hauszustellung in den Szenarien „Schnelligkeit" und „Schnelligkeit plus Innovation" stärker sein als im Szenario „BAU" (vgl. dazu Kap. 3.3 und Abbildung 5). Zu denken ist bspw. an Lebensmittellieferungen, die nur bedingt an Abholstationen geliefert werden können. Crowd Delivery-Konzepte werden sich erst im Innovations-Szenario spürbar durchsetzen, aber auch dort nicht mehr als zwei Prozent Anteil gewinnen können. Die persönliche Zustellung wird in allen drei Szenarien die dominierende Rolle spielen. Allerdings wird im Innovations-Szenario mehr als ein Viertel aller Sendungen teilautonom zugestellt. Treiber dafür werden vor allem die ländlichen Regionen sein, in denen eine persönliche Zustellung wirtschaftlich nicht darstellbar ist. Es ist in allen Szenarien davon auszugehen, dass fossile Antriebe keine bedeutende Rolle mehr spielen werden. Diese werden mehr und mehr ersetzt durch elektrische Antriebe. Nicht-motorisierte Zustellung wird vor allem in Ballungsräumen eine Rolle spielen. Hier steigt der Anteil der nicht-motorisierten Antriebe (vor allem Fahrrad) bei der Zustellung auf acht Prozent.

Im Ergebnis zeigen alle Szenarien relativ ähnliche Grundtendenzen mit unterschiedlich starker Ausprägung. Der zunehmende Online-Handel wird die Zahl der Liefervorgänge in Wohngebieten signifikant erhöhen, dies gilt insbesondere für den bislang noch schwach entwickelten FMCG-Bereich. Ferner ist davon auszugehen, dass der überwiegende Teil der Lieferungen Heimzustellungen sein wird; somit werden die zusätzlichen Verkehre die Wohngebiete flächendeckend und nicht (nur) punktuell (Pick-up-Points) belasten. Zudem zeichnet sich ab, dass die Lieferungen mit Fahrzeugen abgewickelt werden, die zwar elektrisch sind, aber von den Abmessungen mit konventionellen Fahrzeugen vergleichbar sein werden. Damit verbunden sind stark steigende Konfliktpotentiale bezogen auf Nutzungskonkurrenzen, Verkehrsbehinderungen und Unfallrisiken in den Wohngebieten und innerstädtischen Bereichen. Auch im Personenverkehr wird es durch den steigenden Online-Handel zu Veränderungen kommen, da mit ihm neue Aktivitäten (Sendungen abholen, Retouren wegbringen) verbunden sind. Inwieweit dadurch eine Zunahme des motorisierten Verkehrs angestoßen wird, kann noch nicht abschließend beantwortet werden, unter bestimmten Rahmenbedingungen besteht diese Möglichkeit jedoch durchaus. Durch innovative Lieferkonzepte entstehen neue Flächenbedarfe für Pick-up-Points, Anlieferungsflächen und Mikro-Hubs in unmittelbarer Nähe der Kunden. Gleichzeitig dürfte der Flächenbedarf des Einzelhandels in bestimmten Lagen signifikant zurückgehen. Insgesamt zeigt sich auf Basis dieser Szenarien, dass verkehrlich-städtebauliche „Gefahren" in der Zukunft durch den Online-Handel auftreten können, die einen politischen Handlungsdruck erforderlich machen.

3 Räumliche Muster des Online-Handels

Im Anschluss an die bundesweite Analyse der Auswirkungen des Online-Handels und seiner zukünftigen Entwicklung anhand von Szenarien, werden im Folgenden kleinräumige Prozesse des privaten Online-Konsums untersucht.

Die 2016 erhobenen Daten „Regionale Onlinepotenziale" der Gesellschaft für Konsumforschung, GfK GeoMarketing (GfK 2016, GfK 2018a, GfK 2018b) beschreiben für 17 Sortimentsgruppen die Intensität getätigter Online-Einkäufe. Basis für diese Daten ist das GfK Consumer Panel. Für diese Erhebung, die von der GfK als repräsentativ eingeschätzt wird, erfassen 30.000 Haushalte ein Jahr lang kontinuierlich alle Online- und Offline-Einkäufe im Fast Moving Consumer Goods (FMCG)-Bereich. Zusätzlich geben 20.000 Haushalte im GfK Haushaltspanel Auskunft über ihr Einkaufsverhalten im Non-Food-Bereich (GfK 2018b). Die bundesweiten Angaben zum Online-Einkaufsverhalten aus den GfK Verbraucherpanels werden in einem Indexwert dargestellt, der sich am bundesweiten Durchschnitt orientiert.

Dem Bundesdurchschnitt wird ein Index von 100 zugewiesen, sodass Werte unter 100 einen unterdurchschnittlichen Online-Konsum darstellen, während Werte über 100 einen überdurchschnittlichen Konsum repräsentieren. Für die folgenden Analysen werden die Daten der GfK um Daten der *Laufenden Raumbeobachtung* des BBSR sowie der Daten der BMVI-Untersuchung „Mobilität in Deutschland" ergänzend ausgewertet. Anhand dieser Daten wird untersucht, inwiefern sich der Online-Konsum zwischen städtischen und ländlichen Kreisen sowie zwischen wachsenden und schrumpfenden Kreisen unterscheidet und welchen Einfluss räumliche sowie sozidemographische Merkmale auf diese räumlichen Muster haben. Der von der GfK verwendete Begriff „Onlinepotenziale" wird in der folgenden Auswertung durch „Online-Konsum" ersetzt, da die Berechnung auf der Grundlage der kontinuierlichen Erhebung und Analyse des Online-Einkaufsverhaltens privater Haushalte der GfK Verbraucherpanels beruht (vgl. BBSR 2019).

3.1 Einfluss der Siedlungsstruktur auf das Online-Einkaufsverhalten

Verschiedene Studien (vgl. BBSR 2017: 21, HDE 2018: 26) belegen den Einfluss von Siedlungsstruktur, Stadtgröße bzw. zentralörtlicher Funktion auf den Online-Konsum und zeigen eine stärkere Nutzung des Online-Handels bei Städterinnen und Städtern. Gründe für die höhere Online-Einkaufshäufigkeit in Städten werden in einer besseren Internetversorgung sowie „einer angenommenen höheren Innovationsfreudigkeit der Stadtbevölkerung in Verbindung mit einem höheren Anteil jüngerer Menschen, insbesondere Studierender" (BBSR 2017a: 21) gesehen. Andere Untersuchungen können hingegen kaum Differenzen zwischen der Einwohnerzahl einer Stadt und dem Online-Einkaufsverhalten nachweisen (vgl. IFH 2015, BMVI 2018: 20–21).

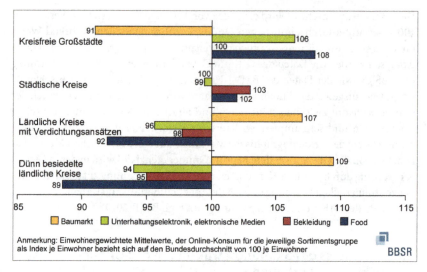

Abb. 3 Online-Konsum in ausgewählten Sortimentsgruppen nach siedlungsstrukturellem Kreistyp
Datenbasis: Laufende Raumbeobachtung des BBSR, GfK Regionale Onlinepotenziale 2016

Anhand der durchgeführten Analysen (vgl. BBSR 2019) wird deutlich, dass sich das Online-Einkaufsverhalten in Abhängigkeit zum Raumtyp durchaus unterscheidet, aber abhängig ist vom jeweiligen Warensortiment. Bei der Betrachtung der vier siedlungsstrukturellen Kreistypen[1] „Kreisfreie Großstädte", „Städtische Kreis", „Ländliche Kreise mit Verdichtungsansätzen" und „dünnbesiedelte Kreise" zeigt sich, dass der Online-Bezug in dünn besiedelten ländlichen Kreisen in fast allen Sortimentsgruppen unterdurchschnittlich ist. Ausnahmen sind die Sortimentsgruppen Baumarkt und Elektrohaushaltsgeräte. Im Baumarktsortiment weisen die dünn besiedelten ländlichen Kreise sogar die höchsten Werte der vier Kreistypen auf. Hingegen ist der Online-Erwerb von Lebensmitteln in diesem Kreistyp besonders stark unterdurchschnittlich. Auch die ländlichen Kreise mit Verdichtungsansätzen weisen in 12 der 17 Sortimente unterdurchschnittliche Werte auf. Die Abweichungen zum Bundesdurchschnitt sind jedoch weniger stark als bei den dünn besiedelten ländlichen Kreisen. Überdurchschnittlich hoch ist ebenfalls der Online-Bezug von Baumarkt-

---

[1] Zur Abgrenzung der Kreistypen siehe: https://www.bbsr.bund.de/BBSR/DE/forschung/raumbeobachtung/Raumabgrenzungen/deutschland/kreise/Kreistypen4/kreistypen.html?nn=2544954

produkten. Die städtischen Kreise hingegen weisen in den Sortimentsgruppen einen durchschnittlichen oder leicht überdurchschnittlichen Wert auf. Über dem bundesweiten Durchschnitt liegt beispielsweise der Online-Erwerb von Bekleidung sowie Schuhen und Lederwaren oder von Büchern und Schreibwaren. In den kreisfreien Großstädten fällt der Online-Bezug in neun der 17 Sortimentsgruppen höher als im Bundesdurchschnitt aus. Dies gilt insbesondere für die Sortimente Food, Informationstechnologie, Unterhaltungselektronik/elektronische Medien sowie Bücher und Schreibwaren. Deutlich unter dem bundesweiten Durchschnitt liegt in Großstädten hingegen der Online-Einkauf von Baumarktprodukten oder Baby- und Kinderartikeln.

Es zeigen sich somit – über alle Sortimentsgruppen hinweg – keine eindeutigen Unterschiede zwischen städtischen und ländlichen Kreisen. Ein „Stadt-Land-Gefälle" lässt sich für acht Sortimentsgruppen feststellen: Food, Gesundheit/Pflege, Unterhaltungselektronik/elektronische Medien, Informationstechnologie, Telekommunikation, Foto/Optik, Uhren/Schmuck und Bücher/Schreibwaren. Die gegenteilige Ausprägung – ein „Land-Stadt-Gefälle" weist lediglich das Baumarktsortiment auf. In den übrigen Branchen ist keine eindeutige Ausrichtung erkennbar. Die eingangs beschriebenen Ergebnisse anderer Studien, die eine höhere Online-Einkaufshäufigkeit bei Städtern zeigen, kann somit nur für einige Sortimentsgruppen unterstützt bzw. auf städtische Kreise erweitert werden. Die Unterschiede zwischen Städten und ländlichen Regionen werden in Abschnitt 3.3 anhand ausgewählter Sortimentsgruppen genauer betrachtet und mögliche Ursachen für diese Differenzen aufgeführt.

3.2 Einfluss der räumlich-strukturellen Lage von Städten und Gemeinden auf das Online-Einkaufsverhalten

Neben der Siedlungsstruktur wird auch die räumlich-strukturelle Lage einer Kommune als mitentscheidend für die Auswirkungen des Online-Handels angesehen (Stepper 2016). Mit Hilfe der BBSR-Raumtypisierung der „wachsenden und schrumpfenden Kreisregionen" kann daher nachstehend untersucht werden, inwiefern sich die Prosperität einer Region auf den Online-Konsum auswirkt. Berücksichtigt werden in dieser Typisierung neben demografischen Merkmalen, wie Bevölkerungsentwicklung und Wanderungssaldo auch wirtschaftsorientierte Entwicklungsindikatoren, wie Beschäftigtenentwicklung oder die Entwicklung des Gewerbesteuergrundaufkommens.[2]

---

2   Zur Abgrenzung siehe: https://www.bbsr.bund.de/BBSR/DE/forschung/raumbeobachtung/Raumabgrenzungen/deutschland/kreise/wachsend-schrumpfend-kreise/wachsend-schrumpfend-kreise.html?nn=2544954.

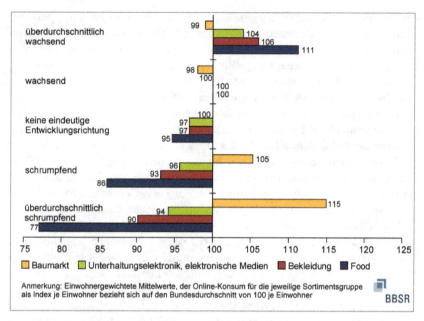

Abb. 4 Online-Konsum in ausgewählten Sortimentsgruppen in wachsenden und schrumpfenden Kreisregionen
Datenbasis: Laufende Raumbeobachtung des BBSR, GfK Regionale Onlinepotenziale 2016

Die Analyse der wachsenden und schrumpfenden Kreisregionen zeigt, dass der Einfluss der Prosperität auf den Online-Konsum höher ist, als die Siedlungsstrukturmerkmale. Auffällig ist, dass sich ein überdurchschnittlicher Online-Konsum fast ausschließlich auf überdurchschnittlich wachsende Kreisregionen konzentriert (Abbildung 4). Ausnahme ist erneut lediglich das Baumarktsortiment. Für wachsende Kreisregionen kann hingegen nur in zwei Sortimentsgruppen (Schuhe/Lederwaren, Foto/Optik) einen höherer Online-Konsum festgestellt werden, überwiegend liegen die Werte in diesem Kreistyp auf dem Durchschnittsniveau aller Kreise. Die übrigen drei Kreistypen – schrumpfende und überdurchschnittlich schrumpfende Kreisregionen sowie Regionen, die nicht eindeutig als wachsend oder schrumpfend eingestuft werden können – besitzen fast ausschließlich einen unterdurchschnittlichen Online-Konsum. Ausnahme ist auch hier wieder das Baumarktsortiment, das sowohl in schrumpfenden als auch überdurchschnittlich schrumpfenden Kreisregionen überdurchschnittliche Werte aufweist. In den Sortimenten Food und sowie Uhren/Schmuck und Foto/Optik, ist der Online-Konsum in stark schrumpfenden Regionen besonders gering.

3.3 Kleinräumige Betrachtung des Online-Handels

Betrachtet man die kleinräumige Verteilung des Online-Konsums auf Ebene der Kreise und kreisfreien Städte für die etablierte Sortimentsgruppe Bekleidung, so weichen nur wenige Kreise stark über- oder unterdurchschnittlich vom Bundesdurchschnitt ab. Es zeigen sich nur geringere räumliche Differenzierungen (GfK 2016). Überdurchschnittlich ist der Online-Konsum von Bekleidung in der Stadt München und den angrenzenden Landkreisen, im Umland von Frankfurt am Main sowie in der Stadt Stuttgart und den angrenzenden Landkreisen (Abbildung 5). In denen vom Strukturwandel betroffenen kreisfreien Städten Bremerhaven, Pirmasens, Gelsenkirchen sowie Herne ist der Online-Konsum hingegen besonders unterdurchschnittlich. Die geringeren Online-Einkäufe in diesen Städten lassen auf einen Zusammenhang mit der Kaufkraft in diesen Räumen schließen, da es sich weitgehend um Städte mit einer unter- bzw. durchschnittlichen Kaufkraft handelt (vgl. Abschnitt 3.5). Somit zeigen sich in Städten – in Abhängigkeit ihrer Prosperität und des Wohlstandes der dort lebenden Bevölkerung – sowohl ein besonders hoher als auch besonders niedriger Online-Konsum im Bekleidungssortiment. Dies untermauert die Erkenntnisse der vorherigen Untersuchungsschritte, die der Prosperität einen höheren Einfluss auf den Online-Konsum zumessen als der Siedlungsstruktur.

Zusätzlich zur etablierten Sortimentsgruppe „Bekleidung" wird im Folgenden die kleinräumige Verteilung des Online-Konsums in der Nachzügler-Branche „Food" dargestellt. Diese Sortimentsgruppe weist einen vergleichsweise hohen Anteil von stark über- bzw. unterdurchschnittlichen Werten und somit eine hohe räumliche Differenz auf (GfK 2016). Der Online-Kauf im Lebensmittelbereich konzentriert sich derzeit überwiegend auf Städte und ihr Umland (Abbildung 6). Insbesondere die kaufkraftstarken Städte München, Nürnberg, Stuttgart, Frankfurt am Main, Düsseldorf und Hamburg und ihr Umland weisen überdurchschnittlich hohe Werte auf. Ursachen für den überdurchschnittlichen Erwerb in Großstädten und ihrem Umland können zum einen an der Verfügbarkeit von Online-Bestellmöglichkeiten liegen (so bietet z. B. Amazon-Fresh sein Angebot bislang nur im Raum München, Berlin, Potsdam und Hamburg an), zum anderen auch in der höheren Innovationsfreudigkeit der städtischen Bevölkerung, die eher bereit ist, neue Konzepte zu testen (GfK 2018b).

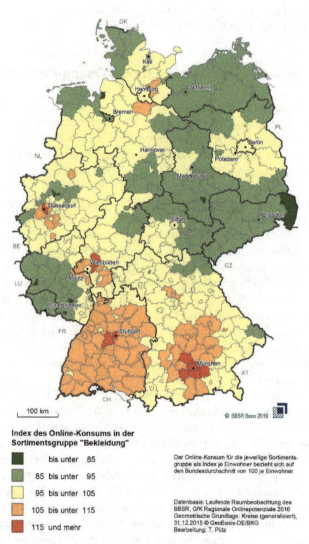

Abb. 5 Online-Konsum – Sortimentsgruppe Bekleidung

Digitalisierung des Einzelhandels in Deutschland 43

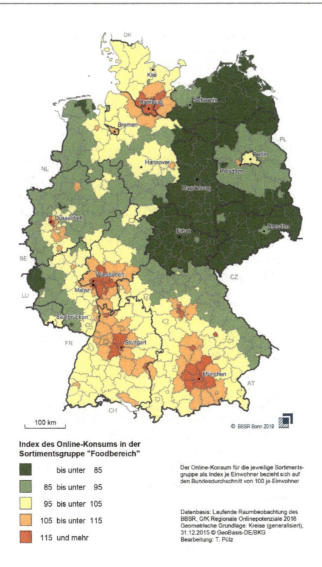

Abb. 6 Online-Konsum – Sortimentsgruppe Food

Die dargestellten räumlichen Muster des Online-Konsums in Deutschland zeigen für die betrachteten 17 Sortimente kein einheitliches Bild: Weder zwischen Stadtstaaten und Flächenländern noch zwischen ländlichen und städtischen Kreisen. Es kann somit nicht pauschal festgestellt werden, dass der Online-Handel beispielsweise in Räumen besonders stark ausgeprägt ist, in denen der stationäre Handel gering vertreten ist, d.h. vor allem im ländlichen Raum. Am Beispiel des Bekleidungssortiments wird deutlich, dass das stationäre Angebot in Städten und städtischen Kreisen grundsätzlich größer ist, der Online- Konsum jedoch auch hier sowohl über als auch unter dem Bundesdurchschnitt liegt (vgl. GfK 2018b).

Die kleinräumige Analyse verdeutlicht, dass sich die räumlichen Strukturen des Online-Einkaufsverhaltens zwischen den Sortimentsgruppen unterscheiden. Etablierte Sortimentsgruppen weisen dabei weniger starke regionale Unterschiede auf als Nachzügler-Branchen. Dies kann auch für die meisten der übrigen 13 Sortimentsgruppen festgestellt werden. Somit ist bei der Bewertung der räumlichen Auswirkungen des Online-Handels auf Städte und Gemeinden das Warensortiment mit zu berücksichtigen. Eine Verallgemeinerung der Prozesse des Online-Handels ist daher nicht zulässig und eine differenzierte Betrachtung notwendig.

3.4 Einfluss räumlicher Determinanten auf das Online-Einkaufsverhalten

Die vorangestellten Auswertungen zeigen räumliche Unterschiede des Online-Konsums in den betrachteten Sortimentsgruppen. Inwiefern räumliche Determinanten das Online-Einkaufsverhalten beeinflussen, wird anhand dreier Indikatoren der *Laufenden Raumbeobachtung des BBSR* untersucht.

Eine mögliche Einflussgröße auf das Online-Einkaufsverhalten kann die Ausstattung mit Informations- und Kommunikationstechnik, wie z.B. der Breitbandversorgung, sein. Anhand der vorliegenden Daten der GfK kann jedoch kein eindeutiger Zusammenhang zwischen den 17 Sortimenten und der Verfügbarkeit eines Breitbandschlusses von mindestens 50 MBit/s erkannt werden. Bei einzelnen Sortimentsgruppen lassen sich Zusammenhänge feststellen, wie z.B. die negative Korrelation mit der Sortimentsgruppe Baumarkt oder die positive Korrelation zum Lebensmittelsortiment. Hierbei bleibt allerdings offen, ob diese Korrelationen nicht vielmehr den Unterschied zwischen städtischen und ländlichen Regionen widerspiegeln. Einfluss auf das Einkaufsverhalten kann auch die Entfernung zum nächsten Mittel- und Oberzentrum und die damit verbundene Erreichbarkeit von Einkaufsmöglichkeiten haben. Die über das Erreichbarkeitsmodell des BBSR ermittelte Entfernung zum nächsten Mittel- und Oberzentrum zeigt ebenfalls nur für vereinzelte Sortimente, wie „Baumarkt" einen Zusammenhang. Demnach scheint der Online-Konsum von Baumarktprodukten zu steigen, je größer die Entfernung zu den Zentren ist. Als dritte analysierte räumliche Determinante dient die Distanz zu Shopping-Centern. Hier können ebenfalls nur geringe Einflüsse auf das Online-Einkaufsverhalten festgestellt werden.

Auffällig ist erneut, dass sich weniger Zusammenhänge zwischen den etablierten Sortimentsgruppen und den drei räumlichen Determinanten zeigen zwischen den Nachzügler-Branchen. Dies gilt insbesondere für das Sortiment Bekleidung.

Tab. 1 Einfluss räumlicher Determinanten auf das Einkaufsverhalten in ausgewählten Sortimentsgruppen

	Sortimentsgruppe Food	Sortimentsgruppe Bekleidung	Sortimentsgruppe Unterhaltungselektronik/ elektronische Medien	Sortimentsgruppe Baumarkt
Durchschnittliche Pkw-Fahrtzeit zum nächsten Shopping-Center 2018 in Minuten	-,220**	-,018	-,461**	,457**
Durchschnittliche Pkw-Fahrtzeit zum nächsten Mittel- oder Oberzentrum 2018 in Minuten	-,245**	-,047	-,239**	,595**
Breitbandversorgung (Haushalte mit Breitbandanschluss mind. 50 mBit/s in Prozent, Dezember 2016)	,496**	,195**	,470**	-,646**

Datenquelle: Laufende Raumbeobachtung des BBSR, Erreichbarkeitsmodell des BBSR, GfK Regionale Onlinepotenziale, BMVI und TÜV Rheinland

3.5 Einfluss soziodemografischer Determinanten auf das Online-Einkaufsverhalten

Neben räumlichen Einflussfaktoren wirken insbesondere soziodemografische Faktoren auf das Online-Einkaufsverhalten. Dazu zählen zum Beispiel Alter, Geschlecht, Einkommen, Beruf oder Bildungsniveau. Unterschiedliche Studien belegen diesen Einfluss (u. a. Clarke et al. 2015, Destatis 2018, Eurostat 2018, GfK 2018a, GfK 2018b,

HDE 2019, HDE 2018, Wiegandt et al. 2018). Studien, die zusätzlich auch räumliche Einflussfaktoren berücksichtigt haben, zeigen, dass soziodemografische Faktoren das Einkaufsverhalten sogar stärker beeinflussen als räumliche Determinanten (u. a. Wiegandt et al. 2018), wobei sich räumliche und soziodemografische Faktoren häufig bedingen (Clarke et al 2015: 389).

Anhand der drei Merkmale Durchschnittsalter, Kaufkraft und Pkw-Besitz je Einwohner wird der Zusammenhang zwischen dem Online-Konsum und soziodemographischen Einflussfaktoren überprüft. Das Durchschnittsalter der Bevölkerung des jeweiligen Kreises zeigt eine negative, oftmals allerdings schwache Korrelation mit den meisten Sortimenten auf. Der Online-Konsum ist in den meisten Sortimenten umso höher, je geringer das Durchschnittsalter eines Kreises ist. Verschiedene Studien belegen, dass insbesondere jüngere Menschen das Internet überdurchschnittlich oft für Einkäufe nutzen (u. a. Destatis 2018: 31). Die höchste negative Korrelation zeigt sich zwischen dem Lebensmittelsortiment und dem Durchschnittsalter. Dies deutet darauf hin, dass Lebensmittel eher von jüngeren Menschen online erworben werden, die jedoch auch häufiger Städten leben. Eine positive Korrelation zeigt sich zwischen dem Durchschnittsalter und dem Online-Konsum von Baumarktprodukten. Ob es sich hierbei allerdings um ältere Menschen handelt oder der bereits festgestellte höhere Online-Erwerb in ländlichen Regionen abgebildet wird, bleibt an dieser Stelle offen.

Der Indikator Kaufkraft zeigt in den meisten Fällen eine geringere Korrelation zu den 17 Sortimentsgruppen als das Durchschnittsalter. Die am Wohnort gemessene Kaufkraft berücksichtigt neben dem Einkommen aus selbstständiger und nichtselbstständiger Arbeit auch Kapitalerträge sowie staatliche Transferzahlungen wie Arbeitslosengeld, Kindergeld und Renten (GfK 2018a). Im Vergleich zur reinen Betrachtung des Einkommens weist die Kaufkraft einen höheren Zusammenhang zu den 17 Sortimentsgruppen auf. Ein Zusammenhang zur Kaufkraft zeigt sich insbesondere bei den Sortimentsgruppen Foto/Optik, Food, Bücher/Schreibwaren, Uhren/Schmuck und Unterhaltungselektronik/elektronische Medien. Hierbei handelt es sich vor allem um Sortimente mit einem hohen Bezug zu Freizeit und Hobbys und weniger um Produkte der Alltagsversorgung. Möglicherweise werden diese Produkte eher von kaufkraftstärkeren Bevölkerungsgruppen online erworben.

Für den dritten verwendeten Indikator, Pkw-Besitz, belegen Studien einen Einfluss auf das stationäre Einkaufsverhalten. Dies gilt vor allem bei periodischen Einkäufen und deren Frequenz, weniger bei aperiodischen Erledigungen (BBSR 2018: 42). Zu überprüfen ist daher, ob sich der Pkw-Besitz auch auf den Online-Konsum auswirkt. So kann vermutet werden, dass der Online-Handel insbesondere von Personengruppen genutzt wird, die keinen PKW besitzen. Die Pkw-Verfügbarkeit im Städten ist dabei grundsätzlich geringer als in ländlichen Regionen und Einkaufsverkehre werden oftmals zu Fuß, per Fahrrad oder mit dem ÖPNV zurückgelegt (vgl. Kap. 2.1). Anhand der ausgewerteten Daten kann insgesamt kaum ein Einfluss des Pkw-Besitzes auf das Online-Einkaufsverhalten erkannt werden. Lediglich für das Sortiment Baumarkt kann ein positiver Zusammenhang erkannt werden. Der Online-Erwerb von Baumarktprodukten ist im ländlichen Raum überdurchschnittlich hoch (vgl. Abbildung 3) und der hier erkannte positive Zusammenhang ist vermutlich eher auf den höheren grundsätzlichen Anteil an Pkw-Besitzern in ländlichen Regionen zurückzuführen als auf einen Zusammenhang zwischen Pkw-Besitz und Online-Einkauf.

Tab. 2 Einfluss soziodemographischer Determinanten auf das Einkaufsverhalten in ausgewählten Sortimentsgruppen

	Index Food	Index Bekleidung	Index Unterhaltungselektronik/ elektronische Medien	Index Baumarkt
Pkw-Besitz je 1.000 Einwohner (2015)	-,020	,229**	-,539**	,502**
Durchschnittsalter der Bevölkerung (2015)	-,701**	-,591**	-,130**	,634**
Kaufkraftindex 2015 (BRD =100)	,678**	,495**	,600**	-,391**

Datenquelle: Laufende Raumbeobachtung des BBSR, Nexiga

Der Zusammenhang zwischen Online-Konsum und Verkehrsmittelwahl wird auch im Rahmen der Studie „Mobilität in Deutschland" des BMVI untersucht. In dieser Studie wurden 2017 ca. 156.000 Haushalte zu ihrem Mobilitätsverhalten befragt, was auch Fragen zu ihren (Online-)Einkaufsverhalten mit einschließt. Die Daten zeigen eher geringe Unterschiede zwischen der Verkehrsmittelwahl und der Häufigkeit des Online-Einkaufs. AutofahrerInnen und multimodale Personengruppen, die einen Pkw nutzen, kaufen etwas häufiger online ein als ÖV-NutzerInnen, FahrradfahrerInnen oder multimodale Personen, ohne Pkw. Bei den Personen mit Pkw-Nutzung erwerben 44 bis 52 Prozent mindestens einmal pro Monat oder häufiger Waren im Internet, bei denen Personen ohne Pkw-Nutzung liegt der Anteil bei 36 bis 44 Prozent. Wenig mobile Personen kaufen mit einem Anteil von 20 Prozent hingegen deutlich seltener online ein. Somit kann die oben aufgestellte Vermutung, dass der Online-Erwerb eher von Personen ohne Pkw-Nutzung höher als der Online-Erwerb von Nicht-Pkw-FahrerInnen/-MitfahrerInnen, anhand der hier vorliegenden Daten nicht bestätigt werden.

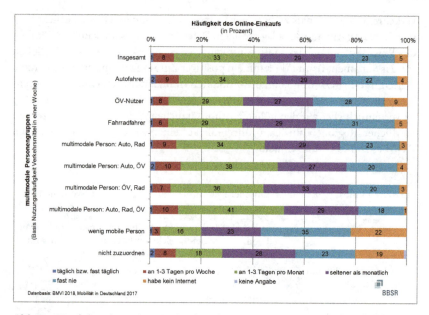

Abb. 7 Häufigkeit des Online-Einkaufs und Verkehrsmittelnutzung (multimodale Personen)
Quelle: BMVI 2018, Daten „Mobilität in Deutschland 2017"

Anhand der berechneten Korrelationen kann grundsätzlich ein höherer Zusammenhang zwischen Online-Konsum und soziodemographischen Merkmalen als zu räumlichen Determinanten festgestellt werden. Somit bestätigen die Auswertungen Forschungsergebnisse vorliegender Studien. Zu beachten ist, dass die durchgeführten Analysen lediglich auf der Gegenüberstellung von Räumen beruhen und nicht auf personenbezogenen Daten.

4 Ausblick: Lieferverkehre als Keimzelle eines digitalisierten Wirtschaftsverkehrs

Die Bedeutung des Online-Handels wird voraussichtlich auch zukünftig zunehmen und den stationären Einzelhandel weiter unter Druck setzen. Die dargestellten Analysen geben, in Ergänzungen zu anderen Untersuchungen, einen ersten Einblick auf die Muster und zukünftigen Entwicklungen des Online-Handels in Deutschland. Deutlich wird, dass die bisherigen Auswertungen räumliche Unterschiede zeigen, die nur in Teilen auf die Siedlungsstruktur oder Ausstattungsmerkmale zurückgehen, sondern vielfach mehr auf soziodemographische Einflussfaktoren, wie das Alter. Auch die Verkehrsmittelnutzung kann kaum Erklärungshilfe für die identifizierten räumlichen Unterschiede sein. Online-Einkauf – so scheint es, ist für viele Personengruppen in weiten Teilen Deutschlands zu einer gängigen Einkaufsform geworden – unabhängig von der Entfernung zu Mittel- oder Oberzentren, der Nähe zu Shopping-Centern oder der Verfügbarkeit eines Pkws.

Ein akuter politische Handlungsdruck lässt sich somit ohne Zweifel festzustellen. Von zwangsläufig anwachsenden Lieferverkehren, die möglichst konflikt- und emissionsfrei abgewickelt werden müssen, um Wohngebiete nicht zu belasten, sind fast alle Städte und Gemeinden Deutschlands betroffen. Gleichzeitig müssen auch zusätzlich durch Abholungen und Retouren entstehende Wege im Personenverkehr möglichst MIV-frei zu erledigen sein. Die bisherigen Lösungsansätze dafür konzentrieren sich dabei häufig auf den Stadtverkehr und nehmen nur selten ländliche Regionen mit in den Blick, in denen sich der Online-Einkauf in bestimmten Sortimentsgruppen jedoch ebenfalls eine etablierte Einkaufsform darstellen und räumlich angepasste Lösungen erfordern.

Zur Erreichung der Ziele einer möglichst konflikt- und emissionsfreien Verkehrspolitik bestehen auf der kommunalen Ebene diverse Maßnahmen bzw. Instrumente. Hierzu zählen zum Beispiel Restriktionen gegenüber Fahrzeugen mit Verbrennungsmotoren oder der Vorrang für kleine Lieferfahrzeuge durch einen Mix aus Sonderregelungen und Restriktionen. Aber auch die Förderung von Pick-up-Points an verkehrlich gut erreichbaren Punkten ist ebenso wie die Umwidmung innerstädtischer (Frei-)Flächen für Pick-up-Points und Mikro-Hubs eine zielführende Maßnahme.

Damit die Kommunen zur Durchsetzung dieser Ziele ein effektives Instrumentarium besitzen, sollten ihnen von den höheren Politikebenen die passenden Werkzeuge an die Hand gegeben werden. Dazu gehören beispielsweise strengere Emissionsrichtlinien, gezielte Förderpolitik, verbindliche Rechtsrahmen im Baurecht, Umwidmung öffentlicher Parkplätze zur Schaffung innerstädtischer Freiflächen oder die Ausdehnung der Radverkehrsförderung auf den Güterverkehr.

Durch dieses Zusammenspiel aus Rahmensetzung und kommunalem wie regionalem Umsetzungsinstrumentarium kann es gelingen, die zunehmenden Lieferverkehre nicht nur verträglich abzuwickeln, sondern sie sogar als bedeutende Keimzelle eines digitalisierten Wirtschaftsverkehrs zu nutzen.

Literatur

BBSR – Bundesinstitut für Bau-, Stadt- und Raumforschung (2019). Online-Handel in Deutschland. Räumliche Muster, Einflussfaktoren und Erklärungsansätze. *BBSR-Analysen kompakt 03/2019*.
BBSR – Bundesinstitut für Bau-, Stadt- und Raumforschung (2018). *Verkehrlich-städtebauliche Auswirkungen des Online-Handels*. Abrufbar unter: https://www.bbsr.bund.de/BBSR/DE/Home/Topthemen/Downloads/online-handel-lieferverkehr.pdf?__blob=publicationFile&v=1) [letzter Zugriff 15.6.2019]
BBSR – Bundesinstitut für Bau-, Stadt- und Raumforschung (2017). Online-Handel – Mögliche räumliche Auswirkungen auf Innenstädte, Stadt- und Ortszentren. *BBSR-Online-Publikation* Nr. 08/2017.
BMVI – Bundesministerium für Verkehr und digitale Infrastruktur (Hrsg.) (2018). *Mobilität in Deutschland. Kurzreport. Verkehrsaufkommen – Struktur – Trends*. Bonn. Abrufbar unter: http://www.bmvi.de/SharedDocs/DE/Anlage/VerkehrUndMobilitaet/mid-2017-kurzreport. pdf?__blob=publicationFile) [letzter Zugriff 05.03.2019].
BMVI – Bundesministerium für Verkehr und digitale Infrastruktur (Hrsg.) (2014). *Prognose der deutschlandweiten Verkehrsverflechtungen* (Verkehrsverflechtungsprognose 2030), Bonn.
BMVI – Bundesministerium für Verkehr und digitale Infrastruktur (Hrsg.) (2018). *Mobilität in Deutschland. Mobilität in Tabellen (MiT)*. Abrufbar unter: https://www.mobilitaet-in-tabellen.de/mit/) [letzter Zugriff 16.10.2019].
BMVBW – Bundesministerium für Verkehr, Bau und Wohnungswesen (2001). *Auswirkungen neuer Informations- und Kommunikationstechniken auf Verkehrsaufkommen und innovative Arbeitsplätze im Verkehrsbereich*, Berlin.
Clarke, G., Thompson Ch. u. M. Birkin (2015). The emerging geography of e-commerce in British retailing. In *Regional Studies, regional Science*, 2:1, S. 371–391, doi:10.1080/21681376.2015.1054420.
Destatis – Statistisches Bundesamt (2018). *Private Haushalte in der Informationsgesellschaft – Nutzung von Informations- und Kommunikationstechnologien*. Fachserie 15 Reihe 4. Abrufbar unter: https:// www.destatis.de/DE/Publikationen/ Thematisch/Einkommen-Konsum Lebensbedingungen/PrivateHaushalte/ PrivateHaushalteIKT2150400177004.pdf?__ blob=publicationFile [letzter Zugriff: 05.03.2019].
Eurostat (2018). *Digital economy & society in the EU. A browse through our online world in figures*. 2018 edition. Abrufbar unter: https://ec.europa.eu/ eurostat/cache/infographs/ict/2018/index. html [letzter Zugriff: 05.03.2019].
GfK Growth for Knowledge (2018a). *Kaufkraft und Onlinepotenzial – Wo ist welches Budget verfügbar?* Abrufbar unter: https://www.gfk-verein.org/compact/fokusthemen/kaufkraft-onlinepotenzial-wo-ist-welches-budget-verfuegbar [letzter Zugriff: 05.03.2019].
GfK Growth for Knowledge (2018b). *Online oder Offline? Regionale Sortimentspotenziale unter der Lupe*. Abrufbar unter: http://www.gfk-geomarketing.de/fileadmin/gfkgeomarketing/de/gfk_geomarketing_branchennews/ Consumer_Goods/GfK_Onlinepotenziale.pdf [letzter Zugriff: 05.03.2019].
GfK Growth from Knowledge (2016): *eCommerce: Sortimentsgruppen weisen höchst unterschiedliche regionale Potenzialmuster auf. Erste GfK-Studie zum regionalen Onlinepotenzial*. Pressemitteilung. Abrufbar unter: https://www.gfk.com/fileadmin/user_ upload/

dyna_content/DE/documents/ Press_Releases/2016/20161005_PM_GfK-Onlinepotenziale_GeoM-dfin.pdf [letzter Zugriff: 05.03.2019].

GfK Growth for Knowledge (2015): Ecommerce: *Wachstum ohne Grenzen? Online-Anteile der Sortimente – heute und morgen.* White Paper von Dr. Gerold Doplbauer. Bruchsal. Abrufbar unter: http://www.gfk-geomarketing.de/fileadmin/ gfkgeomarketing/de/beratung/20150723_GfK-eCommerce-Studie_fin.pdf [letzter Zugriff: 05.03.2019].

Handelsverband Deutschland (HDE) (2019). *Online Monitor 2019.* Abrufbar unter: https://einzelhandel.de/online-monitor [letzter Zugriff: 03.07.2019].

Handelsverband Deutschland (HDE) (2018). *Handel digital. Online-Monitor 2018.* Abrufbar unter: https://www.einzelhandel.de/index. php?option=com_attachments&task=download&id=9449 [letzter Zugriff: 05.03.2019].

Hiselius et al. (2012). E-shopping and Changed Transport Behavior. In *European Transport Conference* 2012.

Institut für Handelsforschung Köln (IFH) (2015). *Vitale Innenstädte 2014. Ergebnisse der bundesweiten Befragung von über 33.000 Innenstadtbesuchern.* Köln.

MKRO (2018). *Auswirkungen des Online-Handels auf stationären Handel, Siedlungsstrukturen, Verkehr und Logistik – Steuerungsmöglichkeiten der Raumordnung.* Endbericht der AG Online-Handel, November 2018.

Reichel, J. (2015). Schöne neue Lieferwelt. In *Fairkehr* 5/2015.

Stepper, M. (2016). Innenstadt und stationärer Einzelhandel – ein unzertrennliches Paar? Was ändert sich durch den Online-Handel? In *Raumforschung und Raumordnung* 74, S. 151–163. doi 10.1007/s13147-016-0391-x.

Tiwari, S., Singh, P. (2011). *Environmental impacts of E-commerce.* In *International Conference on Environment Science and Engineering*, IPCBEE vol. 8), 202–207

Wiegandt, C.-C., Baumgart, S., Hangebruch, N. et al. (2018). Determinanten des Online-Einkaufs – eine empirische Studie in sechs nordrhein-westfälischen Stadtregionen. In *Raumforschung und Raumordnung* Jg. 76, Heft 3, S. 247–265. doi.org/10.1007/s13147- 018–0532-5.

Zhou, Y., Wang, X. (2014): Explore the relationship between online shopping and shopping trips: An analysis with the 2009 NHTS data. In *Transportation Research Part A: Policy and Practice 70* (Dezember): 1–9. doi:10.1016/j.tra.2014.09.014.

Die Autorin und der Autor

Dr. Bernd Buthe, Bundesinstitut für Bau, Stadt- und Raumforschung
eMail: bernd.buthe@bbr.bund.de

Dr. Andrea Jonas, Bundesinstitut für Bau, Stadt- und Raumforschung
eMail: andrea.jonas@bbr.bund.de

Kritische Perspektiven auf eine automatisierte und vernetzte Mobilität

Jens S. Dangschat und Andrea Stickler

Die Entwicklung der automatisieren und vernetzten Mobilität ist für die digitale Transformation von Städten und Regionen von zentraler Bedeutung. Zum einen unterliegen die entsprechenden Fahrzeuge und die damit verbundene Infrastruktur einem ökonomischen und technologisch-innovativen Wettbewerb. Zum anderen unterstützt die automatisierte und vernetzte Mobilität die digitale Transformation im Raum, weil das 5G-Netz und die entsprechende C-ITS-Infrastruktur als Voraussetzung für die automatisierte und vernetzte Mobilität angesehen werden und daher rasch und flächendeckend ausgebaut werden sollen. Im politischen Diskurs zur automatisierten und vernetzten Mobilität überwiegen die angeblichen Vorteile; denen stehen aber eine Reihe von Risiken gegenüber, welche vor allem im Widerspruch zu einer nachhaltigen Verkehrs-, Mobilitäts- und Siedlungspolitik stehen. Um die Notwendigkeit eines proaktiven politisch-planerischen Steuerns zu verdeutlichen, wurden Szenarien in partizipativen Prozessen entwickelt, die zur Diskussion planerischen Handelns beitragen sollen (Zielsetzungen, Strategien, Maßnahmen, Instrumente). Gerade die kritische Reflexion des derzeitigen technologie- und wirtschafts-zentrierten Zugangs zur automatisierten und vernetzten Mobilität und die Notwendigkeit, die lokale/regionale Ebene in den Aushandlungsprozess zur Zukunft der Mobilität einzubeziehen, stellen einen wichtigen Schritt dar, der von Seiten der Stadtforschung bzw. -planung mitgestaltet werden sollte.

Abstract

The development of connected and automated mobility is of critical importance for the digital transformation of cities and regions. On the one hand, the vehicles and their corresponding infrastructures are subject to an economic and technological competition, on the other hand, connected and automated mobility supports the digital transformation in space by technologies such as 5G networks and the corresponding C-ITS infrastructure. In the political discourse on connected and automated mobility the alleged advantages clearly dominate. However, there are a number of risks that are in contradiction to sustainable transport, mobility and spatial planning policies. In order to illustrate the necessity of proactive political planning, scenarios had been developed in participatory processes that can be supportive for the discussion towards creating future planning strategies (objectives, strategies, measures, instruments). The critical reflection of the current technology- and business-centered approach to connected and automated mobility and the need to integrate the local and regional level through negotiation processes will be necessary steps to be framed by urban research and planning.

Schlüsselbegriffe

Automatisierte und vernetzte Mobilität, Mobilitätswende, Verkehrspolitik und -planung, Szenarien, lokale/regionale Governance, policy transfer

1 Die automatisierte Mobilität aus sozialwissenschaftlicher Perspektive

Die digitale Transformation kann als ähnlich weitreichend eingeordnet werden wie die Industrielle Revolution, die nicht nur die Arbeitsbedingungen, sondern auch weite Teile des Lebens stark veränderte. Mit der Digitalisierung werden Informationen in binären Codes ausgedrückt, was es ermöglicht, komplexe Arbeitsschritte „automatisch" von Maschinen bearbeiten zu lassen oder Verwaltungsabläufe zu automatisieren. Mittels unterschiedlicher Algorithmen ist es möglich, dass diese Arbeitsschritte mit Hilfe von „Künstlicher Intelligenz" erlernt und schrittweise verbessert werden können. Die hohe Durchdringungsrate und Nutzung von Informations- und Kommunikationstechnologien erhöht zunehmend die digitale Vernetzung im Alltag. Damit verändert sich nicht nur die industrielle Produktion (Industrie 4.0), sondern auch unsere Lebensweise. Die Digitalisierung bestimmt darüber hinaus immer stärker verschiedene Anwendungs- und Aufgabenbereiche von Städten und Kommunen (*Smart City*). Die planende Verwaltung steht folglich vor neuen Möglichkeiten (E-democracy, E-participation, neue Datenqualitäten) (vgl. Giffinger et al. 2018), bzw. Herausforderungen wie Datenmanagement und Datensicherheit (vgl. Libbe 2018). Wenn Städte und Kommunen die Digitalisierung proaktiv nutzen wollen, sind jedoch eine Reihe technologischer (Weiter-)Entwicklungen ebenso notwendig, wie der Ausbau der digitalen Netze, deutlich erweiterte Rechnerkapazitäten, eine entsprechende Infrastruktur und ausgebildetes Personal.

Im Kontext der digitalen Transformation wird häufig die automatisierte und vernetzte Mobilität (avM) genannt. Diese steht in engem Verhältnis zum Ausbau der 5G-Netze, weil viele ExpertInnen davon ausgehen, dass erst ein 5G-Netz es ermöglichen werde, tausende Fahrzeuge in Echtzeit miteinander zu vernetzen und in einem Verkehrssystem zu steuern.[1] Daher wird die Notwendigkeit der raschen Implementierung einer digitalen Infrastruktur damit begründet, dass es ansonsten nicht möglich sein werde, im weltweiten Wettbewerb die Basis-Technologien der avM weiterzuentwickeln und entsprechend testen zu können.

Obwohl Studien zunehmend die ambivalenten Effekte der avM betonen (vgl. Dangschat 2017, 2019a, 2020; Milakis et al. 2017; Duarte; Ratti 2018; Soteropoulos et al. 2019a; Mitteregger et al. 2020), überwiegen in der heutigen Politik zur Automatisierung und Vernetzung des Verkehrs die positiven Hoffnungen auf die Technologie und legitimieren in diesem Zusammenhang enorme Infrastrukturinvestitionen (C-ITS Infrastruktur, 5G-Netz, ITS-G5), Umsetzungsprojekte (Test-Umgebungen), Gesetzesänderungen und Ausrichtung der Forschungsförderungen (vgl. BMVI 2018; bm:vit 2018; EC 2018c, 2019a; POLIS 2018). Dieser Zugang entspricht traditionell der Verkehrsplanung und -politik, die bereits sehr lange einem überwiegend technologie-zentrierten und ingenieurswissenschaftlichen Zugang gefolgt ist und weiterhin folgt (vgl. EU 2011; EC 2018c, 2019b). Die Annahme, dass Wissenschaft und vor allem neue Technologien Lösungen für bestehende Probleme bieten können, ist dabei leitend.

In diesem Artikel kritisieren wir diese dominierende technologiezentrierte Vorstellung in der Verkehrspolitik und -planung, denn gerade in der Debatte zur avM wird seitens der Politik, der Ingenieur- und Technikwissenschaften sowie der Automobil-, Zulieferer- und vor allem IT-Industrien nahezu ausschließlich auf (vermeintliche) positive Aspekte verwiesen. Diese „Selbstverständlichkeiten" bilden die strukturierenden Rahmenbedingungen des Denkens und Handelns für verschiedene AkteurInnen (u.a. Stadt- und RaumplanerInnen). In einem bereits positiv aufgeladenen Diskurs über die *Smart City* als Erfolgsmodell (vgl. Vanolo

---

1   Alternativ dazu wird das „WLAN-System" ITS-G5 diskutiert; dazu müssten jedoch straßenbegleitend eine große Zahl an WLAN-Boxen positioniert werden. Das würde wiederum die Zentren und das hochrangige Straßennetz zusätzlich stärken.

2014) funktionieren die Narrationen zur avM als „Trojanische Pferde" für eine „smarte Mobilität" und eine als problemlos erachtete digitale Transformation (vgl. Dangschat 2019a).

Es ist daher aus sozialwissenschaftlicher Perspektive notwendig, diese einseitigen Narrationen über eine technologiegetriebene Verkehrswende zu hinterfragen:

1. Wie wird die Diskussion zur avM medial, politisch und wissenschaftlich gerahmt und welche Argumente treiben die Debatte voran?
2. Welche AkteurInnen (Politik, Wirtschaft, Forschung, Zivilgesellschaft) geben die Diskussion und das Wissen zur avM überwiegend vor und wer bestimmt sie mit?
3. Wie wird die avM auf unterschiedlichen politischen Ebenen institutionalisiert, verbreitet und damit dauerhaft verankert?
4. Welche (ambivalenten) Effekte der avM werden sich in welchen Räumen wie niederschlagen und wie kann proaktiv oder reaktiv politisch-planerisch auf diese Effekte reagiert werden?
5. Welche alternativen Zukünfte der Mobilität sind denkbar und welche Rolle kann eine gezielte Stadt- und Raumplanung spielen?

In diesem Artikel geben wir erste, kurze Antworten auf diese Fragen und beziehen uns dabei auf die Erfahrungen und Erkenntnisse aus dem Projekt „AVENUE21"[2].

2 Der Kontext der automatisierten und vernetzten Mobilität (avM)

Aktuell kann man fast täglich etwas über die avM lesen – in populären Medien ebenso wie in Fachpublikationen bilden hoch- oder vollautomatisierte Fahrzeuge den zentralen Gegenstand innerhalb von Zukunftsvisionen zur Mobilität. Zudem existiert eine Reihe von politischen Strategie-Papieren der UN, der EU und der Nationalstaaten darüber, wie die dazu notwendige Technologie gefördert und wie sie auf die Straße gebracht werden sollte (vgl. BMVI 2018; bm:vit 2018; EC 2018a, 2018b, 2018c, 2019a, 2019b). Diese Diskussionen werden aktuell von Ingenieurs- und Technik-WissenschaftlerInnen beherrscht und oftmals mit futuristischen Bildern der Fahrzeuge und hoch-technologischen urbanen Szenarien untermalt (vgl.

---

2 Das Projekt „AVENUE21 – Automatisierter und vernetzter Verkehr: Entwicklungen des urbanen Europa", wurde von der Daimler und Benz-Stiftung, Ladenburg, finanziert; die Ergebnisse der ersten beiden Jahre finden sich in Mitteregger et al. (2020).

Manderscheid 2018). In der Regel werden vier Vorzüge der avM hervorgehoben: Vermeiden von Verkehrsunfällen, Verhindern von Staus, verringerter Energieverbrauch und damit verbunden geringere Emission klimaschädlicher Stoffe sowie die verbesserte Einbindung bislang mobilitätseingeschränkter Personengruppen (vgl. BMVI 2018; bm:vit 2018; EC 2018c, 2019a).

Trotz dieser häufig genannten Vorzüge bleibt die Durchsetzung von avM mit zahlreichen Unsicherheiten verbunden. Dies ist einer der Gründe dafür, warum gerade in der Debatte zur avM enorme Anstrengungen zur Standardisierung, universellen Kategorisierung und gesetzlicher Regulierung erfolgen. Die „levels of automated driving" der SAE International (2018) definieren sechs verschiedene Stufen des automatisierten Fahrens – von keiner Automatisierung bis zur Vollautomatisierung – , die international in nahezu allen Publikationen zur avM verwendet werden. Die Stufenleiter symbolisiert eine „natürliche" technologische Fortentwicklung, die durch eine gezielte Förderung und Entwicklung vorangetrieben werden kann. Mit dieser Sprache wird ein international gültiges gemeinsames Begriffsverständnis vom automatisierten Fahren geschaffen und die Kohärenz zum automatisierten Fahren überwiegend in den Ingenieurswissenschaften gestärkt.

Diese an einem eindeutigen Entwicklungspfad orientierte Terminologie sollte jedoch kritisch reflektiert werden, da sie nicht nur die Technologie zu stark in den Mittelpunkt rückt, sondern die Kontextabhängigkeit des Einsatzes automatisierter Fahrzeuge vernachlässigt. Jeglicher Einsatz von neuen Technologien wird nicht nur durch die technologischen Fortschritte bestimmt, sondern steht immer in einem gesellschaftlichen Kontext (vgl. Geels 2002; Geels; Schot 2010; Kanger et al. 2019) aus Machtstrukturen, Interessenskonflikten, wirtschaftlichen Entwicklungen, politisch-planerischer Governance, gruppenspezifischen Verhaltensweisen und physisch-räumlichen Gegebenheiten (vgl. Riggs et al. 2019).

Zudem differenziert man in der gegenwärtigen Debatte zur avM zunehmend nach den Fahrumgebungen (Operational Design Domains, ODDs) und Fahrzeugtypen (Use Cases) als klar definierte Anwendungsgebiete bzw. Anwendungsfälle des automatisierten Fahrens. Um schließlich den Unterschied zwischen Mobilität (Beweglichkeit von Personen, Gütern und Informationen im geographischen Raum) und Verkehr (sicht- und messbares Unterwegs-Sein) zu verdeutlichen, ist es zudem wichtig, die Mobilitätsdienstleistungen (Mobility as a Service – MaaS) zu berücksichtigen (vgl. Jittrapirom et al. 2017), da diese Informations- und Kommunikations-Systeme über Apps, Plattformen und Clouds nicht nur das Wann, Wie und Wo des Unterwegs-Seins bestimmen, sondern ggf. eine physische Bewegung überflüssig machen (zum formalen Zusammenhang s. Abbildung 1).

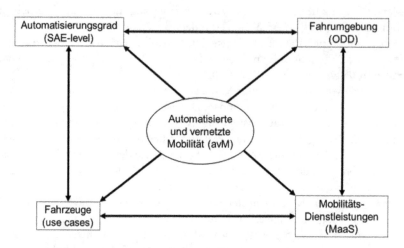

Abb. 1 Automatisierte und vernetzte Mobilität im Kontext des Automatisierungsgrades, der Fahrumgebung, der Fahrzeuge und von Mobilitätsdienstleistungen
Quelle: Dangschat 2019a: 21

3 Akteursinteressen und die politische Institutionalisierung der automatisierten und vernetzten Mobilität

Die hier verdeutlichten Zusammenhänge (Abb.1) zeigen das komplexe Themen-, aber auch Akteurs- und Interessenfeld der avM. Mehrere Industriezweige – Automobilindustrie, Automobil-Zulieferindustrie, Informations- und Kommunikationsindustrie, Mobilfunk- und Plattformindustrie – sind an der Durchsetzung von avM interessiert und versuchen, die damit verbundenen Entwicklungen bestmöglich und wirtschaftlich gewinnbringend zu nutzen. Zudem sind öffentliche und private Verkehrsbetriebe stark an der Entwicklung der avM interessiert, da ihr Kerngeschäft betroffen ist. Ebenso zählen Mobilitätsplattformen und Car- oder Ride-Sharing-Anbieter zu den zentralen, oftmals neuen AkteurInnen, die im Kontext der Automatisierung neue Märkte erschließen können. Weitere relevante Stakeholder im Bereich der Wirtschaft sind Straßenbauende und -betreibende, Energieunternehmen, die Immobilienwirtschaft, Versicherungen und Unternehmensberatungen – hier sind alle der internationalen „big five" (Deloitte, Ernst & Young, KPMG, McKinsey, Pricewaterhouse Coopers) vertreten.

Da die technologische Entwicklung und die Tests der Fahrzeuge und Straßenumgebungen in einer internationalen Wettbewerbssituation stattfinden, sind die damit verbundenen Diskurse Bestandteil einer Transnationalisierung von Politik (vgl. Stone 2004) und daher mit Ansätzen des Politik-Transfers (vgl. McCann & Ward 2013) resp. der politischen ‚mobilities' (vgl. Künkel 2015) zu analysieren. Diese Ansätze werden aktuell auch in der Stadtplanung (vgl. Hamedinger 2014) und der Stadtforschung diskutiert und angewendet (vgl. McCann & Ward 2011).

Im komplexen Feld der Stakeholder haben sich in den letzten Jahren zahlreiche Vernetzungsinitiativen zwischen Politik, Planung, Forschung und der Wirtschaft auf unterschiedlichen politischen Ebenen herausgebildet. Hier ein kurzer Überblick über einige ausgewählte internationale Organisationen, Netzwerke und strategische Gruppen, die sich intensiv mit der avM beschäftigen, Politikberatung betreiben und dabei VertreterInnen aus verschiedenen Stakeholdergruppen (überwiegend aus Politik, Wirtschaft und Forschung) bündeln:

- CARTRE (Coordination of Automated Road Transport Deployment for Europe),
- CEDR (Conference of European Directors of Roads),
- ERTICO (European Road Transport Telematics Implementation Coordination Organisation),
- ERTRAC (European Road Transport Research Advisory Council),
- GEAR 2030 (High Level Group for the automotive industry),
- ITF/OECD (International Transport Forum)
- POLIS (European Cities and Regions Networking for innovative Transport Solutions),
- Trilateral EU-US-Japan Working Group on Automation in Road Transportation.

In der Politik ist die avM ein Querschnittsthema und betrifft mehrere Politikbereiche: Beispielsweise sind fast alle Generaldirektionen der Europäischen Kommission an der Durchsetzung der avM beteiligt. Ein wichtiges politisches Rahmendokument auf europäischer Ebene ist die Veröffentlichung „On the road to automated mobility: An EU strategy for mobility of the future" (EC 2018b) der Europäischen Kommission, die eine wesentliche Grundlage für den Bericht im Europäischen Parlament bildet. Das dort formulierte Ziel ist, Europa zum Weltführer der Entwicklung von sicheren automatisierten Mobilitätssystemen zu machen und dadurch Sicherheit und Effizienz zu stärken, die Emissionen und den Energieverbrauch zu reduzieren und schrittweise aus der fossilen Energie auszusteigen. Das signifikante wirtschaftliche Potential in verschiedenen Sektoren wird betont und die Chancen für neue

Geschäftsmodelle, Startups, kleinere und mittlere Unternehmen sowie die Industrie und die Unternehmen in ihrer Gesamtheit hervorgehoben.

Der Beitrag der europäischen Forschungsförderung besteht darin, automatisierte Technologien zu entwickeln, damit die EU dem globalen Wettbewerb standhält und neue Jobs in Europa kreiert werden. Denn die Befürchtung ist groß, im technologischen Konkurrenzkampf zwischen den USA, China, Süd-Korea, Japan, etc. nicht mithalten zu können, abgehängt zu werden und letztlich wirtschaftliche Verluste in einem der wichtigsten Wirtschaftsbranchen in Europa – der Automobilindustrie – zu erleiden. Daher sollen die Technologien so schnell wie möglich auf den Markt gebracht werden, um positive Auswirkungen auf die Wirtschaft zu erzielen, weshalb die beteiligten Branchen und AkteurInnen dringend unterstützt werden müssten (vgl. EP 2018: 13–14).

Erst durch einen enormen politischen Push für die Industrien und Unternehmen, so die Annahme, können sich die „richtigen" Lösungen durchsetzen. Dies verdeutlicht wiederum den technologie- und wettbewerbs-zentrierten Zugang, der die Automatisierung weniger den umwelt-, sozial- oder raum-verträglichen Prinzipien, sondern vor allem wirtschaftlichen Interessen unterordnet. Zudem wird in diesem Kontext ausgeblendet, dass Maßnahmen zur Mobilitätswende nicht oder nicht nur von den technologischen Fortschritten sowie der Automatisierung abhängen, sondern Investitionen in aktive Mobilität (Fuß- und Radverkehr) und öffentlichen Verkehr grundsätzlich höher zu priorisieren sind.

4 Die ambivalenten Effekte der automatisierten und vernetzten Mobilität im Raum

Bisherige Studien zur avM zeigen, dass vor allem die künftigen gesellschaftlichen, räumlichen und verkehrlichen Effekte kaum zu antizipieren sind und die Modellrechnungen meist auf sehr vagen Annahmen beruhen (vgl. Milakis et al. 2017; Puylaert et al. 2018; Gelauff et al. 2019; Soteropoulos et al. 2019a, 2019b). Die Unsicherheit betrifft nicht nur die neuen technologischen Möglichkeiten an sich, sondern auch die Frage, wie Politik, planende Verwaltung und Forschung am besten auf die technologischen Fortschritte der letzten Jahre reagieren sollten. In der Stadt- und Verkehrsforschung werden zunehmend die ambivalenten räumlichen, ökologischen und sozialen Effekte des automatisierten Fahrens betont (vgl. Dangschat 2017, 2019a, 2020; Milakis et al. 2017; Duarte; Ratti 2018; Weber; Haug 2018; Mitteregger et al. 2020). In der Übersicht 1 werden zentrale positive und negative Einschätzungen gegenübergestellt.

Übersicht 1 Positiv-optimistische und die negativ-skeptische Erwartungen gegenüber dem automatisierten und vernetzten Verkehr in Medien und Forschung

positiv-optimistisches Zukunftsbild	negativ-skeptisches Zukunftsbild
• Die Zahl der Unfälle geht bis nahe null zurück; schwere Unfälle werden gänzlich vermieden.	• Aufgrund der geringen Praxis des Selbstfahrens werden die „Rückfall"-Situationen (die gefahrene Person muss wieder selbst lenken) in der Übergangsphase riskanter.
• Die Verkehrsflüsse werden effizienter gesteuert.	• Durch die Ausweitung der Alterbegrenzung (avM schon ab 14 Jahren möglich, insbesondere ältere und mobilitätseingeschränkte Personen können ohne Altersbegrenzung eigenständig mobil sein) wird das Verkehrsaufkommen ausgeweitet.
• Durch eine entsprechende Steuerung kann der Parkplatz-Suchverkehr verringert werden.	• Der Komfort und die Bequemlichkeiten des automatisierten und vernetzten Fahrens führen zu weniger Wegen, die mit dem ÖPNV und/oder „aktiv" (zu Fuß gehen, Fahrrad fahren) zurückgelegt werden.
• Der Energieverbrauch und die Emissionen (CO_2, NO_x, SO_2, Feinstaub, Lärm) können reduziert werden.	• Durch die Vernetzung, das Speichern und „Bewegen" großer Datenmengen steigt der Verbrauch an elektrischer Energie deutlich an.
• Die Betriebskosten können durch eine gesteigerte Effizienz und einen geringeren Personaleinsatz reduziert werden.	• Die Vorteile von vollautomatisierten Fahrzeugen setzen erst bei einer Marktdurchdringung von 50% bis 60% ein und wirken sich erst bei 80% bis 90% Marktdurchdringung ökonomisch und ökologisch relevant aus.
• Die Zahl der Pkws kann aufgrund neuer Sharing-Modelle und Mobilitätsservices deutlich verringert werden.	• Die Annahmen für Entwicklungen von Sharing und alternativen Antrieben sind zu optimistisch. Damit sind die Prognosen zur Einsparung von Energie und die damit verbundene Verringerung der schädlichen Emissionen unrealistisch und potenzielle Rebound-Effekte werden nicht gesehen.
• Zurückgewonnene Verkehrsflächen können anderweitigen Nutzungen zugeführt werden (Steigerung der Aufenthalts- und Lebensqualität; Platz für aktive Mobilität).	• Der individuelle automatisierte und vernetzte Verkehr konterkariert die aktuellen Ziele einer nachhaltigen Siedlungsentwicklung (kompakte Stadt, Stadt der kurzen Wege, Mobilität im Umweltverbund), weil die Wege tendenziell länger werden und weil dem traditionellen ÖPNV eine stärkere Konkurrenz gegenübergestellt wird.

positiv-optimistisches Zukunftsbild	negativ-skeptisches Zukunftsbild
• Der Zugang zur Mobilität für einen großen Anteil an bislang mobilitätseingeschränkten Menschen kann wieder ermöglicht werden.	• Sozioökonomische und sozialräumliche Ungleichheiten werden durch hohe Anschaffungskosten von automatisierten und vernetzten Fahrzeugen und durch veränderte Präferenzen der Wohnstandortwahl weiter verschärft.
• Durch die Automatisierung und Vernetzung wird die Inter-Modalität gestärkt, unnötige Fahrten können vermieden werden.	• Wenn die subjektiv wahrgenommenen Wegekosten sinken, steigt die Attraktivität peripherer Wohn- und Arbeitsstandorte, was sich in längeren und häufigeren Wegen im MIV niederschlägt; zudem werden Leerfahrten entstehen.
• Die Automatisierung und Vernetzung ermöglicht eine weitgehend stressfreie und komfortable Mobilität und bessere Nutzung der Fahrzeit sowie zusätzliche Services während der Fahrt.	• Die Vorbehalte gegenüber automatisierten Fahrzeugen in der Wohnbevölkrung sind recht hoch. Die Akzeptanz in Österreich liegt – je nach Aspekt der avM – aktuell zwischen 30% und 50%. Damit liegt Österreich im internationalen Vergleich an letzter Stelle, gefolgt von Deutschland.
• Die avM bietet eine wesentliche Grundlage für die Umsetzung von *Smart City*-Strategien; durch zusätzliche on-trip-Daten kann das Verkehrs-Management verbessert werden.	• Bislang ist das Sammeln, Speichern, Verwenden und die Weitergabe der Daten ungeklärt; public-private partnerships weisen das Risiko auf, dass IT-Firmen über die Finanzierung der Infrastrukturen sich den Zugriff auch auf private on-trip-Daten „erkaufen".

erweitert nach Dangschat 2019a: 13–14

Mit der automatisierten Mobilität besteht die Gefahr, das Auto im privaten Eigentum weiterhin ausschließlich als attraktiv zu „verkaufen" und dabei jene Probleme zu verstärken, die der Autoverkehr in Städten bereits heute mit sich bringt (Staus, zugeparkter öffentlicher Raum, Emissionen). Die prognostischen Modellierungen der jüngsten Vergangenheit verdeutlichen, dass das Verkehrsaufkommen mit automatisierter Mobilität potentiell steigen und trotz hoher Durchdringungsrate von E-Autos die CO_2-Emissionen stark zunehmen könnten (vgl. Soteropoulos et al. 2019a, 2019b). Mit dem automatisierten Fahren werden Bedenken zur weiteren Zersiedelung, neue Konkurrenzen zwischen motorisiertem Individualverkehr und öffentlichem Verkehr sowie aktiver Mobilität, zur Sicherheit im öffentlichen Raum, sowie generell die zunehmende Privatisierung des öffentlichen Raumes geäußert. Wells und Xenias (2015) kritisieren zudem die künftige „mentale Abkapselung" von der sozialen Umwelt, wenn sich die Personen nicht mehr auf die Fahraufgabe konzentrieren müssen. Diese Abkapselung – die bereits heute durch Smartphones und Kopfhörer im öffentlichen Verkehr weit fortgeschritten ist – wird noch verstärkt werden, wenn in künftigen Fahrzeugen der Innenraum als *smart screens* ausgebildet und die *augmented reality* es ermöglichen wird, während der Fahrt sich auf völlig andere Eindrücke und Landschaften konzentrieren zu können. Der private Raum im eigenen Auto, der auch Sicherheit vor der „fremden" sozialen Umwelt bietet, gewinnt weiter an Bedeutung. Das Fahren von zudem immer größeren, schwereren Autos wird genutzt, um sich sicherer fühlen, während hingegen die Gefahren an alle Insassen kleinerer Fahrzeuge sowie Radfahrende, Fußgehende, ältere Menschen und Kinder externalisiert werden (vgl. Sovacool & Axsen 2018: 738).

Da aufgrund von kaum vorhandener und allenfalls in Tests angewandter Technologien empirische Beobachtungen zum hoch- und vollautomatischen Fahren fehlen, werden Überlegungen über die zukünftige Mobilität im Rahmen von Szenarien-Studien getroffen. Dabei kann zwischen mathematisch-ingenieurswissenschaftlichen (quantitativ, prognostisch, Modellierungen) und sozialwissenschaftlichen (qualitativ, partizipativer Prozess, narrativ-kreativ) Szenarien unterschieden werden[3]. Szenarien beschreiben jedoch nie eine „sicher eintretende Wirklichkeit", sondern dienen der Vorstellbarkeit unterschiedlicher künftiger Situationen („so könnte es sein") (vgl. Gausemeier et al. 1995; Ahrend et al. 2011; Beiker 2015; Phleps et al. 2015; Milakis et al. 2017, Tillema et al. 2017; Soteropoulos et al. 2019b). Quantitativ-prognostische Szenarien unterscheiden sich hinsichtlich des Grades der Marktdurchdringung vollautomatischer Fahrzeuge, der Annahme der Dauer der Übergangszeit unterschiedlich automatisierter und vernetzter Fahrzeuge, dem Grad des Car-Sharings, der Länge und Zahl an Fahrten,während mit den qualitativ-narrativen Szenarien überwiegend Wertvorstellungen, Steuerungsmöglichkeiten, Entwicklungspfade und Interessen betrachtet werden.

Die Wirkungsabschätzung der künftigen avM bleibt daher eine sehr unsichere Angelegenheit, bei der klassische Prinzipien von empirischer Forschung wenig greifen. Dennoch kann der gegenwärtig vor allem affirmative Diskurs kritisch herausgefordert werden, weil die Szenarien zeigen, dass viele Entwicklungen nicht nur von der technologischen Machbarkeit abhängen. Es müssten vielmehr bereits heute politisch-planerische Entscheidungen getroffen werden, wenn eine reine Technik-Anpassung vermieden und stattdessen die avM dazu genutzt werden sollte, die notwendige Verkehrs- und Mobilitätswende zu unterstützen (vgl. Rupprecht et al. 2018). Daher soll mit Hilfe der im Folgenden dargestellten Szenarien eine stärkere politische Aushandlung über wünschenswerte „mobile Zukünfte" angeregt werden.

---

3   Im Projekt AVENUE21 wurde eine qualitative, normativ-narrative Szenario-Technik zur Generierung von Hypothesen und Annahmen angewendet. Zur Quantifizierung leicht abgewandelter Szenarien vgl. Soteropoulos et al. 2019b.

5 Steuerbarkeit und politisch-planerischer Einfluss auf die Entwicklung

Technologische Entwicklungen sind immer in die Gesellschaft eingebettet und spiegeln aktuelle gesellschaftliche Trends – so auch die heutige Diskussion zur avM (vgl. Bijker et al. 1987; Jokisch 1982; Callon 1990; Kanger et al. 2019). Geels (2012: 471) rückt in diesem Zusammenhang den Begriff des sozio-technischen Regimes in den Mittelpunkt, womit er die dominierende Systemkonfiguration beschreibt, die oft von Pfadabhängigkeiten geprägt ist. Wandlungsprozesse auf der Ebene des Regimes (Meso-Ebene) werden nach seinen Überlegungen durch Innovationen in Nischen (Mikro-Ebene) angestoßen und betten sich in eine breitere „Landschaft" (Makro-Ebene) ein. Bei Geels bleibt das gesellschaftliche Subsystem jedoch diffus; er betrachtet die verschiedenen Institutionen und AkteurInnen zu undifferenziert, um Machtkonstellationen und/oder Interessenskonflikte deutlich zu machen. Es ist daher notwendig – zumal vor dem Hintergrund der bisherigen dominierenden Argumention um technologische Machbarkeit und ökonomische Effizienz – das gesellschaftliche Subsystem stärker zu betrachten.

Zu diesem Zweck wurden im Rahmen des AVENUE21-Projektes die Szenarien nicht nach technologischen Aspekten oder use cases befrachtet (wie beispielsweise das Valet-Parken oder unterschiedliche Automatisierungsgrade; vgl. Beiker 2015), sondern nach dem gesellschaftlichen Kontext von Interessen und Steuerungsmöglichkeiten unterschiedlicher AkteurInnen. Insbesondere die Haltung der politisch-planerischen Institutionen ist für die Gestaltung der Implementation der avM wichtig.

Szenarien – Darstellung und theoretische Einordnung

Basierend auf drei unterschiedlichen Zugängen zu politisch-planerischer Steuerung, nämlich marktorientiert, politikorientiert und zivilgesellschaftlich orientiert, wurden im Projekt AVENUE21 konsistente Handlungsstränge für einen Zeitraum des Überganges und der Überlappung unterschiedlicher Automatisierungsstufen von Fahrzeugen entwickelt[4]. Diese drei verschiedenen Zugänge folgen unterschiedlichen Governance-Ansätzen und Entwicklungstheorien (s. Übersicht 2).

---

[4] Die Szenarien und die Interpretationen der jeweiligen Auswirkungen wurden innerhalb des Teams erarbeitet, in verschiedenen Workshops und mit unterschiedlichen Fachleuten diskutiert und in weiteren Team-Sitzungen weiterentwickelt und differenziert.

Übersicht 2 Theoretischer Hintergrund und Annahmen zur Transition (in Anlehnung an Mitteregger et al. 2020)

	markt-orientiertes Szenario	politik-orientiertes Szenario	zivilgesellschaftlich orientiertes Szenario
theoretischer Hintergrund	*Neoklassik* – Menschen handeln nutzenorientiert, Rational Choice	*Paternalismus* – der Staat übernimmt Verantwortung für die Mobilität der Bevölkerung	*Kommunitarismus* – es gibt eine gemeinschaftliche Vorstellung vom „Guten"
Annahmen über die Transition	Die Nachfrage orientiert sich an dem Angebot. Wenn das richtige Angebot vom Markt bereitgestellt wird, dann wird es auch genutzt.	Staat schafft Rahmenbedingungen und Menschen müssen zu richtigen Entscheidungen „angestupst" werden (*Nudging*).	Allgemeine Wertesensibilisierung für eine nachhaltige Entwicklung muss erfolgen.
dominierende Form der Governance	Modernisierung und Deregulierung	Kontrolle durch Staat	Ermächtigung der Zivilgesellschaft
zentraler Anspruch an das Mobilitätssystem	Möglichst gewinnbringendes Geschäftsmodell	Multi-modales Mobilitätssystem	Kollektive Nutzung und Aneignung von Mobilitätstechnologien

Diese unterschiedlichen Rationalitäten wurden „spielerisch" aufgearbeitet und ihre Auswirkungen auf Mobilitätsangebote, Raumstrukturen und die Lebensweise aufgezeigt (vgl. Mitteregger et al. 2020). Es geht hier nicht darum, die drei Szenarien im Detail inhaltlich darzustellen (vgl. dazu Mittegger et al. 2020: 101–144), sondern es soll vielmehr ein kurzer Einblick in drei komplett konträre Entwicklungsmöglichkeiten mit ihren jeweiligen eigenen Widersprüchen und Ambivalenzen gegeben werden. Dadurch wird deutlich, dass es derzeit kaum möglich ist, das „ideale Rezept" zur Umsetzung des automatisierten und vernetzten Verkehrs vorzulegen, sondern dass die Aushandlung über das „Wie" der Umsetzung ein konfliktreicher Prozess sein wird und daher entscheidend ist, welche AkteurInnen in welchem Umfang dabei mitbestimmen können.

Markt-orientiertes Szenario

Im markt-orientierten Szenario dominieren individualisierte Servicepakete privater Dienstleister. Auf Autobahnen und eigens definierten Trassen werden durch die Automatisierung Effizienzsteigerungen im Verkehrsfluss erreicht und KundInnen entsprechend ihrer Kaufkraft bzw. Zahlungsbereitschaft bevorzugt oder nachrangig behandelt. Im gehobenen Preissegment wird meist alleine gefahren und hoher Komfort geboten. Ergänzend werden *Sharing-Services* angeboten, die je nach Größe der Fahrzeuge und Passagierzahl günstiger, aber weniger komfortabel und langsamer sind. Informations- und Kommunikationsunternehmen „informieren" und unterhalten die Passagiere während der Fahrzeit und nutzen anfallende Daten für den Ausbau und/oder neue Geschäftsmodelle (vgl. Mitteregger et al. 2020: 106–113).

Übersicht 3 Vor- und Nachteile des markt-orientierten Szenarios

Vorteile (exemplarisch)	Nachteile (exemplarisch)
Vielfältige Mobilitätsdienstleistungen können vor allem in Gebieten mit hoher Kaufkraft (urbaner Raum) geschaffen werden.	Sozioökonomische und sozialräumliche Ungleichheiten können aufgrund unterschiedlicher Marktpotentiale der sozialen Gruppen und von Räumen verschärft werden.
Die Emissions- und Lärmbelastung kann vor allem im urbanen Raum reduziert werden.	Im öffentlichen Raum können bauliche Barrieren geschaffen werden, da automatisierte Fahrzeuge eine möglichst „störungsfreie" Fahrbahn für eine effiziente Nutzung erfordern.
Das Verkehrsaufkommen kann durch die Durchsetzung von Mobilität als Dienstleistung reduziert werden und dadurch kann ein möglicher Rückbau der Straßeninfrastruktur (Parkplätze, Fahrbahnen etc.) erfolgen.	Der öffentliche Verkehr steht unter starkem Konkurrenzdruck und wird letztlich durch private Angebote verdrängt. Dadurch werden öffentliche Aufgaben wie die Steuerung von Verkehrsflüssen, die Zugangsbedingungen, die Gestaltung der Zu- und Ausstiegspunkte von privaten AkteurInnen übernommen, wodurch sozialräumliche Ungleichheiten entstehen können und das Allgemeinwohl an Bedeutung verliert.

Politik-orientiertes Szenario

Ein integriertes multimodales Verkehrsnetz bildet das Rückgrat der Mobilität im politik-orientierten Szenario. Die physische und digitale Infrastruktur wird in der Stadtregion weitestgehend öffentlich hergestellt, betrieben und verwaltet. Die Datenhoheit liegt dabei bei der öffentlichen Hand. Eine öffentliche integrierte Mobilitätsplattform erleichtert das intermodale Reisen mit öffentlichen Verkehrsmitteln (Busse, Straßenbahnen und U-Bahnen), automatisierten Shuttles, Car- und Ridesharing, sowie e-Bikes oder Rollern. Über die Plattform und die dort generierten Daten werden gezielt bestimmte Modi priorisiert bzw. Anreize zur Nutzung aktiver Mobilität gesetzt (vgl. Mitteregger et al. 2020: 114–119).

Übersicht 4 Vor- und Nachteile des politik-orientierten Szenarios

Vorteile (exemplarisch)	Nachteile (exemplarisch)
av-basierte Shuttles können als Ergänzung zum traditionellen öffentlichen Verkehr in Zeiten bzw. Orten schwacher Auslastung oder hoher Nachfrage eingesetzt werden.	Die öffentliche Hand muss die Kompetenzen zur Bereitstellung und Instandhaltung des automatisierten Angebotes erwerben; zudem ist die Instandhaltung einer öffentlich betriebenen Mobilitätsplattform sehr aufwendig.
Die Emissions- und Lärmbelastung kann bei einer Verlagerung auf öffentliche Verkehrsmittel reduziert werden.	Hohe Kosten für die Bereitstellung und Instandhaltung der digitalen Infrastruktur können für die öffentliche Hand entstehen.
Eine starke Politik ermöglicht konkrete Steuerungsmöglichkeiten des Mobilitätsangebotes im Sinne der Verkehrswende (höhere Priorisierung von Fuß- und Radverkehr und öffentlichem Verkehr im Raum).	Die demokratische Legitimierung von Entscheidungen sowie eine mangelnde Wertesensibilisierung kann auch dazu führen, dass der motorisierte Individualverkehr weiterhin eine wichtige Rolle spielen wird, da er im Vergleich zu öffentlichen und geteilten Mobilitätsmodi Vorzüge vor allem bei der Bequemlichkeit aufweist.

Zivilgesellschaftlich orientiertes Szenario

Zivilgesellschaftliche Initiativen, die automatisierte Mobilität aus lokalen Bedürfnissen heraus formulieren und dementsprechende Angebote entwickeln, charakterisieren das zivilgesellschaftlich orientierte Szenario. Sie sind Pioniere eines auf Nachhaltigkeit und Suffizienz ausgerichteten Wandels der Mobilität. Durch die Stärkung der lokalen Ebene soll Verkehr grundsätzlich vermieden werden und die aktive Mobilität (Fuß- und Radverkehr) in den Mittelpunkt gestellt werden. Automatisierte und vernetzte Fahrzeuge werden in geringem Ausmaß und mit niedriger Geschwindigkeit eingesetzt, um möglichst die gesamte Region erschließen zu können. Die avM wird fast ausschließlich im Kontext des Sharing entwickelt (vgl. Mitteregger et al. 2020: 120–127).

Übersicht 5 Vor- und Nachteile des zivilgesellschaftlich orientieren Szenarios

Vorteile (exemplarisch)	Nachteile (exemplarisch)
Die Eigenverantwortung der NutzerInnen und lokaler AkteurInnen wird unterstützt.	Bei Mobilitätsvereinen können Exklusionsprozesse aufgrund von notwendigen Mitgliedschaften und Zugangsbestimmungen wirken.
Das Mobilitätsangebot kann im Sinne der Verkehrsvermeidung zur Suffizienz und Stärkung der lokalen Ebene führen.	Die überregionale Vernetzung und Einbettung in das weiterreichende Verkehrsnetz kann eine weitgehend ungelöste Herausforderung darstellen.
Das Mobilitätsangebot kann an spezifische Bedürfnisse angepasst werden und die soziale Kohäsion stärken.	Die langfristige Aufrechterhaltung des Verkehrsangebotes kann nicht garantiert werden und die Verantwortung wird auf lokale AkteurInnen übertragen.

Zur Interpretation der Szenarien

- Die Szenarien machen deutlich, dass die Durchsetzung der avM nicht ausschließlich von der technologischen Machbarkeit abhängt, sondern auch „gemacht wird". Wenn die avM im Sinne der Verkehrs- und Mobilitätswende eingesetzt werden soll, sind somit die strukturierenden Rahmenbedingungen der Mobilität in den Blick zu nehmen. Dabei wird auch deutlich, dass zwar potentiell einige neue Steuerungsinstrumente notwendig werden (Regulationen in Bezug auf Daten, digitaler Infrastruktur, etc.), allerdings auch viele herkömmlichen Instrumente zur Verkehrswende stärker greifen müssen (Stärken des Zufußgehens und des Radfahrens sowie des öffentlichen Verkehrs).
- Die Szenarien zeigen darüber hinaus, dass die Durchsetzung der avM nicht entsprechend des dominierenden Diskurses einer rein wettbewerbsorientierten Rationalität und technologischer Machbarkeit folgen muss, sondern sich sehr unterschiedlich entwickeln kann. Politik und planende Verwaltung sollten auf europäischer, nationaler und regionaler Ebene die avM so implementieren, dass die Ziele des Gemeinwohles und einer nachhaltigen Entwicklung nicht gefährdet werden.
- Die Aushandlung einer wünschenswerten Zukunft mit automatisierter Mobilität wird auch deshalb besonders relevant, weil positive und negative Effekte der automatisierten Mobilität in allen Szenarien gerade in der Übergangszeit räumlich konzentriert und sozial selektiv auftreten können (vgl. Mitteregger et al. 2020: 58–98). Eine neue Ungleichheit in der Mobilitätsversorgung der stadtregionalen Bevölkerung (nach sozialen Gruppen und Teilgebieten) und der Zugänglichkeit zu neuen Mobilitätslösungen wäre die Folge. Damit wäre zusätzlich eine Neu-Bestimmung von Standort-Vorteilen verbunden.

6 Was sollten Wissenschaft und Politik und planende Verwaltung tun?

Wir haben dargestellt, dass der politische Diskurs zur automatisierten und vernetzten Mobilität insbesondere auf der europäischen und nationalen Ebene stark vom Streben nach ökonomischer Wettbewerbsfähigkeit und vom Vertrauen in das Lösungspotenzial technologischer Ansätze geprägt ist. Der Diskurs basiert auf der Annahme, dass die avM bereits in naher Zukunft sicher, umweltfreundlich, emissionsarm und sozial inklusiv sein wird. Auf lokaler und regionaler Ebene stehen für Politik und planende Verwaltung vor allem die Umsetzungsprobleme im Vordergrund und die Vorbehalte der BürgerInnen sind demnach strategisch abzubauen. Die Durchsetzung der avM soll schließlich möglichst konfliktfrei und nahtlos verlaufen.

Vor dem Hintergrund der notwendigen, aber weitgehend noch ausstehenden Verkehrs- und Mobilitätswende sollte hingegen den Risiken und Herausforderungen der Umsetzung der avM eine stärkere Aufmerksamkeit geschenkt werden, denn es ist zu befürchten, dass durch die automatisierten und vernetzten Fahrzeuge mehr Verkehr entstehen wird (längere und häufigere Fahrten, auch Leerfahrten), dass die Konkurrenz zum herkömmlichen ÖPV und der aktiven Mobilität (zu Fuß gehen, Fahrrad fahren) deutlich größer wird und dass suburbane und periurbane Standorte (wieder) für private Haushalte und Unternehmen an Bedeutung gewinnen. Das widerspricht den gegenwärtigen verkehrs- und stadtplanerischen Zielsetzungen hin zur umweltfreundlichen und kompakten Mobilitäts- und Siedlungsentwicklung.

Vor diesem Hintergrund kommen wir zu Empfehlungen für die weitergehende Forschung und die Raumplanung, die wir hiermit zur Diskussion stellen.

Empfehlungen für die Forschung

- Aufgrund der nach wie vor bestehenden Dominanz technologischer und ökonomischer Argumente in den Diskursen und Narrationen zur avM ist es notwendig, die Argumente und deren handlungsleitende Funktionen in kritische theoretische Überlegungen zur Digitalisierung im Allgemeinen und zur avM im Besonderen einzubetten. Erst die Analyse der gesellschaftlichen Auswirkungen der technologiegetriebenen Argumente macht es möglich, diese Diskurse hinsichtlich ihrer gesellschaftlichen Wirkmächtigkeit einzuordnen, anzufechten und zu kritisieren.
- Mit Szenarien werden denkbare Entwicklungen beschrieben. Die hier dargestellten gehen von unterschiedlichen Interessenskonstellationen aus und kommen daher zu unterschiedlichen Auswirkungen der avM. Die jeweiligen Entwicklungen sind für bestimmte Gruppen wünschbar, für andere nicht. Szenarien können ein erster Schritt sein, um zu verdeutlichen, wie unterschiedliche Interessen, Denkweisen und Ziele die Anwendung und den Einsatz von Technologien

beeinflussen könnten. So können alternative, gegenläufige Entwicklungspfade skizziert und diskutiert werden.
- Innerhalb des Diskurses wird der Raumwirksamkeit der avM bislang eine allenfalls oberflächliche Aufmerksamkeit zuteil (vgl. Dangschat 2020). Unterschiedliche Räume eignen sich auch technisch betrachtet unterschiedlich für automatisiertes Fahren (siehe dazu auch die räumlichen Analysen der Eignung von Gebieten in Mitteregger et al. 2020: 81–84). Es müsste differenzierter geklärt werden, wie sich die unterschiedlichen Zielsetzungen und Anwendungsfälle von automatisierten Fahrzeugen auf den Raum auswirken werden. Über die avM im ländlichen Raum gibt es bislang wenige Informationen.

Empfehlungen für die regionale/lokale Politik und Raumplanung
- Vor dem Hintergrund des Klimawandels ist eine Verkehrs- und Mobilitätswende dringend geboten. Daher sollten nur solche automatisierte und vernetzte Fahrzeuge zugelassen werden, die diese Ziele unterstützen. Zu berücksichtigen bleiben dabei einerseits die unterschiedlichen technischen Eignungen von Infrastrukturen für automatisiertes und vernetztes Fahren (vgl. Mitteregger et al. 2020: 67–72) sowie andererseits eine klare politisch-planerische Priorisierung von nachhaltigen Mobilitätsmodi im öffentlichen Raum, allen voran Fuß- und Radverkehr, öffentlicher Verkehr und geteilte kollektive Mobilität.
- Es sind daher schon frühzeitig entsprechende Strategien zu entwickeln resp. zu adaptieren – aufbauend auf dem *Automation-Ready Framework*, der im Rahmen des CoExist-Projektes entwickelt wurde, ist ein erstes Strategiepapier für die Integration der avM in die Sustainable Urban Mobility Plans (SUMPs) zur Diskussion gestellt worden (vgl. EC 2019b). In den Prozess der Entwicklung in Deutschland und Österreich (vgl. BMVI 2018, bm:vit 2018) ist die regionale und kommunale Ebene bislang nur unzureichend eingebunden und ihre Einbindung sollte dringend gestärkt werden.
- Da bereits zeitnah wichtige Weichenstellungen für eine nur bedingt vorhersehbare technologische und gesellschaftliche Entwicklung getroffen werden müssen, sind neue Governance-Ansätze zu entwickeln. Das können zum Beispiel komplexe, adaptive Systeme sein, die weitreichendes Lernen, Fehlertoleranz sowie Anpassungsfähigkeit ermöglichen. Zudem sind neue Beteiligungsformate zu entwickeln, um auf die gerade in Deutschland und Österreich großen Vorbehalte gegenüber den neuen Technologien angemessen eingehen zu können und Alltagswissen in den Diskurs einzubinden. Die aktuelle „Lab-Mode" und die gängigen *Citizen Science*-Ansätze reichen dazu nicht aus, weil diese oftmals technologiezentriert sind und vornehmlich auf die Entwicklung von Prototypen ausgerichtet sind.

- Die Übergangszeit stellt in zweierlei Hinsicht eine große Herausforderung dar: Zum einen wird sie als eine Phase der riskantesten Verkehrssituationen dargestellt, zum anderen werden letztlich die umsetzenden Gebietskörperschaften zu erheblichen Investitionen für die benötigten Infrastrukturen gedrängt, können dabei aber die betriebswirtschaftlichen Vorteile einer Vollautomatisierung erst bedingt nutzen. Hier wird eine klare Positionierung der Gebietskörperschaften (wo und wie kann avM sinnvoll sein) erforderlich.
- Ein großer Teil des unternehmerischen Interesses hinter der Forcierung der avM gilt weniger dem Verkehr als vielmehr den dort gewonnenen Daten. Insbesondere die personenbezogenen on-trip-Daten ermöglichen eine deutliche Weiterentwicklung von Algorithmen und den darauf aufbauenden Geschäftsmodellen, die kritisch zu hinterfragen sind. Politik und Verwaltungen sollten entsprechende Kompetenzen aufbauen, um die Bedingungen der Verkehrssteuerung, die Organisation von Plattformen der digitalen Infrastruktur im Sinne des Gemeinwohles auszuhandeln.
- Neben ethischen Fragen sind der Schutz der persönlichen Daten, der Zugriff auf die zur Verkehrssteuerung notwendigen Daten und deren Nutzung klar zu regeln. Es ist in jedem Fall zu verhindern, dass IT- und Kommunikationsunternehmen Infrastrukturen aufstellen und betreiben, um die daraus gewonnenen Daten für ihre Zwecke zu nutzen. Vor dem Hintergrund der Vernetzung mit Smartphones, dem *Smart Home* und verschiedenen Streaming- und Messenger-Diensten sind klare Grenzziehungen notwendig.
- Wenn der Zugang zu Mobilitätsangeboten künftig verstärkt digital erfolgt, bedeutet das, dass jene, die über keinen Internetzugang, entsprechende Endgeräte und vor allem keine Kenntnis der angemessenen Nutzung haben, vom Zugang zur Mobilität ausgegrenzt werden (,digital divide'). Die Zahl der so ausgegrenzten Personen wird eher zu- als abnehmen, da der technologische Fortschritt sehr rasch verlaufen wird und die ,digital natives' von heute morgen rasch zu ,digital immigrants' werden. Von Politik und Planung sind entsprechende Maßnahmen zur Abfederung jener Effekte gefordert.

Literatur

Ahrend, C., Kollosche, I., Steinmüller, K., & Schulz-Montag, B. (2011). *E-Mobility 2025. Szenarien für die Region Berlin. Szenarioreport*. Berlin: Technische Universität Berlin.

Beiker, S. (2015). Einführungsszenarien für höhergradig automatisierte Straßenfahrzeuge, in: M. Maurer, J.C. Gerdes, B. Lenz, & H. Winner (Hrsg.) (2015). *Autonomes Fahren. Technische, rechtliche und gesellschaftliche Aspekte*. Heidelberg et al.: Springer, 197–215.

Bijker, W.E., Hughes, T.P., & Pinch, T.J. (Hrsg.) (1987). *The Social Contstruction of Technological Systems. New Directions in the Sociology and History of Technology*. University of Twente: MIT Press.

BMVI – Bundesministerium für Verkehr und digitale Infrastruktur (2018). *Automatisiertes und vernetztes Fahren*. Online: http://www.bmvi.de/DE/Themen/Digitales/Automatisiertes-und-vernetztes-Fahren/ automatisiertes-und-vernetztes-fahren.html (29.01.2018).

bm:vit – Bundesministerium für Verkehr, Innovation und Technologie (2018). *Aktionspaket automatisierte Mobilität 2019–2022*. Wien: bm:vit.

Callon, Michel (1990). Techno-economic networks and irreversibility. Sociological Review, 38, 132–161.

Dangschat, J.S. (2017). Automatisierter Verkehr – was kommt da auf uns zu? *Zeitschrift für Politische Wissenschaft (ZPol) 27*, 493–507.

Dangschat, J.S. (2019a). Automatisierte und vernetzte Fahrzeuge – Trojanische Pferde der Digitalisierung? In: M. Berger, J. Forster, M. Getzner, & P. Hirschler (Hrsg.). *Infrastruktur und Mobilität in Zeiten des Klimawandels*, Jahrbuch Raumplanung Band 6 (11-28). Wien, Neuer Wissenschaftlicher Verlag.

Dangschat, J.S. (2019b): Gesellschaftlicher Wandel und Mobilitätsverhalten. Die Verkehrswende tut Not! *Mobilität. Nachrichten der ARL 49* (1): 8-11.

Dangschat, J.S. (2020). Raumwirksamkeit des individuellen hoch- und vollautomatisierten Fahrens. In: A. Appel, J. Scheiner & M. Wilde (Hrsg.): *Mobilität, Erreichbarkeit, Raum – (selbst-)kritische Perspektiven aus Wissenschaft und Praxis* (im Druck). Wiesbaden: Springer.

Duarte, F., & Ratti, C. (2018). The Impact of Autonomous Vehicles on Cities: A Review. *Journal of Urban Technology*, 1–16.

EC – European Commission (2018a). *Cooperative, connected and automated mobility in Europe*. Online: https://ec.europa.eu/transport/themes/its/c-its_en (12.11.2019).

EC – European Commission (2018b). *On the road to automated mobility: An EU strategy for mobility of the future*, COM(2018) 283 final. Brussels: Europäische Kommission.

EC – European Comission (2018c). *STRIA 2.0 Roadmap Connected and Automated Transport – Road* – Draft Version 11.1, 11.11.2018. Brussels: European Commission, STRIA – Strategic Transport Research and Innovation Agenda.

EC – European Comission (2019a). STRIA Roadmap on Connected and Automated Transport – Road, Rail and Waterborne. Brussels: European Commission, STRIA – Strategic Transport Research and Innovation Agenda.

EC – European Comission (2019b). *Road vehicle automation in sustainable urban mobility planning*. Practitioner Briefing. Online: https://www.h2020-coexist.eu/wp-content/uploads/2019/06/SUMP2.0_ Practitioner-Briefings_Automation_Final-Draft.pdf. (06.07.2019).

EP – Europäisches Parlament (2018). *Report on autonomous driving in European transport*. 2018/2089(INI). Committee on Transport and Tourism. Rapporteur: Wim van de Camp.

EU – Europäische Union (2011). *Weißbuch zum Verkehr online*: Online: https://eur-lex.europa. eu/legal-content/ DE/TXT/?qid=1488202961906&uri=CELEX:52011DC0144 (30.10.2018).

Gausemeier, J., Fink, A., & Schlake, O. (1995). *Szenario-Management. Planen und Führen mit Szenarien*. München & Wien, Hanser.

Geels, F. W. (2002). Technological transitions as evolutionary reconfiguration process: a multi-level perspective and a case-study. *Research Policy 31*, 1257–1274.

Geels, F. W. (2012). A socio-technical analysis of low-carbon transitions: introducing the multi-level perspective into transport studies. *Journal of Transport Geography 24*, 471–482.Geels, F.W., & Schot, J.W. (2010). The dynamics of transitions: A socio-technical perspective. In: J. Grin, J. Rotmans, & J. Schot (eds.): *Transitions to Sustainable Development: New Directions in the Study of Long Term Transformative Change* (S. 9–87). Routledge, New York.

Geels, F. W., & Schot, J. (2010). The Dynamics of Transitions: A Socio-Technical Perspective. In: J. Grin, J. Rotmans, & J. Schot (eds.), *Transitions to Sustainable Development. New Directions in the Study of Long Term Transformative Change* (S. 11–103). New York & Milton Park, Routledge.

Gelauff, G., Ossokina, I., & Teulings, C. (2019). Spatial and welfare effects of automated driving: Will cities grow, decline or both? *Transportation Research Part A 121*, 277–294.

Giffinger, R., Dangschat, J.S., & Suitner, J. (2018). Zur Notwendigkeit raumbezogener Forschung zu digitalen Transformationsprozessen. In: J. Suitner, J.S. Dangschat, & R. Giffinger (Hrsg.). *Die digitale Transformation von Stadt, Raum und Gesellschaft* – Jahrbuch des Departments für Raumplanung der TU Wien 2018 (S. 7–21). Wien & Graz, Neuer Wissenschaftlicher Verlag.

Hamedinger, A. (2014). The Mobility and/or Fixity of Urban and Planning Policies – The Role of Divergent Urban Planning Cultures. *European Spatial Research and Policy 21 (4)*, 23–37.

Jittrapirom, P., Caiati, V., Feneri, A.-M., Ebrahimigharehbaghi, S., Alonso-González, M.J., & Narayan, J. (2017). Mobility as a service: A critical review of definitions, assessments of schemes, and key challenges. *Urban Planning 2 (2)*, 13–25.

Jokisch, R. (1982), Einleitung. In: Jokisch, R. (Hrsg.): Techniksoziologie. Frankfurt am Main: Suhrkamp, VII-XIV.

Kanger, L., Geels, F.W., Sovacool, B., & Schot, J. (2019). Technological diffusion as a process of societal embedding: Lessons from historical automobile transitions for future electric mobility. *Transportation Research, Part D – Transport and Environment 71*, 47–66.

Künkel, J. (2015). Urban policy mobilities versus policy transfer. Potenziale für die Neuordnung des Städtischen. *sub\urban – zeitschrift für kritische Stadtforschung 3 (1)*, 7–24.

Libbe, J. (2018). Smart City. In: D. Rink, & A. Haase, Annegret (Hrsg.), *Handbuch Stadtkonzepte. Analysen, Diagnosen, Kritiken und Visionen* (S. 429–449). Stuttgart, utb.

Manderscheid, K. (2018). From the Auto-mobile to the Driven Subject? Discursive Assertions of Mobility Futures. *Transfers 8 (1)*, 24–43.

McCann, E. & Ward, K. (2011). *Mobile Urbanism. Cities and Policymaking in the Global Age*. Minneapolis: University of Minnesota Press.

McCann, E. & Ward, K. (2013). A multi-disciplinary approach to policy transfer research. Geographies, assemblages, mobilities and mutations. *Policy Studies 34 (1)*, 2–18.

Milakis, D., Arem, B., & van Wee, B. (2017). Policy and society related implications of automated driving: a review of literature and directions for future research. *Journal of Intelligent Transportation Systems. 21:4*, 324–348.

Mitteregger, M., Bruck, E.M., Soteropoulos, A., Stickler, A., Berger, M., Dangschat, J.S., Scheuvens, R., & Banerjee, I. (2020). *AVENUE21 – Automatisierter und vernetzter Verkehr: Entwicklungen des urbanen Europa*. Wiesbaden: Springer.

Phleps, P., Feige, I., & Zapp, K. (2015). Die Zukunft der Mobilität. Szenarien für Deutschland in 2035. Berlin, Ifmo – Institut für Mobilitätsforschung.

POLIS – European Cities and Regions Networking for Innovative Transport Solutions (2018). *Road Vehicle Automation and Cities and Regions*. Brussels: POLIS.

Puylaert, S., Snelder, M., Nes, R. van & Arem, B. van (2018): Mobility impacts of early forms of automated driving – A system dynamic approach. *Transport Policy 72*, 171–179.

Riggs, W., Larco, N., Tierney, G., Ruhl, M., Karlin-Resnick, J., & Rodier, C. (2019). Autonomous Vehicles and the Built Environment: Exploring the Impacts on Different Urban Contexts. In: Meyer, G., & Beiker, S. (eds.) (2019). *Road Vehicle Automation 5* (S. 221–232). Heidelberg et al.: Springer International Publishing.

Rupprecht, S., Buckley, S., Crist, P., & Lappin, J. (2018). "AV-Ready" Cities or "City-Ready" AVs? In: Meyer, G., & Beiker, S. (eds.) (2018). *Road Vehicle Automation 4* (S. 223–233). Heidelberg et al.: Springer International Publishing.

SAE – Society of Automotive Engineers International (2018). *Surface vehicles recommended practice. J3016. Taxonomy and Definitions for Terms Related to Driving Automation Systems for On-Road Motor Vehicles J3016_201806*, June 2018. Online: https://www.sae.org/standards/content/j3016_201806/ (02.02.2019).

Soteropoulos, A., Berger, M., & Ciari, F. (2019a). Impacts of automated vehicles on travel behaviour and land use: an international review of modelling studies, *Transport Reviews, 39 (1)*, 29–49.

Soteropoulos, A., Berger, M., Stickler, A., Dangschat, J. S., Sodl, V., Pfaffenbichler, P., Emberger, G., Frankus, E., Braun, R., Schneider, F., Kaiser, S., & Wakolbinger, H. (2019b): SAFiP – Systemszenarien Automatisiertes Fahren in der Personenmobilität. Forschungsbericht. Wien: Mimeo.

Sovacool, B.K., & Axsen, J. (2018): Functional, symbolic and societal frames for automobility: Implications for sustainability transitions. *Transport Research Part A 118*, 730–746.

Stone, D. (2004). Transfer agents and global networks in the ‚transnationalization' of policy. *Journal of European Public Policy 11 (3)*, 545–566.

Tillema, T., Gelauff, G., van der Waard, J., Berveling, J., & Moorman, S. (2017). *Paths to a self-driving future – Five transition steps identified.* Den Haag, KiM – Netherlands Institute for Transport Policy Analysis.

Vanolo, Alberto (2014). Smartmentality: The smart city as disciplinary strategy. *Urban Studies 51 (5)*, 881–896.

Weber, K., & Haug, S. (2018). Ist automatisiertes Fahren nachhaltig? *TATuP – Zeitschrift für Technikfolgenabschätzung in Theorie und Praxis 27/2*, 16–22.

Wells, P., & Xenias, D. (2015). From 'freedom of the open road' to 'cocooning': Understanding resistance to change in personal private automobility. *Environmental Innovation and Societal Transitions 16*: 106–119.

Der Autor und die Autorin

Prof. Dr. em. Jens S. Dangschat, Technische Universität Wien
jens.dangschat@tuwien.ac.at

Dipl.-Ing, M.A. Andrea Strickler, Technische Universität Wien
andrea.stickler@tuwien.ac.at

WLand
Zum Potential ländlicher Digitialisierung

Kerstin Schenkel und Torsten Wißmann

Zusammenfassung

Ziel der vorliegenden Auseinandersetzung ist die kritische Beleuchtung der digitalen Potentiale für und in ländlichen Räumen in Deutschland. Die Diskussion findet vor dem Hintergrund heterogener Entwicklungszustände, starker Urbanisierungstendenzen, erheblicher Schrumpfungsprozesse und schwacher lokaler Organisation mit einem schwindenden Einfluss auf demokratische Gestaltungsprozesse statt. In Orientierung an postwachstumstheoretische Debatten werden Ansatzpunkte des Digitalen diskutiert, die für ihre praxistaugliche Umsetzung in Verschränkung lokaler Partizipation mit dem globalen Knowhow der Wissensgesellschaft entworfen werden müssen. Jenseits des „landläufigen" Verständnisses der Digitalisierung des ländlichen Raumes – gemeint als Anschluss peripherer Regionen an das World-Wide-Web – können ländliche Räume als Möglichkeit gesehen werden, digitale Potentiale in Verschränkung mit nicht-digitalen Konzepten und unter dem Primat einer emanzipativen, sozial gerechten Gemeinschaftsentwicklung zu entfalten. Entsprechend ist der Neologismus WLand – als Verschränkung von WLAN und Land – zu verstehen.

Abstract

In this paper, we discuss the possibilities of digitalization in and for rural areas. Our discussion includes the heterogeneous states of development, strong urbanization and shrinking tendencies, as well as a lack of local organization and influence on democratic processes. Following debates on degrowth, we contrast the utopian/dystopian dream of autonomous farming and nationwide broadband internet with its practicable implementation, interlinking local participation with a global information society. We argue that digitalizing rural areas means more than compensating for urban-rural inequalities. Digitalizing rural areas combines digital potential with non-digital concepts. High-tech is no magic bullet for the capitalist exploitation of peripheral regions, but a tool to serve the primacy of emancipative, socially equitable community development. In this sense, WLand is to be understood as a neologism deriving from WLAN and Land.

Schlüsselbegriffe

Digitalisierung, ländliche Räume, Postwachstum, Nachhaltigkeit, Community-Building, Landwirtschaft 4.0, Digitale Mobilität, 5G-Standard

1 Suchbewegungen

Die ländlichen Räume in Deutschland befinden sich aktuell in einer Situation extremer Heterogenität und widersprüchlicher Entwicklungszustände. Einerseits von einer in Teilen hochdigitalisierten Agrar- und Forstwirtschaft geprägt, sind sie andererseits mit den bekannten Folgen des Struktur- und demographischen Wandels sowie der Frage nach ihrer Existenzberechtigung konfrontiert (vgl. IWH 2019). Daseinsvorsorge und politische Einflussnahme sind u. a. im Kontext von Gebietsreformen so weit zurückgeschrumpft, dass die Erreichbarkeit gleichwertiger Lebensverhältnisse grundsätzlich in Frage zu stellen ist. Wir erleben einen Spagat zwischen einer „alles geht digital"-Utopie, die sich in mechanistischer Fortschrittslogik ergeht, und einer dystopisch geprägten Ablehnung alles Digitalen, die einerseits die faktische digitale Durchdringung vieler gesellschaftlicher Sphären und andererseits die in der Digitalisierung bestehenden Potentiale nicht anzuerkennen gewillt ist. Um zwischen diesen Polen zu moderieren, sind Orientierungslinien nötig, die der Planungs- und politischen Praxis neue Suchbewegungen ermöglichen. Es geht um nachhaltige, postwachstumsgerechte Transformationen und um die lokal und bedarfsgerecht angepasste Verschränkung digitaler und nicht-digitaler Konzepte.

In diesem Sinne werden im Folgenden Ansatzpunkte des Digitalen diskutiert, die für ihre praxistaugliche Umsetzung in Verschränkung lokaler Partizipation mit dem globalen Know-how der Wissensgesellschaft entworfen werden müssen. Durch den Perspektivwechsel von der Stadt auf das Land stellen wir dabei nicht nur die Frage, was die Digitalisierung für das Land tun kann. Wir fragen auch, was das Land für die Weiterentwicklung der Digitalisierung tun kann. Jenseits des „landläufigen" Verständnisses der Digitalisierung des ländlichen Raumes – gemeint als Anschluss peripherer Regionen an das World-Wide-Web – können ländliche Räume als Möglichkeit gesehen werden, digitale Potentiale unter dem Primat einer emanzipativen, sozial gerechten Gemeinschaftsentwicklung zu entfalten.

2 Schauinsland

Dass die Diskurse zu den ländlichen Räumen von normativen Setzungen und polarisierenden Zuschreibungen geprägt sind, ist hinlänglich beschrieben und diskutiert worden (vgl. Beetz 2016; Milbert 2016). Veränderungen hinsichtlich einer vertieften und differenzierteren Forschung und Debatte sind über geraume Zeit eher gemächlich verlaufen, immer wieder aufgeschreckt von Wahlergebnissen, Demokratieverlustdiagnosen oder Empfehlungen von Wirtschaftsanalysten, die zur Aufgabe ländlicher Räume raten (vgl. Gropp 2019). Aber es scheint sich etwas zu tun im Land: Ein Blick in das gerade veröffentlichte Gemeinschaftswerk des BMI, BMEL und BMFSFJ „Unser Plan für Deutschland" (2019) könnte darauf schließen lassen, dass regionale Disparitäten erkannt, analysiert und daraus Schlussfolgerungen für die Herstellung gleichwertiger Lebensverhältnisse gezogen werden. Damit scheint sich zumindest rhetorisch eine Haltung zu ändern, die das Image des ländlichen Raums bisher – gerade auch bezogen auf die Diskurse zur Digitalisierung – als rückständige Restkategorie immer neu bestätigte (vgl. BMEL 2017; DLT 2018). Dennoch sollten wir aufmerksam bleiben: Bekanntermaßen ändert die rhetorische Modernisierung nicht automatisch die gesellschaftliche Praxis (vgl. Wetterer 2003: 289). Ganz im Gegenteil kann die widersprüchliche Beziehung zwischen Differenzwissen und Handlungspraktiken einen Verdeckungszusammenhang hervorbringen. So besteht die Gefahr, dass das Differenzwissen um die nicht gleichwertigen Lebensverhältnisse in Städten und ländlichen Räumen sowie innerhalb dieser ihre hierarchisch-zentralistische Strukturierung ausblendet, ihre ökonomische Bedingtheit nicht angemessen thematisiert und damit auch entpolitisiert.

Auch ist die rhetorische Stoßrichtung keinesfalls eindeutig: Auf den Ausbau von Breitbandanschlüssen und den Aufbau medialer Kompetenz bezogen, ist sie weiterhin modernisierungstheoretisch geprägt. Die Digitalisierung scheint teilweise massenmedial inszeniert zum politischen Ziel zur Rettung ländlicher Räume erklärt zu werden (vgl. BMEL 2017). Es werden Erinnerungen an die Debatten zur nachholenden Modernisierung wach, die im Kontext der Entwicklungshilfe der 1970er/80er Jahre geführt wurden (vgl. Escobar 1995). So sind in den Entwicklungsbegriff für ländliche Räume ähnliche dichotome Setzungen – *Stadt* versus *Land* – innerhalb der Entwicklungsskala eines linear verlaufenden Prozesses von Gesellschaftsentwicklung eingeschrieben, wie in den Entwicklungbegriff der *Ersten Welt* versus der *Dritten Welt*. Sie bilden die Vielfalt und den Eigenwert spezifischer gesellschaftlicher Phänomene nicht ab und klassifizieren Abweichungen als defizitär (vgl. Bendix; Ziai 2015). Sie legitimieren geopolitische Einteilungen – die auch im Stadt-Land-Kontext durchaus übertragbar sind – und initiieren einen Mechanismus der Imagination von Ausschluss und Marginalisierung (Escobar 1995). Pott beschreibt diesen Vorgang als methodologischen Urbanismus, „der zu bestimmten Lücken in der Aufmerksamkeit führt, das betrifft nicht nur Klein- und Mittelstädte, sondern auch den ländlichen Raum" (Pott 2018: 9). Dementsprechend sind die Themen – wenn auch gegenwärtig einige (Modell)Projekte initiiert werden, die spezifische ländliche Ausgangsbedingungen einzubeziehen suchen (vgl. DLT 2018) – die im Kontext der Digitalisierung diskutiert werden, stark von einer städtischen Perspektive durchdrungen.

3 Brave New Agribusiness

Zum Ist-Zustand: Das Surren kleiner Rotorblätter durchbricht die morgendliche Stille. Über dem Weizenfeld wird eine Drohne sichtbar, die in einigen Metern Höhe über die Ähren fliegt. Ausgestattet mit einer Wärmebildkamera scannt das unbemannte Flugobjekt die Anbaufläche auf Rehe und anderes Wild, das sich hier für die Nacht niedergelassen hat (vgl. Chigumira 2018: 5). Mit dem menschlichen Auge nicht zu erkennen, spürt die Drohne ein schlafendes Tier auf und sendet sofort ein lautes Warnsignal über einen eingebauten Lautsprecher, um das Reh aus dem Feld zu vertreiben. Nachdem die gesamte Fläche derart kontrolliert ist, kehren die Rotoren um. Bereits auf dem Heimflug erhält der Mähdrescher „grünes Licht" für seinen Arbeitsbeginn (Bhargava 2019: 107) und steuert autonom Reihe für Reihe über das Weizenfeld. Mit einer GPS-Genauigkeit von ca. 2,5 cm bei der RTK-Vermessung (Real Time Kinematic) (vgl. DLG 2018: 21) werden die Ähren mit höchstmöglicher Präzision im Precision Farming erfasst, ohne dass ein Mensch am Steuer sitzen müsste.

Landwirtschaftliche Maschinen wie der hier beschriebene Mähdrescher leisten in der heutigen „Landwirtschaft 4.0" zahlreiche Zusatzaufgaben. Während der Traktor vormals die Arbeitsaufgabe von Pferden übernommen hat, wird heute während des Mähens der Boden auf Kornfeuchte, Nährstoffe und Ertragspotential untersucht sowie der Befall mit etwaigen Schädlingen registriert (vgl. Bayer 2016: 79; CLAAS

2018). Ohne menschliches Zutun werden die Daten verarbeitet, analysiert und bei Bedarf an andere autonome Nutzfahrzeuge weitergegeben. So werden Felder bedarfsgerecht gedüngt und bewässert: zentimetergenau, kostensparend und ohne das Risiko einer Überdüngung mit der damit verbundenen Umweltbelastung (vgl. WBGU 2019: 19). Daten über Schädlinge werden an den Großhändler für Düngemittel weitergegeben, der anhand vieler eingehender Messwerte Verbreitungskarten von Schädlingen in Echtzeit erstellen kann (vgl. Bayer 2017). Betriebe, deren Nutzflächen kurz vor einem Befall stehen, können über Frühwarnsysteme sofortige Gegenmaßnahmen starten. Und nach abgeschlossener Ernte und Vorbereitung des Bodens auf die nächste Bestellung liegen die Saatkörner bereits in ausreichender Menge bereit – zugestellt via Online-Versand des Saatguthandels, über den auch die wochenaktuellen Satellitenbilder für präzise Navigation, Biomasseverteilung und Feuchtigkeitswerte bezogen werden (vgl. KWS 2019).

Das beschriebene Szenario ist keine Utopie deutscher Landwirtschaft im Jahr 2050, sondern bereits heute Praxis großer Agrarbetriebe (vgl. Nitschke 2019). Digitale Hard- und Software machen bei Landmaschinen heute schon 30% der Wertschöpfung aus, dreimal mehr als in der Autoindustrie (vgl. Oswalt 2017: 93). Über das Smartphone werden die Getreidepreise an der Börse kontrolliert, um Ernten gewinnmaximiert zu verkaufen und den Erntevorgang zu starten. Der Bauer, dessen Hand durch das Weizenfeld fährt, beschreibt die romantisierte patriarchal konnotierte Hollywood-Repräsentation des primären Sektors, der nahezu ohne menschliche Arbeitskraft auskommen kann. So sind heute weniger als 1,5% der Erwerbstätigen in der Landwirtschaft tätig, der Arbeitsaufwand je Hektar Ackerfläche hat sich in den letzten 60 Jahren um 93% vermindert (ebd.). Traditionelle Kleinbetriebe sind zwar auch heute noch zu finden, doch sind sie vielerorts großen Agrarkonzernen gewichen, 60% der Betriebe werden bereits im Nebenerwerb geführt (vgl. ebd.: 98); und es sind interessanterweise häufig städtische Landbewohner, die durch solcherart hybride Lebensstile die Form des Kleinbetriebes fortführen. Gesellschaftlich scheint sich die fortschreitend digitalisierte Landwirtschaft zwischen zwei Polen zu bewegen: Einerseits der kleinteiligen Landwirtschaft, begleitet von der Inszenierung ländlicher Lebensstile, und andererseits einer globalisierten, auf Gewinnmaximierung ausgerichteten Agrarindustrie. Es ist davon auszugehen, dass sich diese Pole und damit benannte Ungleichheiten durch disruptive Entwicklungssprünge im Digitalisierungsstandard weiter verschärfen werden. Die letzten großen Hürden zu einer komplett autonomen Landwirtschaft bestehen derzeit in der Hard- und Software-Kompatibilität von Maschinen und der fehlenden flächendeckenden Internetabdeckung (vgl. IVA 2017). Laut dem „Plan für Deutschland" (BMI et al. 2019) soll sich das zeitnah ändern.

4 5G nun zur guten Nacht

Ein Blick auf die Deutschlandkarte des Bundesministeriums für Verkehr und digitale Infrastruktur (BMVI) zeigt, dass mehr als 95% der Haushalte über einen Internetanschluss von zumindest 6Mit/s verfügen (vgl. BMVI 2019; 2018). Während dieser moderate Datendurchsatz in den Verdichtungsräumen schon lange durch schnellere Verbindungen ersetzt worden ist, wird er in vielen ländlichen Räumen bis heute nicht erreicht. Die Abdeckung bezieht sich vor allem auf die Siedlungsflächen, wobei auch dort häufig nur maximal 50% der Haushalte in Deutschland angeschlossen sind. Ein Netzempfang auf Äckern und entlang von Landstraßen fehlt oft gänzlich.

Für die Landwirtschaft 4.0 und das Internet of Things (IoT) sind noch schnellere und vor allem mobile Lösungen notwendig (vgl. Zikria et al. 2018: 2). Selbst eine flächendeckende Bereitstellung des innerstädtisch mittlerweile in Deutschland zum Standard zählenden, 2010 eingeführten mobile 4G-Netzes (bekannt als LTE) würde die ca. 6Mbit/s des 3G-Netzes (bekannt als UMTS) zwar auf 150Mbit/s verbessern (vgl. FUNKE Digital GmbH 2018). Doch erst die fünfte Generation der Breitbandtechnologie (5G) stellt die Rahmenbedingungen für Landwirtschaft 4.0 und das IoT bereit (Bundesnetzagentur 2019).

Das 5G-Netz soll einen Datendurchsatz von bis zu 10Gbit/s (1Gbit = 1000Mbit) ermöglichen, die Zahl der individuellen Verbindungen um den Faktor zehn steigern, und die Verzögerung in der Übertragung (Latenz) von derzeit 20ms bis 40ms auf etwa 8ms senken (vgl. Landman 2019: o. S.). Maschinen können damit in (menschlicher) Echtzeit kommunizieren und bleiben aufgrund des stabilen Empfangs jederzeit ansprechbar (vgl. Sarraf 2019: 77). Sobald Hard- und Software für den autonomen Betrieb ausgerüstet sind, behindert nur eine mangelnde 5G-Netzabdeckung und eine instabile, schwache Signalstärke ihren Einsatz (vgl. Wu et al. 2018; Shams et al. 2019).

Innerhalb der Siedlungsflächen sind Mobilfunk-Sendemasten häufig an das Kabelnetz angeschlossen. Die Übertragung durch die Erde ist störunanfällig, doch beschränken alte Kupferleitungen den Datendurchsatz. Der Ausbau der Glasfaserkabel wird noch längere Zeit in Anspruch nehmen; bislang sind nur 2,6% der Festnetzanschlüsse derart angeschlossen (vgl. Brandt 2019). Abseits der Siedlungsflächen leiten Richtfunkschüsseln die Daten drahtlos, aber störanfälliger weiter (vgl. Neuhetzki; Gajek o. J.). Funklöcher bestehen dort nicht zuletzt aufgrund des geringen ökonomischen Nutzens für die Netzbetreiber. Doch gerade diese digital unwirtschaftlichen „Zwischenräume" sind es, in denen Landwirtschaft 4.0 stattfinden könnte und in der sich eine zukünftige Flotte autonomer Fahrzeuge bewegen würde (vgl. Plattform Digitale Netze und Mobilität 2017: 6). Trotz programmatischer Ansagen seitens des BMI bleibt offen, welche Anreizmittel den Ausbau anstoßen sollen.

Jenseits der Relevanz der aktuell technischen Möglichkeiten ist fraglich, an welchen Maßgaben sich Digitalisierung als Instrument zur Verbesserung der Lebensverhältnisse in ländlichen Räumen zu orientieren hat. Was gilt es zu beachten, wenn Ungleichheiten und Ungleichwertigkeiten minimiert und emanzipative Transformationen ländlicher Gesellschaften erreicht werden sollen?

5 Nachhaltigkeits-Upgrade

Für diesen Umorientierungsprozess bedarf es zunächst einiger Leitlinien, die ihren Ausgangspunkt in der Analyse gegenwärtiger Krisen – u. a. Klimakrise, Ernährungskrise, Finanzkrise, Wohnungskrise – haben. Neben dem Dreh an den großen strukturellen Stellschrauben – wie bspw. dem Steuerrecht und globalen ökonomischen (Un)gleichheiten – sind auch Veränderungen im Mikrobereich nötig, d. h. in den kulturellen Denk- und Verhaltensmustern und ebenso den planerischen Herangehensweisen und Planungskulturen. Zentrale Perspektivwechsel haben zunächst die in den 1980ern entwickelten Nachhaltigkeits- und später Lokale Agenda-Ansätze gebracht, die seitdem vielfach diskutiert, neu aufgelegt sowie spezifiziert wurden (vgl. BBSR 2017). Einigen Lesarten, wie u. a. der Green Economy (Fücks 2013), ist dabei der Versuch inhärent, ökologische Ziele durch technische – auch digitale – Innovationen zu erreichen, ohne die Wachstumsorientierung in Frage zu stellen. Deren Credo beinhaltet stets die Förderung der Nachhaltigkeit (vgl. WBGU 2019), wobei Studien das „Effizienzwunder" digital-vernetzter Produktionssysteme unter Einbeziehung der gesamten Wertschöpfungskette mittlerweile deutlich in Frage stellen (vgl. Beier et al. 2018). Aktuell beleben insbesondere Postwachstumsansätze den wachstumskritischen Strang der Nachhaltigkeitsdebatte. Sie kritisieren das konsumistische Wohlstandsmodell und stellen die Bewältigung beispielsweise von Armut und Verteilungsungerechtigkeit durch ökonomische Expansion fundamental in Frage. Postwachstumsökonomische Ansätze denken Versorgungsstrukturen ohne Wachstum des Bruttoinlandsprodukts, die mit einem vergleichsweise reduzierten Konsumniveau einhergehen. Ihre Strategien sind u. a. Suffizienz, Zeitsouveränität, Subsistenz, eine Balance zwischen Selbst- und Fremdversorgung, Leistungstausch und Gemeinnützigkeit, de-globalisierte Wertschöpfungsketten, regionale Komplementärwährungen und eine Neupositionierung der globalen Arbeitsteilung, die Reparabilität und Modularität, Konversion, Renovation, Re-Building und Re-Manufacturing mitdenkt (vgl. Paech 2016). Für die Digitalisierung ländlicher

Räume würde das bedeuten, dass technische Neuerungen und Entwicklungskonzepte dann umgesetzt würden, wenn lokale Gemeinschaften sie als Sicherung oder Erhöhung von Lebensqualität bewerten. Das impliziert selbstverständlich auch die Verschränkung digitaler und nicht-digitaler Konzepte.

6   Community-Building

Die ländlichen Räume sind teilweise bereits stark urbanisiert. Ihre lokale Organisation ist u. a. über den Bevölkerungsrückgang, die hochgradige Arbeitsteilung und die Gebietsreformen mit immer geringerem Einfluss auf die demokratischen Gestaltungsprozesse qualitativ geschwächt. Lebenswirklichkeiten haben sich ausdifferenziert, Haushaltsformen und Konsumorientierungen, wie auch die Nutzung und die Verfügbarkeit digitaler Informations- und Kommunikations-Technik (IuK-Technik) haben sich verändert (vgl. Oswalt 2017). Die Gemeinschaften ländlicher Räume sind zunehmend von Individualisierung geprägt. Digitale Technik auf dem Land kann helfen, gemeinschaftsbildende Prozesse und Strukturen zu entwickeln: Digitale Informationsweitergabe und Entscheidungstransparenz durch informierende Dorf-Apps, diskussionsfördernde Chat-Rooms und meinungsabfragende Voting-Systeme können veränderungsbereiten, entwicklungsfähigen Gemeinschaften helfen, sich an die stetig wandelnden Rahmenbedingungen anzupassen: lebendig, flexibel, kreativ und in hohem Maße selbstorganisiert (vgl. Fraunhofer IESE 2019). Wenngleich die Monopolmacht der großen Online-Händler kaum gebrochen werden kann, könnten Plattformkooperativen dennoch lokal bedarfsorientierte Sharing-Angebote initiieren und Impulse zu selbsttätigem Handeln geben, die den Kommunen neuen Gestaltungsinput geben (vgl. Helfrich et al. 2016). In diesen digital gestützten Prozessen für ländliche Räume wird ein Perspektivwechsel vollzogen, der in der kritischen Entwicklungsdebatte als „theorising back" (vgl. Bendix; Ziai 2015) benannt wird, hin zu einer auf den Menschen ausgerichteten Entwicklung: Das bedeutet, den Fokus stärker auf Beziehungen, auf Kommunikation, auf Handlung und Beteiligung und weniger auf strukturelle Reformen zu legen. Es bedeutet, die betroffenen Kleinstädte und Dörfer nicht mehr als ‚Objekt' von Entwicklung, sondern als soziale Akteure zu betrachten und die Vielfalt der Anpassungsstrategien und soziokulturellen Verständnisse anzuerkennen. Es geht nicht zuletzt auch um Beziehungsbildung und Vergemeinschaftung. Untersuchungen zur kommunikativen und digitalen Vernetzung der jungen Generation – nach Hepp et al. (2014) der „Mediengeneration" im Alter zwischen 16 und 30 Jahren – zeigen ihre vielfältigen Praktiken, Prozesse und Qualitäten kommunikativer Vernetzung sowie ebenso vielfältiger Vergemeinschaftsformen. Dazu gehören Ausrichtungen auf das lokale dörfliche oder städtische Lebensumfeld wie auch u. a. populärkulturelle, religiöse und tätigkeitszentrierte Orientierungen. All ihnen gemeinsam ist die Mediatisierung als selbstverständlich gewordene Herstellung von Vergemeinschaftung durch die Nutzung unterschiedlichster medialer Instrumente (vgl. Hepp et al. 2014). Daran anknüpfend könnte die Verknüpfung digitaler und nicht-digitaler Instrumente für Kommunen mit Isolationstendenzen oder schwacher lokaler Organisation als impulsgebend für neue Gemeinschaftsbildungen genutzt werden werden. Beispiele dafür stellen die vom Fraunhofer Institut entwickelten Modellprojekte der „Digitalen Dörfer" in den Bereichen der Nahversorgung, der Kommunikation und der Mobilität dar: Dazu gehören u. a. die BestellBar und die LieferBar wie auch der Dorffunk und die LösBar (vgl. Fraunhofer IESE 2019). Möglicherweise werden sie vorbildgebend für einen produktiven Zugang zur Digitalisierung des gesellschaftlichen Lebens.

7 Digitale FeldWege

Nach der flächendeckenden und störfreien Bereitstellung technischer Infrastrukturen für die Ermöglichung des Internet of Things (IoT) ist die Mobilität und damit auch ihr Digitalisierungspotential ein zentraler Aspekt der nachhaltigen Entwicklung ländlicher Räume. Gleich welches Handlungsfeld bearbeitet wird – Ökonomie, soziale Infrastruktur, Daseinsvorsorge oder die Verkehrsinfrastruktur selbst – es sind meist die Wege, die möglichst zeit- und kostensparend überbrückt werden müssen, sofern nicht rein digitale Kommunikationswege genutzt werden (vgl. Günther 2009:13). So liefert die digitalisierte Mobilität Ansätze zur nachhaltigen Verringerung alltagsweltlicher Wege auf Asphalt und Schotter.

Aufgrund von Schrumpfungsprozessen, demographischem Wandel, Finanzierungsschwierigkeiten und den auf die Bedürfnisse der KundInnen nicht angepassten Routen und Beförderungszeiten kommt es zu einer Verminderung des ÖPNV-Angebots (vgl. Deffner 2009). Smart Mobility kann hier heute helfen, die bestehenden Services individueller auszurichten sowie bedarfsgerechter und effizienter zu nutzen, indem neue Informationstechniken zum Einsatz kommen (vgl. Wolter o.J.). Eine Smartphone-App, die bei der Routenerstellung zum definierten Zielort nicht nur den ÖPNV, sondern auch CarSharing-Angebote, Leihfahrräder u. a. miteinbezieht, optimiert Fahrtzeiten und bietet emissionsärmere Alternativen zum privaten PKW. Der Fahrschein wird direkt innerhalb der App gekauft und hat seine Gültigkeit über Verkehrsverbünde und Transportmittel hinaus (vgl. INFRA Dialog Deutschland GmbH o.J.).

Auf die steigende Nachfrage an regionalen Produkten antwortet der Online-Handel mittels regionsspezifischer E-Commerce-Portale (z. B. *Smartplatz* App). Entgegen reiner Online-Shopping-Plattformen werden verstärkt Crosschannel-Lösungen nachgefragt (z. B. *atalanda.de* Webseite): Neben der digitalen oder telefonischen Auskunft zur Verfügbarkeit von Waren kann aus dem Sortiment bestellt werden, wobei die Lieferung entweder nach Hause erfolgen kann oder zur Abholung im lokalen Einzelhandel. Die Abholung im Ladengeschäft ist ein wichtiges Element für die Bedürfnisse nach zwischenmenschlichem Kontakt. Ladengeschäfte selbst können über den Online-Handel zudem neue Absatzmärkte erschließen. Das Bäckerauto, das dreimal pro Woche im Dorf Halt macht, kann per App vorbestellte Ware mitbringen und die Kundschaft über Ankunftszeiten und geänderte Standorte via Live-Tracking informieren. Lieferservices von Supermärkten und Projekte wie Amazon Fresh reagieren und schaffen gleichzeitig eine steigende Nachfrage nach der Verbindung von Online-Einkauf und Hauslieferung.

Die Rentabilität von Lieferservices sowie die Individualisierung des Transports von Fahrgästen werden durch die Automatisierung der Fahrzeuge weiter gesteigert. Zurzeit ist das autonome Fahren in Deutschland noch nicht zulässig. Das Fahrzeug muss von einem Menschen geführt werden, auch wenn sich dieser (theoretisch) zeitweilig vom Verkehr abwenden und dem Wagen die selbständige Lenkung überlassen dürfte. Im Bereich des ÖPNV ist seit April 2019 der erste autonome Linienbus auf Sylt im Einsatz, der aus Sicherheitsgründen von einem mitfahrenden Controller begleitet wird. Die Präsenz eines Busfahrers/einer Busfahrerin auf festgelegten Strecken hat vornehmlich ökonomischen Nutzen für die Betreibergesellschaften, während individuell abrufbare Zubringer dem gestiegenen Mobilitätsbedürfnis der Menschen Rechnung tragen. Bislang vom ÖPNV nicht erschlossene Gebiete könnten von (fahrerlosen) Kleinwagen abgedeckt werden, die, per App angefordert, die Fahrgäste individuell von der Haustür zur Bushaltestelle und zurück befördern. Dabei bestimmen die Fahrgäste aufgrund ihrer Routenwünsche die Fahrstrecke mit. Als Weiterentwicklung des traditionellen ÖPNV fördert das Bundesministerium für Verkehr und digitale Infrastruktur u. a. den nachfragegesteuerten, autonom-fahrenden Bus (kurz: NAF-Bus; vgl. EurA AG o. J.).

Autonome Fahrzeuge und dynamische Streckennetze setzen die Sammlung und Verarbeitung großer Datenmengen, möglichst in Echtzeit, voraus. Standorte von Personen und Fahrzeugen müssen bekannt sein und die Abgleichung aller Transportsysteme ist notwendig, um Überschneidungen oder Lücken im Beförderungsnetz zu verhindern (vgl. VMBM o. J.). Die Bereitschaft der Menschen, zugehörige Applikationen mobiler Endgeräte zu nutzen, ist eine Voraussetzung für das Gelingen derartiger Services. Dies impliziert nicht nur mediale Kompetenz und den Besitz eines Smartphones oder Tablets, sondern auch die aktive Entscheidung für derartige Lösungen.

8 Alles im Wunderland

Während im Bundestagswahlkampf 2017 mit dem Wahlkampfplakat der FDP „Digital first. Bedenken second" (Freie Demokraten 2017a, siehe Abb. 1) der schnellstmögliche Aufbruch in die Brave New World des Digitalen proklamiert wurde, werden anderernorts die im Plakat implizit angesprochenen Bedenken – wie bspw. der Datenmißbrauch durch Hackerangriffe oder der Verlust der Privatsphäre – deutlich artikuliert (netzpolitik.org 2019).

Abb. 1
Plakat der FDP im Bundestagswahlkampf 2017
Quelle: Freie Demokraten 2017 ©

Dennoch verleiten der Mangel an sozialer und technischer Infrastruktur einerseits sowie die potentiellen Möglichkeiten von 5G und dem Internet of Things andererseits dazu, den Prozess fortschreitender Digitalisierung unkritisch zu forcieren. Wer könnte sich auch dagegen aussprechen, dass z. B. alte, immobile Menschen durch individuell abrufbare Zubringermobilität an das ÖPNV-Netz und damit das Gesellschaftsleben angeschlossen werden? Wer würde den Jugendlichen in einem Dorf vorwerfen wollen, dass sie sich genau wie ihre Freunde in der Stadt in den sozialen Netzwerken austauschen, sich vergemeinschaften und als Prosumenten aktiv sein wollen? Wer sollte sich daran stören, dass landwirtschaftliche Betriebe die Vorteile zielgenauer Düngung und Bewässerung in Anspruch nehmen, um ökologisch sorgsam zu operieren? Die Potentiale der Digitalisierung gerade für ländliche Räume sind vielfältig und werden dementsprechend auch von der Kommission „Gleichwertige Lebensverhältnisse der Bundesregierung" als essentiell beschrieben (vgl. BMI et al. 2019: 14). Zu fragen bleibt, wie eine Gleichwertigkeit aussehen könnte, die die Folgewirkungen der Digitalisierung kritisch auf den Prüfstand stellt. Unter Gleichwertigkeit in diesem Sinne müssten unterschiedliche Formen oder Grade der Digitalisierung verstanden werden, zu denen bspw. auch Gemeinden zählen, die bewusst im Funkloch bleiben. Während auf Sylt der erste autonome Bus verkehrt, ist die Insel Juist (nahezu) autofrei und bei der Bestellung eines Taxis macht die Pferdekutsche vor der Haustür halt.

Gleich wie der digitale Fortschritt bewertet wird: Aus raumplanerischer Perspektive ergibt sich aus der zunehmenden Bedeutung des Digitalen die Notwendigkeit, das Digitale in der Raumplanung mitzudenken. Dazu bedarf es keines eigenständigen Handlungsfeldes, denn letztlich stellen die Entwicklungen der Digitalisierung zusätzliche Handlungsmöglichkeiten für die Planung dar: Entwicklungskonzepte zählen das autonome Taxi zum Bereich Mobilität, den Online-Einkauf zur Ökonomie und das Glasfaserkabel zur technischen Infrastruktur. Dennoch können mit einer bewussten, handlungsfeldübergreifenden Reflexion der Digitalisierung Sinnzusammenhänge dargestellt und Automatismen hinterfragt werden, die aufgrund der Neuheit der digitalen Thematik und des enormen Durchsetzungsdruckes übersehen werden würden. Die besondere Betrachtung der Digitalisierung bedeutet keine Glorifizierung des technisch Machbaren, sondern ist eine Reaktion auf sich wandelnde Lebenswelten, die heute auch virtuelle Lebenswelten sind.

Literatur

Bayer AG (Hrsg.). (2016). *Der vernetzte Acker*. In Bayer Research 30 (S. 76-81).
Bayer AG (Hrsg.). (2017). *Der vernetzte Acker*. Unter: https://bit.ly/2D28jYC (Zugriff: 10.6.19).
BBSR – Bundesinstitut für Bau-, Stadt und Raumforschung (2017). *Kreativ aus der Krise. Impulse für städtische Transformationen*. Bonn: Selbstverlag.
Beetz, S. (2016). *Der Landfluchtdiskurs – zum Umgang mit räumlichen Uneindeutigkeiten*. In Bundesamt für Bauwesen und Raumordnung (Hrsg.), Landflucht? Gesellschaft in Bewegung. =Informationen zur Raumentwicklung, Heft 2.2016 (S. 109–120). Stuttgart: Franz-Steiner-Verlag.
Beier, G., Niehoff, S., Renn, O. (2018). *Effizienzwunder oder Ressourcenschleuder. Industrie 4.0 auf dem Prüfstand*. In oekom e. V. (Hrsg.), Smartopia. Geht Digitalisierung auch nachhaltig? München: oekom-Verlag.
Bendix, D., Ziai, A. (2015). *Emanzipation durch Entwicklungspolitik? Einige Überlegungen zu Fragen globaler Ungleichheit*. =Momentum quarterly, 4 (3). (S. 161–173). Innsbruck: Innsbruck University Press.
Bhargava, K. (2019). *Wireless Sensor Based Data Analytics for Precision Farming*. Waterford: Institute of Technology.
BMEL – Bundesministerium für Ernährung und Landwirtschaft (2017). *Digitale Perspektiven für das Land*. Frankfurt: Zarbock-Verlag.
BMI, BMEL, BMFSFJ – Bundesministerium des Innern, für Bau und Heimat, Bundesministerium für Ernährung und Landwirtschaft, Bundesministerium für Familie, Senioren, Frauen und Jugend (Hrsg.). (2019). *Unser Plan für Deutschland – Gleichwertige Lebensverhältnisse überall*. Unter: https://bit.ly/30tHT98 (Zugriff: 10.6.19).
BMVI – Bundesministerium für Verkehr und digitale Infrastruktur (Hrsg.). (2018). *Aktuelle Breitbandverfügbarkeit in Deutschland*. Berlin: BMVI Hausdruckerei.
BMVI – Bundesministerium für Verkehr und digitale Infrastruktur (Hrsg.). (2019). *Der Breitbandatlas*. Unter: https://bit.ly/2fB2GSN (10.6.19).
Brandt, M. (2019). *Deutschland bleibt Glasfaser-Entwicklungsland*. Unter: https://bit.ly/308g-JVi (10.6.19).
Bundesnetzagentur (Hrsg.). (2019). *Frequenzauktion 2019 – Frequenzen für 5G*. Unter: https://bit.ly/2zctdTr (10.6.19).
Chigumira, G. P. (2018). *Farming 4.0: South Africa and the new agricultural revolution constructive or disruptive?* Unter: https://bit.ly/32iqWjL (10.6.19).
CLAAS – CLAAS KGaA mbH (Hrsg.). (2018). *Precision Farming*. Unter: https://bit.ly/2L-PeSAP (10.6.19).
Deffner, J. (2009): *Von Mobilitätsbedürfnissen zu zukunftsfähigen Angeboten*. In Deutsche Vernetzungsstelle ländliche Räume (Hrsg.). Land in Form. Mobilität im ländlichen Raum, 3/2009 (S. 18-19).
DLG e. V. (Hrsg.). (2018). *Satellitenortungssysteme (GNSS) in der Landwirtschaft* (= DLG-Merkblatt 388). Frankfurt am Main.
DLT – Deutscher Landkreistag (2018). *Der digitale Landkreis. Herausforderungen – Strategien – Gute Beispiele*. Berlin: Gödecke+Gut.
EurA AG (Hrsg.). (o. J.). *NAF-Bus. Nachfragegesteuerter-Autonom-Fahrender Bus*. Unter: https://bit.ly/2XZRZ4c (10.6.19).
Escobar, A. 1995: *Encountering development: the making and unmaking of the third world*. Princeton: Princeton University Press.

Fraunhofer IESE - Fraunhofer Institut für experimentelles Software Engineering (2019). *Digitale Dörfer.* Unter: https://www.digitale-doerfer.de/die-digitalen-doerfer-2/ (14.8.19)
Freie Demokraten (2017a). *Wahlkampfplakat der Freien Demokraten.* In Fokus online *(Hrsg.). Lindner distanziert sich nach Datenskandal von Wahlplakat.* Unter: https://www.focus.de/politik/deutschland/bedenken-gegen-die-digitalisierung-etwas-im-ueberschwang-lindner-distanziert-sich-nach-datenskandal-von-wahlplakat_id_8917604.html (14.8.19)
Fücks, R. (2013). *Intelligent wachsen. Die grüne Revolution.* Berlin: Hanser Verlag.
FUNKE Digital GmbH (Hrsg.). (2018). *4G, 5G und LTE: Das sind die Unterschiede.* Unter: https://bit.ly/2G9aCbY (10.6.19).
Gropp, R. (2019). IWH-Chef verteidigt Studie. Stadt statt Land. In *Tagesspiegel* v. 05.03.2019. Berlin.
Günther, S. (2009). *Auch in Zukunft mobil auf dem Lande?* In LandinForm 3 (S. 12–14).
Helfrich, S., Bollier, D., Heinrich-Böll-Stiftung (2016). *Die Welt der Commons. Muster gemeinsamen Handelns.* Bielefeld: Transcript-Verlag.
Hepp, A., Berg, M., Roitsch, C. (2014). *Mediatisierte Welten der Vergemeinschaftung. Kommunikative Vernetzung und das Gemeinschaftsleben junger Menschen.* Wiesbaden: Springer VS.
INFRA Dialog Deutschland GmbH (Hrsg.). (o. J.). *Mobility inside. einfach alles nutzen.* Unter: https://bit.ly/2LfmXiI (10.6.19).
IVA – Industrieverband Agrar (Hrsg.). (2017). *Digitalisierung soll Landwirtschaft noch effizienter machen.* Unter: https://bit.ly/30oz28X (10.6.19).
IWH – Leibnitz-Institut für Wirtschaftsforschung Halle (2019). Vereintes Land – Drei Jahrzehnte nach dem Mauerfall. Quedlinburg: Druck GmbH.
KWS – KWS SAAT SE & Co. KGaA (Hrsg.). (2019). *Rüben-MehrWert-Service.* Unter: https://bit.ly/2S8qEHS (10.6.19).
Landman, R. (2019). *Is 5G Important for Utilities?* In EET&D Magazine 22 (2) (o. S.).
Milbert, A. (2016). *Landflucht? Gesellschaft in Bewegung. Einleitung.* In Bundesamt für Bauwesen und Raumordnung (Hrsg.), Landflucht? Gesellschaft in Bewegung. =Informationen zur Raumentwicklung, Heft 2.2016 (S. 105–107). Stuttgart: Franz-Steiner-Verlag.
Netzpolitik.org (2019). *Sicherheitslücke: Biometrische Daten von Millionen Menschen offen im Netz.* Unter: https://netzpolitik.org/2019/sicherheitsluecke-biometrische-daten-von-millionen-menschen-offen-im-netz/ (15.8.19).
Neuhetzki, T., & Gajek H. (o. J.). *Die Netzarchitektur eines Mobilfunknetzes.* Unter: https://bit.ly/2YNJtSY (10.6.19).
Nitschke, I. (2019). *Pflanzenproduktion.* Unter: https://bit.ly/2S4sGZm (10.6.19).
Oswalt, P. (2017). Die Moderne auf dem Acker. In *StadtLand – Der neue Rurbanismus.* = Arch+ Nr. 228. S. 92–99.
Paech, N. (2016). *Befreiung vom Überfluss. Auf dem Weg in die Postwachstumsökonomie.* München: Oekom-Verlag.
Plattform Digitale Netze und Mobilität (Hrsg.). (2017). *Glasfaserausbau und 5G – Zusammenhänge und Synergien.* Unter: https://bit.ly/2NPeGnL (10.6.19).
Pott, A. (2018). Städtische Entwicklung in der Migrationsgesellschaft. Tagungsvortrag „Vielfalt in Stadt und Land". Unter: „https://vielfalt-in-stadt-und-land.de/sites/default/files/2018-04-26_pott.pdf (27.5.19).
Sarraf, S. (2019). *5G Emerging Technology and Affected Industries: Quick Survey.* In American Scientific Research Journal for Engineering, Technology, and Sciences 55 (1) (S. 75–82).

Shams, H., Rasheed, M. A., Khalid, S., & Akram, M. J. (2019). *Technologies for Move towards 5G*. In International Journal of Innovative Science and Research Technology 4 (5) (S. 473–481).
WBGU – Wissenschaftlicher Beirat der Bundesregierung Globale Umweltveränderungen (Hrsg.). (2019). *Unsere gemeinsame digitale Zukunft*. Berlin: Selbstverlag.
Wetterer, A. (2003). Rhetorische Modernisierung. Das Verschwinden der Ungleichheit aus dem zeitgenössischen Differenzwissen. In Knapp, Gudrun-Axeli; Wetterer Angelika (Hg.): *Achsen der Differenz. Gesellschaftstheorie und feministische Kritik II*. S. 286–319.
Wolter, S. (o. J.). *Smart Mobility: Intelligente Vernetzung der Verkehrsangebote in Großstädten*. Unter: https://bit.ly/2YYdC2h (10.6.19).
Wu, Y., Huang, H., Wang, C.-X. & Pan Y. (2018). *5G-Enabled Internet of Things*. Boca Raton: CRC Press.
Zikria, Y. B., Kim, S. W., Afzal, M. K., Wang, H., & Rehmani, M. H. (2018). *5G Mobile Services and Scenarios: Challenges and Solutions*. In Sustainability 2018 (10) (S. 1–9).

Abbildung

Freie Demokraten (2017b). *„Digital first. Bedenken second"*. Unter: https://bit.ly/2nIuV9U (15.10.19).

Die Autorin und der Autor

Dr. Kerstin Schenkel, Fachhochschule Erfurt
kerstin.schenkel@fh-erfurt.de

Prof. Dr. Torsten; Wißmann, Fachhochschule Erfurt
torsten.wissmann@fh-erfurt.de

Smart Cities und sozialräumliche Gerechtigkeit
Wohnen und Mobilität in Großstädten

Anke Strüver und Sybille Bauriedl

Zusammenfassung

In den Debatten um Smart Cities und ihre aktuellen Umsetzungen in den Bereichen Wohnen (*Smart Homes*) und Mobilität (*Smart Mobility*) wird die soziale Differenzierung in Großstädten selten berücksichtigt. Zudem scheint die digitale Transformation städtischer Infrastrukturen in privaten und öffentlichen Räumen bisher stark angebotsgetrieben und eher von den ökonomischen Interessen der Digitalwirtschaft geleitet zu sein als von den vielfältigen Bedürfnissen der Stadtbewohner*innen. Wir plädieren für eine nachfrageorientierte Betrachtung der digitalen Transformation auf dem Weg zu einer sozial und ökologisch nachhaltigen Entwicklung. Den Nachhaltigkeitsanspruch machen wir mit Blick auf sozialräumliche Aspekte von Geschlechtergerechtigkeit explizit, denn die vergeschlechtlichte Arbeitsteilung prägt die Formen des Wohnens (als primärer Ort der Sorgearbeit) und der Mobilität (als primär auf Erwerbstätige ausgerichtet) und ist daher ein relevanter Ausgangspunkt für raumbezogene Digitalisierungsdebatten.

Abstract

Debates about smart cities and their recent implementations in the fields of housing (smart homes) and mobility (smart mobility) only rarely take social differentiation in large cities sufficiently into account. In addition, the digital transformation of urban infrastructures in private and public spaces is highly supply-driven and seems to be rather governed by the economic interests of digital economies than by the various needs of city dwellers. We argue for a more demand-oriented view on digital transformation towards socially and ecologically sustainable development. We explicitly claim for sustainability with regard to socio-spatial aspects of gender justice. The gendered division of labour affects the forms of residential living (as the main place for care work) and mobility (as being primarily oriented towards employees) and is therefore a relevant starting point for digitisation debates concerning space.

Schlüsselbegriffe

Smart City, Smart Home, Smart Mobility, Nachhaltigkeit, Plattformökonomie, Geschlechterverhältnisse, Digital Divide, Gerechtigkeit, öffentlicher Raum

1 Angebotsorientierte Digitalisierung und sozialräumliche urbane Differenzierung

Städte zeichnen sich durch eine starke sozialräumliche Differenzierung aus. Differenzen – und unterschiedliche Präferenzen – zeigen sich beispielsweise in den Bereichen Wohnen und Mobilität. Unter den Sichworten *Smart Home* und *Smart Mobility* sind Wohnen und Mobilität die Teilsysteme der *Smart City*, die aktuell die größte öffentliche Aufmerksamkeit erfahren und an denen positive Zukunftsvisionen der Digitalisierung in Städten beschrieben werden. Dieser Beitrag hinterfragt die Erwartungen an universalisiertes digitalisiertes Wohnen und digitalisierte Mobilität. Komplett vernetzte und digital steuerbare *Smart Homes* sind bislang eher die Ausnahme als die Regel und nur für finanziell gut Situierte leistbar – die sich tendenziell eher an den technologischen Machbarkeiten als an den ressourcensparenden Möglichkeiten erfreuen. Auch *Smart Mobility* ist aktuell marginal und nur ein Großstadtphänomen; trotzdem wird mit beiden städtischen Teilfunktionen das größte Nachhaltigkeitsversprechen für die Zukunft verbunden. Dabei wird Digitalisierung in der Regel als angebotsorientierte Dynamik betrachtet, und es werden vor allem die aktiven Nutzungen digitaler Angebote in den Blick genommen. So erscheint die Idee der *Smart City* beispielsweise meist als universales Modernisierungsversprechen, das alle Probleme nachhaltiger Stadtentwicklung zu lösen vermag.

Unsere Auseinandersetzung mit digitalen Transformationen wurde durch folgende Fragen geleitet: Berücksichtigen die angebotenen digitalen Technologien und Infrastrukturen in den Bereichen Wohnen und Mobilität die Bedarfe sozial diverser

Städte, insbesondere die unterschiedlichen Bedarfe entlang vergeschlechtlichter Arbeitsteilung? Dienen die aktuell präferierten digitalen Technologien sozialen wie ökologischen Nachhaltigkeitsansprüchen und einer geschlechtergerechten Siedlungsentwicklung oder produzieren sie einen technologisch normierten smarten Urbanismus jenseits von gesellschaftlicher Urbanität?

Der Beitrag diskutiert Ansätze und Varianten einer *Smart City* vor allem in Bezug auf die sozialen und ökologischen Risiken dieser angebotsgesteuerten Stadtentwicklungsstrategie und nimmt eine nachfrageorientierte Perspektive ein. Unsere Ausgangsthese ist, dass europäische Städte geprägt sind durch vielfältige Formen räumlicher Segregation und sozialer Polarisierung, die mit digitalen Infrastrukturen nicht automatisch behoben werden (Graham 2002). Es besteht das Risiko, dass eine digitale Transformation in Städten soziale Ungleichheit und sozialräumliche Ungerechtigkeit verschärft (*digital divide*). Damit nehmen wir auch Bezug auf das aktuelle Hauptgutachten des Wissenschaftlichen Beirats Globale Umweltveränderungen „Unsere gemeinsame digitale Zukunft" (WBGU 2019). Darin warnt der WBGU, dass die Digitalisierung auch „als Brandbeschleuniger von Wachstumsmustern wirken" könnte, und fordert eine Ausrichtung digitaler Umbrüche am Ziel der Nachhaltigkeit (ebd.: 1; siehe auch Evans et al. 2019). Im Sinne eines Rechts auf Stadt sollte digitale Transformation eine breitere und demokratischere Teilhabe an städtischen Infrastrukturen auch für Stadtbewohner*innen ermöglichen, die bisher von Wohnverhältnissen und Mobilitätsstrukturen strukturell benachteiligt waren, und nicht nur die veränderten Nutzungsbedarfe der aktuell privilegierten Stadtbewohner*innen berücksichtigen (Bauriedl 2019, Strüver 2019).

Die Bereiche Wohnen und Mobilität erachten wir nicht nur auf Grund ihrer hohen Digitalisierungsdynamik als relevant für eine Auseinandersetzung mit den Potentialen und Risiken digitaler Transformation. Sie sind geeignete empirische Beispiele, um die Ungleichheitsstrukturen der Alltagspraxis im privaten (Wohnen) und öffentlichen Raum (Mobilität) als Ausgangspunkte zu nehmen für eine kritische Reflexion der Nachfrage nach digitaler Transformation. Da der private und öffentliche Raum entlang von vergeschlechtlichten Arbeitsverhältnissen organisiert ist, steht diese Differenzstruktur im Folgenden im Fokus einer intersektionalen Perspektive auf Smart City-Strategien. *Smart Cities* sind mit großen Versprechen einer verbesserten Lebensqualität verbunden. Vielfältige soziale Probleme sollen in Zukunft durch digitale Assistenz- und Steuerungstechnologien bearbeitet werden: Roboter und Sensoren sollen die Pflege- und Sorgekrise in Privathaushalten beheben, automatisierte Fahrzeuge und vernetzte Multimodalität die Verkehrs- und Umweltkrise lösen. Diese Krisen sind eng verknüpft mit etablierten Formen von Sorge- und Erwerbsarbeit, die hochgradig geschlechterdualistisch organisiert sind. Wir vertreten den Standpunkt, dass vergeschlechtlichte Arbeitsteilung als raumproduzierende Praxis Stadt- und Siedlungsstrukturen wesentlich prägt und damit ein Startpunkt für raumbezogene Digitalisierungsdebatten sein muss. Diesen Zusammenhang führen wir im folgenden Abschnitt aus. Danach stellen wir die aktuelle Digitalisierungspraxis im Bereich Wohnen und im Bereich Mobilität vor. Daraus leiten wir zusammenfassende Argumente für eine Gerechtigkeitsperspektive auf Digitalisierungsbedarfe in Städten ab.

2 Digitalisierung und vergeschlechtliche Arbeitsteilung in öffentlichen und privaten Räumen

Die Effekte der Digitalisierung durchdringen aktuell immer mehr öffentliche wie auch private Räume des Alltagslebens. Sie bieten unzählige Potenziale für ressourcenschonendere, nachhaltige Stadtentwicklung sowie für neue Formen des gerechten urbanen Zusammenlebens. Durch das Etikettieren ganzer (Neubau-)Quartiere mit dem Label *Smart City* ist der Begriff allgegenwärtig; die dahinterstehenden Strategien und Programme sind gleichwohl weder allgegenwärtig noch durchweg sozial und ökologisch innovativ und sinnvoll.

Digitalisiertes Wohnen ist zunächst in derartige stadtentwicklungspolitische Prozesse einzuordnen, d.h. in sozialräumliche Aushandlungen und Entscheidungen auf den Ebenen der Gesamtstadt und der Quartiere. Im Mittelpunkt dieses Beitrages steht gleichwohl digitalisiertes Wohnen auf der Mikroebene des Haushalts („doing home" in Anlehnung an Bowlby et al. 1997 und Brickell 2012) sowie insbesondere mit Blick auf die Geschlechternormen im Haushalt („doing gender"@„doing home"). Denn Wohnen ist eine alltagspraktische Interaktion, die auf gesellschaftlichen Normen und Strukturen basiert und diese zugleich (re-)produziert: Wir verwenden dies analog zur Konzeption von „doing gender" (West & Zimmerman 1987; Fenstermaker & West 2001), die die Hervorbringung von vergeschlechtlichten Subjekten (und Wohnsituationen) in meist unhinterfragten, selbstverständlichen Alltagspraktiken fokussiert, die gleichwohl grundlegend gesellschaftlich produziert sind.

Dazu gehören beispielsweise die Geschlechternormen im Haushalt, die sich als vergeschlechtlichte Arbeitsteilung manifestieren und mit einer unterschiedlichen symbolischen wie materiellen Wertigkeit einhergehen. Seit den 1970er Jahren haben feministische Sozial- und Raumwissenschaftler*innen dies wie folgt kritisiert: Während die entlohnte außerhäusliche Arbeit mit Männern bzw. Männlichkeit assoziiert wird, ist die private häusliche (physische und psychosoziale) Reproduktionsarbeit weiblich konnotiert und wird überwiegend von Frauen erledigt:

> „Unter dem nüchternen Begriff der Reproduktionsarbeit werden seit Marx gemeinhin alle Tätigkeiten gefasst, die auf die Herstellung und Aufrechterhaltung der Arbeitskraft und damit auf die Regeneration des Körpers und der Psyche gerichtet sind. Dazu können unter anderem Haus- und Familienarbeit, Sexualität sowie die Pflege von Alten, Kranken und Kindern gezählt werden" (Schuster & Höhne 2017: 10).

Auch im 21. Jahrhundert basieren viele Lebens- und Karriereentwürfe auf der Vorstellung eines/einer Vollzeitarbeitnehmer*in, der/dem Zuhause eine unbezahlte „Familienperson" für die alltäglichen Reproduktionsaufgaben zur Seite steht. Und obwohl sich aktuell die Trennung in weibliche Haus- und männliche Lohnarbeit zunehmend auflöst, da immer mehr Frauen auch einer Lohnarbeit nachgehen und sich somit teilweise eine Entkopplung der Reproduktionsarbeit von weiblichen Geschlechternormen durchsetzt, sind es bislang immer noch überwiegend Frauen, die für die Reproduktionsarbeit zuständig sind – und deren Arbeitsbereich sich noch um Sorgebeziehungen erweitert hat (Federici 2015; Soiland 2018). Denn durch die neoliberalen Reformen der europäischen Gesundheitspolitik und die Folgen der globalen Finanzkrise wurden zwischenzeitlich außerhäusliche, entlohnte reproduktive Dienstleistungen wie die Pflege von Angehörigen reprivatisiert. Zugleich wurden durch die stärkere Beteiligung von Frauen an der außerhäuslichen Erwerbsarbeit Teile der klassischen Reproduktionsarbeiten räumlich und personell ausgelagert (z. B. Essen vom Lieferservice oder außer Haus essen statt einkaufen und kochen) und technologisiert bzw. digital assistiert erledigt (z. B. unterstützt durch smarte Haushaltsgeräte, Putz- und Pflegerobotik).

3 Digitalisiertes Wohnen: doing gender @ doing home

Mit einem Fokus auf die Organisation des (Zusammen-)Wohnens sowie der häuslichen Reproduktions- und Sorgearbeit scheint die Digitalisierung auch in die Bereiche des städtischen Alltagslebens vorzudringen, die traditionell eher als privat und emotional, denn als digital gesteuert erlebt werden. Insbesondere digitale Assistenz- und sensorbasierte Steuerungstechnologien im Haushalt, die u. a. die individuelle Gesundheit, Wohlfühlatmosphäre und Sicherheit, die Wohninfrastrukturen, Pflege- und Sorgebeziehungen sowie viele weitere Aspekte des Alltagslebens einfacher, nachhaltiger und günstiger werden lassen, müssen gleichermaßen als utopische Versprechen wie als dystopische Vorstellungen adressiert werden. Sowohl in der utopischen als auch in der dystopischen Lesart stehen räumliches Reagieren und Regieren durch smarte Umgebungstechnologien und das *Internet of Things* im Mittelpunkt der gesellschaftlichen wie wissenschaftlichen Kritik, z. B.

an der Überwachung und Betreuung von älteren oder pflegebedürftigen Menschen mithilfe von *Ambient Assistant Living-Systemen* (Bauriedl & Strüver 2018; Gabrys 2014; Strüver 2017).

„Smart home" als Wohnraum mit digital vernetzten Pflegeassistent*innen

Im Arbeitsfeld der häuslichen Pflege stehen die technologischen Möglichkeiten der Digitalisierung in Verbindung zum so genannten Pflegenotstand einerseits sowie zu den Bedürfnissen einer immer älter werdenden Bevölkerung andererseits, in der die Möglichkeiten eines mittels *Telecare, Telehealth* bzw. *Smart Care* kontrollierten, aber unabhängigen bzw. „selbstbestimmten" Alleinlebens im hohen Alter im Smart Home gegeben sind (Oudshoorn 2011):

> „Smart Homes versprechen eine Antwort auf diese Problematik. Sie stellen älteren und pflegebedürftigen Menschen ein längeres und gefahrenfreies Leben im eigenen Wohnraum in Aussicht. Intelligente Wohnumgebungen sollen mit den Wohnenden interagieren, ihre Routinen kennen, Abweichungen registrieren und sich situationsspezifisch an Bedürfnisse anpassen. Die Assistenztechnologien des Smart Homes sollen den Alltag erleichtern, indem sie sensorische, kognitive und motorische Einschränkungen der Wohnenden kompensieren. Die Assistenzsysteme sollen dabei nicht nur den älteren Menschen selbst assistieren, sondern auch Angehörige, Pflegekräfte und medizinische Dienste entlasten" (Marquardt 2018a: 288).

Dahinter steht der Anspruch auf ein selbstbestimmtes Leben im Alter, das gleichermaßen auf Selbstermächtigung wie auch auf Kontrolle basiert. Technologisch sind derartige *Ambient-Assisted-Living*-Systeme ein erstes Beispiel für das Internet der Dinge im Bereich des Wohnens. Freiwillige Kontrolle wird dabei zur Wahrung eines autonomen Lebens bzw. Wohnens praktiziert, indem das Bedürfnis nach Sicherheit an digital vernetzte Sensoren und technische Systeme delegiert wird: Der Fußboden registriert bspw. als *Smart Floor* die auf ihm vollzogenen Bewegungsmuster und löst Alarm aus, sobald Unregelmäßigkeiten auftreten. Im Zusammenspiel mit *Wearables* und *Smart Garments* können zudem körperliche Zustände registriert, Abweichungen von der definierten Norm aus der Ferne kontrolliert und ggf. durch Interaktionen mit Pflegeroboter*innen behoben werden (Strüver 2017).

Telehealth und *Smart Care* umfassen ein Echtzeitmonitoring der physiologischen Körperfunktionen (wie Puls, Temperatur, Blutzuckerspiegel, Nahrungs- und Flüssigkeitsaufnahme etc.) und den automatisierten Abgleich mit dem erwarteten Verhalten, das wiederum sensor- und cloudbasiert in der Wohnung kontrolliert wird. Dies schließt auch die automatische Aktivierung einer*s *Carebots* ein, wenn das tatsächliche Verhalten nicht mit den programmierten Erwartungen übereinstimmt (Oudshoorn 2011; Pham et al. 2018). Erfasst wird diese Art der digitalen Kommunikation über am Körper getragene und in der Wohnung verteilte Sensoren (neben dem *Smart Floor* durch bewegungssensible Kameras und Mikrophone).

"The proposed CoSHE [cloud-based smart home environment] consists of four major components: a smart home setup, a wearable unit, a private cloud infrastructure, and a home service robot. Environmental sensors are used for collecting motion and activity information of the human subject. The wearable unit is used to collect physiological and body activity information through non-invasive, wearable sensors. Data from the environmental sensors and wearable sensors are processed by a home gateway [...]. The home service robot is able to access the information from the cloud to get understanding of the human context, and thus it can interact properly with the human" (Pham et al. 2018: 130).

Hier wird deutlich, wie sehr die*der Carebot tatsächlich den Lebenskontext verstehen und dementsprechend reagieren soll. Darüber hinaus steht zu vermuten, dass der Name für diese interaktiven Wohnsysteme und ihre humanoide Roboterin mit „CoSHE" auf einen weiblichen *Care Companion* verweisen soll. Denn insgesamt ist bislang die IKT-Entwicklung androzentristisch geprägt und basiert in der Robotikentwicklung häufig auf vergeschlechtlichten Stereotypen. Im Bereich der Pflege soll bspw. die Akzeptanz von *Carebots* dadurch verbessert werden, dass sie in Gestalt und Umgangsformen mit weiblichen Attributen ausgestattet sind (vgl. Enders & Groschke 2019); dadurch werden zugleich Geschlechterstereotype reproduziert. Auffällig ist zudem, dass Hilfs- und Pflegeroboter*innen meist weiblich klingende Namen tragen und auch die sprachbasierten Assistentinnen qua Stimme und Namen sowie ihren Aufgaben weiblich konnotiert sind – und dadurch Erwartungen an vergeschlechtlichte häusliche Aufgaben manifestieren.

„Smart home" als automatisierter und überwachter Raum

Auch jenseits von *Smart Care* und *Telehealth* gewinnt die Diskussion um *Smart Homes* als technologiebasierte Lösungen für nachhaltiges urbanes Wohnen an Bedeutung. Im Vordergrund steht hier die (vermeintliche) Ressourceneffizienz eines digital gesteuerten Haushalts, in dem die Überwachung und Visualisierung des Energie- und Ressourcenverbrauchs das klimarelevante Verhalten im Alltag im Sinne einer Optimierung durch Selbstführung beeinflussen soll.

„Im grünen *smart home* findet Subjektivierung offensichtlich nicht in Form intersubjektiver Anrufungen statt, sondern ist vor allem technisch-räumlich vermittelt. Die Anrufung der Wohnenden ist environmentaler Natur, denn sie geht von der Wohnumgebung selbst aus. [...] Ökologisch nachhaltiges Wohnen ist dieser Deutung folgend also weniger eine Fähigkeit von Subjekten, sondern eher ein aus der Interaktion von Wohnenden und Wohnraum resultierender ‚Umwelteffekt'" (Marquardt 2018b: 228).

Im digital gesteuerten Haushalt verliert die Wohnung ihre Funktion als Rückzugsort und Privatsphäre – auch ohne Pflegetechnologien, die aus der Ferne intimste Körperfunktionen und private Wohnsituationen überwachen. Durch die Ausstattung der *Smart Homes* mit Sensoren und die Kommunikation digital vernetzter Haushaltsgeräte untereinander (Internet der Dinge) sowie mit sprachbasierten Assistentinnen überliefert bspw. der Kühlschrank selbstständig dem Lebensmittellieferanten die Einkaufsliste, erkennen die Geräte Routinen und Vorlieben der Bewohner*innen und steuern dementsprechend Temperatur, Musik, Licht sowie Wasch- und Spülmaschinen, Saug- und andere Hilfsroboter automatisch. Sehr schnell lässt sich dann nicht mehr unterscheiden, ob der Mensch oder die Maschine entscheidet, was gerade wie sinnvoll zu tun ist (Burrows et al. 2018). Der „Nest Learning Thermostar 3rd" beispielsweise reguliert – wie der Name schon sagt – selbstlernend häusliche Heizungs- und Klimaanlagen entlang der Bedürfnisse der Bewohner*innen sowie, da er auf Verträgen mit Stromanbietern basiert, die Vermeidung von Stromspitzen. Seit 2018 umfasst das Nest-Paket auch Überwachungskameras und Richtmikrophone sowie Bewegungs-, Licht- und Beschleunigungssensoren.[1] In einem derartigen System kommunizieren die Haushaltsgeräte selbstständig untereinander, um Raumtemperatur, Rollläden, Licht und Hintergrundmusik perfekt aufeinander sowie auf die Jahres- und Tageszeit und v. a. die antizipierten Bedürfnisse der Haushaltsmitglieder abzustimmen. Änderungen durch die Bewohner*innen können über Smartwatch/Smartphone oder über digitale Sprachassistentinnen wie *Alexa, Siri* oder *Cortana* vorgenommen werden, die als allzeit bereite „digitale Dienstmädchen" eine berührungslose Navigation der vernetzten Geräte ermöglichen.

In den neuen *Smart City*-Quartieren wachsender Städte entstehen durch *Smart Homes* somit nicht nur neue Wohnstandorte, sondern neue Wohnformen. Die Zielgruppe stellen vor allem Familien der gehobenen Mittelschicht in eher traditionellen Wohnkonstellationen dar, für die neben der innerfamiliären Arbeitsteilung auch die digitalen Dienstmädchen Geschlechterstereotype und -normen repräsentieren. Das bedeutet, auch in *Smart Homes* wird Reproduktions- und Sorgearbeit entlang geschlechtshierarchischer Vorstellungen organisiert – und die analog etablierte Arbeitsteilung von nicht-entlohnten häuslichen Sorgeaufgaben bleibt durch die Digitalisierung unberührt (Enders & Groschke 2019: 95).

---

1 https://store.google.com/de/product/google_nest_hub

„Smart Home" als Ort der Mensch-Maschine Interaktion

Die smarte Stadt wird durch das Erfassen und Verfolgen von Menschen im Raum (v. a. über ihre Smartphones) zu einem Labor der Echtzeit-Analyse infrastruktureller Nutzungen und urbanen Lebens (Kitchin 2014). Im *Smart Home* werden durch die Umgebungsintelligenz Menschen im Raum durch Sensoren in Wänden und Böden sowie durch am Körper getragene Geräte automatisch lokalisiert und kategorisiert (orts- und personenspezifische Informationen). D. h. auch, dass die häusliche Umwelt aufgrund vernetzter Datenströme auf 'individuelle', durch Algorithmen errechnete Präferenzen von einzelnen Menschen reagiert und ihr Verhalten prognostiziert. Das häusliche Internet der Dinge verdeutlicht, dass digital gesteuerte und vernetzte Haushaltsgeräte durch ihre Lernfähigkeit „fühlende Kompetenzen" entwickeln, beispielsweise für personen- und tageszeitabhängige Wünsche und Vorlieben.

Zugleich erfassen intelligente Stromzähler (*Smart Meter*) auch, zu welchen Tageszeiten welche Haushaltsgeräte wieviel Strom in welchem Zimmer bzw. in welcher Wohnung verbrauchen. Dieses haushalts- und z. T. personenbezogene Monitoring dringt in den Privatraum und das Privatleben ein und ermöglicht eine ständige Kontrolle des Stromverbrauchs durch den Energieversorger sowie zukünftig möglicherweise auch durch die Nachbar*innen (Burrows et al. 2018). Als Selbstmonitoring wiederum soll es motivieren, den Stromverbrauch zu reduzieren. Die Fremdüberwachung kann darüber hinaus zu massiven Fehlinterpretationen führen, wenn anhand der Weiterverarbeitung der Verbrauchsdaten und zufälligen Datenkorrelationen sozialräumliche Kausalitäten über den soziökomischen Status und das Umweltbewusstsein der Bewohner*innen abgeleitet werden (O'Neil 2016). So stellt es bspw. einen großen Unterschied dar, ob aus Gründen der Energiearmut oder eines umweltfreundlichen Bewusstseins an Heizung, Licht und Strom gespart wird.

Der oben angedeutete „Umwelteffekt im (grünen) Smart Home" (Marquardt 2018b) durchzieht im Bereich des Wohnens sämtliche Mensch-Maschine-Interaktionen, gerade wenn Umwelt als Umgebung bzw. als „Umgebungsführung" im biopolitischen Sinne konzipiert ist: eine Form der Biopolitics 2.0 (Gabrys 2014), die über die Regierung und Regulierung von Menschen mithilfe von Umgebungstechnologien funktioniert, die individuelles wie kollektives Verhalten protokollieren, antizipieren und stimulieren. Die „digitale Haut der Städte", die Rabari & Storper (2015) für die zunehmende Ausstattung von Städten mit digital kommunizierenden Sensoren und überall verfügbaren mobilen Kommunikationstechnologien ausgemacht haben, findet sich somit auch im Haushalt der *Smart Homes*.

Die Idee von *Smart Homes* wird begleitet von dem paradoxen Versprechen, durch digital gesteuerte und vernetzte Haushaltsgeräte den Ressourcenverbrauch, insbesondere Energie und Wasser, zu senken. Sicherlich lassen sich durch die digitale Erfassung und individualisierte Visualisierung des Verbrauchs Routinepraktiken hinterfragen, u.a. durch den Vergleich mit Durchschnittswerten. Im Sinne der Nachhaltigkeit wäre es gleichwohl wichtiger, über diese Feedbackschleifen gezielte Bewusstseinsänderungen zu initiieren. Zudem verbrauchen digitale vernetzte Geräte über die permanente Standby-Funktion, die App- oder sprachbasierte Steuerung sowie die Datenspeicherung zusätzliche Energie – und es können Probleme durch die Weiterverarbeitung und den Abgleich von Verbrauchsdaten entstehen: „Durch die permanente Vernetzung der Geräte und den Einsatz von Sprachsteuerung nimmt die Datenmenge stetig zu – und damit der Energieverbrauch" (Colaço et al: 2019: 30).

4 Digitalisierte urbane Mobilität

Die Mobilitätsnachfrage in Städten ist extrem vielfältig: Verkehrsteilnehmer*innen sind allein, als Familie oder Gruppe unterwegs; sie sind jung oder alt, sportlich oder physisch eingeschränkt, haben viel oder wenig Geld, können Rad- und Autofahren oder nicht, sind ängstlich oder mutig. Sie legen Kurzstrecken, Langstrecken oder Wegeketten zurück. All diese Mobilitätsbedingungen und -bedürfnisse sind neben der gebauten Verkehrsinfrastruktur und den verfügbaren Verkehrsmitteln für jeden Menschen ausschlaggebend für dessen Mobilitätsentscheidung. Für die Nutzung von Angeboten digitalisierter Mobilität ist zusätzlich die Kompetenz im Umgang mit digitalen Technologien und der Zugang zu den spezifischen Nutzungsvoraussetzungen (z. B. Kreditkarte und Smartphone) entscheidend. Digitalisierte urbane Mobilität trifft nicht automatisch alle individuellen Bedarfe und Zugänge. Daneben haben sich Einstellungen und Präferenzen in bestimmten sozialen Milieus verändert, die Fahrzeuge nutzen, aber nicht besitzen wollen. Die Anschaffung eines eigenen Autos als Statussymbol verliert insbesondere bei jungen urbanen Menschen an Bedeutung (Daum 2018: 38).

Da Mobilität einen wesentlichen Anteil an Emissionen, Rohstoffverbrauch und Materialentsorgung ausmacht, sind innovative Nutzungsmöglichkeiten und nachhaltige Verkehrsmittelwahl von besonderer Bedeutung für eine nachhaltige Stadtentwicklung und globalen Umweltschutz. Die mittlerweile fast flächendeckende Internetverfügbarkeit in Städten und die Verbreitung von mobilen Endgeräten hat in den letzten Jahren zu einer Dynamisierung urbaner Mobilitätsangebote und -dienstleistungen geführt. Diese zeigt sich in einer Vielzahl von Leihfahrzeugangeboten (Car Sharing, Bike Sharing, Scooter Sharing), der Nutzung diverser Verkehrsmittel (Multimodalität) und vernetzter Informationen und Dienstleistungen der Mobilitätsanbieter (z. B. Digital Ticketing und gemeinsame Apps von ÖPNV und Car Sharing-Anbietern).

Teile der Stadtbevölkerung haben diese Angebote in ihren Alltag integriert und nutzen Smartphone-Apps zur Suche, Reservierung und Bezahlung von Leihfahrzeugen oder zur Recherche der zeit- und kostengünstigsten Mobilitätsdienstleistungen für spezifische Wegstrecken. Mobiles Internet und soziale Netzwerke machen die Nutzung von Car Sharing-Konzepten einfacher und massentauglich(er). Auch wenn der Anteil der *Smart Mobility* am Gesamtverkehr noch extrem gering ist, haben die Angebote in Städten eine enorme Aufmerksamkeit erzeugt und werden als Zeichen einer sozialen und ökologischen Modernisierung urbaner Mobilität diskutiert. Sowohl nationale Umwelt- und Verkehrsbehörden wie Verkehrsforscher*innen beschreiben diese Dynamisierung als Ko-Evolution von Angebot und Nachfrage, angetrieben durch technologische Innovationen (mobiles Internet, automatisierte Fahrzeuge, leistungsfähige Sensoren) und veränderte Einstellungen und Präferenzen der Verkehrsteilnehmer*innen (IZT 2017: 18). Wir argumentieren, dass die Automobil- und die Digitalwirtschaft Einfluss auf die Angebote einer *Smart Mobility* nimmt und die Gestaltung urbaner Mobilität entscheidend mitbestimmt. Dabei spielen für die Frage kundengerechter Angebote ökologisch nachhaltige und sozial differenzierte Mobilitätsbedarfe eine untergeordnete Rolle.

Im Folgenden konzentrieren wir uns auf die Potentiale von Car Sharing-Dienstleistungen für eine sozial und umweltgerechte Stadtentwicklung und fragen mit Bezug auf eine geschlechtergerechte Mobilität: Können mit diesem Angebot die typischen Wegeketten der Sorgearbeit leichter realisiert werden oder zielen diese allein auf Wege zwischen Wohnung, Arbeitsplatz und Freizeitverkehr? Inwieweit werden mit smarter Mobilität die klassischen Lebensräume von Sorgearbeiter*innen im suburbanen Raum („Schlafstädte") mit besserem Zugang zu urbaner Mobilität versorgt?

Vom solidarischen Autoteilen zum Plattformkapitalismus

Car Sharing als vielversprechende Mobilitätsform der *Smart City* steht für das Teilen privater Fahrzeuge über Internetplattformen. Es nutzt verschiedene Vermittlungsformen (Peer-to-Peer oder Peer-to-Pool) und Standortbindungen (stationär oder flottierend) sowie Nutzungsformen (Selbstfahrer*in, Mitfahrer*in oder autonom fahrend). Digitalisiertes Car Sharing in *Smart Cities* knüpft an die Idee der Sharing Economy an, die auf ein Nutzen statt Besitzen zielt, ist aber nicht gleichzusetzen mit solidarischer Ökonomie oder nachhaltigem Verkehrsverhalten. Das erste Car Sharing-Unternehmen in Deutschland entstand 1990 in Berlin (Stadtauto) aus dem Wunsch nach Selbsthilfe, war ökologisch motiviert und blieb zunächst ein Nischenprojekt. Betrieben wurde das gemeinschaftliche Teilen von Autos vielfach ehrenamtlich und ohne Gewinnabsichten. 2009 ist die Deutsche Bahn mit der Plattform Flinkster in das stationäre Car Sharing eingestiegen und mittlerweile in über 30 deutschen Städten präsent. Mit der Geschäftsform des Free Floating haben sich seit 2010 das Car Sharing-Angebot, die Anbieter und der angesprochene Kundenkreis radikal verändert. Free Floating bietet die Nutzung flexibel geparkter Fahrzeuge im Stadtbereich mit minutengenauer Abrechnung. Das Fahrzeug kann spontan gebucht werden und muss nicht an den Ausgangsstandort zurückgebracht werden. Mit der Digitalisierung des Car Sharing sind deutsche Automobilkonzerne selbst in das Geschäft eingestiegen und bieten in deutschen und einigen europäischen Großstädten gezielt Neuwagen verschiedener Fahrzeugtypen an. BMW betreibt die DriveNow-Plattform und Daimler bietet Car2Go an. 2019 haben beide ihr Angebot unter dem Namen SHARE NOW in einer App zusammengeführt mit rund 8.000 Fahrzeugen in Deutschland. VW ist mit der Plattform WeShare 2019 in das Car Sharing Geschäft eingestiegen.

Car Sharing in *Smart Cities* hat nicht viel mit der ursprünglichen Idee einer Leih- und Tauschgemeinschaft zu tun, die das Ziel verfolgt, eine solidarische Ökonomie ohne Geldtransfer zu etablieren. Auch die Idee der Ressourcenreduktion durch das Leihen von Gegenständen, an Stelle von Kaufen und Entsorgen, wird nicht zwangsläufig verfolgt. Car Sharing hat sich mit der Verbreitung von Smartphones und veränderten urbanen Lebensstilen aus der ökologisch-motivierten Nische herausbewegt und zum vielbeachteten Geschäftsfeld entwickelt. Mit der digitalen Vermittlung und Vernetzung des Car Sharing ist Mobilität immer mehr zur Dienstleistung geworden. Davon profitieren an erster Stelle die Anbieter der digitalen Dienstleistungen, die hierfür benötigt werden.

Die Mobilitätsdienstleister nutzen und kombinieren verschiedene IT-Plattformen zur Anzeige von Fahrzeugstandorten (z. B. googlemaps), für den personifizierten Fahrzeugzugang (Identifikations-Apps) und zur bargeldlosen Bezahlung (z. B. paypal). Plattformen führen Angebot und Nachfrage zusammen. Bei dieser Vernetzung der Marktteilnehmer*innen müssen sie weder das vermittelte Produkt noch die dafür notwendigen Produktionsmittel besitzen. Plattformen zielen auf die Sammlung personenbezogener Daten (Informationen über Kundenpräferenzen, Kundenbeziehungen und Bewegungsprofile), um zielgenaue Angebote für andere Produkte machen zu können (Bauriedl & Strüver 2018: 18). Nutzer*innen von digitalen Mobilitätsdienstleistungen bewegen sich im Spannungsfeld zwischen zusätzlicher Bewegungsfreiheit und Sorge um Datenkontrolle. Plattformen partizipieren an der Wertschöpfungskette des Car Sharing auf Kosten der Kund*innen, die zu Datenproduzent*innen werden. Die Digitalwirtschaft sagt dieser Form geteilter Nutzung von Fahrzeugen mittlerweile ein enormes Wachstumspotential voraus (IZT 2017: 6). Die globalen Datenkonzerne aus dem Silicon Valley versuchen, den auf Datenextraktivismus basierenden Plattform-Kapitalismus auch im Feld der Mobilität zu etablieren (Daum 2018: 8). Die Argumente der Ressourceneffizienz und der Sicherheit im Straßenverkehr ebnen Plattformkonzernen wie Google und Microsoft den Weg, um den Verkehr der Zukunft mitzugestalten und sie zu Mobilitäts-Monopolisten zu machen (ebd.).

Die Suchfunktionen in den Car Sharing-Apps operieren nach den Kriterien „Nähe zum nächsten Fahrzeug", „Fahrzeugtyp" und ggf. „Reichweite des E-Fahrzeugs". Die Dienstleistungen sind insbesondere geeignet für spontane Fahrten, für Freizeitmobilität oder Arbeitswege innerhalb der Stadt zwischen zwei Standorten. Für die Mobilitätsbedarfe der Sorgearbeit, die Wegeketten mit mehreren Stopps oder ggf. Kinderausstattungen benötigen und fixe Start und Endpunkte haben, sind die Dienstleistungen und Tarife stationärer Car Sharing-Anbieter oft besser geeignet. Für Verkehrsteilnehmer*innen, die nur ein geringes Mobilitätsbudget zur Verfügung haben, bleiben Fahrrad und ÖPNV für innerstädtische Distanzen die günstigere Alternative.

Smarte Mobilität privilegiert Automobilität in Städten

In den kommunalen und nationalen Strategiepapieren zur Digitalisierung, z. B. des Deutschen Städte- und Gemeindebundes, wird unter dem Stichwort „Mobilität" in erster Linie motorisierter Verkehr verstanden (DStGB 2018: 8). Fuß- und Radverkehr wird zur Randerscheinung und Ergänzung digital-vernetzter Wegeketten. Die Probleme des autozentrierten Stadtverkehrs sollen nun mit Car Sharing bewältigt werden. Ob *Smart Mobility* jedoch tatsächlich zu einer Verminderung des Ressourcenverbrauchs führt, ist bisher nicht nachgewiesen worden. Das Motto „Leihen statt Besitzen" wäre nur erfüllt, wenn in Folge der Sharing-Angebote die absolute Anzahl der PKW schrumpfte. Das ist in den Großstädten mit Car Sharing Angeboten bisher nicht der Fall. Der Anteil an Leihwagen am Gesamtbestand ist immer noch marginal. Die höchste Car Sharing-Dichte findet sich in Karlsruhe mit 2,15 Fahrzeugen pro 1.000 Einwohner*innen, gefolgt von Stuttgart mit 1,44 Fahrzeugen und Frankfurt am Main mit 1,21 Fahrzeugen (IZT 2017, 10), bei einer Kfz-Dichte in Deutschland von 692 je 1.000 Einwohner*innen (Daten des Kraftfahrt-Bundesamtes vom 1.1.2019, KBA 2019).

Um Aussagen zu Umwelteinflüssen durch Car Sharing Angebote machen zu können, muss außerdem deren Nutzung mit den daran gekoppelten indirekten Verschiebungen zwischen öffentlichem Verkehr und motorisiertem Individualverkehr in Bezug gesetzt werden (Baedeker et al. 2018: 26). Durch *Smart Mobility* kann es ohne regulative Maßnahmen auch zu einer Erhöhung des motorisierten Verkehrs und Flächeninanspruchnahme kommen und zu einer Zurückdrängung des öffentlichen Nahverkehrs bzw. „starker Verschiebung von Attraktionsrelationen" (Beckmann 2018: 14) zugunsten des automatisierten und digital vernetzten Autoverkehrs.

Das Umweltbundesamt geht davon aus, dass jedes Car Sharing Fahrzeug durchschnittlich 15 private Fahrzeuge ersetzt (UBA 2017). Es ist anzunehmen, dass diese Zahlen sehr stark zwischen der Nutzung stationärer und Free Floating Angebote variieren, da mit Blick auf die angebotene Fahrzeugflotte der Automobilkonzerne davon auszugehen ist, dass Car Sharing auch die Funktion des Nudging im Sinne von Testfahrten für potentielle PKW-Käufer*innen erfüllt. BMW und Daimler bieten Fahrzeuge der A-Klasse und die aktuellen E-Modelle mit Extraausstattungen an. Die Automobilkonzerne induzieren damit Mobilitätsinteressen, die zu zusätzlicher umweltbelastender Mobilität führen. Die Nutzung von größeren Fahrzeugen ist mit höherem Kraftstoffverbrauch und Emissionen verbunden als bei Kleinstwagen. Die verhaltensökonomische Strategie des Nudging wird auch in Bezug auf Fahrzeuge mit elektrischem Antrieb genutzt. Der Anteil der E-Fahrzeuge der Car Sharing Flotten ist mit Blick auf deren Gesamtproduktion vergleichsweise hoch und dient auch als Werbung für diesen Antriebstyp.

Die aktuelle Ausbaustrategie von Car Sharing-Angeboten lässt weder erkennen, dass sie sich an der Mobilitätsnachfrage von Sorgearbeiter*innen orientiert, die Fahrzeuge für Haushaltseinkäufe, Transport von Familienangehörigen u. ä. benötigen, noch ist bisher zu belegen, dass Car Sharing das Gesamtaufkommen des motorisierten Verkehrs verringert und damit zur Sicherheit der nicht-motorisierten Teilnehmer*innen im Straßenverkehr und zur städtischen Gesundheit beiträgt.

5 Urbane Digitalisierung und Gerechtigkeitslücken

Anhand zweier Funktionsbereiche der *Smart City*, Wohnen und Mobilität, haben wir aktuelle technologische Machbarkeiten vorgestellt und damit Aspekte der digitalen Transformation im Hinblick auf ihre Potenziale und Probleme für eine sozial und ökologisch nachhaltige Stadtentwicklung diskutiert, die wir im Folgenden in fünf Argumenten zusammenführen, die es aus unserer Sicht für eine nachhaltige digitale Transformation in Großstädten zu berücksichtigen gilt.

1. *Digital Divide* bezeichnet die ungleichen Kompetenzen im Umgang mit digitalen Technologien und die ungleiche Teilhabe an der Nutzung öffentlicher digitaler Infrastrukturen. Die Kluft des Zugangs zeigt sich sowohl zwischen Staaten mit unterschiedlicher Internetverfügbarkeit als auch innerhalb von Städten sowie zwischen Stadt und ländlichem Raum, aber auch zwischen Generationen mit unterschiedlicher Digitalkompetenz und zwischen Einkommensgruppen, die teilweise keine Internetendgeräte und digitalen Dienstleistungen finanzieren

können, oder nicht über Kreditkarten, Wohnsitz und andere formale Voraussetzungen verfügen (Bauriedl & Strüver 2018: 24, Rammler & Schwedes 2018: 9). Die soziale Kluft innerhalb von Städten wird bei der Digitalisierungsdebatte kaum berücksichtigt und durch digitale Beschleunigung und Vernetzung eher verstärkt denn verringert.

2. Die divergierenden Teilhabemöglichkeiten an den positiven Potentialen der Digitalisierung vollziehen sich nicht nur sozial, sondern auch räumlich ungerecht. Die größte Dichte an *Smart Homes* und *Smart Mobility* findet sich nicht in ländlichen Räumen, wo sie die mangelnde Grundbedürfnisversorgung verbessern könnten, sondern in den Zentren von Großstädten. So ist digitale Mobilität bisher ein groß- und innerstädtisches Phänomen: Viele Angebote von Car Sharing sind nur in Städten mit mehr als 100.000 Einwohner*innen zu finden und schließen in der Regel eine Nutzung im suburbanen Raum aus. D. h. gerade in den Siedlungsräumen mit geringer bis fehlender ÖPNV-Versorgung und zu großen Fahrraddistanzen ist diese Mobilität nicht verfügbar. Auch *Smart Homes* und *Smart Care* wären in ländlichen Räumen mit Gesundheits- und Pflegeunterversorgung und überdurchschnittlich hohem Ressourcenverbrauch sinnvoller als in der (Groß-) Stadt. Dabei ist die räumliche Konzentration in Großstädten nicht durch fehlende Netzkapazitäten oder Verkehrsinfrastruktur auf dem Land begründet, sondern durch die ökonomische Logik der privaten Mobilitätsanbieter: In den Zentren von Großstädten finden sie den größten und kaufkräftigsten Kundenkreis für ihre Produkte. Digital vernetztes Car Sharing in Großstädten bietet Antworten auf soziale und ökologische Krisen an den falschen Orten. Die kurzen Wege des städtischen Verkehrs können am umweltgerechtesten, sichersten und gesündesten über ÖPNV und nicht-motorisierte Mobilität bewältigt werden. Car Sharing könnte hingegen eine Option für den ländlichen Raum oder den Stadt-Umland-Verkehr sein, der nicht ausreichend über ÖPNV bedient wird. Das Gleichbehandlungsgebot des Grundgesetzes (GG Art. 3 Abs. 1) manifestiert im Prinzip den Anspruch aller Bürger*innen auf einen flächendeckenden Ausbau der digitalen Infrastruktur, um am digitalen und sozialen Leben teilhaben zu können (Libbe 2018). Es muss also die Frage gestellt und bearbeitet werden, wie das Gleichbehandlungsgebot im Bereich der Mobilität nicht trotz, sondern durch *Smart Mobility* in näherer Zukunft realisiert werden kann.

3. Die Digitalwirtschaft nimmt die Vielfalt von Mobilitätsteilnehmer*innen als homogene Kundschaft wahr und produziert universelle Kundenwünsche bzw. homogenisiert sowohl die Bedarfe und Wünsche einer diversen Stadtgesellschaft als auch die Vorstellungen von Stadtzukunft. Die Mobilitäts- und Assistenzbedarfe von Sorgearbeiter*innen, die bspw. Kinder, Pflegebedürftige oder Einkäufe

transportieren und Wegeketten bewältigen müssen, werden mit den *Smart Mobility* Angeboten nicht angesprochen. Diese sind – wie auch die der *Smart Homes* – eher orientiert an der Freizeit der Arbeitenden und Wohnenden. *Smart Homes* und *Smart Mobility* stellen digitale Spielwiesen für (sozial wie räumlich) ausgewählte Teile der Stadtbevölkerung dar, die die Freizeitaktivitäten und Regenerationsmöglichkeiten erleichtern sollen. Zudem sind sowohl *Smart Mobility-* als auch *Smart Home*-Angebote zunächst durch die Interessen der Automobil-, Digital- und Immobilienwirtschaft geleitet; sie transformieren die autogerechte und zersiedelte Stadt des fossilen Zeitalters in eine elektrifizierte, automatisierte und sich räumlich ausdehnende autogerechte Stadt. Auf der Suche nach sozialen wie ökologischen Alternativen gilt es daher zu fragen, wie sich smartes Wohnen und smarte Mobilität im Sinne einer gesunden Stadt und einer Stadt der Begegnung, der kurzen und grünen Wege gestalten und umsetzen lässt.

4. Die Bevorzugung des automobilen (Individual-) Verkehrs fördert die Mobilität zwischen Zentrum und suburbanen Siedlungsräumen. Wie eben angedeutet, wird das im Jahrhundert der Städte eine Ausweitung des suburbanen Raums zur Folge haben – und als Teil der fortschreitenden Suburbanisierung die vergeschlechtlichte Arbeitsteilung zwischen Erwerbsarbeiter und unbezahlter Sorgearbeiterin stabilisieren. Die alte Debatte um die so genannten „Schlaf- und Regenerationsstädte" für Haupterwerbstätige, die zugleich die sozial wie räumlich marginalisierten so genannten „Hausfrauensiedlungen" für Reproduktionsarbeiter*innen darstellen, erlebt derzeit eine Renaissance (Doderer 2016; Cooper 2017). D. h. obwohl mittlerweile ein Teil der Reproduktionsarbeit digital unterstützt wird und/oder marktförmig organisiert ist, bleibt sie in der Regel unsichtbare Hausarbeit – und Hausarbeit, die überwiegend von Frauen geleistet wird. In Zeiten der neoliberalen Sozialpolitik werden dadurch hierarchisierte Geschlechternormen reproduziert, oder, wie es Enders & Groschke (2019: 96) formulieren: „Die Strukturen der [digitalen] Technik selbst – genauso wie die sozialen Prozesse, die darauf aufbauen – sind durch vorherrschende Identitätskategorien wie Geschlecht, ‹race› und Klasse geprägt. So bleibt die digitale Welt ein Abbild der analogen (Macht)Verhältnisse".

5. Wir verstehen unter einem Recht auf digitale Stadt, komplementär zum digitalen Recht auf Stadt (Morozov & Bria 2017; Shaw & Graham 2017), eine nachfrageorientierte sowie sozial und ökologisch nachhaltige urbane Infrastrukturentwicklung. Dies bedeutet für die sozialwissenschaftliche Raum- und Stadtforschung eine Erweiterung der angebotsorientierten Betrachtung der technologischen Transformation, die von der Notwendigkeit sozialer Anpassung an die Digitalisierung ausgeht. Aus dieser raumbezogenen Gerechtigkeitsperspektive wird auch die unterversorgte Mobilitätsnachfrage in marginalisierten Stadtteilen

und im Stadtumland problematisiert. Ein Recht auf digitale Stadt zielt darauf, die soziale und digitale Segregation in Städten und in Stadt-Land-Beziehungen, zwischen Generationen, Geschlechtern, Einkommens- und Herkunftsstatus zu minimieren. Es widerspricht der Privilegierung des motorisierten, gesundheits- und umweltbelastenden Individualverkehrs sowie allen Formen von algorithmisch-gesteuerter und damit stereotypisierter Diskriminierung. Die Transformationsfelder Mobilität und Wohnen bieten zahlreiche – analoge wie digitale – ressourcenschonende Möglichkeiten; und zugleich lässt sich an diesen beiden Funktionen das sozialräumliche Paradoxon der Digitalisierungspraxis aufzeigen: eine Privilegierung vergleichsweise sehr gut ausgestatteter Räume.

Literatur

Baedeker, C., Bienge, K., Suski, P., & Themann, P. (2018). Sharing Economy: eine nachhaltige Konsumalternative? *Geographische Rundschau*, 10, 22–28.
Bauriedl, S. (2019). Etwas Besseres als ‚Smart Cities'. Digitalisierung führt nicht automatisch zu mehr Nachhaltigkeit. In A. Höfner & V. Frick (Hrsg.), *Was Bits und Bäume verbindet. Digitalisierung nachhaltig gestalten* (S. 44–46). München: Oekom-Verlag.
Bauriedl, S., Strüver, A. (2018). Raumproduktionen in der digitalisierten Stadt. In S. Bauriedl & A. Strüver (Hrsg.), *Smart City. Kritische Perspektiven auf die Digitalisierung in Städten*. Bielefeld: Transcript, (S. 11–32)
Beckmann, K. J. (2018). Digitalisierung und Mobilität. Chancen und Risiken für eine Verkehrswende. *Nachrichten der ARL*, Nr. 2. S. 12–16.
Bowlby, S., Gregory, S., McKie, L. (1997). "Doing home": Patriarchy, caring, and space. *Women's Studies International Forum*, 20(3), 343–350.
Brickell, K. (2012). 'Mapping' and 'doing' critical geographies of home. *Progress in Human Geography*, 36(2), 225–244.
Burrows, A., Coyle, D., Gooberman-Hill, R. (2018). Privacy, boundaries and smart homes for health: An ethnographic study. *Health & Place*, 50, 112–118.
Colaço, I., Brischke, L.-A., Pohl, J. (2019). Zum Beitrag vernetzter Haushalte für den Klima- und Ressourcenschutz. In A. Höfner & V. Frick (Hrsg.), *Was Bits und Bäume verbindet. Digitalisierung nachhaltig gestalten* (S. 28–32). München: Oekom-Verlag.
Cooper, M. (2017). *Family Values: Between Neoliberalism and the New Social Conservatism*. New York: Zone Books.
Daum, T. (2018). *Das Auto im digitalen Kapitalismus*. Berlin: Rosa Luxemburg Stiftung.
Doderer, Y. (2016). *Glänzende Städte. Geschlechter- und andere Verhältnisse in Stadtentwürfen für das 21. Jahrhundert*. München: Silke Schreiber Verlag.
DStGB – Deutscher Städte- und Gemeindebund (2018). *Diskussionspapier Digitalisierung*. Online verfügbar unter https://www.dstgb.de/dstgb/Homepage/Schwerpunkte/Digitalisierung, zuletzt geprüft am 05.07.2019.

Enders, J. C., Groschke, A. (2019). Geschlechterverhältnisse im Digitalen: Welche Denkanstöße, Kritiken und Potenziale ins Zentrum der Debatte gehören. In A. Höfner & V. Frick (Hrsg.), *Was Bits & Bäume verbindet. Digitalisierung nachhaltig gestalten* (S. 94–97).

Evans, J., Karvonen, A., Luque-Ayla, A., Martin, C., McCormic, K., Raven, R., Voytenko Plagan, Y. (2019). Smart and sustainable cities? Pipedreams, practicalities and possibilities. *Local Environment* 24(7), 557–564.

Federici, S. (2015). *Aufstand aus der Küche*. Münster: edition assemblage.

Fenstermaker, S., West, C. (2001). „Doing difference" revisted. *Kölner Zeitschrift für Soziologie und Sozialpsychologie*, Sonderheft 41, 236–249.

Gabrys, J. (2014). Programming Environments: Environmentality and Sitizen Sensing in the Smart City. *Environment and Planning D: Society and Space*, 32(1), 30–48.

Graham, S. (2002). Bridging urban digital divides? Urban polarisation and Information and Communications Technologies (ICTs). *Urban Studies* 39(1), 33–56.

IZT – Institut für Zukunftsstudien und Technologiebewertung (2017). *Car-Sharing. Fallstudie im Rahmen des Projekts Evolution2Green*. Online verfügbar unter https://www.izt.de/fileadmin/publikationen/IZT_Fallstudie_Car_Sharing.pdf, zuletzt geprüft am 07.07.2019.

Kitchin, R. (2014). The real-time city? Big data and smart urbanism. *GeoJournal*, 79(1), 1–14.

KBA – Kraftfahrtbundesamt (2019). *Jahresbilanz des Fahrzeugbestandes am 1. Januar 2019*. Online verfügbar unter: https://www.kba.de/DE/Statistik/Fahrzeuge/Bestand/b_jahresbilanz.html;jsessionid=750B1EE3613AFBEDB60AEB5E3F6EAAA8.live11293?nn=644526, zuletzt geprüft am 20.10.2019.

Libbe, J. (2018). Smart City gestalten. *Nachrichten der ARL*, 48(2), 9–11.

Marquardt, N. (2018a). Digital assistierter Wohnalltag im Smart Home. In S. Bauriedl & A. Strüver (Hrsg.), *Smart City. Kritische Perspektiven auf die Digitalisierung in Städten* (S. 285–297). Bielefeld: Transcript Verlag.

Marquardt, N. (2018b). Oikopolitics. Digital experiments in household sustainability. *Geographische Zeitschrift*, 106(4), 212–237.

Morozov, E., Bria, F. (2017). *Die Smarte Stadt neu denken*. Online verfügbar unter: https://www.rosalux.de/publikation/id/38134/die-smarte-stadt-neu-denken vom 02.06.2018, zuletzt geprüft am 11.07.2019.

O'Neil, C (2016). *Weapons of Math Destruction. How Big Data Increases Inequality and Threatens Democracy*. Williston, VT: Crown.

Oudshoorn, N. (2011). *Telecare Technologies and the Transformation of Healthcare*. Houndmills: Palgrave Macmillan.

Pham, M., Mengistu, Y., Do, H., Sheng, W. (2018). Delivering home healthcare through a Cloud-based Smart Home Environment (CoSHE). *Future Generation Computer Systems*, 81, 129–140.

Rabari, C., Storper, M. (2015). The digital skin of cities. Urban theory and research in the age of the sensored and metered city, ubiquitous computing and big data. *Cambridge Journal of Regions, Economy and Society* 8(1), 27–42.

Rammler, S., Schwedes, O. (2018). *Mobilität für alle! Gedanken zur Gerechtigkeitslöcke in der Mobilitätspolitik*. Berlin: Friedrich-Ebert-Stiftung.

Schuster, N., Höhne, S. (2017). Stadt der Reproduktion. Einführung in den Themenschwerpunkt. *sub\urban. zeitschrift für kritische stadtforschung*, 5(3), 9–22. Online verfügbar unter http://www.zeitschrift-suburban.de/sys/index.php/suburban/article/view/311, zuletzt geprüft am 05.07.2019.

Shaw, J., Graham, M. (2017). An Informational Right to the City? Code, Content, Control, and the Urbanization of Information. *Antipode*, 49(4), 907–927

Soiland, T. (2018). Soziale Reproduktion und Neue Landnahme: ein feministischer Zugang. *Widersprüche*, 38(4), 85–110.

Strüver, A. (2017). Selbstoptimierung in Smart Cities. *Geographische Rundschau*, 7–8, 28–34.

Strüver, A. (2019). Geschlechtergerechtigkeit in der digitalen Stadt. *Ksœ blog Soziale Gerechtigkeit*. Online verfügbar unter https://blog.ksoe.at/geschlechtergerechtigkeit-in-der-digitalen-stadt/, zuletzt geprüft am 11.07.2019.

UBA – Umweltbundesamt (2017). *Car-Sharing nutzen*. Online verfügbar unter https://www.umweltbundesamt.de/umwelttipps-fuer-den-alltag/mobilitaet/car-sharing-nutzen#textpart-1, zuletzt geprüft am 20.10.2019.

West, C., Zimmerman, D. (1987). Doing Gender. *Gender & Society*, 1(2), 125–151.

WBGU – Wissenschaftlicher Beirat der Bundesregierung Globale Umweltveränderungen (2019). *Unsere gemeinsame digitale Zukunft. Zusammenfassung*. Berlin: WBGU.

Die Autorinnen

Prof. Dr. Anke Strüver, Karl-Franzens-Universität Graz
anke.struever@uni-graz.at

Prof. Dr. Sybille Bauriedl, Europa-Universität Flensburg
sybille.bauriedl@uni-flensburg.de

II
Analysen und Kommentare

Die künstlerische Stadt
Räumliche Mechanismen gesellschaftlicher Stabilisierung und Dynamisierung am Beispiel der Street Art

Anna-Lisa Müller

Zusammenfassung

Der Beitrag diskutiert die für die Humangeographie bedeutsame Frage nach den räumlichen Mechanismen gesellschaftlicher Stabilisierung und Dynamisierung am Beispiel der urbanen Kunst. Den theoretischen Rahmen für die Bearbeitung der Frage nach den Modi der Verfestigung und Transformation sozialräumlicher Strukturen bildet die Beobachtung, dass die Bedeutung von Kunst, KünstlerInnen und Kultur in spätmodernen Gesellschaften zunimmt und der Aufstieg von KünstlerInnen zu prägenden Sozialfiguren der Gesellschaft mit einem Anstieg auch der kontrollierten Nutzung von künstlerischen Ausdrucksformen im öffentlichen Raum einhergeht. Als Gegenentwurf versuchen KünstlerInnen jedoch weiterhin, urbane Räume jenseits dieser kontrollierten Formen zu nutzen, um mit der Öffentlichkeit zu kommunizieren und hegemoniale Ordnungen ebenso in Frage zu stellen wie etablierte Nutzungen der Stadt. Mithilfe empirischen Materials aus Großstädten in Europa und Nordamerika zeige ich, wie Stadträume von KünstlerInnen genutzt werden, um gesellschaftliche und städtische Entwicklungen zu reflektieren und zu kommentieren. Dabei wird deutlich, dass die physisch-räumliche Gestaltung der Stadt eine bedeutsame Rolle für ihre Kunst spielt, da sie durch sie eine spezifische zeitliche und räumliche Stabilität erlangt und besondere Wirksamkeit im städtischen Raum entfalten kann. Die Wechselwirkung von Kunst, Materialität und Sozialem in einer Stadt bringt diese schließlich, so argumentiere ich, als eine künstlerische Stadt hervor.

> **Schlüsselbegriffe**
>
> Kunst, street art, künstlerische Stadt, Kommunikation, Materialität, Öffentlichkeit, Raumkonstitution, Lokalität

1 Einleitung

Im Zentrum meines Beitrags steht die für die Humangeographie bedeutsame Frage nach den räumlichen Mechanismen gesellschaftlicher Stabilisierung und Dynamisierung. Als Untersuchungsraum dient die Stadt. In ihr lassen sich nicht nur aktuell verschiedene Modi der sozialräumlichen Fixierung und Veränderung von Gesellschaft beobachten, sondern auch historisch war sie ein Ort dieser Prozesse. So lassen sich Friedrich Engels' (1848) Beschreibungen der Wohn- und Lebensverhältnisse von ArbeiterInnen im kapitalistischen England auch als Bestandsaufnahmen der sozialräumlichen Konsequenzen eines spezifischen Wirtschaftssystems lesen. Sie sind somit in Städten wie Manchester der Ausdruck eines gesellschaftlichen Zustands (des Kapitalismus), der, so meine Annahme, durch die materielle und räumliche Qualität der Städte selbst stabilisiert wird. Aber auch gesellschaftliche Veränderungen wurden durch die Stadt noch zusätzlich dynamisiert, indem die Stadt den Möglichkeitsraum neuer, alternativer Lebens(stil)-, Handlungs- oder Wohnformen darstellte. Simmels (1995) klassische Beschreibung der Großstädte als Ort von Diversität zeigt, wie ein räumliches Nebeneinander unterschiedlicher sozialer Gruppen Gesellschaft und Individuum gleichermaßen verändern kann. Auch Kunst und KünstlerInnen fanden historisch ihren Ort in der (Groß-)Stadt, wie es etwa Analysen zu Berlin in der Weimarer Republik zeigen (z. B. Metzger 2007).

Historische Analysen wie die genannten zeigen, dass die Verortung gesellschaftlicher Prozesse in Städten eine lange Tradition hat. Für die vorliegende Diskussion mache ich die Annahme zum Ausgangspunkt, dass sich spezifische gesellschaftliche Prozesse aufgrund der Größe, Dichte und Heterogenität von Stadt und Stadtgesellschaft besonders gut in diesen Städten beobachten lassen, ohne zu postulieren, dass diese Veränderungen ausschließlich im urbanen Raum stattfinden können. Den theoretischen Rahmen für die Bearbeitung der Frage nach den Modi der Verfestigung und Transformation sozialräumlicher Strukturen in der künstlerischen Stadt bildet die Beobachtung, dass die Bedeutung von Kunst, KünstlerInnen und Kultur in spätmodernen Gesellschaften zunimmt (Evans & Graeme 2001; Garnham 2005; Hartley 2004; Lossau 2015; Reckwitz 2012). Der Aufstieg von KünstlerInnen zu prägenden Sozialfiguren der Gesellschaft geht mit einem Anstieg auch der kontrollierten Nutzung von künstlerischen Ausdrucksformen im öffentlichen Raum einher (Müller 2012). KünstlerInnen nutzen jedoch auch weiterhin urbane Räume jenseits dieser kontrollierten Formen, um mit der Öffentlichkeit zu kommunizieren (Fraser 1990; Sennett 2011). Indem sie sich die Stadt aneignen, stellen sie hegemoniale Ordnungen ebenso in Frage wie etablierte Nutzungsformen und werden auf diese Weise zu AkteurInnen der Stadtgestaltung (Müller 2019a).

Mithilfe empirischen Materials zeige ich im Folgenden, wie Stadträume von KünstlerInnen genutzt werden, um gesellschaftliche und städtische Entwicklungen zu reflektieren und zu kommentieren. Dabei wird deutlich, dass die physisch-räumliche Gestaltung der Stadt eine bedeutsame Rolle für die Kunst spielt, da sie durch sie eine besondere Wirksamkeit im städtischen Raum entfalten kann. Dieser Aspekt des Physisch-Materiellen wurde in bisherigen, auf die künstlerische Ästhetik fokussierenden Analysen ebenso wenig systematisch berücksichtigt wie in Arbeiten zur Stadt als sozialem Konfliktfeld und Aushandlungsort von Gesellschaft. Mit dem Konzept einer künstlerischen Stadt formuliere ich schließlich einen auf die spätmoderne Stadt bezogenen Vorschlag zur konzeptionellen Fassung des Verhältnisses von Raum und Gesellschaft unter besonderer Berücksichtigung der gegenseitigen Beeinflussung von Sozialem und Materiellem. Demzufolge ist der Beitrag in drei Teile gegliedert: theoretisch-konzeptionelle Ausgangsüberlegungen, Diskussion empirischer Daten, Zusammenführung und Diskussion der daraus entstehenden Annahme, dass es aus humangeographischer Perspektive fruchtbar ist, die Stadt als sozio-materielles Ensemble zu verstehen, das durch eine spezifische Dynamik bei gleichzeitiger Stabilität und Beharrlichkeit gekennzeichnet ist.

2 Theoretischer Rahmen

Das Erkenntnisinteresse, das diesem Vortrag zugrunde liegt, speist sich aus der für die Humangeographie konstitutiven Frage nach dem Verhältnis von Raum und Gesellschaft. Einigen grundsätzlichen Überlegungen, die mich in der aktuellen Debatte um das Raum-Gesellschaft-Verhältnis verorten, folgt die Skizze der von mir vertretenen Perspektive auf die Rolle von Kunst und KünstlerInnen in der spätmodernen Gesellschaft und die Bedeutung, die die Stadt in diesem Zusammenhang spielt.

2.1 Raum und Gesellschaft, Stadt und Kunst

Ich verfolge hier einen sozialgeographischen Ansatz, welcher vom *cultural turn* inspiriert ist. Für mein Raumverständnis bedeutet dies, das Verhältnis von Raum und Gesellschaft als ein prozesshaftes zu verstehen. Damit ist es möglich, die vielfältigen und wechselseitigen Bezüge von Raum und Gesellschaft zu untersuchen und zu zeigen, in welcher Weise Einzelne, soziale Gruppen und ganze Gesellschaften daran beteiligt sind, Raum hervorzubringen, in seiner Form über die Zeit zu stabilisieren und zu verändern. Damit beziehe ich mich auf eine relationale Raumtheorie, zentrale Bezugspunkte sind insbesondere Doreen Massey (2007) und Martina Löw (2001). Während ich den besonderen Wert in Masseys Arbeiten darin sehe, dass sie die Bedeutung von sozialen Interaktionen für das Hervorbringen von individuell und gesellschaftlich bedeutsamen Räumen *an Orten* und damit für die Herstellung von Lokalitäten herausgearbeitet hat, sehe ich Löws Leistung insbesondere darin, die Relationen von Sozialität und Materialität in der Raumproduktion zu adressieren. In beiden Ansätzen spielt das eine Rolle, was Werlen (1997: 167) als konstitutiv für das Geographie-Machen herausstellt: die „Körperlichkeit der Handelnden".

Nach einem solchen Verständnis sind Interaktionen zentral für Raumproduktionen. Diese Interaktionen bestehen zwischen Individuen, zwischen Individuen oder sozialen Gruppen und Institutionen, aber auch zwischen Individuen und der Materialität des Ortes, an dem sie sich befinden. Die körperliche Erfahrung und Wahrnehmung der umgebenden Elemente – Individuen, Gruppen, Gebäude, Lebewesen, Gerüche etc. –, zusammen mit biographischer Prägung, Sozialisation, situationalem und handlungsleitendem Wissen führen dazu, dass spezifische Räume vor Ort konstituiert werden. Die so produzierten Räume sind zeit- und gesellschaftsspezifisch und weisen charakteristische symbolische Verweise und Machtstrukturen auf (Lefèbvre 1991). Raumkonstitutionen dieser Art sind demnach individuell spezifisch, können aber auch überindividuell Ähnlichkeiten aufweisen, so dass gruppenspezifische Modi der Raumkonstitution und Raumwahrnehmung entstehen.

Die Gruppe, die ich hier fokussiere, sind Künstler und Künstlerinnen. Auf gesamtgesellschaftlicher Ebene zeigt sich seit dem ausgehenden 20. Jahrhundert ein Bedeutungsgewinn von Kunst und Kultur und von Künstlerinnen und Künstlern. Dieser Bedeutungsgewinn lässt sich, wie Reckwitz' (2012, 2017) Arbeiten zur Ästhetisierung und Singularisierung von Gesellschaft zeigen, insbesondere in der Veränderung von Diskursen feststellen. Boltanski und Chiapello (2006) sprechen in diesem Zusammenhang davon, dass eine bestimmte, aus der Lebensweise der Künstler und Künstlerinnen stammende, Logik in spätmoderne Gesellschaften

Eingang gefunden hat. Der daraus entstehende ‚neue Geist des Kapitalismus' ist von der Einbeziehung oder auch Vereinnahmung der Kapitalismuskritik der Kunstschaffenden durch den Kapitalismus gekennzeichnet. Das Wachstum der Kultur- und Kreativwirtschaft seit den 2000er Jahren (Garnham 2005; Hartley 2004) ist ein Hinweis auf diese Veränderung. Und auch die programmatischen Ausrichtungen von Städten als ‚kreative Städte' und die Kulturalisierung der Stadtplanung (Evans & Graeme 2001) sind Beispiele für diese veränderte Logik. Dazu gehört, dass ehemals der Gegenkultur zugerechnete künstlerische Ausdrucksformen wie Graffiti als Gestaltungsinstrumente Einzug in kommunal gesteuerte Planungsvorhaben erhalten (Müller 2012, 2019a).

Wenn Kunst einen derartigen Stellenwert zugesprochen bekommt, werden KünstlerInnen zu „Sozialfiguren der Gegenwart" (Moebius & Schroer 2010). Folgt man der Annahme, dass Kunst und Kunstschaffende einflussreich sind, ist ein Blick auf die lokalen Interaktions- und Kommunikationsmodi zwischen Kunstschaffenden und potentiellen RezipientInnen der Kunst instruktiv für die Beantwortung der Frage nach der Räumlichkeit einer künstlerischen Stadt als Ort dieser gesellschaftlich valorisierten Kunst.

Die Beziehung zwischen Kunstschaffenden und ihrem potentiellen Publikum ist in vielen Fällen asymmetrisch: Künstler und Künstlerinnen kommunizieren mit anonymen Personen, namenlosen Fremden, möglicherweise mit einem imaginierten Publikum, wenn sie Kunst produzieren. Sie sehen in der Regel nicht vorher, wer ihre Ausstellungen besuchen wird. Das Publikum, die RezipientInnen der Kunst, weiß dagegen zumeist, wer die Person hinter dem künstlerischen Objekt ist. Personen gehen beispielsweise gerade deswegen in ein Museum, weil sie dort die Fotografien oder Malereien einer bestimmten Person betrachten können. So besteht, bezogen auf das Wissen umeinander, eine asymmetrische Beziehung.

Der Fall meines empirischen Beispiels, *street art*,[1] ist nun besonders: Hier wird die Beziehung symmetrischer. Nicht nur kommunizieren die Künstler und Künstlerinnen mit einem unbekannten Publikum. Auch die RezipientInnen der Kunst wissen oft nicht, wer die ProduzentInnen der Kunst sind. Die Kommunikation um die Intentionen und Bedeutungen von Kunst wird damit noch uneindeutiger und noch stärker an Zeit und Raum der konkreten Rezeptionssituation gebunden. Und diese konkrete Rezeptionssituation ist im Fall der *street art* in der Stadt ebenfalls besonders: Sie ist öffentlich sichtbar und spielt so eine besondere Rolle für individuelle Raumkonstitutionen und für die Herausbildung des öffentlichen Raums. Für dieses Verständnis ist es instruktiv, die Stadt als Ort von Kommunikation und Bühne sozialer Interaktionen zu verstehen.

---

1   Für eine Definition s. Abschnitt 3.1.

2.2 Die Stadt als Ort von Kommunikation

Helbrecht und Dirksmeier (2012) vertreten in ihren Arbeiten zu einer „performativen Urbanität" die These, dass die Stadt mit ihrer Architektur die Funktion eines gebauten und mit Bedeutung aufgeladenen Rahmens für soziale Interaktionen übernimmt. Für die Beschreibung dieser Funktion verwenden sie das von Goffman (1959) entwickelte Konzept der Performativität sozialer Rollen. Innerhalb dieses Konzeptes nutzt Goffmann Theatermetaphern, um die Spezifizität sozialer Interaktionen in unterschiedlichen sozialen Kontexten zu beschreiben: JedeR einzelne von uns spielt spezifische Rollen, auf Vorderbühnen und Hinterbühnen, und wir benutzen Requisiten für diese Aufführungen vor Kulissen. Übertragen auf die Stadt und ihre Architektur bedeutet dies für Helbrecht und Dirksmeier (2012: 12; 15), diese als die Bühnen von und Requisiten für Interaktionen und, in Goffman'scher Terminologie, von Performanzen zu verstehen.

Elemente des Städtischen wie die Architektur werden hier zu strukturierenden Elementen des Urbanen, machen bestimmte Handlungen möglich und verhindern oder erschweren andere. Damit werden Raumkonstitutionen vorstrukturiert und Wirklichkeit, Sozialität, Gesellschaft hervorgebracht: Auf der ‚Bühne Stadt' wird Gesellschaft ‚aufgeführt'. Für das Konzept der künstlerischen Stadt ist es nun fruchtbar, die Stadt als Bühne und Requisite, d.h., als konstitutiven Bestandteil sozialer Interaktionen mit verschiedentlich präsenten Akteuren, und somit als Teil von Raumkonstitutionen, zu verstehen. Für *street art* bedeutet dies: Städte sind auch Bühnen für künstlerische Ausdrucksformen. Die Bühnen können verschiedene Formen annehmen: Kunstgalerien und Museen sind gängige Arenen für Kunstschaffende und ihre Produkte, und diese Institutionen sind in Städten zahlreich. Eine genauere Betrachtung der Mikroebene von Stadt zeigt aber, dass daneben noch eine andere große Bühne für künstlerische Ausdrucksformen existiert: der öffentliche Raum.

Wenn KünstlerInnen das urbane Gefüge für ihre Arbeit nutzen und so *street art* produzieren, verwenden sie ihre Kunst, um mit einem Publikum zu kommunizieren. Auf diese Weise spielen sie ihre Rolle als Kunstschaffende. Indem sie diese Rolle vor einem unbekannten, keinen Eintritt zahlenden und nicht zwangsläufig freiwillig die Kunst betrachtenden oder das Wahrgenommene als Kunst interpretierenden Publikum aufführen, tragen sie zur Konstitution einer Öffentlichkeit bei und erzeugen an dem konkreten Ort einen öffentlichen Raum mit. Sie sind SchauspielerInnen auf der ‚Bühne Stadt' in der Aufführung ‚Öffentlichkeit'. Und wenn sie die Hauswand als Träger für das Graffito benutzen, ist die Wand ihre Requisite (vgl. Helbrecht & Dirksmeier 2012: 22).

Öffentlichkeit als Aufführung zu verstehen bedeutet, sie als Sphäre zu verstehen, in der Menschen auf einer Bühne soziale Rollen spielen: als Bürger, als Nachbarinnen, als Flaneure, als Touristen, als Straßenmusikantinnen oder Obdachlose. Anders als die Theaterbühne ist die ‚Bühne öffentliche Stadt' potentiell allen zugänglich. Auf ihr begegnen sich die Menschen als Fremde, die ihre Rolle spielen und damit die Öffentlichkeit als solche hervorbringen, sie inszenieren. Diese Öffentlichkeit ist mehrdeutig, die Einstellungen zur Welt und die Konstruktionen von Wirklichkeit (Berger & Luckmann 1969), die hier zum Ausdruck kommen, sind vielfältig und zunächst nicht nach richtig oder falsch klassifiziert. Vielmehr unterliegen sie ständigen Aushandlungen. Die Sphäre der Öffentlichkeit ist daher auch eine Sphäre der Kontroverse (Müller 2019b). Und obwohl die Öffentlichkeit auf diese Weise als mehrdeutig, vielfältig, ambig aufgefasst werden kann, weist sie interne Strukturierungen und Hierarchisierungen entlang von Machtstrukturen auf, zum Beispiel bezogen auf Klasse oder Geschlecht (Fraser 1990: 59). Einschränkungen im Zugang zu und in der Beteiligung an der Öffentlichkeit sind ein Beispiel für die Auswirkungen dieser Machtstrukturen.

Wenn Kunstschaffende die öffentlich zugänglichen Orte der Stadt für ihre Arbeit nutzen und *street art* produzieren, verwenden sie ihre Kunst, um mit einem unbekannten Publikum zu kommunizieren. Diese Kommunikation ist, so die These im vorliegenden Beitrag, in dreifacher Hinsicht spezifisch: (1) Sie ist räumlich spezifisch, da sie an einem geographisch fixierten Ort stattfindet, an dem die Kunst als wahrgenommenes Element der urbanen Umgebung Teil von Raumkonstitutionen ist, aber gerade auch erst in der Bezugnahme auf diese konkrete Umgebung entsteht. (2) Sie ist zeitlich spezifisch, da weder die Produktion und Rezeption noch die Rezeption der Rezeption simultan stattfinden. (3) Sie ist interaktional spezifisch, da idealtypisch eine Symmetrie der Anonymität besteht, die Kommunikation also als eine soziale Interaktion zwischen Unbekannten bei körperlicher Abwesenheit je eines Parts der Kommunikation stattfindet.

Folglich wird die Kommunikation zwischen Fremden, die für die Öffentlichkeit charakteristisch ist, durch das Medium der *street art* intensiviert. In diesem Sinn ist *street art* im öffentlichen Raum eine potenzierte Möglichkeit, öffentliche Räume in Städten räumlich und zeitlich zu erzeugen (siehe auch Volland 2010: 100; Mubi Brighenti, 2010). KünstlerInnen spielen auf diese Weise ihre Rolle in der Aufführung ‚Öffentlichkeit'. Sie spielen sie an dem Ort, an dem sie ihre Kunst positionieren oder aufführen und ihren Teil zur Konstitution des öffentlichen Raums beitragen; damit gestalten sie die Stadt mit. Inwiefern lassen sich nun damit verbundene räumliche Mechanismen der gesellschaftlichen Stabilisierung und Dynamisierung in der Stadt beobachten?

3 Räumliche Mechanismen gesellschaftlicher Stabilisierung und Dynamisierung

Im Folgenden nutze ich empirisches Material aus Großstädten in Europa und Nordamerika, um zu zeigen, wie Stadträume von KünstlerInnen genutzt werden, um gesellschaftliche und städtische Entwicklungen zu reflektieren und zu kommentieren. Dabei wird deutlich, dass die physisch-räumliche Gestaltung der Stadt eine bedeutsame Rolle für ihre Kunst spielt, da die Stadt durch sie eine spezifische zeitliche und räumliche Stabilität erlangt und besondere Wirksamkeit im städtischen Raum entfalten kann.

3.1 Hintergrund zum empirischen Beispiel

Die Daten stammen aus Untersuchungen, die ich zwischen 2008 und 2016 in Großstädten in Europa und Nordamerika durchgeführt habe. Sie entstammen visuellen Dokumentationen von *street art*, Interviews und ethnographischen Beobachtungen in Städten, Kultur- und Planungsinstitutionen. Mithilfe von qualitativen Methoden habe ich dieses Text- und Bildmaterial erhoben. Die verschiedenen Daten habe ich ausgewertet, interpretiert und die Ergebnisse trianguliert (Flick 2011).

Unter *street art* verstehe ich eine spezifische Form des künstlerischen Ausdrucks, die „kostenlos zugänglich und außerhalb etablierter Orte der Kunstvermittlung anzutreffen" (Siegl 2010) ist. Für das Argument dieses Beitrags verwende ich ein sehr enges Verständnis von *street art*: Es geht mir um „den weiten Bereich visueller künstlerischer Arbeit im öffentlichen Raum", der „sowohl offizielle, [sic!] als auch inoffizielle Formen der Kunst mit ein[bezieht]." (Siegl 2010) Dabei sind insbesondere Graffiti und Murals, deren Urheber und Urheberinnen nicht bekannt sind, von Interesse (dazu auch MacDowall 2015). Die verschiedenen Formen von *street art* haben gemeinsam, dass sie eine materielle Unterlage benötigen, um wahrnehmbar zu sein. Diese Unterlage bilden Mauern, Gehwege, Straßen, Bäume oder Mülleimer – kurz: die Materialität einer Stadt. Diese Materialität ist ein physisches Medium und die Unterlage der Kunst, analog zu einer Leinwand, sie ist dabei aber nicht passiv. Vielmehr trägt sie zum spezifischen Erscheinungsbild der Street Art bei und fügt ihr ein (physisches) Momentum und eine Haptik hinzu. Sie kann sie aber auch inhaltlich erst als solche mit hervorbringen, etwa wenn, wie in einem Mural von *banksy* in der englischen Stadt Cheltenham, eine vorhandene Telefonzelle im öffentlichen Raum als Referenz für das Mural fungiert.

Die Vorstellung des Materials ist entlang einer räumlichen und einer zeitlichen Achse strukturiert: Zunächst zeige ich, in welcher Weise städtische Materialität und *street art* spezifische künstlerische Räume – Räume der künstlerischen Kommunikation – erzeugen. Anschließend geht es um die Verstetigung gesellschaftlichen Wandels, welche durch die Persistenz der materiellen Grundlage urbaner Kunst möglich wird. Schließlich diskutiere ich, in welcher Weise Kunstschaffende und Planende im Gespräch miteinander eine künstlerische Stadt hervorbringen.

3.2 Gesellschaftliche Dynamisierung: Street Art als Kommunikation von Kritik

Das empirische Material macht deutlich, dass die physisch-räumliche Gestaltung der Stadt eine bedeutsame Rolle für die urbane Kunst spielt, da sie durch sie eine spezifische zeitliche und räumliche Stabilität erlangt und besondere Wirksamkeit im städtischen Raum entfalten kann. Dadurch erhalten auch die Kommunikationsangebote der KünstlerInnen, die gesellschaftliche Verhältnisse problematisieren und damit Gesellschaft potentiell dynamisieren, Persistenz.

Die Bilder in Abbildung 1 zeigen, wie KünstlerInnen gebaute Mauern in Städten für ihre *street art* verwenden. Die gebaute Umwelt ist Träger für diese visuellen Statements. Durch die spezifische Physis des Materials werden die Statements in ihrer spezifischen, räumlich-materiellen Anordnung zudem erst hervorgebracht. Das Mural (oben links) ist in Chicagos Innenstadt zu finden. Der *no-to-Lisbon*-Slogan (oben rechts) befindet sich auf einem Fußweg in Dublin. Das Graffito darunter auf einer Wand einer Lagerhalle im Hafengebiet, das Arrangement unten links in Dublins Innenstadt.

Abb. 1 Street art in Chicago (oben links, 2015) und Dublin (alle 2008)
Quelle: Anna-Lisa Müller

Mithilfe von *street art* können so dezidiert Gegen-Öffentlichkeiten zur hegemonialen Ordnung konstituiert werden. Abbildung 2 zeigt *street art* in San Francisco, an der die Schaffung von Gegenöffentlichkeiten besonders deutlich wird. Mit dieser künstlerischen Intervention im Mission District in San Francisco wird an den „Bloody Thursday" im Jahr 1934 erinnert. Während des West Coast Waterfront Strike[2] kam es in San Francisco zu Todesfällen unter den Streikenden, in die Polizisten

---

2 Informationen zum Streik und seinem gesellschaftlichen und räumlichen Kontext finden sich im „Waterfront Workers History Project" der University of Washington: https://depts.washington.edu/dock/34strikehistory_intro.shtml (1.10.2019).

Die künstlerische Stadt 123

involviert waren – nach Ansicht der anonymen Urheber dieses Murals waren sie die Todesschützen. Dieses Statement ist auf seinem materiellen Träger sichtbar und erhält durch ihn eine relative Dauerhaftigkeit. Auf diese Weise schafft es über die Kommunikation mit einem unbekannten Publikum eine Gegenöffentlichkeit. Das Statement zielt zudem darauf, gesellschaftliche Verhältnisse zu problematisieren, und damit Gesellschaft potentiell zu dynamisieren, das heißt zu verändern.

Abb. 2   Street art in San Francisco
Quelle: Anna-Lisa Müller 2013

Diese Eingriffe in die Stadtgestalt sind Möglichkeiten, einen künstlerischen öffentlichen Raum herzustellen. Die Eingriffe sind Stimmen der KünstlerInnen in der Stadt, die mit Hilfe von *street art* und der Materialität der Stadt visualisiert werden und an unbekannte Fremde adressiert sind. Die *street art* ist, einmal in der Welt, potentiell Teil der Raumkonstitutionen der Passanten, Touristinnen, Flaneure, Obdachlosen, Stadtplanerinnen. Über ihre Raumkonstitutionen an einem öffentlich zugänglichen Ort werden Räume konstituiert, die zur Herausbildung von

Öffentlichkeit und Gegenöffentlichkeiten beitragen, Kommunikationsangebote beinhalten und Gesellschaft dynamisieren.

Tsilimpounidi und Walsh (2011) zeigen die Bedeutung von *street art* für die Sichtbarmachung von Gegenöffentlichkeiten, für die Kommunikation von sozialen Fragen und damit für die Veränderung von Gesellschaft in ihrer Studie zu urbaner Kunst in Athen. Dort setzen KünstlerInnen explizit *street art* ein, um die Verletzung von Menschenrechten zu einem Gegenstand öffentlicher Debatte zu machen. Tsilimpounidi und Walsh (2011: 114) bezeichnen die Kunst als „machtvolle und ironische Kritik", mit der auf die Existenz von Gegendiskursen hingewiesen wird. Eine solche Interpretation lässt sich auch für dieses *police murder*-graffito formulieren. Durch die Aneignung der Stadt sowohl als Bühne für die Kunst als auch als Medium für Kommunikation stellen KünstlerInnen hegemoniale Ordnungen in Frage. Nehmen wir den Begriff des öffentlichen Raums als Sphäre der Kontroverse ernst, ist *street art* eine Stimme darin, die sich mithilfe der Materialität der Stadt in die städtischen Räume einschreibt, darüber sichtbar wird und Hörbarkeit erlangt. Damit haben wir es hier mit einem räumlichen Mechanismus gesellschaftlicher Dynamisierung zu tun.

3.3 Gesellschaftliche Stabilisierung: Street Art als Steuerungsinstrument

Die Beispiele zeigen, wie über *street art* eine spezifische Räumlichkeit von Stadt erzeugt, ein Kommunikationsangebot geschaffen und darüber gesellschaftliche Veränderung ermöglicht wird. Die Bedeutung von *street art* für die Stabilisierung gesellschaftlicher Verhältnisse nehme ich nun mit dem Beispiel eines Stadtviertels in Dublin in den Blick: Temple Bar. Es hat bis vor etwa zwanzig Jahren einen lehrbuchhaften Gentrifizierungsprozess durchlaufen (Quinn 1996) und dient mir als Beispiel für das auf-Dauer-Stellen von Transformation und damit für gesellschaftliche Stabilisierung. Der materiellen Textur der Stadt kommt dabei eine große Bedeutung sowohl für die *street art* selbst als auch für die hier zu beobachtenden Stabilisierungen von sozialräumlichen Entwicklungen zu. An der Materialität werden Veränderungen sichtbar und sie werden sichtbar gemacht – ganz im Sinne von Lees, Slater und Wyly (2007: 3, Übers. ALM), die Gentrifizierung gerade auch als einen „sichtbaren städtischen Prozess" beschreiben. Und die Veränderungen werden materiell fixiert und auf Dauer gestellt und damit sozialräumlich stabilisiert.

Das Beispiel Temple Bar ist ein exemplarisches für zunächst ungesteuert verlaufende Gentrifizierung, die schließlich planerisch und politisch einzuhegen versucht wird (Mösgen et al. 2018; Müller 2013). Kunstschaffende spielten eine wichtige Rolle für die sukzessive Aufwertung von Temple Bar, und ihre Anwesenheit schlug sich

Die künstlerische Stadt

in der ästhetisierten Gestaltung des Viertels nieder, beispielsweise in *graffiti* und *murals*, und trug dazu bei, dass das Viertel eine Identität als KünstlerInnen-Viertel erlangte. Diese Identität wird nun von Seiten der lokalen Politik zu konservieren versucht; ein Instrument ist die Förderung von *street art* als Gestaltungselement in diesem Stadtteil (Abb. 3). Damit hat sich das ursprünglich illegale *graffiti* zu einem gesteuert eingesetzten Design-Element in Temple Bar entwickelt.

Abb. 3 Preisgekröntes Design des Wettbewerbs Invoke Street Art des Temple Bar Cultural Trust, Eustace St, Dublin
Quelle: Anna-Lisa Müller 2008

Die lokale Stadtplanungseinrichtung macht sich hier gezielt die zunächst ungesteuert verlaufende kulturelle und ökonomische Aufwertung des Viertels zunutze. Die ästhetische Aufwertung erreichte allerdings einen Punkt, an dem sie innerhalb der hegemonialen Ordnung und im Kontext eines das Künstlerische hoch schätzenden Diskurses als so wertvoll klassifiziert wurde, dass sie verstetigt werden sollte: Ein erreichter gesellschaftlicher Zustand wurde mithilfe von *street art* auf spezifische, räumliche Weise stabilisiert. Auch diese gesteuert eingesetzte *street art* trägt zu spezifischen Raumkonstitutionen in der Stadt bei. Diese Räume des Künstlerischen sind qualitativ anders als die Räume der künstlerischen Gegenöffentlichkeiten.

Dieses Beispiel leitet zum dritten Punkt über, den ich mithilfe von empirischem Material diskutieren möchte: dem der Interaktion von Kunstschaffenden und Planenden in der Stadt der künstlerischen Räume, einer Sonderform der gesellschaftlichen Dynamisierung und Stabilisierung.

3.4 Gesellschaftliche Dynamisierung und Stabilisierung: KünstlerInnen und Planende im Gespräch

Die strategische Nutzung von künstlerischen Interventionen in der Stadt, wie ich sie am Beispiel von Temple Bar gezeigt habe, weist auf Machtbeziehungen in der Stadtgestaltung hin: Planende kooperieren mit Kunstschaffenden, um der Stadt ein spezifisches Antlitz zu geben und die Konstitution des städtischen Raums vorzustrukturieren. Die (Macht-)Beziehung der beiden Gruppen ist in der Regel eine asymmetrische: Auftrag und Geld kommen von der Seite der Planung, Idee und Kunstwerk von Seiten der Kunstschaffenden. In einer kapitalistisch organisierten Gesellschaft liegen in dieser Relation die größeren Machtreserven bei den Planenden.

Ein genauerer Blick auf diese Interaktions- und Kooperationsformen zeigt die Vielschichtigkeit der Beziehungen. Ich nehme hier auf einen Fall Bezug, in dem in einer westdeutschen Großstadt eine Gruppe von KünstlerInnen sich selbst als Akteure der Stadtgestaltung begreift. Ich habe eines ihrer gemeinsamen Treffen ethnografisch begleiten können und möchte die Vielstimmigkeit der Akteure auf Seiten der KünstlerInnen skizzieren.

Mein Vorschlag ist, die Kunstschaffenden als ähnlich machtvolle Akteure im städtischen Gefüge zu begreifen wie die Planenden selbst. Indem sie sich selbst in Relation setzen zu den Planenden, mit ihnen in Interaktionen treten und eigene Vorschläge für Gestaltungen der städtischen Materialität entwickeln, verschieben sie das Machtgefüge zu ihren Gunsten. So können sie Gesellschaft sowohl stabilisieren als auch dynamisieren. Ein Beispiel dafür sind Objekte, die als Kunst im öffentlichen Raum in Stadterneuerungsprojekten eingesetzt wurden. In verschiedenen Fällen haben hier die KünstlerInnen den Stadtverwaltungen die Zusicherung abgerungen, diese Objekte über Jahre hinaus zu pflegen und somit Sorge für ihr Überdauern zu tragen (ethnographische Feldnotizen Februar 2016). Kontrastiert mit dem Fall in Temple Bar, in dem Kunstschaffende durch ihre *street art* gesellschaftliche Stabilisierung befördert haben, geht es hier um Projekte, die Wandel anstoßen und damit Gesellschaft dynamisieren sollen.

Unter den KünstlerInnen gab es dabei unterschiedliche Meinungen zur eigenen Rolle in der Zusammenarbeit mit Planenden und Stadtverwaltungen, die von ihnen selbst als „Arbeitsteilung" (Feldnotiz, 1. Februar 2016) untereinander bezeichnet wurden. Dabei kooperieren die einen und setzen die eigene künstlerische Arbeit explizit in Relation zur Arbeit der Stadtverwaltungen und Stadtplanungseinrichtungen. So nahm ein Künstler die Einladung der für die Entwicklung einer Brachfläche Verantwortlichen an, ein Kunstprojekt auf dieser Fläche zu realisieren. Ein Antrieb für dieses Engagement war sein Wille, die Strukturen der Kunst- und Kulturförderung auf diese Weise und durch kontinuierlichen Dialog von innen heraus zu verändern. Ein anderer Künstler distanzierte sich explizit von der aus seiner Sicht mit einer solchen Kooperation verbundene Instrumentalisierung und Ökonomisierung seiner Kunstwerke. KünstlerInnen können so zu einem Teil des Innen von Stadtplanung werden oder, indem sie Distanz wahren, aus dem Außen Kritik formulieren.

Damit zeigt sich, dass eine Stadt der künstlerischen Räume zahlreiche, auch streitende Stimmen beinhaltet und sich durch charakteristische räumliche Mechanismen der gesellschaftlichen Dynamisierung und Stabilisierung auszeichnet. Inwiefern lässt sich auf dieser Grundlage von einer künstlerischen Stadt sprechen?

4 Die künstlerische Stadt

Das Konzept der künstlerischen Stadt, wie ich es hier vorschlage, versteht Stadt als ein Gebilde, in das sich räumliche und gesellschaftliche Verhältnisse einschreiben, das diesen Verhältnissen einen Rahmen gibt und sie so stabilisiert. In diesem Sinn ist eine künstlerische Stadt eine Stadt, die ästhetisch, sozial, normativ in bestimmten Bereichen von KünstlerInnen als Sozialfiguren der Stadtgesellschaft geprägt ist – die Bühne der Kunst. Und sie ist eine Stadt, die – analog zu Leinwänden und Bilderrahmen, Museen und Galerien – der Kunst die Beständigkeit und Rahmung gibt, mit der sie mit einer relativen Dauerhaftigkeit rezipiert werden kann.

Die künstlerische Stadt ist, wie die empirischen Beispiele gezeigt haben, aber auch eine Stadt der künstlerischen Räume und einer Vielzahl von Stimmen.

Dadurch ist sie immer auch eine Stadt im Plural, eine Stadt einer Vielzahl von künstlerischen Räumen, von durch künstlerische Objekte und Interventionen geprägten Öffentlichkeiten und Gegenöffentlichkeiten und von Reaktionen auf und Umgangsweisen mit Kunst. Sie ist ein sozio-materielles Ensemble, das sich durch eine inhärente Dynamik auszeichnet, welche durch kontinuierliche Verhandlungs- und Aushandlungsprozesse zwischen den unterschiedlichen NutzerInnen der Stadt charakterisiert ist. Das Beispiel der *street art* zeigt damit, dass die Materialität der Stadt nicht nur an der Stabilisierung von gesellschaftlichen Verhältnissen beteiligt ist, sondern auch an der Dynamisierung dieser vermeintlich stabilen gesellschaftlichen Verhältnisse. So ist die künstlerische Stadt eine Stadt, deren räumliche und gesellschaftliche Strukturen eine künstlerische Dimension aufweisen.

Die künstlerische Stadt ist das konzeptionelle Ergebnis einer spezifischen humangeographischen Analyse, welche ausgewählte soziale Gruppen in ihrer raumgestalterischen Kraft adressiert und die Räumlichkeit der sozialen Interaktionen und Praktiken dieser Gruppen untersucht. Eine solche Perspektive ist eine Perspektive des konstruktiven Sowohl-als auch, eine Perspektive, die *sowohl* die Stabilität *als auch* die Dynamik der Stadt betont, die die Stadt *sowohl* als ständig im gesellschaftlichen Wandel befindlich *als auch* die gesellschaftlichen Verhältnisse auf Dauer stellend begreift. Raum und Gesellschaft aus dieser Perspektive als interdependent zu verstehen bedeutet, die Stadt als sozio-materielles, temporär stabiles Ensemble und Ort von Interaktionen zu verstehen. Die künstlerische Stadt ist so eine Lokalität im erweiterten Massey'schen (1991, 2007) Sinn, die durch kunstbezogene Interaktionen und Begegnungen, nicht zuletzt im öffentlichen Raum, hervorgebracht und diskursiv von einem bestimmten Verständnis der Bedeutung von Kunst für Gesellschaft gerahmt wird.

Das Konzept der künstlerischen Stadt schließt somit eine Lücke in der sozialwissenschaftlichen Theorielandschaft, indem drei Forschungsstränge zusammengebracht und substanziell erweitert werden: Stadtforschung, Gesellschaftsforschung, Bewegungsforschung. Während die Arbeiten zu Kunst und KünstlerInnen in der Stadt in der Regel das ästhetische Potential und die Bedeutung des urbanen Umfeldes für künstlerisches Arbeiten betonen, thematisieren Analysen von sozialen Aushandlungsprozessen und Konflikten in Gesellschaften die Bedeutung von Öffentlichkeiten und Gegenöffentlichkeiten oftmals ohne Einbezug ihrer gebauten Umwelt; ähnlich verhält es sich bei Untersuchungen zu sozialen Bewegungen, deren geographische Verortungen und physisch-materielle Umgebung zumeist als passiver Container für das soziale Handeln verstanden wird. Mit dem Konzept einer künstlerischen Stadt lässt sich das Verhältnis von Raum und Gesellschaft unter besonderer Berücksichtigung der gegenseitigen Beeinflussung von Sozialem und Materiellem angemessen fassen.

Literatur

Berger, P. L. & Luckmann, T. (1969). *Die gesellschaftliche Konstruktion der Wirklichkeit: Eine Theorie der Wissenssoziologie*. Frankfurt am Main: Fischer.
Boltanski, L. & Chiapello, E. (2006). *The New Spirit of Capitalism*. London & New York: Verso Books.
Engels, F. (1848). *Die Lage der arbeitenden Klasse in England*. Leipzig: Otto Wiegand.
Evans, G. & Graeme, E. (2001). *Cultural Planning: An Urban Renaissance?* London & New York: Routledge.
Flick, U. (2011). Triangulation qualitativer und quantitativer Forschung. In U. Flick, *Triangulation* (3., akt. Aufl., S. 75–95). Wiesbaden: VS Verlag für Sozialwissenschaften.
Fraser, N. (1990). Rethinking the Public Sphere: A Contribution to the Critique of Actually Existing Democracy. *Social Text, 25/26*, 56–80.
Garnham, N. (2005). From cultural to creative industries. *International Journal of Cultural Policy, 11*(1), 15–29.
Goffman, E. (1959). *The Presentation of Self in Everyday Life*. London: Penguin.
Hartley, J. H. (Hrsg.). (2004). *Creative Industries*. Malden/MA & Oxford: Blackwell.
Helbrecht, I. & Dirksmeier, P. (2012). Auf dem Weg zu einer Neuen Geographie der Architektur: Die Stadt als Bühne performativer Urbanität. *geographische revue, 14*(1), 11–26.
Lees, L., Slater, T. & Wyly, E. (2007). *Gentrification*. New York et al.: Routledge Chapman & Hall.
Lefèbvre, H. (1991). *The Production of Space*. Malden/MA & Oxford: Blackwell Publishers.
Lossau, J. (2015). The Art of Place-Making: Städtische Raumkonstitution als soziale Praxis. *Europa Regional, 21*(1–2), 72–82.
Löw, M. (2001). *Raumsoziologie*. Frankfurt am Main: Suhrkamp.
MacDowall, L. (2015). Graffiti, Street Art and Theories of Stigmergy. In J. Lossau & Q. Stevens (Hrsg.), *The Uses of Art in Public Space* (S. 33–48). New York & London: Routledge.
Massey, D. (1991). The Political Place of Locality Studies. *Environment and Planning A, 23*(2), 267–281.
Massey, D. (2007). *Space, place and gender*. Cambridge et al.: Polity Press.
Metzger, R. (2007). *Berlin – Die 20er Jahre. Kunst und Kultur in der Weimarer Republik 1918–1933*. München: Deutscher Taschenbuch Verlag.
Moebius, S., & Schroer, M. (Hrsg.). (2010). *Diven, Hacker, Spekulanten: Sozialfiguren der Gegenwart*. Berlin: Suhrkamp.
Mösgen, A., Rosol, M. & Schipper, S. (2018). State-led gentrification in previously 'un-gentrifiable' areas: Examples from Vancouver/Canada and Frankfurt/Germany. *European Urban and Regional Studies*, online first.
Mubi Brighenti, A. (2010). At the Wall: Graffiti Writers, Urban Territoriality, and the Public Domain. *Space and Culture, 13*(3), 315–332.
Müller, A.-L. (2012). Stadtgestalt und Stadtgestaltung. Design und die creative city. In S. Moebius & S. Prinz (Hrsg.), *Das Design der Gesellschaft. Zur Kultursoziologie des Designs* (S. 313–336). Bielefeld: transcript.
Müller, A.-L. (2013). *Green Creative City*. Konstanz: UVK.
Müller, A.-L. (2019a). Street art in der Stadt – zwischen künstlerischer Ausdrucksform und planerischer Praxis. Eine relationale Analyse. In M. Kurath & R. Bürgin (Hrsg.), *Planung ist unsichtbar: Stadtplanung zwischen relationaler Designtheorie und Akteur-Netzwerk-Theorie* (S. 109–130). Bielefeld: transcript.

Müller, A.-L. (2019b). Voices in the city. On the role of arts, artists and urban space for a just city. *Cities, 91*, 49–57.
Quinn, P. (1996). *Temple Bar—The Power of an Idea*. Dublin.
Reckwitz, A. (2012). *Die Erfindung der Kreativität: Zum Prozess gesellschaftlicher Ästhetisierung*. Berlin: Suhrkamp.
Reckwitz, A. (2017). *Die Gesellschaft der Singularitäten: Zum Strukturwandel der Moderne*. Berlin: Suhrkamp.
Sennett, R. (2011). Reflections on the Public Realm. In G. Bridge & S. Watson (Hrsg.), *The New Blackwell Companion to the City* (S. 390–397). Malden/MA & Oxford: Wiley-Blackwell.
Siegl, N. (2010). *Definition des Begriffs Street-Art*. Institut für Graffiti-Forschung. http://www.graffitieuropa.org/streetart1.htm.
Simmel, G. (1995). Die Großstädte und das Geistesleben. In O. Rammstedt (Hrsg.), *Aufsätze und Abhandlungen 1901—1908. Band I* (Bd. 7, S. 116–131). Frankfurt am Main: Suhrkamp.
Tsilimpounidi, M. & Walsh, A. (2011). Painting human rights: Mapping street art in Athens. *Journal of Arts and Communities, 2*(2), 111–122.
Volland, J. (2010). Wie politisch sind American Graffitis? Eine exemplarische Bestandsaufnahme. In A. Klee (Hrsg.), *Politische Kommunikation im städtischen Raum am Beispiel Graffiti* (S. 91–108). Wiesbaden: VS Verlag für Sozialwissenschaften.
Werlen, B. (1997). *Sozialgeographie alltäglicher Regionalisierungen. Globalisierung, Region und Regionalisierung* (Bd. 2). Stuttgart: Steiner Verlag.

Die Autorin

PD Dr. Anna-Lisa Müller, Wissenschaftlliche Mitarbeiterin, Institut für Migrationsforschung und Interkulturelle Studien der Universität Osnabrück
anna-lisa.mueller@uni-osnabrueck.de

Paragraphen als Lösung für die Stadt von Übermorgen?
Planungspraktische Auswirkungen der BauGB-Novellen 2011 und 2013

Kathrin Prenger-Berninghoff und André Simon[1]

Zusammenfassung

Das Aufgabenspektrum des kommunalen Politik- und Verwaltungshandelns hat in den letzten Jahren eine deutliche Erweiterung erfahren. Insbesondere bei Flächenplanungen in den drei Handlungsfeldern Klimaschutz, Klimaanpassung und Innenentwicklung spielt die Stadtentwicklung im Weiteren und die Bauleitplanung im engeren Sinne eine wichtige Rolle. Die rechtlichen Rahmenbedingungen dafür haben ihren Niederschlag u. a. im Baugesetzbuch gefunden – vor allem in den Novellen von 2011 („Klimaschutznovelle") und 2013 („Innenentwicklungsnovelle").

Die Ergebnisse einer Evaluation der kommunalen Erfahrungen mit den BauGB-Novellen zeigen, dass sich der Einfluss der Novellen des BauGB 2011 und 2013 aufgrund der jeweils unterschiedlichen und sich langfristig entwickelnden kommunalen Planungs- und Entscheidungskultur sehr unterschiedlich darstellt. Festzustellen ist, dass insbesondere die bereits vor 2011 bzw. 2013 in Klimaschutz- und Innenentwicklungsbelangen engagierten Kommunen die Regelungen des BauGB nutzen.

Klimaanpassung, Klimaschutz und Flächensparen sind vielerorts Gegenstand informeller Planung, jedoch noch nicht in der Breite in der formellen kommunalen Planung angekommen. Das betrifft sowohl die Bauleitplanung (Flächennutzungsplan, Bebauungsplan) als auch die Instrumente des Besonderen Städtebaurechts. Das mag auch daran liegen, dass es, wie die Erfahrungen mit anderen umweltschutzbezogenen BauGB-Novellen zeigen, vielfach längerer Zeiträume bedarf, bis Novellierungen vollständig in die in vielen

---

[1] Die Verantwortung für die Inhalte des Artikels liegt bei der Autorin und dem Autor.

Kommunen eingeübten und gängigen Planungsprozesse integriert werden. Der stärkste Einfluss lässt sich auf die Verfahren zur Erstellung der Bauleitpläne feststellen, da der Begründungsaufwand für planerische Abwägungsentscheide aus vielfältigen Gründen umfangreicher geworden ist. Hierauf wird von kommunaler Seite, häufig mit Verweis auf fehlende personelle und finanzielle Ressourcen, als große Herausforderung hingewiesen. In diesem Zusammenhang stellt sich daher die Frage, wie Kommunen, insbesondere kleinere und mittlere, entsprechende planerische Kapazitäten entwickeln können, um die mit Planungsprozessen verbundene Komplexität besser zu bewältigen.

Schlüsselbegriffe

Baugesetzbuch, Novellen, Klimaschutz, Klimaanpassung, Innenentwicklung, Flächensparen, städtebauliche Instrumente, Planungspraxis, Evaluierung

1 Einführung: Klimaschutz, Klimaanpassung und Innenentwicklung im BauGB

Aufgrund des fortschreitenden Klimawandels muss eine zeitgemäße Klimapolitik auch auf der kommunalen Ebene heute zwei Strategien verfolgen: die Vermeidung von Treibhausgasen, um die Ursachen des Klimawandels zu reduzieren oder zu beseitigen (Mitigation) und die Anpassung an die unabwendbaren Folgen des Klimawandels (Adaption). Mit der BauGB-Novelle des Jahres 2011 und der darin enthaltenen Klimaschutzklausel wurden die Belange des Klimaschutzes und der Klimaanpassung gestärkt. Mit dieser Novelle wird die Anpassung an den Klimawandel erstmals ausdrücklich im Baugesetzbuch erwähnt (Battis et al. 2011). Neben den einschlägigen Änderungen in § 1 Abs. 5 BauGB führt § 1a Abs. 5 BauGB aus, dass den Erfordernissen des Klimaschutzes sowohl durch „...*Maßnahmen, die dem Klimawandel entgegenwirken, als auch durch solche, die der Anpassung an den Klimawandel dienen, Rechnung getragen werden*" soll. Mit § 1a Abs. 5 Satz 2 BauGB werden darüber hinaus die Belange des Klimaschutzes und der Klimaanpassung in der Abwägung gestärkt. Des Weiteren schaffen die neuen § 5 Abs. 2 Nr. 2 a bis c BauGB (Flächennutzungsplan) sowie § 9 Abs. 1 Nr. 12 und 23b BauGB (Bebauungsplan) über die vorhergehenden Regelungen des BauGB hinausgehende Möglichkeiten, die Erfordernisse des Klimaschutzes und der Anpassung an den Klimawandel in der vorbereitenden und verbindlichen Bauleitplanung zu berücksichtigen. Weitere Änderungen betrafen Maßnahmen des besonderen Städtebaurechts (städtebauliche Sanierungsmaßnahmen, Stadtumbaumaßnahmen). In den letzten Jahren ist ein Paradigmenwechsel in der Planungspolitik zu verzeichnen, wonach zukünftig nicht mehr die Ausweisung neuer Bauflächen, sondern die qualitative Weiterentwicklung der bestehenden Siedlungsflächen erfolgen soll. Mit der BauGB-Novelle 2013 und der darin enthaltenen Erweiterung der Bodenschutzklausel wurden die Instrumente der kommunalen Bauleitplanung hinsichtlich des Vorrangs der Innentwicklung gestärkt. § 1 Abs. 5 Satz 3 BauGB verankert nun die Innentwicklung als einen Grundsatz der Bauleitplanung (Battis et al. 2013). Somit sind die Kommunen verpflichtet durch eine bedarfsgerechte Entwicklung neuer Wohnbau-, Gewerbe- und anderer Flächen, die Berücksichtigung kompakter und flächeneffizienter Bauweisen und eine stärkere Orientierung zur Innentwicklung, vor allem durch Nachverdichtung, Nachnutzung leerstehender Gebäude sowie Wiedernutzung brachgefallener Siedlungsflächen mit Freiraum sparsam umzugehen. Unterstützt wurde diese Zielrichtung durch § 1a Abs. 2 Satz 4 BauGB, der für die Notwendigkeit der Umwandlung landwirtschaftlicher oder Waldflächen eine besondere Begründungspflicht darlegt. Zugrunde gelegt werden sollen „*…Ermittlungen zu den Möglichkeiten der Innentwicklung […], zu denen insbesondere Brachflächen, Gebäudeleerstand, Baulücken und andere Nachverdichtungsmöglichkeiten zählen können.*" Die Fortschreibung der „Deutschen Nachhaltigkeitsstrategie – Neuauflage 2016" durch die Bundesregierung untersetzt dies durch die Festlegung, den Flächenverbrauch bis 2030 auf unter 30 Hektar pro Tag zu reduzieren. Somit erfolgt gegenüber der Nachhaltigkeitsstrategie von 2002 eine verschärfte Festlegung (BMU 2019). Die BauGB-Novellen von 2011 und 2013 haben damit grundsätzlich die kommunalen Rahmenbedingungen erweitert, um den Anforderungen des Klimaschutzes, der Klimawandelanpassung und des Flächensparens planerisch Rechnung zu tragen und somit eine tragfähige und nachhaltige Siedlungsentwicklung zu gestalten.

Die Bewältigung der Aufgaben in den drei Handlungsfeldern wird gleichwohl auch von allgemeinen gesellschaftlichen Veränderungen beeinflusst (Bevölkerungsentwicklung, wirtschaftlicher Strukturwandel, Wachstums- und Schrumpfungsprozesse). Vor diesem Hintergrund ergibt sich zum einen ein unterschiedliches finanzielles, aber auch personelles Leistungsvermögen der Kommunen. Zum anderen führen die jeweiligen kommunalpolitischen Prioritätensetzungen zu einem sehr unterschiedlichen Sachstand hinsichtlich der Zielerreichung in den genannten Handlungsfeldern. Schließlich ist jede planerische Entscheidung auf der kommunalen Ebene einer Abwägung unterworfen. Die Belange des Klimaschutzes, der Klimaanpassung und des Flächensparens müssen daher stets mit anderen Belangen der Siedlungsentwicklung abgewogen werden. Insofern stellt sich die Frage, inwiefern gesetzliche Regelungen im Bauplanungsrecht im Allgemeinen sowie die neuen Regelungen der 2011er und 2013er Novellen im Speziellen Änderungen im Umgang mit diesen Belangen herbeiführen. Letztlich sind auch vorhandene Rahmenbedingungen (aktuelle Betroffenheit, politische Legitimation, verwaltungsinterne Zuständigkeiten o. ä.) ausschlaggebend für die Realisierung von Maßnahmen in den drei Handlungsfeldern.

Das Umweltbundesamt (UBA) hat vor aufgezeigtem Hintergrund eine Evaluierung der kommunalen Erfahrungen mit diesen BauGB-Novellen 2011 und 2013 beauftragt[2]. Im Rahmen des Vorhabens wurde untersucht, wie stark die Belange des Klimaschutzes, der Klimaanpassung und der Innenentwicklung in der kommunalen Planungspraxis verankert sind und in welchem Umfang Städte und Gemeinden die erweiterten Möglichkeiten und Anforderungen einer kompakten klimagerechten Siedlungsentwicklung umsetzen. Im Fokus stehen die Praxisauswirkungen sowie die Umsetzungspotenziale beider Novellen. Es wurde untersucht,

- ob die Inhalte und Regelungen der Novellierungen des BauGB von 2011 und 2013 für den Vollzug einer kompakten klimagerechten Siedlungsentwicklung in der Planungspraxis geeignet sind,
- wie das Verhältnis von informeller vorbereitender Planung und formeller Bauleitplanung in Bezug auf klimagerechte und flächensparende Siedlungsentwicklung einzuschätzen ist und welchen Beitrag fachgesetzliche Regelungen dabei leisten und wie diese in die Bauleitplanung integriert werden,
- ob Aspekte des Klimaschutzes und der Klimaanpassung als Auslöser für Maßnahmen der Stadterneuerung genutzt werden,
- welche Synergien, Konflikte oder Defizite sich bei der planungspraktischen Umsetzung der jeweiligen Umweltbelange im Einzelnen und in der Gesamtbetrachtung ergeben,
- ob Regelungs- und Vollzugsdefizite bestehen, was die Gründe möglicher Defizite sind und welche Hinweise aus der praktischen kommunalen Anwendung der BauGB-Novellen zur Weiterentwicklung des Instrumentariums für eine klimagerechte kompakte Siedlungsentwicklung abgeleitet werden können.

Die in diesem Beitrag beschriebene Evaluierung der BauGB-Novellen 2011 und 2013 soll daher u. a. identifizieren, ob die Kommunen von den neuen Regelungen

---

2   F+E-Vorhaben „Evaluierung der praktischen Anwendung der neuen Regelungen der BauGB-Novellen 2011 / 2013 zur Förderung einer klimagerechten und flächensparenden Siedlungsentwicklung durch die kommunale Bauleitplanung anhand von Fallstudien". Ressortforschungsplan des Bundesministeriums für Umwelt, Naturschutz und nukleare Sicherheit. Forschungskennzahl 3716 15 101 0 (Laufzeit: 12/2016 – 09/2019, Veröffentlichung in Vorbereitung)

des BauGB Gebrauch machen und ob diese geeignet sind, um den Kommunen Orientierung bei der Realisierung einer klimagerechten und flächensparenden Siedlungsentwicklung zu geben.

2 Methodisches Vorgehen

Die Städte und Gemeinden in Deutschland verfügen mittlerweile über umfangreiche Erfahrungen bei der Planung und Umsetzung von Maßnahmen und Vorhaben zum Klimaschutz, zur Klimafolgenanpassung und zur Innenentwicklung. Allerdings wurden diese Vorhaben nur teilweise mit direktem Bezug zu den neu eingeführten Anforderungen und Regelungen des BauGB zum Klimaschutz, zur Klimaanpassung und zur Innenentwicklung durchgeführt. Da überdies Fachliteratur den Forschungsgegenstand mit einem teilweise längeren zeitlichen Verzug aufarbeitet und die beiden BauGB-Novellen 2011 und 2013 erst vor wenigen Jahren verabschiedet wurden, lagen bei Beginn der Studie keine tiefgreifenden Analysen und belastbaren Erkenntnisse zu planungspraktischen Auswirkungen der BauGB-Novellen 2011 und 2013 vor.

Wesentliche empirische Grundlage für die Evaluierung war daher die Durchführung von insgesamt 60 leitfadengestützten Interviews. Mit qualitativen Interviews werden Erfahrungen, Einschätzungen und Sichtweisen von Akteuren bzw. Experten ermittelt (Mayer 2006). Die Interviews wurden aufgezeichnet, mit MAXQDA transkribiert und vergleichend, mit Hilfe der Methode der qualitativen Inhaltsanalyse nach Mayring (2002) ausgewertet.

Zur Auswahl der zu Interviewenden kam dem qualitativen Mehrmethodenansatz der Daten-Triangulation ein erhöhter Stellenwert zu. Durch die bewusste Auswahl und Befragung unterschiedlicher Experten auf verschiedenen Betrachtungsebenen, die verschiedenste Zugänge zur Thematik der BauGB-Novellierung besitzen, sollte sowohl eine gewisse qualitative Breite der Analysedaten als auch eine individuelle Tiefe generiert und anschließend interpretiert werden.

In einer ersten Interview-Phase wurden 20 Interviews durchgeführt. Die Befragung von Planungsexpertinnen und -experten mit übergeordnetem Zugang zur genannten Thematik gab einen grundsätzlichen Überblick über die kommunalen Praxisauswirkungen der BauGB-Novellen 2011 und 2013 und diente dem explorativen Erkenntnisgewinn. Folgende Personengruppen/Institutionen wurden als potenzielle Expertinnen und Experten identifiziert:

- kommunale Spitzenverbände,
- Bezirksregierungen,
- Landesministerien,
- Landesplanungsabteilungen,
- Landkreise,
- „fortgeschrittene" und „weniger fortgeschrittene" Kommunen,
- Branchenverbände im Bereich der erneuerbaren Energieproduktion, Distribution und Verwendung, insbesondere der Wind- und Solarenergie sowie der Immobilienwirtschaft,
- berufsständige Vereinigungen im Bereich der planenden Praxis,
- Oberverwaltungsgerichte,
- Forschungseinrichtungen des Bundes und der Länder wie bspw. BBSR, Difu, ILS und ausgewählte Hochschul-Institute mit städtebaulich-planungsrechtlichen Schwerpunkt,
- forschungs- und planungspraktische Büros und
- Planungspraktikerinnen und -praktiker mit herausragenden thematischen Bezügen zum Forschungsprojekt.

In einer zweiten Interview-Phase wurden die vorläufigen Ergebnisse durch die Befragung 40 weiterer, vor allem kommunaler Planungsexpertinnen und -experten rückgekoppelt. Diese Befragung diente dazu, einen Überblick über die tatsächlichen Anwendungen der neuen BauGB-Regelungen in der Planungspraxis, insbesondere in der Bauleitplanung sowie im Rahmen des Besonderen Städtebaurechts, zu bekommen. Dabei wurde die Tiefenwirkung der Novellen durch die Betrachtung spezifischer Tätigkeiten auf der kommunalen Ebene eruiert sowie eine Einschätzung und Bewertung der Wirkung und des Nutzens einzelner Regelungstatbestände der beiden Novellen ermittelt. Auch wurden im Rahmen der Interviews Treiber und Hindernisse für kommunales Planen und Handeln in den drei Handlungsfeldern erfasst. Die zweite Runde der Experteninterviews verfolgte ein überprüfendes bzw. konfirmatorisches Erkenntnisziel, wobei auch die Bewertung der Regelungstatbestände der beiden Novellen eine wichtige Rolle spielte.

Die Auswahl der Interviewpartnerinnen und -partner in Phase 2 erfolgte anhand vergleichbarer Kriterien, die für die Auswahl der Fallstudien angesetzt wurden (siehe unten).

Eine ausführliche Analyse der kommunalen Praxis erfolgte darüber hinaus über die Durchführung von 8 Fallstudien, in denen Bauleitpläne (Flächennutzungspläne, Bebauungspläne) und Anwendungen des Besonderen Städtebaurechts (Städtebauliche Sanierungsmaßnahmen, Stadtumbaumaßnahmen) mit einer erkennbaren Schwerpunktsetzung in den drei Handlungsfeldern analysiert wurden. Die Fallstudien fußen somit auf der systematischen Auswertung von Plänen und planbezogenen Unterlagen (Gutachten). Im Rahmen dieser Fallstudien fand in der Regel ein Austausch mit den kommunalen Planern und Planerinnen statt (Workshops vor Ort). Für die Auswahl der Fallstudien wurden folgende Kriterien herangezogen:

- bestehende Konzepte und Strategien in den Kommunen (informelle Planung, Bebauungsplan und Flächennutzungsplan, Projekte / Förderungen des besonderen Städtebaurechts, Projekte sowohl im Bestand als auch im Neubau, Art der Nutzung),
- geographische und naturräumliche Rahmenbedingungen sowie bisherige bzw. zukünftige Auswirkungen des Klimawandels,
- Stadt- bzw. Gemeindegröße/Siedlungsstruktur,
- wirtschaftliche Situation und Entwicklungsdynamiken (wachsende, stagnierende, schrumpfende Kommunen) und
- Handlungserfordernisse im Bereich klimagerechte, kompakte Siedlungsentwicklung.

Mit den Fallstudien und den Interviews konnten Erkenntnisse zur Anwendung der beiden BauGB-Novellen 2011 und 2013 aus dem gesamten Bundesgebiet gewonnen werden. Dabei gelang es, unterschiedliche Fallkonstellationen zu berücksichtigen, wie bspw. Gemeindegrößenklasse, Entwicklungsdynamik und Wohnungsmarkt, Betroffenheiten durch den Klimawandel, Eignung für unterschiedliche Klimaschutzmaßnahmen. Abbildung 1 zeigt die acht ausgewählten Fallstudien und die räumliche Verteilung der Interviewpartnerinnen und -partner.

Abb. 1 Übersicht über die räumliche Lage der durchgeführten Interviews und der Fallstudien

Quelle: Eigene Darstellung

3 Klimaschutz, Klimaanpassung und Innenentwicklung in der kommunalen Praxis

Im Folgenden werden die Ergebnisse der empirischen Untersuchungen beschrieben. Basis bildet eine Querschnittsauswertung beider Interviewphasen sowie der Fallstudien. Dargestellt werden Ergebnisse zu folgenden Aspekten:

- Programmatik der Bauleitplanung,
- Flächennutzungsplan (und die Sonderregelung zu § 249 BauGB),
- Bebauungsplan, städtebaulicher Vertrag, Belange der BauNVO und
- Besonderes Städtebaurecht.

3.1 Programmatik der Bauleitplanung

Die §§ 1 und 1a BauGB definieren die wesentlichen Aufgaben, Begriffe und Grundsätze der Bauleitplanung. Die Regelungen haben im Laufe der Jahre eine stetige Erweiterung erfahren und damit die Anforderungen an die Bauleitplanung laufend erhöht. Im Gesetzgebungsprozess besteht der Anspruch, den Gemeinden mit einer Definition der zu berücksichtigen Belange eine Hilfestellung zu geben, ob und wie die verschiedenen Raumnutzungsansprüche in eine Abwägungsentscheidung einzustellen sind (Schwarz 2018; Söfker 2017). Dies soll die Kommunen unterstützen, zu einer gerechten und sachlich gerechtfertigten Planungsentscheidung zu kommen.

Im Fokus der Untersuchung stand u. a. die Frage, ob die Ausdifferenzierung der Grundsätze und Ziele für die Bauleitplanung zu einer verstärkten Berücksichtigung der Anforderungen an den Klimaschutz und die Klimaanpassung sowie der Innenentwicklung geführt hat und ob in Abwägungsprozessen verstärkt die entsprechenden Belange eingeflossen sind.

In den untersuchten Kommunen ergab sich dabei ein heterogenes Bild. Kommunen, die sich schon seit langem mit den Themen Klimaschutz, Klimaanpassung und Flächensparen auseinandersetzen, berichten von keiner auffälligen Änderung aufgrund der beiden Novellen. Inhaltlich-materiell ergaben sich hier nur wenige Änderungen, wenngleich die neuen Begründungs- und Darstellungsmöglichkeiten von den Befragten durchaus geschätzt wurden. Allenfalls findet das Thema Klimaanpassung verstärkte Beachtung. Es ist allerdings nicht klar, ob dies an der Novellierung im Jahr 2011 oder vielmehr der wachsenden Betroffenheit, Veränderungen im Umweltbewusstsein im Allgemeinen und der forcierten öffentlichen Diskussion liegt. Eine Studie des Difu aus dem Jahr 2019 kam bspw. zu dem Ergebnis, dass die

Betroffenheit von Extremwetterereignissen „ein wesentliches Motiv für kommunale Aktivitäten im Bereich Klimaanpassung" (Difu 2019, S. 33) darstellt.

In weniger engagierten Kommunen finden die Themen Klimaschutz und vor allem Klimaanpassung erst langsam Einzug in die Planung, wobei eher ein verfahrensmäßiger als ein materieller Zuwachs beobachtet wird. In den Bauleitplänen werden die Aspekte zunehmend thematisiert, allerdings häufig nur im notwendigen Umfang und auch ohne weitere Anpassung und Überarbeitung der Planung. Deutlich wurde, dass die Anforderungen von Klimaschutz und Klimaanpassung durchweg kein Auslöser für ein Planungserfordernis gem. BauGB sind. In verschiedenen Neuaufstellungsverfahren haben die beiden Handlungsfelder eine Rolle gespielt und auch zu angepassten Planungszielen und Planinhalten geführt. Dabei lässt sich feststellen, dass aus kommunaler Sicht die Bauleitplanung nicht das zentrale Instrument ist, Klimaschutzmaßnahmen fachlich fundiert und rechtlich verbindlich in der Siedlungsentwicklung umzusetzen (siehe auch Difu 2017; Stüer 2017). Ihre Aufgabe besteht stattdessen eher darin, flankierend zu den energiefachrechtlichen Anforderungen räumlich belastbare Voraussetzungen für bestimmte Maßnahmen herzustellen. Oftmals verzichten Kommunen sogar auf dezidierte Festsetzungen zum Klimaschutz mit Verweis auf die einzuhaltenden Anforderungen des Energiefachrechts oder mit Verweis auf die Dynamik bei der Entwicklung von Energieversorgungssystemen, so dass die in Bebauungsplänen hierzu getroffenen Festsetzungen dann unter Umständen nicht mehr dem Stand der Technik entsprechen. Praktikerinnen und Praktiker schätzen dieses Instrument daher als „zu träge" ein.

Demgegenüber ist die Klimaanpassung grundsätzlich noch ein vergleichsweise neues Themenfeld und steht daher in der räumlichen Planung noch am Anfang der Umsetzung – von ein paar Ausnahmen abgesehen (siehe auch Ahlhelm et al. 2016; Baumüller 2018; Difu 2019). Insbesondere erweisen sich die Langlebigkeit des Siedlungsbestandes und das Festhalten der Akteure an alten Vorstellungen und Überzeugungen als Hemmnis bei der Verfolgung und Umsetzung klimawandelangepasster Politiken. Zugleich spielt die Dynamik des Klimawandels eine entscheidende Rolle, der sich mit dem derzeit eher starren, formellen planerischen Instrumentarium nur schwer greifen lässt (siehe auch Birkmann et al. 2010; Birkmann et al. 2012; Spiekermann und Franck 2014).

Der Vorrang der Innenentwicklung ist hingegen für die Planungsakteure konkreter als das auf Unsicherheiten beruhende Thema Klimawandel. Auch wurden in den letzten Jahren neue Instrumente zur Beurteilung von Siedlungsentwicklungen entwickelt und in einigen Städten angewendet. Dazu gehören bspw. Siedlungsflächenfolgekostenrechner, Baulücken- und Innenentwicklungskataster sowie auch begleitende Kommunikations- und Partizipationsinstrumente (Bock et al.

2011; Ziegler 2015). Große Städte leiden schon länger unter Flächenknappheit und Wohnraummangel, weshalb für diese eine Nachverdichtung im Innenbereich schon seit einiger Zeit als Thema gesetzt ist. Von daher kann nun im Prinzip von einem „Anpassen" der rechtlichen Grundlage an die Marktlage gesprochen werden. Allerdings ergaben die untersuchten Fallstudien und Interviews, dass nur selten ein kommunales Baulückenkataster vorliegt, das regelmäßig und strukturiert gepflegt wird. D. h. möglicherweise vorhandene Innenentwicklungspotenziale werden nicht immer genutzt. Demgegenüber sehen ländliche Gemeinden im Außenbereich ihre einzige Wachstumsmöglichkeit und Chancen für eine Eigenentwicklung. Bei Verfolgung der Innenentwicklungsziele sind in den Gemeinden insoweit zwei sehr unterschiedliche Praktiken zu beobachten: Auf der einen Seite Kommunen die bemüht sind, sparsam und effizient Flächenreserven zu entwickeln, auf der anderen Seite Kommunen, die in der Siedlungsentwicklung im bislang unbebauten Außenraum weiterhin eine Entwicklungsressource sehen.

3.2 Stärkere Bedeutung von informellen Planungen und Konzepten

Die zunehmende Bedeutung von informellen Fachkonzepten und -planungen wurde von nahezu allen Kommunen betont. Mit diesen Instrumenten wird die Auseinandersetzung mit den verschiedenen Belangen vorbereitet und begründet (siehe auch Böhm et al. 2016; Verbücheln und Dähner 2016).

Für die Flächennutzungsplanung wird die Abwägungsbasis zunehmend durch informelle Planungen geschaffen. Neben stadtklimatischen Untersuchungen, Bedarfsanalysen u. ä. gewinnen integrierte Konzepte immer mehr an Bedeutung. Es ist jedoch festzuhalten, dass diese planerische Basis vor allem im Zuge von FNP-Neuaufstellungsverfahren hergestellt wird, welche heutzutage nur noch selten erfolgen.

Auch eine Entwicklung von B-Plänen erfolgt oftmals aus vorgeschalteten Rahmenplänen, Klimaanalysen, Klimaschutzkonzepten, Integrierten Stadtentwicklungskonzepten etc., die eine Hilfe und Argumentationshilfe darstellen und deren Inhalte berücksichtigt werden sollen. Positiv im Zusammenhang mit informellen Planungen wird die bereits auf dieser Ebene durchzuführende Bürgerbeteiligung beurteilt, die eine gewisse Akzeptanz für zukünftige Planungen schafft. Allerdings werden informelle Planungen wiederum auch nicht immer konsequent umgesetzt oder als Zielvorgabe verstanden. Die Kommunen verweisen in diesem Zusammenhang auch darauf, den informellen Konzepten mit einem Selbstbindungsbeschluss im Sinne des § 1 Abs. 6 Nr. 11 BauGB ein stärkeres Gewicht zu verleihen.

3.3 Die Rolle der Abwägung

Die drei Themen gehören zum Abwägungsmaterial und das BauGB enthält Vorgaben, sie zu berücksichtigen (siehe §1 und §1a BauGB). In einigen Kommunen spielen die Themen schon seit Längerem eine Rolle, weshalb eine stärkere Fokussierung nicht unbedingt auf die BauGB Novellen zurückzuführen ist. Sollten die Themen tatsächlich mittlerweile vermehrt auf der Agenda stehen, dann nicht aus dem Grund, dass sie nun konkreter im BauGB verankert sind. Es sind eher die lokalen Besonderheiten und Einstellungen, die womöglich zu einer verstärkten Innenentwicklung geführt oder Ereignisse (Hochwasser, Starkregen), die eine Anpassung an das Klima forciert haben.

Im Rahmen des Vorhabens wurde von Kommunen außerdem auf vielschichtige Zielkonflikte hingewiesen, die in Abwägungsentscheiden zu gewichten sind. In Kommunen mit stark angespannten Wohnungsmärkten ist derzeit zu beobachten, dass jene Belange, die eine baulichen Nutzung eines Grundstücks oder eines Gebietes einschränken oder behindern könnten, der Schaffung von Wohnraum untergeordnet werden.

Sofern keine zwingenden Vorgaben für die drei Handlungsfelder bestehen – bspw. in Form von einzuhaltenden Grenz- oder Richtwerten[3] (z. B. „Grünflächenfaktor" (Sieker et al. 2019)) wie sie für Wasser- und Luftqualität existieren – und es sich lediglich um eine politische Abwägungsentscheidung handelt, haben die Novellen aus kommunaler Sicht keine direkten Auswirkungen. Was sich jedoch positiv auswirkt, ist die Tatsache, dass diese drei Themen nun generell stärker thematisiert werden und auch in Gesetze einfließen.

Zunächst einmal lässt die Evaluierung darauf schließen, dass sich planerische Abwägungsentscheidungen deutlich an lokalen Einstellungen und Gewohnheiten der kommunalen Akteure orientieren. In der Folge lässt sich eine weite Bandbreite an Lösungen für die Aufgaben des Klimaschutzes, der Klimaanpassung und des Vorranges der Innenentwicklung bei planerischen Entscheiden beobachten, die sich deutlich darin unterscheiden, ob und wie weit die jeweilige Kommunalpolitik und -verwaltung den Maßgaben einer klimagerechten kompakten Siedlungsentwicklung folgt.

---

3   Anders als im Fachrecht gibt es für die Belange des Klimaschutzes und der Klimaanpassung im Bereich der Bauleitplanung keine Grenz-, Richt- oder Orientierungswerte. Denkbar wären Kennwerte hinsichtlich der thermischen Belastung, der Durchgrünung von Stadtteilen, eines Mindestanteils zu begrünender Flächen auf Grundstücken, des prozentualen Anteils erneuerbarer Energien o. ä.

3.4 Rolle und Funktion des Flächennutzungsplans

Aufgrund der dynamischen Entwicklung des Klimawandels sowie des technischen Fortschritts im Bereich des Klimaschutzes stößt der Flächennutzungsplan immer häufiger an seine Grenzen als Steuerungsinstrument für eine klimagerechte und kompakte Stadtentwicklung. Die Komplexität und Dauer des Aufstellungsverfahrens be- oder verhindert, dass ein FNP zeitnah an sich ändernde Rahmenbedingungen angepasst werden kann. Häufig erfolgt eine Teilfortschreibung des FNP, wobei Aspekte der Klimaanpassung und des Klimaschutzes dann wesentlich seltener beachtet werden. Ein gutes Praxisbeispiel für eine integrierte Betrachtungsweise liefert der FNP der Stadt Aalen, der sich zurzeit in Aufstellung befindet.

Box 1 Gutes Praxisbeispiel aus der Stadt Aalen

Gutes Praxisbeispiel:
Klimagerechtes Flächenmanagement auf FNP-Ebene (Stadt Aalen, Stand: 08/2019)
Derzeit führt die Stadt Aalen die Fortschreibung des Flächennutzungs- und Landschaftsplans durch. In diesem Zusammenhang sollen die Themen Klimaschutz und Klimaanpassung zukünftig verstärkt in der Bauleitplanung Berücksichtigung finden und dadurch einen wichtigen Beitrag für eine vorausschauende und nachhaltige Stadtentwicklung liefern.
Aus diesem Grund hat die Stadt Aalen nach etwa drei Jahrzehnten erneut ein Klimagutachten beauftragt. Dieses Klimaschutzteilkonzept „Klimagerechtes Flächenmanagement" gilt als Basis und Strategie für ein klimagerechtes Flächenmanagement. Das Klimagutachten zielt also darauf ab, in weiteren Schritten eine detaillierte Planungsgrundlage für eine zukünftige, klimaökologisch günstige Siedlungs- und Flächenentwicklung zu generieren. Es wird einen wichtigen Einfluss auf die zukünftige Flächennutzung im Innen- wie im Außenbereich haben und stellt bereits auf Ebene des Flächennutzungsplans eine wichtige Entscheidungsgrundlage in Bezug auf die Umsetzung von Klimaanpassungsmaßnahmen und den Umgang mit Flächen im Stadtgebiet dar. Die Stadt will bereits frühzeitig auf Synergieeffekte und Zielkonflikte zwischen Flächennutzung, Klimaschutz und -anpassung aufmerksam machen, um diese Belange dann adäquat im Planungsprozess berücksichtigen und abwägen zu können.
Im Klimaschutzteilkonzept „Klimagerechtes Flächenmanagement" werden bauliche Potenzialflächen hinsichtlich ihrer Bedeutung für das städtische Klima eingeschätzt und eine Bewertung für jede Fläche bezüglich ihrer Bebaubarkeit vorgenommen.
Es besteht aus:
a. Klimaanalysekarte: Bildet die Funktionen und Prozesse des nächtlichen Luftaustausches im gesamten Untersuchungsraum ab. Für Siedlungs- und Gewerbeflächen stellt sie die nächtliche Überwärmung dar.
b. Planungshinweiskarte: Planungshinweise NUR aus klimatischer Sicht. In der Stadtentwicklung müssen alle anderen Belange mit einbezogen werden.

c. Flächenmanagementstrategie
Die Flächenmanagementstrategie basiert auf den Ergebnissen der Stadtklimaanalyse und deren anschließender Bewertung in der Planungshinweiskarte. Hierfür wurde die Lage der Potenzialflächen in den Bewertungskategorien der Planungshinweiskarte untersucht und ausgewertet.
Der Landschaftsplan wiederum wird als Fachplan in den Flächennutzungsplan integriert. Das Klimaschutzteilkonzept „Klimagerechtes Flächenmanagement" wird Bestandteil des Landschaftsplans und wird mit beschlossen (als Beiplan „Klima").
Quelle: eigene Darstellung auf Basis der Durchführung und Auswertung von Fallstudien

Bislang werden auf der Ebene des FNP die Darstellungsmöglichkeiten nach § 5 Abs. 2 BauGB genutzt, insbesondere zur Steuerung der Windenergienutzung in den Stadt- und Gemeindegebieten. Die Möglichkeiten des § 5 Abs. 2 Nr. 2c BauGB, „Anlagen, Einrichtungen und sonstige Maßnahmen, die der Anpassung an den Klimawandel dienen" im Flächennutzungsplan darzustellen, werden bisher fast gar nicht oder nur in Städten mit einer langjährige Erfahrung bei der Erstellung von Grundlagen und Planwerken im Bereich Stadtklima angewendet (bspw. Berlin, Bremen oder Stuttgart). Der nicht abschließende Darstellungskatalog der PlanZVO für den Flächennutzungsplan hilft diesen Städten dabei, flächenbezogene Aspekte des Stadtklimas in die Darstellungen des FNP zu integrieren. Im FNP der Stadt Stuttgart[4] (siehe Abb. 2) findet sich bspw. eine vergleichbare Darstellung von Bauflächen mit stadtklimatischer Bedeutung (z. B. als Ausgleichsraum) durch die Schraffur-Überlagerung mit Grünflächendarstellung (rot-grüne Schraffur). Die zeichnerische Überlagerung dieser Nutzungsarten bedeutet konkret, dass beide Nutzungsarten bei einer Folgeplanung in ihrer Eigenart berücksichtigt werden sollen. So bedeutet die Kombination Wohnbaufläche/Grünfläche bspw., dass die Wohnbaufläche mit Grünflächen stark durchsetzt sein soll oder dass Flächen von Bebauung freizuhalten sind (Ahlhelm et al. 2016).

---

4 Die Stadt Stuttgart stellte keine Fallstudie im Rahmen des Forschungsvorhabens dar, soll hier aber dennoch als gutes Praxisbeispiel angeführt werden.

Paragraphen als Lösung für die Stadt von Übermorgen? 145

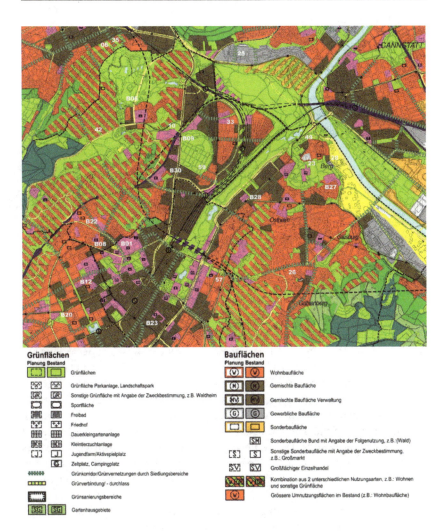

Abb. 2 Gutes Praxisbeispiel: Ausschnitt des Flächennutzungsplans der Stadt Stuttgart
Quelle: Stadt Stuttgart 2010

In einigen Städten spielt diesbezüglich auch der Landschaftsplan eine Rolle. Die Funktion der Pläne hängt von den Regelungen des jeweiligen Bundeslandes zur Integration der Landschaftsplanung in den FNP ab (siehe Heiland 2010). Die Inhalte des Landschaftsplans haben für das Handlungsfeld Klimaanpassung die größte Bedeutung. Über den Landschaftsplan können bspw. bioklimatisch belastete Siedlungsräume ermittelt werden, Kaltluftleitbahnen und -entstehungsgebiete dargestellt und bedeutende Freiflächen freigehalten werden.

3.5 Die verbindliche Bauleitplanung

Der Bebauungsplan ist historisch und systematisch ein Instrument der Siedlungserweiterung und nicht der feinteiligen Steuerung der Siedlungsentwicklung im Bestand. Heutzutage steht aber nicht mehr die Realisierung neuer Siedlungen im Vordergrund, sondern die städtebauliche Entwicklung im Bestand (Sander 2006), bei der Klimaresilienz und Flächensparen wichtige Leitziele sind. Insofern ist grundsätzlich zu hinterfragen, ob der Bebauungsplan das geeignete Instrument zur Realisierung einer klimagerechten Stadtentwicklung ist.

Tatsächlich werden in den evaluierten, kommunalen Bauleitplänen vermehrt Aspekte des Klimaschutzes berücksichtigt, jedoch v. a. in Bebauungsplänen für Siedlungserweiterungen. Auch findet immer häufiger eine Auseinandersetzung mit dem Vorrang der Innenentwicklung statt. Dies geschieht des Öfteren mit dem Ziel, die jeweiligen Festsetzungen als zielkonform begründen zu können. Für die Regelung der Wärme-/Energieversorgung scheint der Bebauungsplan kein besonders wirksames Instrument zu sein, da alle Festsetzungen städtebaulich und bodenrechtlich begründet werden müssen und damit die Nutzung erneuerbarer Energien nicht verpflichtend regelbar ist. Des Weiteren wurde in den durchgeführten Interviews kritisch gesehen, dass womöglich ein bestimmter technischer Stand festgeschrieben wird, der bei Umsetzung der Bauleitplanung eventuell bereits veraltet ist (s. o.).

Der Festsetzungskatalog nach § 9 Abs. 1 BauGB wird von vielen Kommunen derzeit noch nicht (umfassend) genutzt, um klimaschutzrelevante und klimaanpassungsrelevante Zielsetzungen in die verbindliche Bauleitplanung umzusetzen. Dies liegt einerseits darin begründet, dass die Notwendigkeit solcher Festsetzungen noch nicht gesehen wird. Andererseits ist das Wissen über entsprechende Festsetzungsmöglichkeiten noch nicht in der Breite der kommunalen Anwendungspraxis angekommen.

Festzuhalten ist allerdings, dass klimaschutz- und -anpassungsrelevante Inhalte zunehmend in die Begründungen verbindlicher Bauleitplanungen integriert werden, auch wenn daraus keine Festsetzungen erwachsen. Festzustellen ist auch, dass die

Umweltberichte nach der Novellierung von 2017 verstärkt entsprechende Inhalte aufweisen. Die Umweltprüfung führt zur Auseinandersetzung mit Umweltbelangen auf allen Ebenen und hat daher eine hohe Bedeutung, insb. wenn Flächen mit hohem ökologischen Wert – möglicherweise im Außenbereich – in Anspruch genommen werden sollen. Kritisch ist dabei zu sehen, dass in Vorhaben nach § 13a BauGB die Umweltprüfung ausgesetzt ist – dies aber gerade in Bereichen, die oftmals einer Prüfung umweltrelevanter Aspekte bedürfen.

3.6 Das Besondere Städtebaurecht

Maßnahmen des Besonderen Städtebaurechts dienen potenziell auch den Zielen des Klimaschutzes und der Klimaanpassung, sofern sie für die Ableitung der Maßnahmennotwendigkeit herangezogen und für die Maßnahmenumsetzung genutzt werden können. In der Praxis haben diese potenziellen Möglichkeiten allerdings bislang kaum bzw. keine explizite Anwendung gefunden (siehe auch Buhtz et al. 2017). Gleichwohl erlangt sowohl im Rahmen Städtebaulicher Sanierungsmaßnahmen als auch im Rahmen des Stadtumbaus auf der Maßnahmenebene die energetische Sanierung des Gebäudebestands eine größere Bedeutung.

Die Baugesetzbuch-Novelle 2013 ermöglicht ausdrücklich den Einbezug klimarelevanter Aspekte in den Stadtumbau und die Städtebauliche Sanierungsmaßnahme, konkrete Umsetzungshinweise zur Durchführung einer klimagerechten Stadtentwicklung fehlen jedoch aus kommunaler Sicht. Die meisten Städtebaulichen Sanierungsmaßnahmen oder Stadtumbaumaßnahmen werden nach wie vor aufgrund der „klassischen" Missstände durchgeführt. Sanierungsmaßnahmen allein aufgrund der Anforderungen von Klimaschutz und/oder Klimaanpassung sind nicht bekannt. Als Grund dafür wird angeführt, dass sich den Kommunen andere, größere Probleme aufdrängen, die im Zuge der Sanierungsmaßnahme behandelt werden sollen (in Klein- und Mittelstädten z. B. Revitalisierung der Innenstädte) oder die mögliche Klimawandelbetroffenheit nicht im Fokus steht. Auch zur Definition des städtebaulichen Missstandes gem. § 136 (3) BauGB werden Belange bspw. des Klimaschutzes, wie anhand der energetischen Beschaffenheit, der Gesamtenergieeffizienz der vorhandenen Bebauung und der Versorgungseinrichtungen, bisher nicht in den Kommunen genutzt. Laut Buhtz et al. (2017) werden im Stadtumbau diesbezüglich in Zukunft deutlichere Prioritäten gesetzt werden müssen.

4 Möglichkeiten zur Weiterentwicklung gesetzlicher Grundlagen

Die Kommunen wurden befragt, ob ein Erfordernis besteht, die gesetzlichen Grundlagen weiterzuentwickeln. Von vielen Befragten wurde dies verneint: die vorhandenen Regelungen seien ausreichend, müssten aber konsequent angewendet werden. Anpassungsbedarf wurde von den Befragten jedoch u. a. hinsichtlich mehrerer Punkte genannt, die im Folgenden erläutert werden.

Anpassung bzw. Ergänzung gesetzlicher Grundlagen

Wünschenswert wäre eine Anpassung des recht starren, formellen Planungsinstrumentariums, um leichter auf eine dynamische Änderung von Rahmenbedingungen reagieren zu können, bei gleichzeitiger Beibehaltung eines strategisch-steuernden Charakters. Als neuer Ansatz wurde bspw. diskutiert, ob für die Umnutzung und Umstrukturierung vorhandener Siedlungsbestände die Instrumente der Bauleitplanung durch eine Art „Umbauplan" sinnvoll ergänzt werden könnte. Wie dieser genau aussehen könnte, müsste im Einzelnen noch erörtert werden. Einen vorhandenen Ansatzpunkt für eine mögliche Mobilisierung ungenutzter Wohnbaupotenziale könnte das Baugebot (§ 176 BauGB) darstellen. Diesbezüglich führt das Difu aktuell im Auftrag des Bundesinstituts für Bau-, Stadt- und Raumforschung (BBSR) eine Studie durch, in der die Anwendungspraxis des Baugebots aufbereitet und Aussagen zu einer möglichen instrumentellen Weiterentwicklung getroffen werden sollen. Des Weiteren könnte §34 BauGB ergänzt werden, bspw. durch eine klarere Definition der gesunden Wohn- und Arbeitsverhältnisse unter Berücksichtigung stadtklimatischer Anforderungen (stadtklimatisches Verschlechterungsverbot bzw. Verbesserungsgebot). Daneben wurde in Bereichen nach § 34 BauGB auch die Begründung einer gesetzlichen Ausgleichsverpflichtung für erhebliche (=grundstücksbezogene) negative Auswirkungen auf das städtische Klima diskutiert.

Stärkung informeller Konzepte und Planungen

Die Erstellung informeller Klimaschutz- und Klimaanpassungskonzepte sowie informeller Planwerke zur Innenentwicklung sind in den Kommunen ein gängiges Mittel, sich mit den Inhalten der drei Handlungsfelder auseinanderzusetzen sowie Zielvorstellung und Maßnahmen zu definieren. Teilweise dienen sie der unmittelbaren Maßnahmenbegründung und Umsetzung, ohne dass bauleitplanerische Prozesse und Verfahren notwendig sind oder durchgeführt werden müssen. Sie sind damit heute wesentliche Handlungsgrundlagen für die Kommunen und zugleich Basis für die Bauleitplanung. Einen Anreiz für die Erstellung dieser Konzepte stellte bisher immer die Bundesförderung dar, die vor dem aufgezeigten Hintergrund weitergeführt und ausgeweitet werden sollte[5].

Flankierendes Fachrecht

Fast jeder Aspekt der drei Handlungsfelder Klimaschutz, Klimaanpassung und Innenentwicklung ist auf ein flankierendes Fachrecht angewiesen, das u. a. die Kommunen dabei unterstützt, ihre Abwägungsgrundlagen nach § 1 Abs. 6 BauGB zusammenzustellen und die entsprechenden Belange in der Abwägung zu qualifizieren. Tatsächlich ist das Stadtklima aber heute der einzige Umweltrechtsbereich ohne verbindliche Ziele für Planungs- und Genehmigungsverfahren. Formale technische Fachplanungen und Genehmigungen, etwa im Bereich der Straßenplanung und Stadtentwässerung, sollten aber stärker als bislang einer klimagerechten kompakten Stadt- und Regionalentwicklung verpflichtet werden. Dafür wäre die Änderung der einschlägigen Bundes- und Landesgesetze mit dem Ziel empfehlenswert, Klimaschutz- und Klimaanpassungsaspekte in die jeweiligen Fachplanungen zu integrieren und diesbezügliche Planungen auf kommunaler und regionaler Ebene analog zu den Regelungen des § 1 Abs. 6 Nr. 11 BauGB für die kommunalen Bauleitplanungen zu berücksichtigen.

Innenentwicklung nicht ohne (klimatischen) Ausgleich

Bei Anwendung des § 13a BauGB (und des § 13b) „gelten in den Fällen des Absatzes 1 Satz 2 Nummer 1 Eingriffe, die auf Grund der Aufstellung des Bebauungsplans zu erwarten sind, als im Sinne des § 1a Absatz 3 Satz 6 vor der planerischen Entscheidung erfolgt oder zulässig." Gerade bei Projekten der Innenentwicklung kann jedoch mit der baulichen Verdichtung auch eine deutliche Verschlechterung der Umweltsituation verbunden sein, ebenso wie eine Überlastung bestehender Infrastrukturen. Im Handlungsfeld Klimaanpassung besteht insoweit ein Spannungsfeld zwischen der baulichen Nachverdichtung und einer angemessenen Grünversorgung im Zuge der doppelten Innenentwicklung, die insbesondere stadtklimatisch wirkt und damit auch den Auswirkungen des Klimawandels entgegenwirken kann (Grünflächen als „Klimaanlage" und mögliche Retentionsflächen, Berücksichtigung demografischer Aspekte). Dies gilt insbesondere für Eingriffe in den Siedlungsbestand aufgrund § 34 BauGB. Insoweit werden die bisherigen Regelungen der §§ 13a und 34 BauGB hinsichtlich des Verzichts auf einen im Einzelfall sachlich gebotenen erforderlichen Ausgleichs als kontraproduktiv angesehen.

---

5   Die Förderung erfolgt beispielsweise durch folgende Programme: „Nationale Klimaschutzinitiative" sowie „Förderung von Maßnahmen zur Anpassung an die Folgen des Klimawandels".

5 Fazit

In der Praxis ist festzustellen, dass derzeit Klimaanpassung, Klimaschutz und Flächensparen insbesondere Gegenstand der informellen Planung sind, jedoch noch nicht in der Breite in der Bauleitplanung angekommen sind.
Wenn die Belange des Klimaschutzes, der Klimaanpassung und der Innenentwicklung Berücksichtigung in der kommunalen Bauleitplanung finden, ist dies nicht immer und ausschließlich auf die Inhalte des BauGB zurückzuführen. Möglicherweise zeigt sich darin auch ein Zeichen von Unsicherheit der Kommunen, ihre Festsetzungen rechtssicher aus Gründen der Klimaanpassung herleiten zu können, denn es fehlen für dieses Aufgabenfeld verbindliche gesetzliche Regelungen und Bewertungshilfen wie Grenz- und Richtwerte etc.
Weiterhin bestehen noch Unsicherheiten hinsichtlich der eigenen Betroffenheit in einer weit in der Zukunft liegenden Entwicklung, welche diese Themen in der politischen und öffentlichen Wahrnehmung gegenüber tagesaktuellen Themen in den Hintergrund rücken lassen und eine Umsetzung informeller Planungen in formelle, rechtsverbindliche Regelungen erschweren.
Positiv hervorzuheben ist, dass die Regelungen der BauGB-Novellen grundsätzlich als hilfreich bei der Umsetzung von Klimaschutz-, Klimaanpassungs- und Innenentwicklungszielen bewertet werden. Die Belange der Innenentwicklung finden verstärkt Berücksichtigung. Innenentwicklungsmaßnahmen werden i. d.R. umgesetzt, es sei denn eine Aktivierung von Innenbereichsflächen ist aufgrund von schwierigen Eigentumsverhältnissen oder aus Immissionsschutzgründen schwer möglich. Die bisherigen Strategien, Klimaschutz und Klimaanpassung als abwägungserhebliche Belange im Rahmen der Bauleitplanung weiter zu stärken, sind jedoch weitgehend ausgeschöpft. Es bleibt daher die Frage, wie die drei Handlungsfelder noch stärker Eingang in die Planungspraxis finden und gleichzeitig miteinander verknüpft werden.

Literatur

Ahlhelm, I., Frerichs, S., Hinzen, A, Noky, B., Simon, A., Riegel, Ch. et al. (2016): *Klimaanpassung in der räumlichen Planung. Gestaltungsmöglichkeiten der Raumordnung und Bauleitplanung*. Praxishilfe. Hg. v. Umweltbundesamt. Dessau-Roßlau. Online verfügbar unter https://www.umweltbundesamt.de/sites/default/files/medien/376/publikationen/klimaanpassung_in_der_raeumlichen_planung_praxishilfe.pdf, zuletzt geprüft am 30.08.2019.

Battis, U., Krautzberger, M., Mitschang, S., Reidt, O., Stüer, B. (2011): Gesetz zur Förderung des Klimaschutzes bei der Entwicklung in den Städten und Gemeinden in Kraft getreten. In *NVwZ*, 897–904.

Battis, U., Mitschang, S., Reidt, O. (2013): Stärkung der Innenentwicklung in den Städten und Gemeinden. In *NVwZ*, S. 961–969.

Baumüller, N. (2018): *Stadt im Klimawandel: Klimaanpassung in der Stadtplanung: Grundlagen, Maßnahmen und Instrumente*. Dissertation. Universität Stuttgart, Stuttgart.

Birkmann, J., Böhm, H. R., Büscher, D., Fleischhauer, M., Frommer, B., Janssen, G. et al. (2010): *Planungs- und Steuerungsinstrumente zum Umgang mit dem Klimawandel*. Diskussionspapier 8, 07/2010. Hg. v. Arbeitskreis Klimawandel und Raumplanung der Akademie für Raumforschung und Landesplanung. Berlin-Brandenburgische Akademie der Wissenschaften. Berlin. Online verfügbar unter https://edoc.bbaw.de/files/1407/diskussionspapier_08_ARL.pdf, zuletzt geprüft am 30.01.2020.

Birkmann, J., Schanze, J., Müller, P., Stock, M. (Hg.) (2012): *Anpassung an den Klimawandel durch räumliche Planung – Grundlagen, Strategien, Instrumente*. E-Paper der ARL Nr. 13. Hannover. Online verfügbar unter http://nbn-resolving.de/urn:nbn:de:0156-73192, zuletzt geprüft am 30.01.2020.

Bock, S., Hinzen, A., Libbe, J. (2011): *Nachhaltiges Flächenmanagement – Ein Handbuch für die Praxis*. Ergebnisse aus der REFINA-Forschung. Hg. v. Deutsches Institut für Urbanistik gGmbH. Berlin.

Böhm, J., Böhme, Ch., Bunzel, A., Kühnau, Ch., Reinke, M. (2016): *Urbanes Grün in der doppelten Innenentwicklung*. Abschlussbericht zum F+E-Vorhaben „Entwicklung von naturschutzfachlichen Zielen und Orientierungswerten für die planerische Umsetzung der doppelten Innenentwicklung sowie als Grundlage für ein entsprechendes Flächenmanagement (FKZ 3513 82 0500). Bonn – Bad Godesberg: Bundesamt für Naturschutz (BfN-Skripten, 444).

Buhtz, M., Gerth, H., Marsch, S., Bosch-Lewandowski, S., Neitzel, M., Höbel, R.,Eisele, B. (2017): *Gemeinsame Evaluierung der Programme Stadtumbau Ost und Stadtumbau West*. Bonn: Bundesinstitut für Bau-, Stadt- und Raumforschung im Bundesamt für Bauwesen und Raumordnung.

Bundesministerium für Umwelt, Naturschutz und nukleare Sicherheit (BMU) (2019): *Flächenverbrauch – Worum geht es?* Hg. v. Bundesministerium für Umwelt, Naturschutz und nukleare Sicherheit (BMU). Berlin. Online verfügbar unter https://www.bmu.de/themen/nachhaltigkeit-internationales/nachhaltige-entwicklung/strategie-und-umsetzung/reduzierung-des-flaechenverbrauchs/, zuletzt geprüft am 02.09.2019.

Deutsches Institut für Urbanistik gGmbH (difu) (2017): *Klimaschutz in der verbindlichen Bauleitplanung*. Unter Mitarbeit von Arno Bunzel, Franciska Frölich v. Bodelschwingh und Daniela Michalski. Hg. v. Deutsches Institut für Urbanistik gGmbH (difu). Online verfügbar unter https://difu.de/sites/difu.de/files/bericht_klimaschutz_bauleitplanung_fuer_veroeffentlichung__langfassung_jsp.pdf, zuletzt geprüft am 02.01.2020.

Deutsches Institut für Urbanistik gGmbH (difu) (2019): *Umfrage Wirkung der Deutschen Anpassungsstrategie (DAS) für die Kommunen*. Teilbericht. Unter Mitarbeit von Jens Hasse und Luise Willen. Hg. v. Umweltbundesamt. Dessau-Roßlau (CLIMATE CHANGE 01/2019, 01/2019). Online verfügbar unter https://www.umweltbundesamt.de/sites/default/files/medien/1410/publikationen/2019-01-21_cc_01-2019_umfrage-das.pdf, zuletzt geprüft am 10.01.2020.

Heiland, S. (2010): Landschaftsplanung. In D. Henckel, K. Kuczkowski, P. Lau, E. Pahl-Weber und F. Stellmacher (Hg.): *Planen – Bauen -Umwelt. Ein Handbuch.* Wiesbaden: VS Verlag für Sozialwissenschaften / Springer Fachmedien Wiesbaden, Wiesbaden, S. 294–300.

Mayer, H. O. (2006): *Interview und schriftliche Befragung. Entwicklung, Durchführung und Auswertung.* 3., überarb. Aufl. München: R. Oldenbourg.

Mayring, P. (2002): *Qualitative Sozialforschung.* Weinheim: Beltz Verlagsgruppe.

Sander, R.(2006): Stadtentwicklung und Städtebau im Bestand: Städte unter Veränderungsdruck – Eine Einführung. Im Brennpunkt: Die gebaute Stadt – Stadtentwicklung und Städtebau im Bestand. In *DfK – Deutsche Zeitschrift für Kommunalwissenschaften* Bd. 1, S. 5–22.

Schwarz, T. (2018): *Sonstige formelle und materielle Änderungen des BauGB.* In S. Mitschang (Hg.): Städtebaurechtsnovelle 2017. Neue Anforderungen an die städtebauliche Planungs- und Genehmigungspraxis. Städtebaurechtsnovelle 2017. 1. Auflage. Baden-Baden: Nomos (Berliner Schriften zur Stadt- und Regionalplanung, Band 33), S. 139–154.

Sieker, H., Steyer, R., Büter, B., Leßmann, D., Tils, R. von, Becker, C., Hübner, S. (2019): *Untersuchung der Potentiale für die Nutzung von Regenwasser zur Verdunstungskühlung in Städten.* Abschlussbericht. TEXTE 111/2019. Hg. v. Umweltbundesamt. Dessau-Roßlau. Online verfügbar unter https://www.umweltbundesamt.de/sites/default/files/medien/1410/publikationen/2019-09-16_texte_111-2019_verdunstungskuehlung.pdf, zuletzt geprüft am 14.10.2019.

Söfker, W. (2017). In W. Ernst, W. Zinkahn, W. Bielenberg und M. Krautzberger (Hg.): *Baugesetzbuch Kommentar.* Loseblattsammlung, Stand: 124. Lfg., Februar 2017, § 1 Rn. 102. München: Beck.

Spiekermann, J., Franck, E. (2014): *Anpassung an den Klimawandel in der räumlichen Planung. Handlungsempfehlungen für die niedersächsische Planungspraxis auf Landes- und Regionalebene.* Hannover, Hannover: Akad. für Raumforschung und Landesplanung (Arbeitsberichte der ARL, 11).

Stüer, B. (2017): Clemens Hagebölling, Klimaschutz und Klimaanpassung durch städtebauliche Verträge. In *Deutsches Verwaltungsblatt* 132 (1).

Verbücheln, M., Dähner, S. (Hg.) (2016): *Klimaschutz in der Stadt- und Regionalplanung. Erneuerbare Energien und Energieeffizienz in der kommunalen Planungspraxis.* Berlin: Deutsches Institut für Urbanistik gGmbH.

Ziegler, K. (2015): *Flächeneffiziente und vitale Siedlungsentwicklung – Erfahrungen aus Rheinland-Pfalz.* In G. Meinel, U. Schumacher, M. Behnisch und T. Krüger (Hg.): Flächennutzungsmonitoring VII. Boden – Flächenmanagement – Analysen und Szenarien. Berlin: Rhombos-Verlag (IÖR-Schriften, 67), S. 99–112.

Die Autorin und der Autor

Dr. Kathrin Prenger-Berninghoff, RWTH Aachen
Prenger-Berninghoff@isb.rwth-aachen.de

André Simon, BKR AACHEN NOKY & SIMON
simon@bkr-ac.de

Qualifizierung von Stadtrand und Suburbia durch schienengebundenen Nahverkehr

Axel Priebs

Zusammenfassung

Die Gestaltungsdefizite an den Rändern der Großstädte und insbesondere im suburbanen Raum sind in den letzten Jahrzehnten zunehmend thematisiert worden. Der Beitrag präsentiert eine Reihe von Qualifikationsmöglichkeiten durch Schienenstrecken und Stationen. An erster Stelle wird für eine Wiederbelebung einer integrierten Siedlungs- und Nahverkehrsplanung plädiert, die durch die internationalen Ansätze der „Transit oriented development" unterstützt wird, bei denen regionalplanerische, verkehrliche und stadträumliche Aspekte gleichermaßen beachtet werden. Die Bedeutung neuer Schienenstrecken sowohl aus Gründen der Umweltqualität als auch für eine verbesserte verkehrliche Erschließung der Stadtregion wird betont, dabei besonders die Verlängerung von Strecken ins Umland sowie neue tangentiale Strecken, wodurch an den Knotenpunkten auch zusätzliche regionale Zentren entstehen können. Neue Schienenstrecken können stadträumliche Qualitäten schaffen, u. a. durch Rasengleis. Auch die Nutzung der Potenziale im Umfeld vorhandener oder neu einzurichtender Stationen kann gesteigert werden. Schieneninfrastruktur und Fahrzeuge sollten als stadtregionale Gestaltungselemente erkannt und der baukulturelle Qualitätswille gestärkt werden. So können Haltestellen und Stationsgebäude zu städtebaulichen Merkzeichen werden, während neue Fahrzeuge in gefälligem Design als positive Symbole des ÖPNV und Imageträger der Stadtregion wirken.

Schlüsselbegriffe

Stadtplanung, Suburbia, Stadtregion, Nahverkehr

1 Zielsetzung

Die Gestaltungsdefizite an den Rändern der Großstädte und insbesondere im suburbanen Raum sind in den letzten Jahrzehnten zunehmend thematisiert worden, stellvertretend sei hier nur auf den von Tom Sieverts angestoßene Zwischenstadt-Diskurs hingewiesen. Gleichzeitig werden die Ausstattungsdefizite vieler suburbaner Räume mit leistungsfähiger Schnellbahninfrastruktur immer deutlicher. Vor allem die Optimierung der Netze durch ergänzende tangentiale Linien sowie die Erschließung neuer Wohngebiete sind vor dem Hintergrund von Klimakrise und Verkehrsinfarkt dringend erforderlich. Ansatz des vorliegenden Beitrages ist es, den in klassischen stadtregionalen Planungskonzepten zentralen Stellenwert von integrierter Siedlungs- und Verkehrsplanung wieder zu beleben und gleichzeitig die Potenziale neuer Linien und Netzknoten für die stadtregionale Entwicklung sowie die Bedeutung des Umfeldes von Stationen für die Qualifizierung von Stadtrand und Suburbia aufzuzeigen.

2 Gestaltungsdefizite von Stadtrand und Suburbia

In der Wachstumsphase der 1960er und 1970er Jahre sind viele neue Wohngebiete am Rande großer Städte oder in deren Umland in großer Eile realisiert worden, ohne dass der städtebaulichen Gestaltung dieser Siedlungen besondere Aufmerksamkeit geschenkt wurde. In einer Reihe von Städten des westlichen Europas erfolgte auch der Anschluss dieser Siedlungen an den Schienennahverkehr mit erheblicher Verspätung (etwa im südwestlichen Teil der Region Kopenhagen) oder ist bis heute unzureichend (etwa in Hamburg-Steilshoop). Bis in die Gegenwart leiden einige der damals errichteten Großwohnsiedlungen, aber auch ausgedehnte Einfamilienhausgebiete am Stadtrand unter gestalterischen und funktionalen Defiziten. Dies äußert sich beispielsweise in wenig attraktiven Naherholungs- und Spielflächen, unzureichender Ausstattung mit Einrichtungen der Nahversorgung und schlechter innerer Erschließung mit Rad- und Fußwegen. Hinzu kommen die Verwahrlosung öffentlicher Räume sowie von Schulen und weiteren öffentlichen Einrichtungen. Als problematisch wird dabei gesehen, dass diese Siedlungen „von der Kommunalpolitik und Stadtplanung wenig beachtet blieben" (Jessen; Roost 2015: 7). Wie eingangs erwähnt hat insbesondere Sieverts auf die Defizite am Stadtrand und in den suburbanen Räumen (bzw. in der „Zwischenstadt") hingewiesen und die Planungsdisziplin aufgefordert, stärker die „großen neuen Gestaltungschancen zu sehen, die die Zwischenstadt bietet" (Sieverts 1997: 7).

Die Anpassung der großen Siedlungsbestände aus der zweiten Hälfte des 20. Jahrhunderts an die heutigen Erfordernisse gehört nach Jessen und Roost „vor allem in den Großstadtregionen mittlerweile zu den wichtigsten städtebaulichen und planerischen Aufgaben überhaupt". Sie stellen zwar ein Umdenken fest und weisen in ihrem Sammelband „Refitting Suburbia" darauf hin, dass Stadtplanung und Städtebau insbesondere in Nordamerika und Europa die ausgedehnten Stadtgebiete der Peripherie als Arbeitsfeld entdeckt haben, räumen aber auch ein, dass noch nicht überall die Notwendigkeit erkannt worden sei, „sich diesen Gebieten zuzuwenden" (Jessen; Roost 2015: 7); entsprechend sieht Hunter (2016: 5) erheblichen Bedarf an politischer Aufmerksamkeit für eine „suburban renaissance".

Kennzeichnend für die Lage der angesprochenen Gebiete ist ihre Lage am Rand der Kernstädte oder in angrenzenden Kommunen sowie ihre Abhängigkeit von funktionierenden regionalen Verkehrsnetzen. Deswegen übersteigt deren Aufwertung die Möglichkeiten einzelner Gemeinden. Mit Blick auf „die Herausforderungen auf dem Gebiet der Wohnraumversorgung, die Integration Suburbias in den stadträumlichen Gesamtzusammenhang und damit die Zukunft suburbaner Räume an sich" kommen Hesse et al. (2016, 286) zu dem Ergebnis, dass diese „nur auf stadtregionaler Ebene gelöst werden" können. Ebenso sehen Jessen und Roost (2015: 14) regionale Konzepte gefordert, „um die Großräume der Wohnsiedlungen und Gewerbegebiete in der Peripherie städtebaulich weiterzuentwickeln".

Die Bedeutung des ÖPNV für das Funktionieren der Stadtregionen, die Anbindung suburbaner Standorte an das regionale Zentrum und die Zugangsmöglichkeiten für alle Teile der Bevölkerung steht außer Zweifel (vgl. Hunter 2016, Oh und Wang 2018), ebenso die Funktion des ÖPNV als strategisches Instrument der Stadterneuerung (UITP 2018). Die städtebaulichen und stadtgestalterischen Handlungsfelder entlang von Schienenstrecken und im Umfeld der Stationen werden zunehmend erkannt und gerade in Bezug auf die Straßenbahn thematisiert (z. B. Deutsch et al. 2016), was auch ein vom Verband Deutscher Verkehrsunternehmen herausgegebenes Handbuch für die städtebauliche Integration der urbanen Straßenbahninfrastruktur belegt (VDV 2016). Noch weitergehender rückt das Bundesinstitut für Bau-, Stadt- und Raumforschung die breite stadtentwicklungspolitische Bedeutung der Straßenbahn ins Blickfeld (BBSR 2016). So erfreulich diese Aufmerksamkeit für die strategische Bedeutung der Straßenbahn ist, so deutlich fällt auf, dass sich die Veröffentlichungen vorrangig auf die Kernstädte beziehen, während die Potenziale zur Nutzung des ÖPNV für die Gestaltung und Aufwertung von Gebieten am Stadtrand und im suburbanen Raum im deutschsprachigen Raum nur wenig Beachtung finden. Vor diesem Hintergrund wird in diesem Beitrag nach einem Überblick über die verschiedenen Formen des schienengebundenen ÖPNV (Kap. 3) vertieft auf die wiederentdeckte Notwendigkeit zur Integration von Siedlungs- und Verkehrsplanung eingegangen (Kap. 4). Anschließend werden die Möglichkeiten zur regionalen Integration Suburbias durch neue Schienenstrecken (Kap. 5), die verbesserten Standortqualitäten durch diese neuen Strecken (Kap. 6) sowie die Potenziale der Aufwertung des Stationsumfeldes (Kap. 7) aufgezeigt. Abschließend werden die in einzelnen Infrastrukturelementen (insbesondere Bahnkörpern und Haltestellen) sowie in den eingesetzten Fahrzeugen liegenden Gestaltungs- und Aufwertungspotenziale (Kap. 8) diskutiert.

3 Formen des schienengebundenen ÖPNV in der Stadtregion – ein Überblick

Klassische schienengebundene Nahverkehrssysteme in den Stadtregionen sind die meist in kommunaler Trägerschaft stehenden Straßenbahnen und U-Bahnen, die aus dem staatlichen Eisenbahnsystem hervorgegangenen S-Bahnen sowie weitere Vorortbahnen. Dass die Straßenbahn im Mittelpunkt aktueller Veröffentlichungen steht, ist nicht verwunderlich, hat sie doch in den letzten Jahrzehnten ein erstaunliches Comeback erlebt. Nachdem sich bis in die 1970er Jahre viele Städte vom angeblich veralteten Straßenbahnbetrieb getrennt hatten, haben in den letzten Jahrzehnten weltweit viele Städte die Straßenbahn (wieder) eingeführt, wobei als Trendsetter insbesondere französische Städte zu nennen sind (Groneck 2016). Die Gründe für diese Entwicklung sind vielfältig. Erstens ist ein spurgebundenes System, insbesondere mit modernen und bequemen Straßenbahnen, deutlich attraktiver und umweltfreundlicher als klassische Dieselbusse. Zweitens sind Straßenbahnen wesentlich besser für die Bewältigung großer Passagiermengen geeignet. Drittens werden Straßenbahnfahrzeuge mit zeitgemäßem, zum Teil auch futuristischem Design ebenso wie bestimmte Infrastrukturelemente auch als bewusste Instrumente der Stadtgestaltung gesehen. Und viertens hat die Straßenbahn heute nicht mehr das Image eines veralteten Transportmittels, sondern gilt angesichts ihrer technischen Ausstattung, ihrer ökologischen Vorteile, ihrer Geschwindigkeit und eben ihres Designs als Symbol des Fortschritts. Auch in Städten, die am Straßenbahnbetrieb festgehalten hatten, erfolgte in den letzten Jahrzehnten eine tiefgreifende Modernisierung. Durch die unterirdische Führung von Strecken im Innenstadtbereich wurden Teile des Netzes zur U-Bahn und in Verbindung mit der Schaffung eigener Gleiskörper für oberirdische Strecken sind hybride Systeme entstanden, die als Stadtbahn bezeichnet werden, so etwa in den Regionen Hannover und Stuttgart. Auch und gerade in denjenigen Städten, die sich zur (Wieder)Einführung des Schienenverkehrs entschlossen haben, erfolgte diese im Stadtbahn-Standard. Beispiele aus dem Pariser Umland oder aus britischen Städten zeigen, dass dabei auch ungenutzte innerstädtische Eisenbahntrassen genutzt werden. Stadtbahnsysteme beschränken sich bei weitem nicht auf die Kernstädte, sondern greifen zum Teil weit in die Stadtregionen aus. Das gilt insbesondere für Stadtbahnsysteme nach dem „Karlsruher Modell". Dieses baut ebenfalls auf einem klassischen Straßenbahnsystem auf, nutzt jedoch zur Erschließung der Region regionale Eisenbahnstrecken und hat durch diese Systemintegration und das verbessertes Angebot zu einer deutlichen Steigerung der Fahrgastzahlen geführt (vgl. Pischon et al. 2017 sowie www.karlsruher-modell.de). Ausgehend von dem erfolgreichen Vorbild in der Stadtregion Karlsruhe wurden ähnliche hybride Stadtbahnsysteme auch in den Regionen Saarbrücken, Kassel und Chemnitz realisiert. Wird im deutschsprachigen Raum meist der Begriff „Stadtbahn" verwendet, wird für Schienensysteme ohne den technischen Ausbaustandard klassischer Eisenbahnsysteme international von „Light Rail" gesprochen. Vorteile der Light-Rail-Systeme sind eine kostengünstigere Bauweise und die leichtere Integration in den öffentlichen Raum u. a. durch engere Gleisradien. Vorreiter in Europa war 1987 London mit der mehrfach erweiterten „Dockland Light Railway", jüngere „Light Rail"-Projekte wurden z. B. in Spanien (in den Großräumen Madrid, Barcelona und weiteren Stadtregionen) sowie in Skandinavien (Bergen, Århus und Stockholm) realisiert. Auch Abschnitte der wieder eingeführten Straßenbahn in Istanbul und der Schnellstraßenbahnsysteme in polnischen Städten sind im Stadtbahn-Standard ausgeführt. Wie noch zu zeigen ist, sind Stadtbahnen als Netzergänzungen auch dort interessant, wo bereits andere Schienensysteme bestehen. Angesichts der Ausdifferenzierung der Systeme ist der Hinweis erforderlich, dass Voraussetzung für leistungsfähige stadtregionale Nahverkehrsnetze eine optimierte Verknüpfung der Teilnetze durch geeignete Umsteigepunkte ist, was bei entsprechender Abstimmung und Taktung der Fahrpläne eine hohe Verbindungsqualität schafft.

4 Wiederentdeckung der Gestaltungsmöglichkeiten durch integrierte ÖPNV- und Siedlungsplanung

Zu den klassischen Grundsätzen der Raum- und Verkehrsplanung gehört es, die Siedlungsentwicklung entlang leistungsfähiger Schienenwege zu konzentrieren. Bekannte Planungskonzepte wie das Hamburger Achsenmodell und der Kopenhagener Fingerplan repräsentieren dieses Prinzip. Bis heute sind integrierte Siedlungs- und Verkehrsachsen tragende Elemente stadtregionaler Entwicklung, erst kürzlich wurde dieses Planungskonzept als „Siedlungsstern" im Landesentwicklungsplan

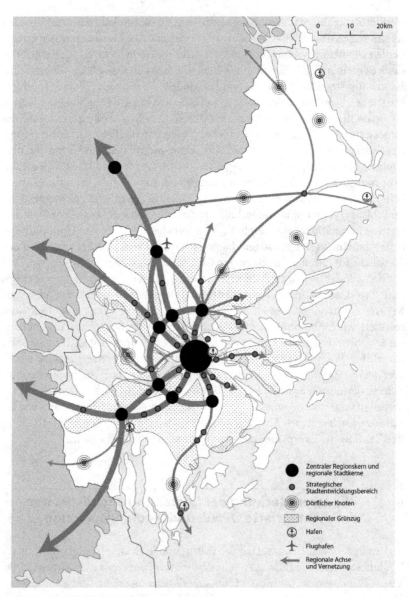

Abb. 1 Angestrebte polyzentrische Siedlungsstruktur mit tangentialen Verkehrsverbindungen in der Region Stockholm
Quelle: Stockholms Läns Landsting, verändert

für die Hauptstadtregion Berlin-Brandenburg festgeschrieben. Mit Blick auf die Nachhaltigkeit der Siedlungsentwicklung und eine sparsame Neuinanspruchnahme von Flächen wird die integrierte Siedlungs- und Verkehrsentwicklung auch wissenschaftlich neu diskutiert (z. B. Kießling 2016). Allerdings ist in den letzten Jahrzehnten deutlich geworden, dass klassische stadtregionale Achsenmodelle, die ausschließlich auf radialen Schienenstrecken basieren, nicht mehr unverändert zukunftsfähig sind (Priebs 2019: 86). Vielmehr müssen Raum- und Verkehrsplanung stärker der Komplexität und Ausdifferenzierung gesellschaftlicher und räumlicher Strukturen sowie individueller Aktionsmuster Rechnung tragen, wobei die gestiegene Nachfrage nach tangentialen Mobilitätsangeboten quer zu den radialen Achsen besonders bedeutsam ist. Dabei können die an den Kreuzungspunkten radialer und tangentialer Linien entstehenden Knoten auch neue Chancen für die Stadt- und Regionalentwicklung eröffnen, indem dort regionale Subzentren mit gemischter Nutzung für Wohnungsbau und Arbeitsplätze entwickelt werden. In der Entwicklung einer stärker polyzentrisch ausgerichteten regionalen Siedlungsstruktur mit guten Verbindungen zwischen den regionalen Zentren sieht etwa die Region Stockholm einen wesentlichen Beitrag zur Zukunftsfähigkeit und zur Resilienz (SLL 2018: 58; vgl. Abb. 1).

Insbesondere in Gesellschaften mit starker Fixierung auf den motorisierten Individualverkehr ist der Grundsatz der engen Verknüpfung von Siedlungsentwicklung und regionalem Schienennetz über Jahrzehnte in Vergessenheit geraten. Als Folge wurden nicht zuletzt in den USA die Grenzen der automobilorientierten Stadtplanung besonders schmerzhaft spürbar. Diese Erfahrung führt dazu, dass die Prinzipien der integrierten Siedlungs- und Verkehrsentwicklung weltweit wiederentdeckt werden. Bemerkenswerterweise wird gerade in den USA massiv der Ansatz der „Transit oriented development" (TOD) verfolgt (Dittmar und Ohland 2004), bei dem die regionalplanerischen, verkehrlichen und stadträumlichen Komponenten gleichermaßen gesehen werden: „Transit Oriented Development is the exciting fast growing trend in creating vibrant, livable, sustainable communities. Also known as TOD, it's the creation of compact, walkable, pedestrian-oriented, mixed-use communities centered around high quality train systems. […] Transit oriented development is regional planning, city revitalization, suburban renewal, and walkable neighborhoods combined" (Transit Oriented Development Institute, Washington DC, www.tod.org). Auch in den sich schnell entwickelnden Stadtregionen Chinas tragen „strategic Transit-Oriented Development (TOD) and public transport supply" wesentlich zum hohen Wachstum der ÖPNV-Nutzung bei und „put public transport at the heart of planning and policy" (UITP 2017). Der TOD-Ansatz ist für die in diesem Beitrag verfolgte Fragestellung besonders interessant, weil er über klassische stadtregionale Siedlungsstrukturkonzepte hinausgeht und die in

Europa planerisch und institutionell häufig getrennten siedlungsstrukturellen und stadtgestalterischen Komponenten zusammenführt.

5 Bessere Anbindung und regionale Integration Suburbias durch neue Schienenstrecken

Am Beispiel des Ballungsraums Manchester lässt sich zeigen, welche grundsätzliche Bedeutung ein neues Stadtbahnsystem für die Sanierung und Erneuerung einer vom Strukturwandel stark betroffenen Industrieregion hat, seit hier 1992 das erfolgreiche „Metrolink Network" in Betrieb genommen wurde (Black 2007). Dort wie in anderen wachsenden Stadtregionen steht kontinuierlich die Frage von Netzergänzungen auf der Tagesordnung, um die Leistungsfähigkeit des Netzes zu erhöhen und neue Standortqualitäten zu schaffen. Teilräume, die bis dahin als abgelegen und schlecht erreichbar galten, können durch die Anbindung an das regionale Nahverkehrsnetz besser in das stadtregionale Funktionsgeflecht integriert werden und erhalten so nicht nur neue Entwicklungsimpulse, sondern vielfach auch ein neues Image und neue Aufmerksamkeit. Bei den radialen Linien kann schon eine Streckenverlängerung mit wenigen neuen Haltestellen bedeutende stadtentwicklungspolitische Potenziale für Wohnbau und Gewerbe erschließen. Vorbildlich ist der Ansatz, Schienenstrecken bereits vorzuhalten, wenn der Ausbau neuer Siedlungsschwerpunkte beginnt. Dies wurde in Wien mit der 2013 eröffneten U-Bahn-Verlängerung zum neuen Stadtteil „Seestadt Aspern" realisiert. Die Seestadt, in der über einen Zeitraum von zwanzig Jahren Wohnraum für rund 20.000 Menschen entstehen soll, ist seitdem mit zwei Stationen an das rd. 10 km entfernte Stadtzentrum angeschlossen. Dadurch können Neubürger/innen von Anfang an den ÖPNV nutzen. Die regionale Verbindungsqualität wird erheblich verbessert durch die Verlängerung innerstädtischer Straßen- und U-Bahnen ins Umland. Aus heutiger Sicht mutet es befremdlich an, dass U-Bahn-Verlängerungen ins Umland in einigen Großstädten lange Zeit unerwünscht waren, weil man glaubte, damit die Abwanderungstendenzen ins Umland zu fördern. Aktuell stehen jedoch in mehreren Stadtregionen Verlängerungen von U-Bahnen aus der Kernstadt ins Umland an. Im Großraum Paris soll das ehrgeizige Projekt „Grand Paris Express" mit mehreren Linien die Stadtregion in völlig neuer Qualität erschließen. Bis zum Jahr 2030 sollen vier zusätzliche Linien auf 200 km neuen Strecken entstehen, an denen 68 neue Stationen liegen. Die Züge sollen vollautomatisch in kurzer Zugfolge (zwei bis drei Minuten) verkehren (www.societedugrandparis.fr).

Während die U-Bahn-Netze in Deutschland immer noch weitgehend auf das Gebiet der Kernstädte begrenzt sind, wurde in einigen Stadtregionen immerhin und durchaus erfolgreich die Erweiterung des Straßen- und Stadtbahnnetzes ins Umland forciert. Neben den Beispielen auf Grundlage des „Karlsruher Modells" sowie dem Sonderfall der verbundenen Netze im polyzentrischen Rhein-Ruhr-Raum sind besonders die Stadtregionen Hannover, Stuttgart und Bremen zu nennen. Allerdings kann sich die Verlängerung schwierig gestalten, wenn nicht die erforderlichen Trassen frühzeitig planerisch gesichert und von Besiedelung freigehalten wurden oder eine Streckenführung im Straßenraum möglich ist. Auch große Einfamilienhausgebiete ohne Verdichtungsansätze können eine Hürde darstellen, weil „ein attraktives und effizientes ÖPNV-Netz [...] eine Nutzungskonzentration im Bereich seiner Zugangspunkte" erfordert (Schäffeler 2005: 65). Auch im Großraum Kopenhagen werden die radialen Schienenachsen des „Fingerplans" durch Querverbindungen ergänzt. In einem ersten Schritt wurden dazu Buslinien („S-Busse") zwischen den S-Bahnhöfen der „Siedlungsfinger" eingerichtet – eine niedrigschwellige Lösung, wie sie ähnlich auch in der Region München („Ringlinie") diskutiert wird. Im zweiten Schritt wurde im Großraum Kopenhagen 2005 ein zentrumsnaher S-Bahn-Halbring mit 11,5 km Länge geschaffen. Voraussichtlich ab 2024 soll eine weitere, 26 km lange Tangentialstrecke als Stadtbahn die westlichen Kopenhagener Vororte verbinden (Priebs 2016). Ähnliche Projekte werden mit der „Regionaltangente West" im Rhein-Main-Raum (www.rtw-hessen.de) sowie mit einer Tangentialstrecke im nördlichen Münchner Umland (Landratsamt München 2017: 32 ff) diskutiert. Auch in weiteren Regionen, die nicht über Schienentangenten oder Ringstrecken (wie etwa die Großräume Berlin und Paris) verfügen, wird über neue Tangentiallinien oder Ringe diskutiert. Bereits abschnittsweise bis 2014 realisiert wurde im Großraum Stockholm eine um die City herumführende Stadtbahnstrecke („Tvärbanan") mit 17 km Länge. Im Großraum Helsinki wurde 2015 durch den Bau einer tangentialen Strecke ein S-Bahn-Ring durch das nördliche Umland mit 49 km Länge realisiert, der neue Siedlungsschwerpunkte und den Flughafen anbindet (Kujawa 2015). Im Umland von Paris wurden bereits mehrere tangentialen Straßenbahnen realisiert, z. T. unter Nutzung von Eisenbahnstrecken (Groneck 2015). Da neue tangentiale Verbindungen aus Kostengründen nicht leicht zu realisieren sind, bietet sich die Nutzung vorhandener Bahnstrecken für ÖPNV-Zwecke an, wie bereits am Beispiel der Region Paris erwähnt wurde. Auch in Wien wurde die über lange Zeit nur im Güterverkehr genutzte „Vorortelinie" am westlichen Stadtrand 1987 als Tangentialstrecke in den S-Bahn-Verkehr integriert und umfassend modernisiert. Weil Neubaustrecken aus wirtschaftlichen Gründen in zentrumsferneren Umlandbereichen kaum realisierbar sind, werden etwa in der Region Stuttgart seit

2010 vorhandene tangentiale Eisenbahnstrecken erfolgreich zu leistungsfähigen S-Bahn-Verbindungen ertüchtigt.

6 Neue Standortqualitäten durch neue Schienenstrecken

In der Diskussion über neue Verkehrsverbindungen im Umland dominiert meist der verkehrliche Aspekt. Mindestens so wichtig ist aber, mit Blick auf die städtebauliche Qualität am Stadtrand und in Suburbia sowohl die mit ihnen verbundenen Potenziale der Siedlungsentwicklung als auch der stadträumlichen Gestaltung zu betrachten. Gerade mit den neuen und begrünten Straßen- und Stadtbahnstrecken, die im Siedlungsraum verlaufen, sind erhebliche Gestaltungspotenziale verbunden. So belegen etwa die Straßenbahnlinien im Pariser Umland (Abb. 2), dass Rasengleise „in verkehrslastigen Straßenräumen oder Bereichen mit Defiziten in der Grünversorgung" positive Akzente setzen (VDV 2016: 42). Wichtig ist auch, dass durch die oberirdischen Bahnstrecken und die regelmäßig verkehrenden Züge das Gefühl von Urbanität vermittelt und das Umfeld belebt wird, was gerade in den häufig als „Schlafstädten" bezeichneten Vororten von Bedeutung ist. Dieser Ansatz hat sich beispielsweise in den neuen Stadtteilen Sanchinarro und Las Tablas am nördlichen Stadtrand von Madrid bewährt, die durch eine neue Stadtbahnlinie überwiegend oberirdisch erschlossen werden.

Als „Werkzeug der Stadtentwicklung" wird die neue Stadtbahn auch in der norwegischen Stadt Bergen verstanden (Johansson 2015: 4), wo die Straßenbahn in den 1960er Jahren eingestellt worden war. Der Bau einer Stadtbahn war beschlossen worden, als die Stadt im Individualverkehr zu ersticken drohte, und wurde zwischen 2010 und 2017 über 20 km in drei Abschnitten vom Stadtzentrum zum Flughafen am südlichen Stadtrand realisiert. Der Erfolg der Stadtbahn übertraf schon bald die Erwartungen und die Strecke avancierte zur Hauptachse der Stadtentwicklung. Weitere Strecken sollen künftig andere Stadtteile und angrenzende Kommunen erschließen. Untersuchungen zum ersten Abschnitt der Stadtbahn haben ergeben, dass die Bauprojekte entlang der neuen Stadtbahn mit ihrem Kostenvolumen ein Vielfaches der Stadtbahn-Investitionen bewirken, allerdings auch zum Ansteigen der Immobilienpreise führen (Potter o. J.). Obwohl die im Großraum Kopenhagen geplante tangentiale Stadtbahnlinie (www.dinletbane.dk) weitgehend im besiedelten Bereich und parallel zu einem Straßenring (Ring 3) verläuft, versprechen sich die Anrainerkommunen und die Regionalverwaltung vom Bau dieser Bahnstrecke erhebliche Entwicklungsimpulse. In den

Qualifizierung von Stadtrand und Suburbia ... 163

Abb. 2 Stadtbahn auf Rasengleis im Pariser Umland
Quelle: Axel Priebs

Zielsetzungen für das Projekt betonen die Projektpartner entsprechend sowohl die damit verbundene Unterstützung des öffentlichen Nahverkehrs quer zu den S-Bahn-Achsen als auch der Stadtentwicklung. Die Stadtbahn ermögliche es, die Flächen entlang des Ringes 3 in größerem Umfang zu bebauen als bisher. Es wird erwartet, dass die Stadtbahn im Kontext des guten regionalen ÖPNV-Netzes dazu beitragen wird, in der neuen „Ringstadt" zwischen 20.000 und 40.000 neue Einwohner/innen anzusiedeln (Ringby-Letbanesamarbejdet 2013: 11). Das an der Planung beteiligte Büro BIG (Bjarke Ingels Group) betont die mit der geplanten „Loop City" (Priebs 2016, www.dinletbane.dk) verfolgte Absicht „to reimagine Greater Copenhagen by centralizing urbanization around a light rail system that would ultimately be a part of a larger transportation/development loop", was u. a. mit einer wesentlich dichteren Bauweise erreicht werden soll (Lynch 2011). Für die Aufwertungspotenziale im suburbanen Raum ist es interessant, den Bau neuer Schienenstrecken mit der Verlagerung des Straßenverkehrs aus den Ortslagen zu verbinden. Ein derartiger Erfolg lässt sich seit 2014 nach der Verlängerung einer Bremer Straßenbahnlinie in die Nachbargemeinde Lilienthal zeigen. War Lilienthal zuvor stark durch den Kfz-Durchgangsverkehr von und nach Bremen belastet, der sich durch die langgezogene Ortslage quälte, konnte mit der Auslagerung des Kfz-Durchgangsverkehrs auf eine ortsnahe Entlastungsstraße und den Bau der Straßenbahnlinie durch den Ort eine starke Aufwertung und optische Urbanisierung des Straßenraumes erzielt werden. Unter dem Motto „einfügen und prägen" wurde die Verlegung der Gleise mit neuer Pflasterung sowie Fuß- und Radwegen verbunden. Die Immobilienwirtschaft führte die schon am Ende der Bauphase erkennbare Nachfragesteigerung eindeutig auf die neue Straßenbahnlinie und das städtische Straßenbild „als treibende Kräfte" zurück (Wümme-Zeitung 15.2.2014). Auch in der Stadt Hemmingen am südlichen Stadtrand von Hannover werden künftig durch die Verlagerung des Kfz-Durchgangsverkehrs auf eine Ortsumgehung und mit der Verlegung einer neuen Stadtbahnlinie, die bereits begonnen wurde, erhebliche Aufwertungseffekte für die Ortslage erwartet.

7 Aufwertung des Umfeldes neuer und vorhandener Stationen

Schienenstrecken und ihre Stationen finden als Kristallisationskerne der Stadtentwicklung zunehmende Beachtung. Für Straßenbahnen betonen Deutsch et al. (2016, 33), dass diese „im Hinblick auf eine größere Aufenthaltsqualität und Sozialverträglichkeit in den Städten [...] als Anlass und Motor einer stadträumlichen Neuordnung fungieren" können. In Bremen beispielsweise sind künftige Wohnungsbauvorhaben und Entwicklungsschwerpunkte entlang neuer bzw. verlängerter Straßenbahnlinien vorgesehen. Haltestellen und Umsteigepunkte sollen zu Schnittstellen entwickelt werden, die „neue Adressen im öffentlichen Raum mit einem hohen Aufwertungspotenzial für die angrenzenden Quartiere" generieren (Polzin und Reuther 2016: 509). Dass vorhandene wie geplante Stationen potenzielle Fokusbereiche der Stadtentwicklung in den Stadtregionen sind, ist angesichts der aktuellen Wohnungsnot wieder ins politische Bewusstsein gerückt. Häufig ist aber nicht bekannt, welche Flächen tatsächlich kurzfristig verfügbar sind. Deswegen ist es sinnvoll, das Umfeld von Bahnlinien und Stationen systematisch auf potenzielle Wohnbauflächen zu untersuchen. Beispielsweise hat eine solche Untersuchung für 160 Stationen in der Stadtregion Wien ergeben, dass von den theoretisch beanspruchbaren Flächen ein überraschend hoher Anteil relativ einfach aktivierbar wäre (Döringer et al. 2014: 83). In der Region Hannover hat die Einheit von Siedlung und Verkehr eine lange Tradition. Da auf regionaler Ebene die Kompetenzen für die Siedlungsentwicklung und die Verkehrsplanung institutionell gebündelt sind, wird der Schaffung zentraler Funktionsbereiche für Handel und Dienstleistungen im Umfeld der Stationen sowie der Verknüpfung mit anderen Verkehrsträgern besondere Aufmerksamkeit geschenkt. Eine von den Verkehrs- und Planungsdezernaten der Region Hannover beauftragte Untersuchung des Umfeldes von neun regionalen Stationen zeigt interessante Perspektiven für verkehrliche Optimierung, städtebauliche Neuordnung und Siedlungserweiterungen (Region Hannover 2004).

Ebenfalls in der Region Hannover belegt das Beispiel der Siedlung Weiherfeld den Erfolg einer eng verzahnten Verkehrs- und Siedlungsplanung. Zeitgleich mit der Ertüchtigung einer wenig attraktiven Nebenbahn zur S-Bahn-Strecke hat die Stadt Langenhagen die städtebaulichen Planungen eines neuen Stadtteils für ca. 5000 Menschen im Umfeld des Haltepunktes Kaltenweide vorangetrieben. Überzeugend ist das städtebauliche Konzept mit halbkreisartiger Anordnung der Wohnbebauung um den Bahnhof sowie einem Nahversorgungsschwerpunkt im direkten Bahnhofsumfeld. Allerdings steht diese funktionale Optimierung nicht im Einklang mit der gestalterischen Umsetzung. Zwar wurde seitens der Stadt der öffentliche Raum im Umfeld der Station anspruchsvoll geplant, doch wurden die gestalterischen Chancen bei der Realisierung der Gebäude kaum genutzt. Mehr gestalterische Qualität ist dem Umfeld der Stadtbahn-Endstation Messe-Ost zu wünschen, das im Zuge der Süderweiterung des Stadtteils Hannover-Kronsberg in den kommenden Jahren entwickelt wird. Die bislang abseits der Wohnbebauung gelegene, zur Weltausstellung EXPO 2000 entstandene Station soll mit ihrer eleganten Architektur und einem Nahversorgungszentrum das künftige „Entree" zur neuen Siedlung bilden (Abb. 3).

Auch die Neueinrichtung von Stationen an vorhandenen Strecken kann wichtige lokale Impulse setzen. Beispielsweise werden mit dem Bau der künftigen S-Bahnstrecke von Hamburg nach Bad Oldesloe im Vergleich zur parallel verlaufenden derzeitigen Regionalbahnstrecke fünf neue Stationen entstehen. Auch die Verschiebung von Stationen kann die ÖPNV-Erschließung und damit das Entwicklungspotenzial von Flächen erhöhen. Dass dies gerade für die Konversion großer Industrieflächen gilt, zeigt beispielsweise die Umstrukturierung des Carlsberg-Bauereigeländes mit über 3000 geplanten Wohneinheiten sowie Büros, Dienstleistungen und kulturelle Einrichtungen am westlichen Stadtrand von Kopenhagen. Hier wurde eine vorhandene S-Bahn-Station nach Westen verschoben, wo sie seit 2016 als Station „Carlsberg" den neuen Stadtteil erschließt und Lob für ihre architektonische Gestaltung erhielt (Ifversen 2016). Ähnliche Überlegungen führten 2013 zur Verschiebung einer Station der Münchner S-Bahn zum künftigen Stadtteil Freiham, der in ca. 12 km Entfernung vom Stadtzentrum Wohnungen für 20 000 Menschen und ca. 7500 Arbeitsplätze bieten soll.

Abb. 3 Stadtbahn-Endpunkt Messe Ost, künftiges Eingangstor zum neuen Stadtteil Kronsberg-Süd
Quelle: Axel Priebs

8 Gestaltung und Aufwertung durch Infrastrukturelemente und Fahrzeuge

Wichtig bei der Nutzung des Nahverkehrs für die Stadt- und Regionalentwicklung ist die Verbindung von Funktionalität und Ästhetik, wie sie vorbildlich bei den neuen französischen Stadtbahnen realisiert wird. Wurde der ÖPNV lange auf seine technische Seite reduziert, haben viele Städte erkannt, dass „gut gestaltete Stadtbahnsysteme […] mit ihren Fahrzeugen und Infrastrukturen […] selbst zu einem Gestaltobjekt werden (können), welche den Stadtraum ergänzen und bereichern" (Besier 2016, 407). Alle Infrastrukturelemente sind „durch ihre optische Präsenz im Stadtraum auch Gestaltelemente"; zu unterscheiden ist zwischen dem Bahnkörper, den Haltestellen, sowie der Oberleitung (Besier 2016: 415). Viele der folgenden, auf Straßen- und Stadtbahnen bezogenen Aussagen sind grundsätzlich auch auf andere

Betriebssysteme übertragbar, sofern die Strecken im bebauten Raum verlaufen. Der Bahnkörper umfasst Gleiseindeckungen und Bodenmaterialien. Zwar können Stadtbahnstrecken im Siedlungsbereich eine Barrierewirkung entfalten, weil sie meist nicht frei überquerbar sind, doch können durch die erwähnten Rasengleise eine erhebliche optische Aufwertung, eine bessere Integration ins Stadtbild sowie ökologische Vorteile bewirkt werden (vgl. VÖV 2016: 42ff). Bei den Haltestellen sind neben den Bodenmaterialien die Aufbauten von besonderem Interesse (Besier 2016: 415), zu denen ggfs. das Stationsgebäude sowie Wetterschutz, Sitzmöbel und Informationssysteme gehören. Da Haltestellen „für die Verkehrsunternehmen die Schnittstellen zu den Kunden" sind, wo der „Einstieg in das Nahverkehrssystem" stattfindet, bezeichnet sie Besier (2016: 416) als „Aushängeschilder". Da Fahrgäste „Wartezeiten als unangenehm empfinden, sollten Haltestellen eine angenehme, einladende und sympathische Atmosphäre ausstrahlen" (Besier 2016: 416). Gleichzeitig seien Haltestellen „aus städtebaulicher Sicht auch Merkzeichen". Gute Beispiele für eine anspruchsvolle Gestaltung von Haltestellen außerhalb der Kernstadt weist das Stadtbahnnetz der Region Hannover auf. Beispielsweise wurden an den Stationen Langenhagen-Mitte und Garbsen mit der Überdachung der Stationen städtebauliche Akzente für das Umfeld gesetzt, wobei im Falle der Stadtbahnhaltestelle Langenhagen im Kontext der neuen Stadtmitte sogar der Eindruck einer „richtigen" Bahnhofshalle vermittelt wird. Allerdings zeigt sich hier auch, dass Umsteigeknoten zwischen Schienen- und Busverkehr mit besonderen Herausforderungen verbunden sind, weil die Versiegelung großer Flächen für die Busse nur schwer mit einer attraktiven Gestaltung des öffentlichen Raumes vereinbar ist. Zur Infrastruktur fast aller Bahnstrecken in den Stadtregionen gehören Oberleitungen, Maste und Aufhängungen. Diese gehören zwar nach Besier (2016: 419) „zur Tradition der europäischen Stadt und sind seit der Gründerzeit prägend für Stadt und Urbanität", führen aber seit den frühen Tagen der Straßenbahn auch immer wieder zu ästhetischen Diskussionen. Deswegen enthält das Handbuch der Verkehrsunternehmen ein eigenes Kapitel zu der Frage, wie Oberleitungen möglichst gut in den Stadtraum zu integrieren sind (VDV 2016: 109ff). Daneben wird in einigen Städten auch mit oberleitungsfreien (Teil-)Systemen experimentiert, so in der Stadtregion Bordeaux, wo die Bahnen den Strom über eine Mittelschiene aufnehmen können.

Nicht unter die Infrastruktur zu subsumieren sind die Fahrzeuge, also das „rollende Material" des Schienenverkehrs. Moderne Fahrzeuge tragen nicht nur erheblich zur Kundenzufriedenheit bei, sondern sind auch nach außen gut sichtbare Symbole eines attraktiven ÖPNV. Deswegen haben zahlreiche Städte und Regionen die prägende Bedeutung der Straßenbahn- und Stadtbahnfahrzeuge im öffentlichen Raum erkannt und setzen bewusst futuristische gestaltete Bahnen ein, um das

Bild von Stadt und Region positiv zu beeinflussen (Abb. 4). Dabei sind wiederum die französischen Betriebe zu erwähnen, aber auch die Stadtbahnzüge der Region Hannover wurden von bekannten Designern exklusiv für dieses Netz gestaltet. Deutsch et al. (2016: 36) betonen, dass „gerade die Straßenbahn [...] aufgrund der dynamischen Präsenz einen hohen Wiedererkennungswert im Stadtbild [hat] und [...] die Chance (bietet), durch ein imageprägendes Erscheinungsbild für das System Straßenbahn im Besonderen – und für den Umweltverbund im Allgemeinen – im Stadtbild zu werben".

Abb. 4 Straßenbahn in futuristischem Design an einer Endhaltestelle ohne Oberleitungen in der Region Bordeaux
Quelle: Axel Priebs

Waren in der klassischen Verkehrsplanung gerade im Nahverkehr die technische Funktionalität sowie eine kostengünstige und robuste Bauweise vorherrschend, hat der Bewusstseinswandel auf verschiedenen Ebenen zu Gestaltungsrichtlinien und -handbüchern geführt. Neben der erwähnten Publikation des Verbandes Deutscher

Verkehrsunternehmen (vgl. VDV 2016: 83ff) haben viele Betriebe eigene Richtlinien aufgestellt, um ein einheitliches Auftreten zu erreichen. Trotzdem kritisiert Besier (2016: 418), dass der „baukulturelle Qualitätswille" bei den Beteiligten „nicht immer in ausreichendem Maße ausgeprägt" sei und die finanzielle Förderung entsprechender Mehraufwendungen abgelehnt werde. Die heutige Komplexität beim Entwurf von Straßenbahninfrastruktur zeigt sich in der Forderung, dass dieser „immer in einem interdisziplinären Team unter Einbeziehung unter anderem von Stadt- und Freiraumplanern, gegebenenfalls Architekten, Verkehrs-, Bau- und Elektroingenieuren erarbeitet werden" sollte (Deutsch et al. 2016: 33). An ihre Grenzen kommen die erwähnten Handbücher und Gestaltungsrichtlinien dort, wo es um die gestalterischen Herausforderungen am Stadtrand und im Umland geht. Dort greifen die Herausforderungen wesentlich weiter und betreffen über die Stationen hinaus die Gestaltung des Stationsumfeldes. Das Beispiel der ins nördliche Hamburger Umland führenden AKN-Vorortbahn zeigt, dass die technische Aufwertung einer Strecke mit einer funktionalen und gestalterischen Aufwertung der Stationsbereiche verbunden werden kann. Durch die Verlegung der Gleise in einen Trog verlor die Bahn ihre trennende Wirkung in den Ortszentren und es bot sich die Möglichkeit zur Neugestaltung der Bahnhofsumfelder. Besonders hoch waren die Ambitionen zur städtebaulichen Aufwertung in der Stadt Kaltenkirchen, wo im Umfeld des 2004 errichteten neuen Stationsgebäudes auf ca. ca. 18.000 qm Fläche die „Neue Mitte Kaltenkirchen" entstehen sollte. Dies erwies sich allerdings als eine für eine kleine Stadt nur schwer bewältigbare Herausforderung. Nicht zuletzt durch Schwierigkeiten mit den privaten Projektentwicklern verlief die städtebauliche Entwicklung im Bahnhofsumfeld „unkoordiniert" und ist „hinter den eigenen Erwartungen" der Stadt zurückgeblieben (Glatthaar et al. 2018: 68).

9 Ergebnisse und Ausblick

Die vorgestellten Konzepte und Beispiele zeigen, dass es vielfältige Ansätze gibt, die aus verkehrs- und umweltpolitischer Sicht notwendige Verbesserung des Mobilitätsangebots in den Stadtregionen mit einer städtebaulichen Aufwertung des Stadtrandes und des suburbanen Bereichs und einer Erhöhung individueller Lebensqualität zu verbinden. Da die Möglichkeiten in vielen Stadtregionen aber bislang nur ansatzweise genutzt werden, müssen die integrativen Potentiale der „Transit Oriented Development"-Strategie konsequenter genutzt werden. An erster Stelle sind hier stadtregionale Potenzialuntersuchungen und Schwerpunktsetzungen für neue (teil)regionale Schwerunkte durch die Regionalplanung erforderlich, die aber in enger Kooperation mit den Kommunen erfolgen müssen, weil die städtebauliche Gestaltung dieser Bereiche in der Verantwortung der Kommunen und (bezüglich der Umsetzung) häufig bei privaten Entwicklern liegt. Deswegen wird auf stadtregionaler Ebene zunehmend erkannt, dass Aktivierung und optimale Entwicklung schienenerschlossener Standorte aktiver Unterstützung und eigener Initiativen bedürfen. Damit kann auch vermieden werden, dass Chancen durch vordergründiges betriebswirtschaftliches Denken von Projektentwicklern und/ oder Überforderung lokaler Akteure vertan werden.

Kasten 1 Übersicht zu Qualifikationsmöglichkeiten von Stadtrand und Suburbia durch Schienenstrecken

- Integrierte Siedlungs- und Nahverkehrsplanung
  - Radiale Achsenkonzepte ermöglichen konzentrierte Siedlungen zwischen Zentrum und Rand
  - Tangentiale Ergänzungen schaffen vernetzte Strukturen und neue Siedlungspotenziale
  - Knoten zwischen radialen und tangentialen Strukturen ermöglichen neue Zentrenbildungen

- Neue Schienenstrecken verbessern die verkehrliche Erschließung der Stadtregion
  - Neue oder wieder eingerichtete Schienensysteme erschließen die Stadtregion
  - Verlängerung von Strecken ins Umland schaffen schnelle und attraktive Verbindungen
  - Neue tangentiale Strecken tragen ausdifferenzierten Mobilitätsansprüchen Rechnung

- Neue Schienenstrecken schaffen neue Standortqualitäten
  - Neue Strecken können stadträumliche Qualitäten schaffen, u. a. durch Rasengleise
  - Neue Strecken induzieren neue Bau- und Entwicklungsprojekte und sorgen für Verdichtung
  - Nach Verlegung des Kfz-Verkehrs Aufwertung der Umland-Ortsdurchfahrten durch Schienen

- Nutzung der Potenziale im Stationsumfeld
  ○ Systematische regionsweite Untersuchung der Potenziale vorhandener Stationen
  ○ Umfeld der Stationen als neue Wohnungsbauschwerpunkte sowie Dienstleistungszentren
  ○ Zusätzliche bauliche Entwicklungspotenziale durch neue Stationen an vorhandenen Strecken

- Schieneninfrastruktur und Fahrzeuge als stadtregionale Gestaltungselemente
  ○ Schienennetz als regionale Gestaltungsaufgabe bei baukulturellem Qualitätswillen
  ○ Haltestellen und Stationsgebäude als städtebauliche Merkzeichen, Potenziale im Umfeld
  ○ Fahrzeuge in gefälligem Design als Symbole des ÖPNV und Imageträger der Stadtregion

Die Verlängerung von ÖPNV-Strecken an den Stadtrand oder ins Umland, die Schaffung tangentialer Verbindungen sowie die Anlage neuer Stationen müssen in eine verkehrliche und gestalterische Strategie auf stadtregionaler Ebene eingebunden werden, was gerade bei der Schaffung neuer Wohnsiedlungen von hoher Bedeutung ist. Dabei müssen auch im suburbanen Bereich die gestalterischen Potenziale stärker erkannt werden. Gerade im Umfeld der Stationen können attraktive neue Zentren mit gemischter Nutzung entstehen. In diesem Sinne sollten die vorrangig für den innerstädtischen Bereich und die Bahnanlagen im engeren Sinne entwickelten Gestaltungshandbücher auf charakteristische Stadtrand- und Umlandsituationen unter Einschluss des Stationsumfeldes erweitert werden. Außerdem sollten durch Wettbewerbe „best practice"-Beispiele der Schaffung urbaner und ansprechender Stationsbereiche und -umfelder in diesen Räumen generiert werden. Nur so wird es möglich sein, die Chancen zur Entwicklung attraktiver neuer Stadtbereiche oder zur Aufwertung vorhandener Siedlungen im breiten Umfang zu nutzen.

Literatur

BBSR (2016). *Straßenbahnen und Stadtentwicklung.* Informationen zur Raumentwicklung, Heft 4.2016. Bonn.

Besier, S. (2016). *Städtebauliche Integration und Gestaltung der Infrastrukturanlagen von Stadt- und Straßenbahn.* Informationen zur Raumentwicklung, Heft 4.2016, 407–420.

Black, P. (2007). *Der Stadterneuerungsplan für Manchester.* Public Transport International, Nr. 5/2007, 28–29.

Deutsch, V.; Heipp, G.; Schmiedel, R. (2016). *Straßenbahninfrastruktur als Instrument urbaner Raumgestaltung.* Der Nahverkehr, Heft 11/2016, 32–38.

Dittmar, H.; Ohland, G. (eds) (2004). *The New Transit Town: Best Practices In Transit-Oriented Development.* Washington DC: Island Press.

Döringer, S., Görgl, P. Huemer, J. (2014). *Standort- und Verdichtungspotenziale im Nahbereich von Bahnhöfen und Haltestellen in der Stadtregion plus.* Studie im Auftrag der PGO – Planungsgemeinschaft OST. Institut für Geographie- und Regionalforschung der Universität Wien, Wien.

Glatthaar, M. et al. (2018). *Untersuchung der Bahnhofsumfelder entlang der Bahntrasse AKN/ S21. Gutachten zur städtebaulichen Untersuchung der an die Haltepunkte der Bahnstrecke Eidelstedt – Kaltenkirchen angrenzenden Bahnhofsumfelder.* Hamburg.

Groneck, C. (2015). Immer vorneweg. In Deutsche Gesellschaft für Eisenbahngeschichte (Hrsg.), *Eisenbahnen in Paris.* (S. 82–88). Hövelhof: DGEG Medien GmbH.

Groneck, C. (2016). *Die moderne französische Straßenbahn.* Impulse für ÖPNV und Stadtentwicklung in Europa. Informationen zur Raumentwicklung, Heft 4.2016, 421–436.

Hesse, M.; Mecklenbrauck, I., Polívka, J.; Reicher, C. (2016). *Suburbia – quo vadis?* Mögliche Zukünfte und Handlungsstrategien für den suburbanen Raum. Informationen zur Raumentwicklung, Heft 3.2016, 275–287.

Hunter, P. (2016). *Towards a suburban renaissance: an agenda for our city suburbs.* London: Smith Institute.

Ifversen, K. R. S. (2016). *Carlsberg Station er fuld af signalgivning.* Politiken 16. Juli 2016, S. 18–19.

Jessen, J.; Roost, F. (2015): Refitting Suburbia – Umbau der Siedlungsstrukturen des 20. Jahrhunderts. In Jessen, J. und F. Roost (Hrsg.): *Refitting Suburbia* (S. 7–21). Berlin: jovis.

Johansson, T. (2015). *Effektivt spårvägssystem som ständigt växer.* Modern Stadstrafik 5/2015, 4–7.

Kießling, N. (2016). *Nachhaltige ÖV-orientierte Siedlungsentwicklung an Stadtbahntrassen. Untersuchung am Beispiel der Stadt-Umland-Bahn Nürnberg – Erlangen – Herzogenaurach.* Arbeitspapiere zur Regionalentwicklung. Elektronische Schriftenreihe des Lehrstuhls Regionalentwicklung und Raumordnung Band 18, Kaiserslautern.

Kujawa, M. (2015). *S-Bahn-Ring mit Flughafenanschluss in der Region Helsinki eröffnet.* Stadtverkehr (6), Heft 9/2015, S. 44–47.

Landratsamt München (2017) (Hrsg.). *Perspektiven im öffentlichen Personennahverkehr im Landkreis München.* Schlussbericht 17. Januar 2017. München.

Lynch, D. (2011). *LOOP City in Copenhagen /Bjarke Ingels Group* (www.evolo.us/loop-city-in-copenhagen-bjarke-ingels-group, aufgerufen am 5.8.2019).

Pischon, A., Egerer, A., Krauth, M. (2017). *Karlsruher Modell wird 25 Jahre alt und macht sich fit für die Zukunft.* Der Nahverkehr, Heft 4/2017, 26–32.

Polzin, G.; Reuther, I. (2016). *Straßenbahn in Bremen und umzu*. Informationen zur Raumentwicklung, Heft 4.2016, 501–511.
Potter, T. J. (o.J.). *Når Kollektivtransporten Løfter Byen. Erfaring fra Bergen med Bybanen.* (https://its-norway.no/ aufgerufen am 5.8.2019).
Potter, T. J. (2008): *Bybanen: The Bergen Light Rail System.* Intelligent Transport 2/2008, www.intelligenttransport.com aufgerufen am 5.8.2019.
Priebs, A. (2016): *Kopenhagen – klimafreundliche Verkehrspolitik in einer Wachstumsregion.* Geographische Rundschau, Heft 6/2016, 32–38.
Priebs, A. (2019): *Die Stadtregion*. Stuttgart: Ulmer.
Region Hannover (Hrsg.) (2004): *Bahnhofsumfeldentwicklung in der Region Hannover.* Beiträge zur regionalen Entwicklung Nr. 103, Hannover.
Ringby-Letbanesamarbejdet (2013): *Udredning om letbane på ring 3.* o. O.
Schäffeler, U. (2005): *Was bewirken Tangentiallinien?* Der Nahverkehr, Heft 7–8/2005, 62–65.
SLL (Stockholms läns landsting) (2018): *Regional utvecklingsplan för Stockholmsregionen.* Stockholm.
UITP (Union Internationale des Transports Publics) (2017): *Better Cities, Better Lives: UITP global study reports large-scale increase in public transport use* (www.uitp.org/UITP-global-study-reports-large-scale-increase-in-public-transport, aufgerufen am 5.8.2019).
UITP (Union Internationale des Transports Publics) (2018): *Public transport as an instrument for urban regeneration.* Policy Brief of UITP, july 2018.
VDV (Verband Deutscher Verkehrsunternehmen; Hrsg.) (2016): *Gestaltung von urbaner Straßenbahninfrastruktur.* Köln: beka GmbH.

Der Autor

Professor Dr. Axel Priebs, Institut für Geographie und Regionalforschung, Universität Wien
axel.priebs@univie.ac.at

Gesundheit in städtischen Quartieren messen?
Strategien und Lösungsansätze am Beispiel Hamburger Grünräume und Spielplätze

Evgenia Yosifova und Annika Winkelmann

Zusammenfassung

Städtische Quartiere und ihre Bedingungen können sowohl förderliche als auch schädigende Auswirkungen auf die Gesundheit der Bewohner*innen haben. Dabei sind gesundheitsrelevante Umwelt- und Umgebungsfaktoren oftmals kleinräumig unterschiedlich ausgeprägt, sodass bestimmte Bevölkerungsgruppen stärker belastet werden als andere und zudem weniger von förderlichen Umweltbedingungen profitieren. Dies geht häufig mit einem niedrigen Sozialstatus der Bewohner*innen entsprechend betroffener Quartiere einher.

Im Rahmen des Hamburger Forschungsverbundprojektes „Gesunde Quartiere"[1] (2017–2020) wurde ein Instrumentarium für die Primärdatenerhebung und die anschließende Auswertung quartiersbezogener Daten in sechs Statistischen Gebieten mit unterschiedlich ausgeprägtem Sozialstatus entwickelt. Der Beitrag skizziert die theoriebasierten Überlegungen und die methodischen Schritte bei der Erstellung von Begehungsbögen für die Bewertung der Nutzbarkeit und der Ausstattungsqualität öffentlicher Freiräume. Zusätzlich wird ein Überblick über die mit der Datenerhebung verbundenen Strategien und Lösungsansätze gegeben. Im Fokus stehen Grünräume und Spielplätze sowie ihre potentiellen Auswirkungen auf die Gesundheit der Bewohner*innen. Hierbei werden stadtplanerische und nicht gesundheitswissenschaftliche Forschungsansätze thematisiert.

---

1 Gesamttitel: „Gesundheitsförderung und Prävention im Setting Quartier", gefördert durch die Landesforschungsförderung Hamburg; beteiligte Forschungseinrichtungen: HafenCity Universität Hamburg, Hochschule für Angewandte Wissenschaften Hamburg, Universitätsklinikum Eppendorf, Otto-von-Guericke-Universität Magdeburg. Mehr Information zum Projekt unter https://www.gesundequartiere.de/.

Schlüsselbegriffe

Gesundheit im Quartier, öffentliche Freiräume, Grünräume, Spielplätze, methodisches Vorgehen, Stadtplanung

1 Städtische Quartiere und Gesundheit

Städte und Gesundheit – passen sie zusammen oder schließen sie sich aus? Die Wohnumgebung kann sowohl einen förderlichen als auch einen schädigenden Einfluss auf die menschliche Gesundheit haben. So kann die Belästigung durch Lärm Stressreaktionen und Schlafstörungen auslösen, was insbesondere bei dauerhafter Belastung zur Beeinträchtigung der physischen und psychischen Gesundheit führen kann (Kohlhuber & Bolte 2012: 10ff.). Auch schlechte Luftqualität bringt gesundheitliche Risiken mit sich, da beispielsweise Belastungen mit Feinstaub Beeinträchtigungen der Atemwegsfunktionen sowie Erkrankungen des Herz-Kreislauf-Systems zur Folge haben können (Kohlhuber et al. 2012: 88). Doch das Wohnumfeld kann auch gesundheitsfördernd wirken. Sichere und gut gepflegte Grünräume können einen Anreiz für mehr Bewegung im Alltag bieten, als Orte der Entspannung, des Naturerlebens und der sozialen Interaktion dienen. Somit wird nicht nur die physische, sondern auch die psychische Gesundheit und das soziale Wohlbefinden der Bewohner*innen positiv beeinflusst (Abraham et al. 2007; Claßen 2018: 302–306). Auch Spielplätze sind für die gesundheitliche Lage vor Ort von hoher Bedeutung. Als sozialer Treffpunkt können sie die soziale Teilhabe und das Zugehörigkeitsgefühl im Quartier fördern und sind somit nicht nur für Kinder, sondern für alle Altersgruppen gesundheitsrelevant: „Immer wichtiger werden […] Spielräume, die Generationen übergreifende Angebote machen und für mehrere Altersgruppen interessant und nutzbar sind" (Baumgarten 2012: 79).

Häufig sind solche gesundheitsrelevanten Umgebungsbedingungen innerhalb von Städten kleinräumig unterschiedlich ausgeprägt. So bieten städtische Quartiere mit einem höheren Sozialstatus oftmals deutlich bessere Umwelt- und Umgebungsbedingungen als sozial benachteiligte Quartiere (Böhme & Köckler 2018: 88; UBA 2019). Dies lässt sich u. a. damit erklären, dass oftmals nur in wenig attraktiven städtischen Quartieren bezahlbarer Wohnraum zu finden ist: „Die Reichen wohnen wo sie wollen, die Armen wohnen, wo sie müssen" (Häußermann 2008: 336). Mehrere Studien haben bereits den Zusammenhang zwischen Gesundheitszustand und Sozialstatus nachgewiesen. So ist die Lebenserwartung von sozial benachteiligten

Bevölkerungsgruppen in der Regel kürzer als die von sozial besser Gestellten. Auch der Anteil an chronischen Krankheiten leidenden Menschen ist in Quartieren mit niedrigem Sozialstatus häufig höher (RKI 2014: 1). Doch inwieweit spielen bestimmte Quartiersmerkmale eine Rolle für diese Tendenzen?

Dies ist eine der zentralen Forschungsfragen, die mit dem Hamburger Projekt „Gesunde Quartiere" (2017–2020) adressiert werden. Hierzu wird die gesundheitliche Situation in ausgewählten städtischen Quartieren mit unterschiedlich ausgeprägtem Sozialstatus[2] untersucht. Dafür werden Indikatoren für die Erfassung personen- sowie quartiersbezogener Merkmale als mögliche Einflussfaktoren auf die gesundheitliche Lage definiert.

Wenn auf der Quartiersebene geforscht werden soll, entsteht allerdings die Herausforderung, dass der „Container für die Daten fehlt" (Schnur 2014: 42). So mussten wir vor dem Hintergrund der geplanten Datenerhebung eine pragmatische Lösung finden, um das Verständnis von Quartier als räumliche Einheit für die Zwecke des Forschungsprojektes zu operationalisieren. In der Literatur ist es bisher jedoch schwierig, ein schlüssiges Konzept für die Quartiersabgrenzung zu finden. In dem Bemühen, sich der sozialgeographischen Begrifflichkeit von „Quartier" anzunähern, schlägt Schnur (2014) folgende Definition vor:

> „Ein Quartier ist ein kontextuell eingebetteter, durch externe und interne Handlungen sozial konstruierter, jedoch unscharf konturierter Mittelpunkt-Ort alltäglicher Lebenswelten und individueller sozialer Sphären, deren Schnittmengen sich im räumlich-identifikatorischen Zusammenhang eines überschaubaren Wohnumfelds abbilden" (S. 43).

Drilling und Schnur (2019) empfehlen, das Quartier zudem als eine „diskursiv auflösbare Kategorie" zu betrachten (S. 48). Im Hinblick auf diese je nach Diskurs mögliche Auflösbarkeit des Begriffs haben wir uns bei der praktischen Definition von Quartier an unseren Projektzielen sowie an dem räumlichen Kontext in Hamburg orientiert.

Eines der Ziele des Forschungsprojektes besteht darin, einen Beitrag zu der Konzeptualisierung eines kleinräumigen Gesundheitsmonitorings zu leisten. Dieses soll mit dem Hamburger Sozialmonitoring kompatibel sein, um einen kontinuierlichen Überblick über den Zusammenhang zwischen sozialer und gesundheitlicher Lage auf kleinräumiger Ebene zu ermöglichen. Im Rahmen des Sozialmonitorings werden seit 2010 die sogenannten Statistischen Gebiete auf der Basis ausgewählter sozioökonomischer Indikatoren jährlich zu vier Statusindexklassen zugeordnet:

---

2 Der Sozialstatus der Quartiere wird durch das Hamburger Sozialmonitoring definiert (BSW o. J.).

hoch, mittel, niedrig und sehr niedrig (Pohl, Pohlan & Selk 2010: 44ff.). Somit lassen sich sozialräumliche Tendenzen auf gesamtstädtischer kleinräumiger Ebene abbilden. Vor diesem Hintergrund haben auch wir diese vordefinierten räumlichen Einheiten als Untersuchungsebene für das Projekt „Gesunde Quartiere" ausgewählt.

Die Abgrenzungen der Statistischen Gebiete, die im Anschluss an die Volkszählung von 1987 als neue räumliche Untergliederungsebene eingeführt wurden, sind sowohl siedlungs- als auch sozialstrukturell begründet. Bei der Festlegung der Gebietsgrenzen wurde explizit darauf geachtet, dass die Raumeinheiten in sich möglichst homogen sind und annährend die gleiche Einwohneranzahl haben (ca. 2000) (Loll & Müller 1991: 92). Im Hinblick auf die geplante periodische Erhebung und Aktualisierung von statistischen Daten sind dies zentrale Kriterien bei der Gebietseinteilung gewesen. Sicherlich haben sich seit der ursprünglichen Abgrenzung der Statistischen Gebiete die Sozialräume der Bevölkerung in gewissem Umfang verändert, allerdings erlauben es die möglichst geringfügigen Veränderungen ihrer damaligen Grenzen, auch Entwicklungen im Zeitverlauf zu betrachten. Ob dies für ihre Verwendung als räumliche Operationalisierung des Begriffs Quartier ebenfalls von Vorteil ist, ist je nach Ziel- und Fragestellung der Forschungsarbeit diskussionswürdig. Bei der Auswahl der räumlichen Untersuchungsebene für das Projekt „Gesunde Quartiere" schien uns jedoch ein gewisser Pragmatismus zulässig, insbesondere aufgrund der angestrebten Verknüpfung der im Projekt erhobenen Daten mit dem Hamburger Sozialmonitoring.

Für die Zwecke des Forschungsprojektes wurden sechs Statistische Gebiete per Zufallsauswahl als Untersuchungsräume festgelegt – jeweils eins mit einem hohen und einem mittleren sowie jeweils zwei mit einem niedrigen und einem sehr niedrigen Sozialstatus. In jeweils einem der Gebiete mit einem niedrigen und einem sehr niedrigen Sozialstatus werden darüber hinaus gesundheitsfördernde Interventionsmaßnahmen umgesetzt. Das jeweils andere Statistische Gebiet dient als Kontrollgebiet.

Um die Auswirkung der Wohnumgebung auf die Gesundheit der Bewohner*innen zu analysieren, wurde von uns ein Instrumentarium für eine Primärdatenerhebung mit anschließender Auswertung quartiersbezogener Daten entwickelt. Das Ziel dabei war, auch qualitativ ausgeprägte Merkmale, wie beispielsweise die Nutzbarkeit öffentlicher Freiräume, für die keine Sekundärdaten zur Verfügung stehen, erfassen und quantifizieren zu können. Für die Aufstellung der Bewertungskriterien haben wir uns hauptsächlich an dem Leitfaden „Gesunde Stadt" des Landeszentrums Gesundheit Nordrhein-Westfalen orientiert (2016: 98ff.).

2 Gesundheitsrelevante Quartiersmerkmale erfassen – die Qualität von Grünräumen und Spielplätzen als Beispiele

2.1 Konzeptionelle Überlegungen

Zur Abbildung der räumlichen Variabilität von Umweltmerkmalen wie Lärm und Luftqualität können anhand von Geodaten mittlerweile gesamtstädtische Modelle aufgebaut werden, wie sie z. b. die Stadt Hamburg für die Luftreinhalteplanung oder die Aufstellung von Lärmkarten nutzt (BUE o. J.; BUE 2017: 58f.). Eine flächendeckende kleinräumige Erfassung und Bewertung qualitativ ausgeprägter Quartiersmerkmale, wie beispielsweise die Qualität von öffentlichen Freiräumen, gestaltet sich jedoch als besonders komplex. Dies hängt u. a. damit zusammen, dass eine Erfassung solcher qualitativ ausgeprägten Merkmale in der Regel nur vor Ort im Rahmen von Quartiersbegehungen möglich ist. Hinzu kommt, dass je nach Fragestellung verschiedene Kriterien einzubeziehen sind. So sind für die Bewertung der Qualität von Grünräumen vor dem Hintergrund ihrer gesundheitsförderlichen Wirkungen andere Kriterien zu berücksichtigen, als beispielsweise bei der Ermittlung ihrer ästhetischen Qualität. Folgende Fragen sollten dabei im Fokus stehen: Welche Voraussetzungen müssen erfüllt werden, damit die Bewohner*innen die in ihrer unmittelbaren Wohnumgebung liegenden Grünräume a) häufig besuchen und b) sich dort auch gerne länger aufhalten? Denn wer sich häufiger und länger in Grünräumen aufhält, für den ist die Wahrscheinlichkeit höher von den gesundheitsförderlichen Effekten der Grünräume zu profitieren. Zudem müssen die unterschiedlichen Nutzergruppen – beispielsweise differenziert nach Alter, Geschlecht, Mobilitätseinschränkung – und ihre Bedürfnisse mitberücksichtigt werden. Darauf aufbauend lassen sich Kriterien für die Bewertung aufstellen. Im Projekt „Gesunde Quartiere" wurde deutlich, dass es für die Bewertung der Qualität von öffentlichen Freiräumen sinnvoll ist, zwischen Kriterien mit einem Einfluss auf ihre grundlegende Nutzbarkeit sowie weiteren Kriterien, die ihre Attraktivität darüber hinaus erhöhen (bspw. Ausstattungsqualität), zu unterscheiden.

Neben der Ermittlung geeigneter Bewertungskriterien ist die Auswahl der zu untersuchenden Freiräume relevant. Im Rahmen des Forschungsprojektes haben wir die sechs Untersuchungsgebiete zusätzlich erweitert, um öffentliche Freiräume in ihrer unmittelbaren Nähe ebenfalls als vorhandene Umgebungsressourcen in die Begehungen mit aufzunehmen. Dieser Schritt war nötig, da Quartiersbewohner*innen in der Regel gesundheitsrelevante Ziele in ihrer direkten Wohnumgebung aufsuchen und dabei selbstverständlich nicht jene Gebietsgrenzen beachten, die für statistische Zwecke eingeführt worden sind. Vor diesem Hintergrund sind alle Grünräume und

Spielplätze in einer Entfernung von bis zu 500 Metern – gemessen im Straßennetz – von den jeweiligen Statistischen Gebieten entsprechend mitberücksichtigt worden. Diese 500-Meter-Entfernung wurde gewählt, weil eine solche Distanz von den meisten Bevölkerungsgruppen mühelos zu Fuß überwunden werden kann (Gehl 2015: 143).

Für die Konzipierung der Quartiersbegehungen hat neben der Datenerhebungsstrategie auch die anschließende Auswertung der Daten eine zentrale Rolle gespielt. Damit die Ergebnisse einfach nachzuvollziehen sind und ein Vergleich zwischen den Untersuchungsräumen möglich ist, haben wir die Erhebung so gestaltet, dass die gewonnenen Daten anschließend quantifiziert werden können. So wurde für die Erfassung der jeweiligen Indikatoren *Nutzbarkeit* und *Ausstattungsqualität* von Grünräumen und Spielplätzen ein Bewertungssystem mit entsprechenden Bewertungskriterien entwickelt. Aus den Bewertungskriterien wurden Aussagen abgeleitet, die im Rahmen der Begehungen mit „Ja" oder „Nein" bzw. „trifft zu" oder „trifft nicht zu" zu beantworten waren. Die so formulierten Kriterien brechen zum einen die facettenreichen Inhalte der Indikatoren *Nutzbarkeit* und *Ausstattungsqualität* auf ein in den Quartiersbegehungen erfassbares und gleichzeitig quantitativ auswertbares Level herunter. Zum anderen sichern sie die Vergleichbarkeit der Erhebungsergebnisse in den unterschiedlichen Quartieren sowie eine möglichst objektive Bewertung unabhängig von der die Begehung durchführenden Person. So ist ein erster Prototyp des Begehungsbogens entstanden, dessen Plausibilität wir durch Testbegehungen geprüft haben. Ziel dabei war zu überprüfen, inwieweit die so aufgestellten Kriterien durch Quartiersbegehungen tatsächlich möglichst objektiv erfasst werden können.

Im Folgenden werden die jeweiligen Bewertungskriterien für die Erfassung der Nutzbarkeit und der Ausstattungsqualität von Grünräumen und Spielplätzen dargestellt.

2.2 Bewertung der Qualität der Grünräume und Spielplätze

Als Erstes wurden den einzelnen Grünräumen und Spielplätzen in den erweiterten Untersuchungsgebieten ID-Nummer vergeben und diese wurden auf den Begehungskarten entsprechend vermerkt. So haben wir für jede ID im Begehungsbogen notiert, welche der Bewertungskriterien für die Nutzbarkeit und für die Ausstattungsqualität erfüllt sind und welche nicht (Tab. 1–2).

Beispielsweise wurde für jeden Grünraum sowie für jeden Spielplatz vermerkt, ob er und seine Ausstattungselemente auch von außen sichtbar sind. Dieses Bewertungskriterium dient dazu, die Nutzbarkeit der öffentlichen Freiräume im zu untersuchenden Quartier zu bewerten, da davon auszugehen ist, dass ein „versteckter" Grünraum oder Spielplatz von den Bewohner*innen weniger genutzt wird.

Gesundheit in städtischen Quartieren messen? 181

Tab. 1 Bewertungskriterien für die Erfassung der Nutzbarkeit und der Ausstattungsqualität der Grünräume (eigene Zusammenstellung)

1. Nutzbarkeit der Grünräume				
ID (siehe Begehungskarte)	1	2	3	...
Der Grünraum und seine Ausstattungselemente sind auch von außen sichtbar				
Die Eingänge sind auch für Menschen in Rollstühlen / mit Kinderwagen nutzbar				
Die Wege sind auch für Menschen in Rollstühlen / mit Kinderwagen nutzbar				
Der Grünraum ist vom Verkehr (dessen Lärm, Abgasen und Gefahren) abgetrennt				
Der Grünraum ist mit klaren Sichtachsen gestaltet				
Es sind keine Anzeichen physischer Unordnung vorhanden				
Es sind Sitzmöglichkeiten in oder am Rand der Grünräume vorhanden				
Es sind Beleuchtungselemente in oder am Rand der Grünräume vorhanden				
Es sind Mülleimer in oder am Rand der Grünräume vorhanden				
Es sind Hinweisschilder für öffentliche Toiletten vorhanden				

2. Ausstattungsqualität der Grünräume				
ID (siehe Begehungskarte)	1	2	3	...
Es besteht die Möglichkeit sich sitzend im Schatten aufzuhalten				
Es ist eine überdachte Sitzmöglichkeit vorhanden				
Es sind Sitzmöglichkeiten mit Tisch (z. B. zum gemeinsamen Essen) vorhanden				
Es sind Spielelemente für Kinder vorhanden				
Es sind auch für Erwachsene bewegungsaktivierende Elemente vorhanden				

Physische Unordnung in Grünräumen	
Auf der Begehungskarte mit Abkürzungen und ggf. Zusatz „stark" vermerken	**Anmerkungen:**
Nur bei starker Konzentration notieren: **M** – Müllkonzentration, **G** – Graffiti, **H** – Hundekot, **E** – Einkaufswagen, **SM** – Sperrmüll	
Immer notieren: **K** – Kondome, **S** – Spritzen, **A** – Alkoholflaschen, **Sch** – Scherben, **P** – Plastiksäckchen, **BM** – Beschädigtes Mobiliar	

Aufbauend auf den Bewertungskriterien für die Grünräume (Tab. 1) sind für die Bewertung der Nutzbarkeit der Spielplätze drei zusätzliche Bewertungskriterien mit aufgenommen worden, für die Ausstattungsqualität noch eines (Tab. 2).

Tab. 2 Zusätzliche Bewertungskriterien für die Erfassung der Nutzbarkeit und der Ausstattungsqualität der Spielplätze (eigene Zusammenstellung)

1. Nutzbarkeit der Spielplätze				
ID (siehe Begehungskarte)	1	2	3	...
Die Spielzonen können leicht von Begleitpersonen der Kinder überblickt werden				
Die Spielelemente sind nicht stark verschmutzt				
Es sind keine beschädigten oder nicht nutzbaren Spielelemente vorhanden				

2. Ausstattungsqualität der Spielplätze				
ID (siehe Begehungskarte)	1	2	3	...
Die Spielelemente wirken neu				

Für jedes erfüllte Bewertungskriterium wird ein Punkt je Grünraum/Spielplatz vergeben – beispielsweise erhalten alle Grünräume, in denen Beleuchtungselemente vorhanden sind, für das entsprechende Bewertungskriterium jeweils einen Punkt. Für unerfüllte Kriterien werden hingegen keine Punkte vergeben. Es besteht jedoch auch die Möglichkeit halbe Punkte zu vergeben, um zusätzlich „teilweise" als Antwort nutzen zu können. Vor allem bei der Bewertung der Barrierefreiheit der Eingänge ist diese Alternative häufig zur Anwendung gekommen. Während der Zugang zu einigen Grünräumen und Spielplätzen an manchen Stellen barrierefrei ist, gestalten sich andere Eingänge beispielsweise durch unbewegliche Hindernisse als zu eng für Personen mit Kinderwagen oder für mobilitätseingeschränkte Menschen.

Mit Hilfe dieses Punktesystems kann zum einen die Bewertung der Nutzbarkeit bzw. der Ausstattungsqualität der jeweiligen Grünräume und Spielplätze erfolgen. Dies ermöglicht es, räumliche Prioritäten für entsprechende Maßnahmen zu definieren. Zum anderen kann festgestellt werden, inwieweit die einzelnen Bewertungskriterien insgesamt von den Grünräumen und von den Spielplätzen in den jeweiligen Quartieren erfüllt worden sind. So lassen sich auch bestehende Probleme, die mehrere öffentliche Räume im Quartier betreffen, identifizieren und folglich thematische Priorisierungen vornehmen. Tatsächlich ergaben sich aus unseren Quartiersbegehungen die flächendeckend fehlende Beleuchtung sowie das Nichtvorhandensein öffentlicher Toiletten als die zwei zentralen Mängel aller untersuchten Grünräume. Eine unzureichende Beleuchtung kann dazu führen, dass Bewohner*innen sich mit Einbruch der Dunkelheit in den Grünräumen nicht mehr sicher fühlen und diese dementsprechend bewusst oder unbewusst meiden. Auch wenn objektiv keine Gefahr vorhanden ist, wird die Nutzung aufgrund eines so eingeschränkten Sicherheitsgefühls verringert (BMVBS 2012: 42). Für bestimmte Bevölkerungsgruppen kann zudem das Vorhandensein von öffentlichen Toiletten ihre Aufenthaltszeit verlängern und somit die positiven Effekte auf ihre Gesundheit erhöhen. Dies ist insbesondere für ältere Menschen, aber auch für Erwachsene mit Babys und Kindern zutreffend.

3 Herausforderungen und Lösungsansätze bei der Datenerhebung

Eine zentrale Herausforderung bei der Datenerhebung war die immer zu einem gewissen Maß vorhandene Subjektivität der Begehenden – in unserem Fall drei studentische Hilfskräfte. Die Formulierung der Bewertungskriterien erfolgte durch uns so, dass möglichst wenig Raum für eigene Interpretation verblieb. Allerdings ist das nicht immer möglich gewesen. Während einige Formulierungen wie beispielsweise „Es besteht die Möglichkeit sich sitzend im Schatten aufzuhalten" recht eindeutig sind, ist es bei anderen wie „Der Grünraum ist mit klaren Sichtachsen gestaltet" nicht unwahrscheinlich, dass unterschiedliche Begehende dies auch unterschiedlich bewerten.

Um sicherzustellen, dass die Prüfung der Bewertungskriterien auf dieselbe Art und Weise erfolgen wird, wurden zweistufige Testbegehungen durchgeführt. Zunächst stand die Überprüfung der Anwendbarkeit der Begehungsbögen im Fokus. Dies ist getrennt nach Schwerpunkten erfolgt: zunächst für Grünräume und Spielplätze und danach auch für Gehwege und ihre Barrierefreiheit, auf die hier jedoch nicht eingegangen wird. Basierend auf den Erkenntnissen aus den Testbegehungen haben wir einige Formulierungen für die Bewertungskriterien im Begehungsbogen präzisiert. Ein gutes Beispiel betrifft die Aussage „Es sind Sitzmöglichkeiten mit Tisch (z.B. zum gemeinsamen Essen) vorhanden", die als Bewertungskriterium für die Erfassung der Ausstattungsqualität von Grünräumen und Spielplätzen dient. Bevor wir den Begehungsbogen angepasst haben, lautete die Aussage „Es gibt Flächen für Picknicks oder Möglichkeiten zum Grillen". Während der Testbegehungen stellten wir jedoch fest, dass diese Formulierung immer noch einen hohen Interpretationsspielraum zulässt. So können damit alle

Flächen in den Grünräumen gemeint sein, die grundsätzlich die Möglichkeit bieten, dort ein Picknick zu machen oder zu grillen. Die Entscheidung, ob diese grundsätzliche Möglichkeit besteht oder die Fläche beispielweise nicht attraktiv genug zum Picknicken oder Grillen ist, basiert wiederum auf einer subjektiven Bewertung der begehenden Personen. Es können mit der Aussage jedoch auch nur Flächen gemeint sein, die offiziell durch eine Beschilderung als entsprechend zu nutzende Flächen ausgewiesen sind. Mit der oben benannten Aussage „Es sind Sitzmöglichkeiten mit Tisch (z. B. zum gemeinsamen Essen) vorhanden" wurde letztendlich die Erfassung von Möglichkeiten zum gemeinsamen Essen über das Vorhandensein von Sitzmöglichkeiten mit Tischen operationalisiert.

Nachdem die Begehungsbögen hinsichtlich des möglichen Interpretationsspielraums überarbeitet wurden, stand die räumliche Variabilität im Fokus. So haben wir in allen Untersuchungsgebieten weitere Testbegehungen durchgeführt, um sicherzustellen, dass die von uns zu bewertenden Kriterien tatsächlich räumlich unterschiedlich ausgeprägt sind und dementsprechend ein Vergleich der Untersuchungsgebiete sinnvoll ist. So wurden beispielsweise einzelne Zeichen physischer Unordnung nur bei einer stärkeren Konzentration aufgenommen (siehe 3.1.), da diese ansonsten gleichermaßen in allen sechs Untersuchungsgebieten vorzufinden waren.

Im Anschluss an die Testbegehungen und die Anpassung der Begehungsbögen führten wir zusätzlich eine Schulung für die studentischen Hilfskräfte durch. Als Begleitmaterial haben wir ein Handbuch entworfen, das mithilfe von Bildern und konkreten Beispielen den Entscheidungsprozess der Begehenden unterstützen sollte. Nach der Schulung haben einmal im Monat Teambesprechungen stattgefunden, um den kontinuierlichen Austausch mit den für die Begehungen zuständigen studentischen Hilfskräften zu gewährleisten und dabei auf zwischendurch entstandene Fragen eingehen zu können. Dadurch konnten auch Vorschläge für die Untersuchung von weiteren Spielplätzen und kleineren Grünräumen entsprechend berücksichtigt werden.

Im Folgenden werden Erläuterungen aus dem Handbuch zu den Bewertungskriterien Zeichen physischer Unordnung, Vorhandensein von Sitzmöglichkeiten sowie barrierefreie Eingänge und Wege als Beispiele aufgeführt.

Bewertungskriterium: Zeichen physischer Unordnung

Für die Prüfung des Kriteriums „Es sind keine Anzeichen physischer Unordnung vorhanden" wird zwischen „starken" und „weiteren" Zeichen physischer Unordnung unterschieden. Zu den „starken" zählen: Alkoholflaschen, Scherben, Spritzen, Kondome, kleine Plastiksäckchen (möglicher Hinweis auf Drogenkonsum) sowie zerstörtes Mobiliar (Abb. 1).

Gesundheit in städtischen Quartieren messen?

Abb. 1 Hinweise für die Bewertung von Zeichen physischer Unordnung (Teil 1), Auszug aus dem entwickelten Handbuch

Als weiterhin relevante Zeichen physischer Unordnung, die allerdings grundsätzlich überall vorkommen können und keinen so starken Eindruck erwecken, haben wir hingegen Hundekot, Müll, Graffiti, herumstehende Einkaufswagen sowie Sperrmüll mitbetrachtet (Abb. 2). Diese sollten nur bei einer auffälligen Konzentration erfasst werden.

Abb. 2

Hinweise für die Bewertung von Zeichen physischer Unordnung (Teil 2), Auszug Handbuch

Für die Zuordnung zu „starken" bzw. „weiteren" Zeichen physischer Unordnung war hauptsächlich von Bedeutung, wie ausgeprägt ihre räumliche Variabilität zwischen allen Untersuchungsgebieten ist. So trägt ein überall vorkommendes Merkmal nicht zum Vergleich der verschiedenen Räume bei. Die Testbegehungen boten dabei die Möglichkeit, einen Eindruck über die Häufigkeit verschiedener Zeichen physischer Unordnung in allen Quartieren zu gewinnen. Auf dieser Grundlage konnte anschließend entschieden werden, welche Merkmale so häufig in allen Quartieren vorkommen, dass es sinnvoll ist, sie nur in einer starken Ausprägung (bspw. Konzentration von Müll) zu erheben. Eine noch umfassendere Aufteilung in der Beurteilung der verschiedenen Anzeichen wäre denkbar gewesen, allerdings wollten wir die Komplexität dieses Bewertungskriterium nicht noch weiter erhöhen.

Bewertungskriterium: Vorhandensein von Sitzmöglichkeiten

Für die Bewertung dieses Kriteriums bietet das Handbuch einige Hinweise als zusätzliche Unterstützung bei der Interpretation (Abb. 3). Zum einen wird verdeutlicht, was mit „Sitzmöglichkeiten am Rand der Grünräume" gemeint ist. Eine Aneignung von Sitzflächen wie z. B. Steine, Geländer, etc. ist nicht mit zu berücksichtigen, weil aus unserer Perspektive nur Sitzmöglichkeiten, die von allen Bevölkerungsgruppen benutzt werden können, das Kriterium erfüllen. Zum anderen wird im Handbuch explizit darauf aufmerksam gemacht, beschädigte Bänke nicht als vorhandene Sitzmöglichkeit mitzuzählen, wobei Graffitis nicht als Beschädigungen zu zählen sind.

Abb. 3 Hinweise für die Bewertung der Sitzmöglichkeiten, Auszug Handbuch

Bewertungskriterium: Barrierefreie Eingänge und Wege

Auch die Erfassung der Barrierefreiheit der Eingänge und der Wege in den zu untersuchenden Grünräumen und Spielplätzen wurde durch die beispielhaften Anweisungen im Handbuch wesentlich erleichtert (Abb. 4). Anhand von Bildern und konkreten Angaben zu den Eigenschaften der Eingänge und Wege (Breite, Neigung, usw.) wird eine einheitliche Bewertung der Barrierefreiheit der öffentlichen Freiräume sichergestellt.

Abb. 4   Hinweise für die Bewertung der Barrierefreiheit von Eingängen und Wegen in Grünräumen und Spielplätzen, Auszug Handbuch

4   Schlussfolgerung und Ausblick

Die Erläuterungen zu unserem Vorgehen in der Ermittlung der Qualität von öffentlichen Freiräumen verdeutlicht, wie komplex und kleinteilig die Erhebung gesundheitsbezogener Quartiersmerkmale sein kann. Vor allem für die Erfassung der Nutzbarkeit und der Ausstattungsqualität der Spielplätze hätten sogar noch weitere Bewertungskriterien herangezogen werden können – bspw. in Bezug auf die Vielfalt der Spielmöglichkeiten. Im Hinblick auf die hohe Anzahl der Spielplätze in den sechs zusätzlich erweiterten Untersuchungsgebieten hätte der mit einer Ergänzung der Bewertungskriterien verbundene Aufwand jedoch die Kapazitäten des Projektes überstiegen.

Die vorherigen Ausführungen zeigen zudem, dass einzelne Bewertungskriterien (bspw. Zeichen physischer Unordnung) eine hohe Komplexität bereithalten, der in diesem Projekt nur in Teilen Rechnung getragen werden konnte. Insbesondere die Wahrnehmung der hier untersuchten Merkmale urbaner Grünräume und Spielplätze durch die Bewohner*innen, mögliche Unterschiede in dieser Wahrnehmung zwischen unterschiedlichen Bevölkerungsgruppen sowie der Zusammenhang zu den genauen gesundheitsrelevanten Wirkungen dieser öffentlichen Freiräume wurden im Rahmen des Projektes nicht untersucht. Daher verbleibt hier ein entsprechender Forschungsbedarf, bei dem auch der ergänzende Einbezug qualitativer Methoden zu berücksichtigen ist.

Die mithilfe des beschriebenen Vorgehens erhobenen Daten werden im Rahmen von „Gesunde Quartiere" in eine PostGIS-Datenbank eingespeist, um sie somit mit anderen Daten aus dem Projekt (u. a. Primärdaten aus Befragungen) verknüpfen zu können. Dadurch kann zum Beispiel der Zusammenhang zwischen der Nutzbarkeit der Grünräume und der körperlichen Aktivität der Bewohner*innen der sechs Untersuchungsgebiete deskriptiv analysiert werden. Zudem können die Ergebnisse der Auswertung durch das Einbinden der PostGIS-Datenbank in ein Geoinformationssystem wie QGIS unmittelbar visualisiert und folglich auch einfach kommuniziert werden. Diese Möglichkeit wurde im Forschungsprojekt für die Vorstellung und Diskussion der erhobenen Quartiersdaten in sogenannten Gesundheitsforen in den zwei Interventionsquartieren genutzt. Im Rahmen der Gesundheitsforen wurde mit Expert*innen aus den Quartieren ermittelt, welche gesundheitsbezogenen Problemlagen, aber auch Potenziale für die Bewohner*innen relevant sind. Ergebnis dieser Diskussionen sind thematische Arbeitsschwerpunkte, zu denen Interventionsmaßnahmen für die zwei Quartiere und ihre Bewohner*innen entwickelt und umgesetzt werden, um damit einen Beitrag zu einer besseren Gesundheit im Quartier zu leisten.

Literatur

Abraham, A., Sommerhalder, K., Bolliger-Salzmann, H., Abel, T. (2007): *Landschaft und Gesundheit. Das Potential einer Verbindung zweier Konzepte*. Universität Bern, Bern.
Baumgarten, H. (2012): Gesundheit und Freiraumplanung – am Beispiel der Stadt Hamburg. In Böhme, Ch. u. a. (Hrsg.): *Handbuch Stadtplanung und Gesundheit*. Hans Huber, Bern. S. 75–84.
BMVBS / Bundesministerium für Verkehr, Bau und Stadtentwicklung (Hrsg.) (2012): *Barrieren in Stadtquartieren überwinden*. Berlin.

Böhme, Ch., Köckler, H. (2018): Umweltgerechtigkeit im städtischen Raum. Soziale Lage, Umweltqualität und Gesundheit zusammendenken. In S. Baumgart, H. Köckler, A. Ritzinger, A. Rüdiger (Hrsg.): *Planung für gesundheitsfördernde Städte. Forschungsberichte der ARL 08*. Akademie für Raumforschung und Landesplanung, Hannover. S. 87–100.

BSW / Behörde für Stadtentwicklung und Wohnen – Freie und Hansestadt Hamburg (Hrsg.) (o. J.): *Problemlagen erkennbar machen. Sozialmonitoring*. Online verfügbar unter: https://www.hamburg.de/sozialmonitoring/ – zuletzt geprüft am 25.09.2019.

BUE / Behörde für Umwelt und Energie – Freie und Hansestadt Hamburg (Hrsg.) (o. J.): *Strategische Lärmkartierung. Aktualisierung der Lärmkarten 2017*. Online verfügbar unter: https://www.hamburg.de/laermkarten/ – zuletzt geprüft am 04.10.2019.

BUE / Behörde für Umwelt und Energie – Freie und Hansestadt Hamburg (Hrsg.) (2017): *Luftreinhalteplan für Hamburg* (2. Fortschreibung). Online verfügbar unter: https://www.hamburg.de/contentblob/9024022/7dde37bb04244521442fab91910fa39c/data/d-lrp-2017.pdf – zuletzt geprüft am 07.01.2020.

Claßen, T. (2018): Urbane Grün- und Freiräume. Ressourcen einer gesundheitsförderlichen Stadtentwicklung. In S. Baumgart, H. Köckler, A. Ritzinger, A. Rüdiger (Hrsg.): *Planung für gesundheitsfördernde Städte. Forschungsberichte der ARL 08*. Akademie für Raumforschung und Landesplanung, Hannover. S. 297–313.

Drilling, M., Schnur, O. (2019): Neighbourhood research from a geographical perspective. – *DIE ERDE* 150 (2): 48–60.

Gehl, J. (2015): *Städte für Menschen*. jovis, Berlin.

Häußermann, H. (2008): Wohnen und Quartier: Ursachen sozialräumlicher Segregation. In Ernst-Ulrich Huster, J. Boeckh, H. Mogge-Grotjahn (Hrsg.): *Handbuch Armut und soziale Ausgrenzung*. Springer VS, Wiesbaden. S. 335–349.

Kohlhuber, M., Bolte, G. (2012): Einfluss von Umweltlärm auf Schlafqualität und Schlafstörungen und Auswirkungen auf die Gesundheit. In *Somnologie* 16 (1), S. 10–16.

Kohlhuber, M., Schenk, T., Weiland, U. (2012): Verkehrsbezogene Luftschadstoffe und Lärm. In G. Bolte, Ch. Bunge, C. Hornberg, H. Köckler, A. Mielck (Hrsg.): *Umweltgerechtigkeit. Chancengleichheit bei Umwelt und Gesundheit: Konzepte, Datenlage und Handlungsperspektiven*. Huber, Bern. S. 87–98.

Landeszentrum Gesundheit Nordrhein-Westfalen (2016): *Leitfaden Gesunde Stadt*. Hinweise für Stellungnahmen zur Stadtentwicklung aus dem Öffentlichen Gesundheitsdienst. LZG.NRW, Bielefeld.

Loll, B.-U., Müller, J. (1991): Statistische Gebiete als kleinräumige Gliederungseinheiten Hamburgs. In *Hamburg in Zahlen*, 4/1991, S. 92–100.

Pohl, T., Pohlan, J., Selk, A. (2010). *Pilotbericht – "Sozialmonitoring im Rahmenprogramm Integrierte Stadtentwicklung (RISE)"*. Behörde für Stadtentwicklung und Umwelt (BSU), Freie und Hansestadt Hamburg (Hrsg.).

RKI / Robert Koch-Institut (2014): GBE kompakt 2/2014: Soziale Unterschiede in der Mortalität und Lebenserwartung. Online verfügbar unter: https://www.rki.de/DE/Content/Gesundheitsmonitoring/Gesundheitsberichterstattung/GBEDownloadsK/2014_2_soziale_unterschiede.pdf?__blob=publicationFile – zuletzt geprüft am 07.01.2020.

Schnur, O. (2014): Quartiersforschung im Überblick: Konzepte, Definitionen und aktuelle Perspektiven. In O. Schnur (Hrsg.): *Quartiersforschung. Zwischen Theorie und Praxis*. 2. Auflage. Springer VS, Wiesbaden. S. 21–58.

UBA / Umweltbundesamt (2019): Umweltgerechtigkeit – Umwelt, Gesundheit und soziale Lage. Online verfügbar unter: https://www.umweltbundesamt.de/themen/gesundheit/

umwelteinfluesse-auf-den-menschen/umweltgerechtigkeit-umwelt-gesundheit-soziale-lage#textpart-1 – zuletzt geprüft am 19.09.2019.

Die Autorinnen

Evgenia Yosifova und Annika Winkelmann, HafenCity Universität Hamburg
evgenia.yosifova@hcu-hamburg.de und annika.winkelmann@outlook.de

III
Rezensionen

Barlösius, Eva (2019): Infrastrukturen als soziale Ordnungsdienste: Ein Beitrag zur Gesellschaftsdiagnose Frankfurt am Main: Campus Verlag. 217 Seiten ISBN: 978-3-5935-1089-7. Preis: 29,95 €

Lucas Barning

Seit dem Aufkommen des Begriffs „Infrastruktur" im 19. Jahrhundert wandeln sich seine Definition und sein Anwendungsbereich kontinuierlich. Vor allem in den letzten Jahren lässt sich eine steigende Popularität des Begriffs nachzeichnen, mit der Infrastrukturen zunehmend auch in bis dato ungewohnten Gebieten entdeckt werden. Bezogen sie sich in der Vergangenheit vornehmlich auf die Versorgung im Bereich Haushalte, Verkehr, Energie, Transport oder Kommunikation, stellen Infrastrukturen mittlerweile das Funktionieren ganz anderer Bereiche sicher, wie das körperliche Wohlbefinden als Wellness-Infrastruktur oder das politische Geschehen als Parteieninfrastruktur. „Alles Infrastruktur?" fragt sich daher Eva Barlösius in ihrer Monographie „Infrastrukturen als soziale Ordnungsdienste", die 2019 im Campus Verlag erschienen ist. Ausgangspunkt ist dabei nicht die Beobachtung einer Zunahme von technisch-materiellen Infrastrukturen, sondern vor allem die semantische Erweiterung des Begriffs auf immer mehr Gesellschaftsbereiche. Barlösius versucht, Infrastrukturen nicht wieder zu beschränken und zu definieren, sondern ihnen mit einer soziologischen Konzeption zu folgen, die sie auch an ihren ‚neuen' Orten zu erfassen vermag.

Das Buch präsentiert einen gelungenen Ansatz einen Forschungsbereich zu erschließen, der bisher im deutschsprachigen Raum kaum aus einer dezidert soziologischen Perspektive beleuchtet wurde. Dabei ist ihre Arbeit vor allem als Ausarbeitung eines Analysewerkzeugs zu verstehen, weshalb sie weniger Überblick über Geschichte und Entwicklung bietet und ebenso keine abschließende Gesellschafts-, bzw. Gegenwartsdiagnose darstellt. Stattdessen wird eine Perspektive auf Infrastrukturen eröffnet, die einerseits an geläufige soziologische Konzeptionen anknüpft und die andererseits einen Zugang zu Bereichen der sozialen/immateriellen Infrastrukturen eröffnet, die in der Infrastruktur-Forschung bisher weniger beleuchtet wurden und diese somit sinnvoll erweitert.

Für das anspruchsvolle Ziel einer soziologischen Konzeption von Infrastrukturen als Ausgangspunkt für eine Gesellschaftsanalyse formuliert Barlösius zwei Aufgaben: Erstens soll eine Einschätzung erfolgen, ob und falls ja wie sich eine Analyse von Infrastrukturen überhaupt für eine soziologische Gegenwartsdiagnose nutzbar machen lässt. Zweitens möchte sie das Werkzeug zur Anwendung bringen und es für eine Diagnose des gesellschaftlichen Wandels am Übergang der wohlfahrtsstaatlichen Industriegesellschaft hin zur Wissensgesellschaft erproben. Einen besonderen Fokus legt sie auf die von ihr als Wissensgesellschaft verstandene gegenwärtige Gesellschaftsform.

Der Aufbau der Arbeit (Überblick, Theorie, Empirie, Zusammenführung) ist übersichtlich gestaltet. Nach der Einleitung beginnt sie die Arbeit mit einem kurzen Überblick über den Forschungsgegenstand (Kapitel 2), den sie themenspezifisch ordnet. Die Ausführungen zu den Themen (Infrastrukturen als Technik, als Staatsaufgabe, als institutionelles Arrangement und als „boundary objects und Netzwerk") bieten zugleich eine Chronologie wissenschaftlicher Zugänge. Folglich gibt das letzte Kapitel die aktuellsten Debatten aus den Sozialwissenschaften wieder, auf die sich Barlösius auch im weiteren Verlauf ihrer Ausführungen überwiegend bezieht. In Kapitel 3 beschreibt sie anschaulich den aktuellen Diskurs um Infrastrukturen und stellt dafür einige Beispiele aus den Gesellschaftsbereichen Medien, Literatur, Politik und Wissenschaft vor, in denen das Thema zunehmend Einzug hält.

Das vierte Kapitel bildet mit Überlegungen zur soziologischen Konzeption von Infrastrukturen das Herzstück des Buchs. Dafür wendet sich die Autorin zunächst von einem eher technisch-materiellen Verständnis von Infrastrukturen ab und versucht, Infrastrukturen vornehmlich als soziale Strukturen und als gesellschaftliche Funktionssysteme zu denken. In diesem Sinne bildet die Annahme, dass „Infrastrukturen sozial strukturiert sind, also damit Ergebnis sozialer Prozesse und Strukturen, und zugleich sozial strukturierend wirken, also soziale Strukturierungen hervorbringen bzw. vorhandene soziale Strukturen festigen" (S. 62) den Ausgangspunkt ihrer Überlegungen.

Darauf aufbauend führt Barlösius zwei analytische Begriffe ein, die den Rahmen ihrer Konzeption bilden: Die Gesamtheit der Beziehungen zwischen einer Gesellschaft und ihren Infrastrukturen zu einer gegebenen Zeit (bspw. in der wohlfahrtsstaatlichen Industriegesellschaft) definiert sie als „infrastrukturelles Regime" (S. 63ff.). Einen solchen „Modus gesellschaftlicher Strukturierung" (S. 10) beschreibt sie als besonders relevant für die sozial-räumliche Ordnung einer Gesellschaft. Daran schließt der zweite Begriff der „infrastrukturellen Strukturierungsweise" (S. 62ff.) an, mit dem sie ein Set von vier Eigenschaften von Infrastrukturen beschreibt, die für ein jeweiliges infrastrukturelles Regime typisch sind. Die vier Charakteristika „infrastrukturelle Vorleistungen", „infrastrukturelle Sozialität",

„infrastrukturelles Regelwerk" und „infrastrukturelle Verräumlichung" bilden schließlich das praktische Handwerkszeug ihrer Analyse, mit dem später (Kapitel 5 und 6) die Fallbeispiele untersucht werden. Die im Buch ausführlich dargelegten Charakteristika dürfen zwar nicht als trennscharf verstanden werden, bieten aber dennoch vier griffige Zugänge, um sich analytisch einer ‚infrastrukturellen Situation' zu nähern. Im weiteren Verlauf geht Barlösius in die Anwendung und führt den Gebrauch am infrastrukturellen Regime der wohlfahrtsstaatlichen Industriegesellschaft vor. Für diese diagnostiziert sie das „Telos der Staatlichkeit [...], eine überall möglichst gleichförmige infrastrukturelle Ausstattung sicherzustellen" (S. 194). Als charakteristisch für diese Gesellschaftsform beschreibt sie eine „territorialisierte Staatlichkeit" (S. 195), die schließlich in der flächenhaften Verteilung von Infrastrukturen realisiert wird.

In Kapitel 7 widmet sich Barlösius der Analyse des infrastrukturellen Regimes der Wissensgesellschaft. Für diesen Zweck zieht sie exemplarisch vier durchaus unterschiedliche Fallstudien mit den Themen dörfliche Infrastrukturen, Kategorien der Raumordnung, (ministerielle) Ressortforschungseinrichtungen und Management von Forschungsdaten heran. Das Ergebnis – die Gegenwartsdiagnose – führt sie merklich zurückhaltender aus als die Analyse der wohlfahrtsstaatlichen Industriegesellschaft und ihre Feststellungen sind wenig überraschend. Grundlegend stellt die Autorin eine Tendenz zur Heterogenisierung der infrastrukturellen Regime fest. Diese sieht sie beispielsweise in neuen Zuständigkeiten von bisher weniger zentralen Akteuren oder der gleichzeitigen Relevanz von unterschiedlichen Bezugsebenen (dörflich/global). Darüber hinaus beschreibt sie die zunehmende Rolle von Wissen in Form von „infrastrukturellen Vorleistungen" (eine der vier oben genannten Eigenschaften), die „als zentrale Ermöglichungsstrukturen für die Wissensgesellschaft und damit quasi als gesellschaftliche Basisstrukturen" (S. 196) funktionieren. In Abgrenzung zur territorialen infrastrukturellen Sozialität der Industriegesellschaft sieht sie in der Wissensgesellschaft außerdem Anzeichen für einen Bedeutungszuwachs von „Ausprägungen von Sozialität [...], die stärker durch Mitwirken und Mitgliedschaft begründet sind" (S. 197).

Das eher dünne Ergebnis der Analyse führt nun zurück zu Barlösius' erster Frage: Eignen sich Infrastrukturen überhaupt für die Gegenwartsdiagnose? Darauf gibt sie eine eindeutig positive Antwort. Infrastrukturen besäßen einen „gesellschaftsdiagnostischen Gehalt", vor allem, da in ihnen „Zukunftsvorstellungen und -erwartungen gebündelt vorliegen" (S. 201) würden. Die zurückhaltende Formulierung begründet sie damit, dass das infrastrukturelle Regime der Wissensgesellschaft gegenwärtig noch in Aushandlung begriffen ist und damit Gegenstand gesellschaftlicher und politischer Konflikte. Abschließend betont die Soziologin noch einmal den Wert ihres Zugangs zu Infrastrukturen, den sie gegenüber anderen Werkzeugen zur

Gegenwartsdiagnose darin sieht, dass sich dadurch viele „soziale Felder" nebeneinander betrachten ließen und so der Blick auf „basale soziale Phänomene" (S. 202) (bspw. die Gestaltung von Herrschaft und Partizipation) frei werde.

Insgesamt legt Barlösius mit ihrer soziologischen Konzeption von Infrastrukturen einen soliden Analyserahmen vor, der offen für vielfältige methodische Anwendungen ist und zudem durch eine große Bandbreite an theoretischen Bezügen aus anderen Disziplinen gestützt wird. Gleichzeitig sind jedoch auch einige Referenzen (oder gegebenenfalls Abgrenzungen) zu prominenten Arbeiten in der sozialwissenschaftlichen Infrastrukturforschung zu vermissen. So nimmt Barlösius beispielsweise keinen Bezug auf den Soziologen Manuel Castells, der mit dem „informational mode of development" (Castells 1996 [1989]: 3) eben jenen „epochale[n] Organisationswandel im Übergang vom ‚Industrialismus' zum ‚Informationalismus'" (Streich 2011: 29) anhand der Rolle veränderter Infrastrukturen diskutiert. Auch eine Ausführung zu Castells Begriff der Netzwerkgesellschaft (z. B. Castells 2017 [1996]) hätte Barlösius Überblick zu „Infrastrukturen als ‚boundary objects' und Netzwerke" (S. 28 ff.) durchaus bereichert. Ebenso bleibt ein disziplinäres Feld überraschend frei, in dem in der jüngeren Vergangenheit eine besonders produktive Auseinandersetzung mit dem Thema Infrastrukturen stattgefunden hat: die Human-/Sozialgeographie, in der vor allem im englischsprachigen Raum (z. B. Graham & Marvin 2002), aber auch seit einigen Jahren verstärkt im deutschsprachigen (z. B. Flitner et al. 2017) (sozialwissenschaftliche) Grundlagenforschung betrieben wurde. Eine stärkere Bezugnahme darauf wäre hilfreich gewesen, um die Perspektive bereits im Vorfeld mehr für Widersprüchlichkeiten, Reibungen und Brüche in den infrastrukturellen Regimen zu sensibilisieren. Die Analyse hätte sich damit auch für die wenig diskutierte Rolle von Ungleichheiten und Machtverhältnissen in den infrastrukturellen Regimen schärfen lassen.

Ein weiterer Punkt, der von einer ausführlicheren Explikation profitiert hätte, ist Barlösius' Entscheidung für die *a priori* gesetzten Analyserahmen „wohlfahrtsstaatliche Industriegesellschaft" und „Wissensgesellschaft". Insbesondere die Wahl des Letzteren wird nur wenig begründet und es bleibt unklar, warum sie die gegenwärtige Gesellschaft als Wissensgesellschaft versteht und warum diese beiden Rahmen zusammenhängen. Als Alternative, die bereits im Zusammenhang mit Infrastrukturen verwendet wurde (z. B. Bode 2013), ließe sich beispielsweise an eine Rahmung als postindustrieller Wohlfahrtsstaat denken.

Gleichwohl schmälern diese Kritikpunkte nicht die Qualität des hier vorgelegten Analysewerkzeugs. Im Gesamten argumentiert Barlösius ausgesprochen transparent und legt die Herstellung des Konzepts sowie ihre Entscheidungen für und wider verschiedene Herangehensweisen ausführlich dar. Darüber hinaus ist die Arbeit durchgehend mit vielen Beispielen illustriert, die die Argumentation stützen. Die

Konzeption ist sicherlich im ‚kleineren' Kontext gewinnbringend anzuwenden und vor allem dort fruchtbar, wo es um soziale/immaterielle Infrastrukturen geht. Die Arbeit könnte sich damit als Bezugspunkt weiterer soziologischer Arbeiten etablieren und so zur Formierung einer Infrastruktur-Soziologie beitragen. In der erweiterten Anwendung des Analyserahmens wird sich schließlich zeigen, ob sie – wie im ‚Konstruktionsplan' vorgesehen – über verschiedene theoretische Zugänge hinweg anwendungsfähig ist und ob sich durch eine Vielfalt so konzipierter Fallstudien tatsächlich eine umfassendere Gegenwartsdiagnose zeichnen lässt.

Literatur

Bode, I. (2013). *Die Infrastruktur des postindustriellen Wohlfahrtsstaats: Organisation, Wandel, gesellschaftliche Hintergründe.* Wiesbaden.
Castells, M. (1996)[1989]. *The Informational City: Information Technology, Economic Restructuring, and the Urban-Regional Process.* Oxford.
Castells, (2017)[1996]. *Der Aufstieg der Netzwerkgesellschaft.* Wiesbaden.
Flitner, M.; Lossau, J. & Müller, A. (Hrsg.). (2017). *Infrastrukturen der Stadt.* Wiesbaden.
Graham, S. & Marvin, S. (2002). *Splintering urbanism: networked infrastructures, technological mobilities and the urban condition.* London.
Streich, B. (2011). *Stadtplanung in der Wissensgesellschaft: ein Handbuch.* Wiesbaden.

Der Rezensent

Lucas Barning M.A., Technische Universität Wien
lucas.barning@tuwien.ac.at

Lang, Christine (2019): Die Produktion von Diversität in städtischen Verwaltungen. Wandel und Beharrung von Organisationen in der Migrationsgesellschaft
Wiesbaden: Springer VS. 380 Seiten (inklusive farbiger Abbildungen)
ISBN 978-3-6582-5954-9. Preis Print: 46,25 €

Jan Lange

Die vorliegende Monographie der Soziologin Christine Lang wurde als Promotionsschrift am Fachbereich Kultur- und Sozialwissenschaften der Universität Osnabrück eingereicht und im Rahmen einer Anstellung am Institut für Migrationsforschung und Interkulturelle Studien erarbeitet. Sie beschäftigt sich am Beispiel der Rekrutierung von Nachwuchskräften mit Einwanderungsgeschichte in Berliner Verwaltungen mit der Frage, wie Kommunen versuchen, die von Migration geprägte Gesellschaft in ihrem Personal abzubilden. Die Arbeit leistet einen wertvollen Beitrag zur Erforschung der Effekte migrationsbedingter Vielfalt auf staatliche Organisationsstrukturen, da sie den Zugang von Migrant*innen zum Personal und die Wahrnehmung von bzw. die Positionierung gegenüber Diversität als einen dynamischen und flexiblen Verflechtungszusammenhang konzipiert. Das hierbei transparent werdende Zusammenspiel aus organisationalen Strukturen, Rekrutierungspraktiken, migrationsbezogenen Differenzierungen und der konkreten lokalen Einbettung der Behörden definiert Lang als „Ko-Produktion von Diversität" (S. 5). Mit dieser Konzeptualisierung greift sie jüngere Appelle innerhalb der Migrationsforschung auf, Fragen nach der Teilhabe von Migrant*innen stärker als bislang geschehen auf der Meso-Ebene zu untersuchen und damit Organisationen und Institutionen in ihrer Migrationspolitik ins Licht zu rücken.

Theoretisch verknüpft Lang verschiedene organisationssoziologische Konzepte (Systemtheorie, Entscheidungstheorie, Neoinstitutionalismus), in deren geteilter Perspektive die Verwaltungspraxis

„nicht etwa als ein lineares Umsetzen politisch vorgegebener Ziele [...], sondern vielmehr als kontingentes Produkt des Zusammentreffens von Problemen, die in der Organisation wahrgenommen werden, Lösungen, die gerade in der Schublade verfügbar sind, Personal, das gerade Kapazitäten oder Interesse hat, und Situationen, in denen Entscheidungen erwartet werden" (S. 42),

verstanden wird. Das theoretische Ausleuchten und Dechiffrieren von Eigenlogiken innerhalb einzelner Behörden verleitet Lang jedoch nicht zu dem Fehlschluss, dass diese isoliert von der Umwelt operieren würden. Vielmehr erweitert sie die organisationssoziologischen Analysewerkzeuge um raumtheoretische Ansätze und bietet so eine Reflexionsfolie an, mittels derer sich die Einbettung von Verwaltungen in einen städtischen und lokalen Kontext – über programmatische und politische Umwelten hinaus – erklären lässt. Darauf aufbauend entwickelt Lang eine Lesart des Nexus zwischen Verwaltung und Gesellschaft, die darauf abhebt, dass Organisationen gesellschaftliche Realitäten nicht umfänglich, sondern *selektiv* entlang eigener Beobachtungsraster und Kompetenzzuschnitte registrieren und anschließend in spezifische Agenden und Handlungspfade übersetzen. Migrationsbedingte Differenzkonstruktionen können sich demnach lokal unterscheiden und entlang situierter Problematisierungen temporären Fixierungen oder einem Wandel unterliegen. Lang stützt sich auf einen Datenkorpus aus teilnehmenden Beobachtungen, Interviews und behördlichen Dokumenten, der im Rahmen einer über vier Jahre laufenden Feldforschung in drei Berliner Bezirksverwaltungen generiert wurde. Die Autorin baut hierbei auf eigenen Vorstudien in verschiedenen deutschen Großstädten auf, die sie im Rahmen des Forschungsprojektes ‚Pathways to Success' zu migrantischen Bildungs- und Berufskarrieren durchgeführt hat. Die in der vorliegenden Arbeit im Fokus stehenden Bezirke stellen allerdings eine kommunale Besonderheit dar. So ist etwa im Bereich der Personalrekrutierung zwar das Land Berlin offizieller Dienstherr, die Personalhoheit liegt innerhalb dieses Rahmens jedoch bei den Bezirken. Lang selbst spricht von einem „‚untypischen' politisch-administrativen Kontext", betont jedoch, dass es das erklärte Ziel ist „durch die Rückbindung der rekonstruierten Muster und Zusammenhänge an die Theorie, einen gewissen Grad der Generalisierung zu erreichen: das heißt, in den untersuchten Fällen Strukturlogiken herauszuarbeiten, von denen anzunehmen ist, dass sie auch in anderen städtischen und organisationalen Kontexten wirksam sein können" (S. 102). Diesen Anspruch löst sie durch ihr empirisches Vorgehen ein. Dank der ethnographischen Erhebung ist es Lang möglich, Verwaltungsprozesse nicht lediglich durch die Rekonstruktion von Strukturen, Programmen und Verfahren mit entsprechend statischen und technischen Befunden abzubilden. Vielmehr werden diese mit alltäglichen Praktiken und Deutungen der verschiedenen Beteiligten verknüpft und lassen so ein dichtes und auf die Kontrastierung von Praktiken in drei städtischen Bezirksverwaltungen ausgerichtetes Bild entstehen.

Die empirischen Befunde werden anhand von fünf Schwerpunkten dargestellt. Zunächst rekonstruiert Lang, wie der Zugang von Migrant*innen und ihren Nachkommen zum öffentlichen Dienst in Berlin in Vergangenheit und Gegenwart problematisiert und die daraus abgeleiteten Maßnahmen durch verschiedene Diskurse flankiert wurden. Hier zeigt sich, dass die zunächst angelegte defizitorientierte Perspektive, der zufolge der Zugang als allgemein die Arbeits- und Ausbildungssituation migrantischer Gesellschaftsgruppen verbesserndes Ziel entworfen wurde, ab den 1990er-Jahren um eine potential- und dienstleistungsorientierte Deutung und ab den 2000er-Jahren schließlich in steigendem Maße durch Fragen nach „symbolischer Repräsentation im Sinne einer ‚repräsentativen Bürokratie'" (S. 146) und gleichen Teilhabechancen ergänzt wird. Hinsichtlich der konkreten Rekrutierungsentscheidungen in Behörden und ihrer Auswirkungen auf Zugangschancen von Personen mit Einwanderungsgeschichte wird deutlich, dass diese nicht allein durch die Werbestrategien um freie Stellen und den Aufbau eines Pools an Bewerbenden strukturiert wird, sondern ebenso durch Entscheidungen zum Bewerbungsverfahren und den zur Anwendung kommenden Auswahlkriterien (Migrationshintergrund, Sprachkenntnisse etc.) bis hin zur tatsächlichen Auswahl von Kandidat*innen. Lang zeigt auf, dass stereotype Gruppenzuschreibungen auch in hochgradig formalisierten Verfahren als Mittel zur Komplexitätsreduktion von Situationen zur Anwendung kommen. Neben diesen Migration operationalisierenden Kategorien innerhalb von Rekrutierungsverfahren arbeitet Lang zudem heraus, wie zentral hinsichtlich der Anerkennung eines entsprechenden Steuerungsbedarfes das integrationspolitische bzw. das Interesse an der allgemeinen Personalplanung seitens des behördlichen Führungspersonals ist. Als eine weitere Rahmenbedingung erweisen sich die lokal situierte und diskutierte Diversität der Stadtgesellschaft und die daraus abgeleitete Unternehmungen zur Rekrutierung, mit dem Ziel „die Legitimität der lokalen Politik und Verwaltung [...]" durch ein „Engagement in Angelegenheiten von Integration und Interkultureller Öffnung zu demonstrieren" (S. 331).

Die vorliegende Arbeit von Christine Lang bietet einen empirisch dichten, dabei differenzierten und theoretisch und methodologisch fundierten Einblick in die Rekrutierung von Nachwuchskräften mit Einwanderungsgesichte für den öffentlichen Dienst. Die zentrale Stärke des Buches ist, dass die „Ko-Produktion von Diversität" in der Fokussierung auf staatliche Behörden eine gelungene analytische Verknüpfung der Mikro-, Meso- und Makro-Ebene leistet und die Verzahnung von Differenzkonstruktionen, Strukturen und Praktiken anschaulich aufgeschlüsselt. Einschränkend bleibt einzuwenden, dass erstens gerade der ethnographische

Trumpf, das Einspielen und Abgleichen divergierender Betrachtungsweisen, in den empirischen Kapiteln leider nur selten gespielt wird und zweitens etwaige horizontal in der Stadtverwaltung situierten Akteursallianzen und Wissensproduktionen im Themenfeld durch die Fokussierung auf die Organisationseinheiten der Behörden nicht in den Blick genommen werden können. Dies schmälert jedoch nicht den Mehrgewinn, den die Untersuchung durch das Ausloten neuer Perspektiven auf Ungleichheit und Migration, Differenzkonstruktionen, stadtverwalterische Praxis und ihre lokalräumliche Einbettung leistet. Für in Zukunft erscheinende Analysen im Forschungsfeld der administrativen Bearbeitung und Regierung von Migration kann das Buch wertvolle Denkanstöße liefern.

Der Rezensent

Jan Lange M.A., Universität Tübingen
jan.lange@uni-tuebingen.de

Beauregard, Robert A. (2018): Cities in the Urban Age. A Dissent
Chicago: University of Chicago Press. 224 Seiten
ISBN: 978-0-2265-3538-8. Preis: 28,30 €

Harry Leuter

Immer wieder wird beschworen, dass wir heute im „Urban Age" leben, dem urbanen Zeitalter. Es leben weltweit erstmals mehr Menschen in urbanen als in ruralen Gebieten. Städte besitzen eine große Anziehungskraft und diese Entwicklung hin zur Stadt nimmt weiter zu. Städte versprechen Zukunft. Durch Dichte, Diversität und leistungsfähige Infrastrukturen sorgen Städte für Innovation, ökonomische Entwicklung, Integration und stellen zahlreiche Möglichkeiten für zivilisatorischen Fortschritt zur Verfügung (S. vii). Der Stadtökonom Edward Glaeser erklärte 2011 feierlich den Triumph der Stadt. Als die größte Erfindung der Menschheit mache uns diese reicher, klüger, grüner, gesünder und glücklicher (Glaeser 2011). Dem glorifizierenden Narrativ eines „Urban Age" – im Besonderen dessen Einseitigkeit – widerspricht der Stadtplaner Robert A. Beauregard vehement mit seinem 2018 erschienenen Buch „Cities in the Urban Age. A Dissent".

Für den Autor besteht Stadt aus Widersprüchen, die ihr inhärent sind. Zwar habe sie eine Vielzahl positiver Attribute, dennoch kann sie ihre negativen Aspekte niemals vollständig ausschließen (S. x). Beauregard schreibt „At its best, the city is an ambiguous achievement" (S. 171). Diese Ambiguität mache eine differenzierte Sichtweise auf die Stadt erforderlich sowie das Prinzip, urbane Phänomene im Zusammenhang mit ihrem jeweiligen Gegenteil kritisch zu analysieren. Schon in seiner bisherigen Publikationstätigkeit folgte Beauregard diesem Prinzip: So hat er sowohl zum Thema Reurbanisierung (u. a. *Bringing the City back in*: 1990) als auch zu deren gegenteiliger Entwicklung, der Suburbanisierung (u. a. *When America became Suburban*: 2006), geforscht und veröffentlicht. Insofern kann das vorliegende Werk als konsequente Fortführung, wenn nicht gar Fazit zu seiner bisherigen Arbeit verstanden werden. Beauregard beschäftigt sich als ausgebildeter Architekt, Stadt- und Regionalplaner mit einem breiten Themenspektrum, das Planungstheorie, Stadtökonomie und Stadtsoziologie miteinschließt. Obwohl die Veröffentlichung der Fachrichtung Soziologie zugeordnet ist, versucht der Autor durch Einbezug weiterer Disziplinen, der Komplexität der Stadt gerecht zu werden (S. 20). Seine Argumente untermauert er einerseits empirisch, anhand Datenvergleichs verschiedener Aspekte in unterschiedlichen US-Städten mit Tabellen, andererseits durch historische sowie zeitgenössische Beschreibungen vielfältiger wirtschaftlicher, sozialer und ökologischer Zusammenhänge in amerikanischen Städten.

Nachdem der Autor zu Beginn des Buchs seine differenzierende Haltung zur Stadt als Gegenposition zur einseitigen Stadtglorifizierung darlegt (S. vii ff.) und in seiner Stadtdefinition bewusst für eine Unterscheidung zwischen städtisch und nicht-städtisch plädiert (S. 12), kommt er im Hauptteil zur Beschreibung der Widersprüche der Stadt, die er anhand von vier Gegensatzpaaren vornimmt. 1. Reichtum/Armut: Der Autor führt aus, wie Stadt sehr großen Reichtum möglich macht, diesen aber auch in den Händen weniger konzentriert und andere in Armut führt: „The dynamics that generate and concentrate wealth have, as one of their effects, the generation and concentration of poverty. The reverse [...], however, is not the case" (S. 52 f.). 2. Destruktiv/Nachhaltig: Es wird beschrieben, wie Städte große ökologische Probleme hervorrufen, aber zugleich großes Potenzial für eine nachhaltige Entwicklung bergen. So verbrauchen sie den Hauptanteil der Energie und emittieren die Höchstzahl an Treibhausgasen, durch ihre Kompaktheit schützen sie aber auch die Natur und schüren die Hoffnung, durch Innovation für die Entwicklung von Gegenmaßnahmen zu sorgen (S. 57). 3. Oligarchisch/Demokratisch: Hier wird verdeutlicht, dass urbane Orte durch vielseitige Möglichkeiten persönlichen Austauschs eine ideale Voraussetzung für Demokratie bereitstellen, sie dadurch jedoch zugleich die Anhäufung von Macht fördern. Die Situation in US-Städten wird als demokratische Praxis innerhalb eines oligarchischen Rahmens der Elite aus Politik, Gesellschaft und Wirtschaft dargestellt (S. 89). Zusätzlich hätten nationale und internationale Zusammenhänge in Städten verstärkten Einfluss (S. 111). 4. Tolerant/Intolerant: Beauregard beschreibt, wie Stadt es möglich macht, das Andere anzuerkennen, durch die Nähe jedoch auch das Potential für Konflikt schafft. „The city puts people with diverse religious beliefs and sexual orientations in close proximity, thereby forcing them into situations where they must compete for opportunities, confront (and often fear) encroachment by those unlike themselves, and judge each other harshly" (S. 122). Nichtsdestotrotz sieht der Autor in US-Städten Toleranz und Moral überwiegen (S. 149). Die Notwendigkeit eines moralischen Standpunktes wird im abschließenden Kapitel als wichtig erachtet, um die Verhandlungen zwischen den widerstrebenden Kräften des Urbanen führen zu können (S. 160).

Beauregard verbindet im Buch zwei Themenbereiche, die im aktuellen wissenschaftlichen Diskurs relevant sind und sich teilweise überlagern: Erstens die Diskussion über das „Urban Age", die den Fokus dieses Buchs bildet, und zweitens die Diskussion über Widersprüche in der Stadt, die im Fokus einer internationalen Konferenz der European Urban Research Association (EURA) stehen sollte. Diese war unter dem Namen „Contradictions Shaping Urban Futures" für Juni 2020 in Oslo geplant, mit Beauregard als Keynote-Speaker. Im Folgenden werden die beiden Themen zur Verdeutlichung jeweils eigenständig betrachtet.

Der Themenschwerpunkt „Urban Age" ist eine Gegenreaktion Beauregards auf die einseitig positive Mehrheitshaltung zur Stadt. In der Namensgebung der vorliegenden Publikation und der geplanten Konferenz lassen sich Bezüge zum – nicht explizit benannten – *Urban Age Programme* der Alfred Herrhausen Gesellschaft der Deutschen Bank und der London School of Economics (LSE) erkennen. Im Rahmen dieses Programms wurde 2018 die Publikation „Shaping Cities in an Urban Age" veröffentlicht, außerdem wurde über mehrere Jahre eine Reihe von internationalen Konferenzen unter dem Namen „Developing Urban Futures" abgehalten. Der im Titel betonte Dissens besteht darin, dass die negativen Seiten der Stadt vom *Urban Age Programme* als ins Positive veränderbare, temporäre Fehlfunktionen im endlosen Fortschritt interpretiert werden, wohingegen Beauregard sie als fixen Bestandteil in der endlosen Verhandlung zwischen unumstößlichen Widersprüchen sieht (S. x). Für ihn steht fest: „The city's contradictions are neither temporary nor reducible to human behavior – and they are unavoidable" (S. viii). Deutlich unterschiedliche Ansätze treten auch bei Methodik und Präsentation der Inhalte zutage. Beauregard ist hier zurückhaltender als das *Urban Age Programme* und verwendet lokale Beispiele, Text und einfache Tabellen, mit denen Argumente unterstrichen werden. Durch diese sorgfältig abwägende Vorgehensweise wird Glaubwürdigkeit produziert und es wird ein bereits an städtischen Fragen interessiertes Publikum angesprochen.

Aber es greift zu kurz, „Cities in the Urban Age. A Dissent" lediglich als Gegenbeitrag zur Diskussion über das urbane Zeitalter zu lesen. Das Buch stellt zudem einen Beitrag zu einer Diskussion über Widerspruch und die Denkweise der Dialektik dar, die im Urbanismus in den 1960/70er-Jahren stattfand und seit einigen Jahren wieder aufzukommen scheint. Beauregard nennt die Dialektik als theoretischen Erklärungsansatz für seine Thesen und schreibt: „Dialectical thinking, with its emphasis on the tensions that stalk society, is fundamental to the worldview of Marxist scholars" (S. xii). Obwohl er erwähnt, dass seine Haltung nicht von vielen geteilt wird (S. 152), erkennt man allein im deutschsprachigen Raum, wie stark diese Sichtweise den Stadtdiskurs in den letzten Jahren beeinflusst (u. a. bei Christian Schmid, Jürgen Krusche, Arno Brandlhuber, Tom Steinert). Ein wichtiger Grund für die steigende Relevanz dieses Themas sind gesellschaftliche und politische Polarisierungstendenzen – wie beispielsweise in „Die Ambivalente Stadt" von Jürgen Krusche beschrieben (Krusche 2017) –, die sowohl global als auch städtisch-lokal verstärkt spürbar werden. Im ‚Spürbar-Machen' liegt der Fokus und die Stärke der vorliegenden Publikation. Widersprüche werden anhand städtischer Beispiele veranschaulicht und begreifbar gemacht. Die theoretischen Grundlagen des dialektischen Denkens werden demgegenüber nur kurz thematisiert und manche Aspekte des Diskurses bleiben gänzlich unerwähnt, wie etwa die Produktivität von Widersprüchen: Durch die Interaktion und Aushandlung von Differenzen entsteht auch etwas Neues, wie Christian Schmid in seiner dialektischen Betrachtungsweise beschreibt (Schmid 2015: S. 302).

Mit seinem Buch „Cities in the Urban Age. A Dissent" gelingt es Robert A. Beauregard, der vorherrschenden Lesart des urbanen Zeitalters sein Denken in Widersprüchen entgegenzusetzen. Als Buch über „die Stadt" (S. 176) sind die Quellen aus der Stadtliteratur und offiziellen statistischen Daten gut gewählt. Die Beschreibungen sind geographisch in den USA verortet und gleichzeitig zu einem Großteil auch in anderen geographischen und stadtpolitischen Kontexten beobachtbar. Eine vertiefte Betrachtung der theoretischen und philosophischen Grundlagen der Dialektik wäre erhellend bei weiterer Untersuchung des Themas „Contradictions in the Urban Age".

Literatur

Glaeser, E. (2011). *Triumph of the City. How Our Greatest Invention Makes Us Richer, Smarter, Greener, Healthier, and Happier.* New York: Penguin Books.
Krusche, J. (2017). *Die Ambivalente Stadt. Gegenwart und Zukunft des öffentlichen Raums.* Berlin: Jovis.
Schmid, C. (2015). *The Inevitable Specificity of Cities.* Zürich: Lars Müller Publishers.

Der Rezensent

Dipl. Ing. Harry Leuter, Universität Stuttgart
harry.leuter@si.uni-stuttgart.de

Henkel, Anna; Lüdtke, Nico; Buschmann, Nikolaus & Hochmann, Lars (Hrsg.) (2018): Reflexive Responsibilisierung. Verantwortung für nachhaltige Entwicklung
Bielefeld: transcript. 460 Seiten
ISBN: 978-3-8376-4066-3. Preis: 34,99 €

Tanja Mölders

Auf den ersten Blick mag – gerade für Nicht-Sozialwissenschaftler*innen – der Titel des Bandes abschreckend wirken: „Reflexive Responsibilisierung" klingt ambitioniert und wenig praxisnah. Zwar zieht der sozialwissenschaftliche Duktus sich konsequent durch das Buch, doch gerade in der damit verbundenen Dekonstruktion von Gewissheiten sowie dem Aufzeigen von Ambivalenzen und Widersprüchen im Nachhaltigkeitsdiskurs liegt die Stärke der Veröffentlichung. Indem auf vorschnelle, eben unreflektierte Positionierungen aufmerksam gemacht wird, leistet der Band in kritischer Absicht einen Beitrag zu einer gesellschaftlichen Transformation in Richtung Nachhaltigkeit.

Das insgesamt 460 Seiten umfassende Werk geht auf die Konferenz „Reflexive Responsibilisierung. Verantwortung für nachhaltige Entwicklung" zurück, die im Februar 2017 in Lüneburg stattgefunden hat. Die insgesamt 19 Beiträge sind sowohl konzeptionell als auch empirisch angelegt und in drei thematische Teile gegliedert. Indem jeder Teil mit einer zusammenfassenden Reflexion schließt, geht das Buch über die bloße Aneinanderreihung von Einzeltexten hinaus – vielmehr werden theoretische Weiterentwicklungen auf Basis der Beiträge geleistet. Gerahmt werden die drei Teile durch eine ausführliche Einleitung der Herausgeber*innen sowie zwei kontroverse Standpunkte zum Thema Responsibilisierung am Ende des Bandes.

In der Einleitung zeichnen die Herausgeber*innen nicht nur kursorisch die Historie des Begriffs Nachhaltigkeit und der Idee nachhaltiger Entwicklung nach, sondern positionieren ihren Band in diesem komplexen, wissenschaftlich und politisch umkämpften Diskurs. Dazu richten sie die Aufmerksamkeit sowohl auf den Diskurs, und damit auf Semantiken und Begrifflichkeiten nachhaltiger Entwicklung, als auch auf Nachhaltigkeitspraktiken in Form konkreter Handlungen. Aus dieser Perspektive wird das Anliegen deutlich, das mit einer reflexiven

Responsibilisierung verfolgt wird: Es geht nicht darum, festzuschreiben, wer für nachhaltige Entwicklung verantwortlich sein sollte oder welche Lösung die Beste ist, sondern vielmehr darum, Nachhaltigkeit als Diskursraum zu nutzen. Diese Möglichkeit wird in den nachfolgenden Beiträgen konkretisiert:

Im ersten Teil wird die Frage nach der Normativität oder Neutralität von Wissenschaft gestellt. Damit leisten die in diesem Teil versammelten Aufsätze (themen-)spezifische Beiträge zur Kontroverse um Nachhaltigkeitswissenschaft als transformative, d. h. Gesellschaft verändernde, Wissenschaft. Thematisch reflektieren die Autor*innen die Praxis nachhaltigkeitsorientierter Forschung u. a. am Beispiel von Klimaverantwortung, nachhaltiger Stadtentwicklung und Transdisziplinarität. In der Reflexion des ersten Teils geht Reinhard Schulz der Frage nach, inwiefern Forschung im Kontext nachhaltiger Entwicklung eine Sonderform von Wissenschaft darstellt. Er plädiert dafür, Nachhaltigkeitsforschung als Erfinderin neuer Wissenschaftssorten zu begreifen, die jenseits von Sein und Sollen und damit jenseits von Neutralität und Normativität verortet sind.

Im zweiten Teil widmen sich die Autor*innen gesellschaftlichen Verantwortungsverhältnissen. Dazu fragen sie aus unterschiedlichen disziplinären Perspektiven nach den Wirkungen von Nachhaltigkeit auf das Verhältnis von Strukturen – verstanden als gesellschaftliche Systemdynamiken – und Individuen. In ihrer anschließenden Reflexion leuchten Anna Henkel und Gesa Lindemann die in den Beiträgen jeweils unterschiedlich konzeptualisierten Verhältnisse von Struktur und Individuum aus und fragen nach deren Gewichtung. Dabei arbeiten sie drei Herausforderungen für eine reflexive Nachhaltigkeitsforschung heraus: Erstens eine neue Verhältnisbestimmung von Struktur und Individuum jenseits einer Logik von Unter- bzw. Überordnung, zweitens eine (Neu)Interpretation des Individuums im Kontext einer möglicherweise ebenfalls ‚aktiven' Umwelt sowie drittens ethische und methodologische Herausforderungen. Damit zeigt sich, ähnlich wie schon in der Reflexion des ersten Teils, dass Nachhaltigkeitsforschung sich insbesondere dadurch auszeichnet, dass sie sich nicht in die sicher geglaubten Entweder-Oder-Rationalitäten der Moderne, wie Natur versus Kultur, Körper versus Geist, aktiv versus passiv, einsortieren lässt. Vielmehr wird es erforderlich, Vermittlungsverhältnisse zwischen ‚alten' Trennungen zu formulieren.

Im dritten Teil geht es um die Praktiken und Prozesse der Responsibilisierung. Dabei wird der Blick sowohl auf individuelle als auch auf gemeinschaftliche Zuschreibungen von Verantwortung gelegt. Es ist wenig verwunderlich, dass bei der Reflexion konkreter Praktiken das Thema Konsum von zentraler Bedeutung ist, jedoch beschäftigen sich Texte auch mit Themen wie Obsoleszenz oder politischer Musik. Während überwiegend die Ansicht vertreten wird, dass die Übernahme von Verantwortung für eine Transformation in Richtung Nachhaltigkeit von zentraler

Bedeutung ist, dechiffriert Thomas Alkemeyer diese Annahme in seiner (macht-)kritischen Reflexion. Dazu arbeitet er eine Lesart von Umweltverantwortung als neo-liberale Adressierung heraus und macht deutlich, dass Verhaltensänderungen (der Einzelnen) nicht die gesellschaftlichen Ausbeutungs-, Klassen- und Geschlechterverhältnisse verändern, die (auch) ursächlich für die sozial-ökologischen Krisen sind. Entsprechend plädiert er für eine politische, kapitalismus- und damit machtkritische Gestaltung von Prozessen der Zuweisung und Übernahme von Verantwortung.

Eine solche kritische Positionierung wird auch am Ende des Bandes vertreten: Armin Grunwald argumentiert in seinem Beitrag „Warum Konsumentenverantwortung allein die Umwelt nicht rettet", dass es naiv wäre zu glauben, Verhaltensänderungen von Konsument*innen könnten zu einer Veränderung der Wirtschaft hin zu mehr Nachhaltigkeit führen. In individuellen Verantwortungszuschreibungen sieht er eine doppelte Überforderung der Konsument*innen: Ihnen würde erstens eine Verantwortung übertragen, die sie demokratietheoretisch nicht tragen sollten und zweitens nicht tragen können. Entsprechend fordert er eine Schaffung von nachhaltigkeitsförderlichen Rahmenbedingungen und Anreizstrukturen statt individueller Responsibilisierung. Nico Paech positioniert sich in seinem Beitrag „Überforderte Politik – warum nur individuelle Verantwortungsübernahme die Ökosphäre rettet" dezidiert gegen eine solche, von ihm als „politische Nachhaltigkeitsstrategie" bezeichnete, Orientierung. Ihm geht es nicht darum, Konsumhandlungen auf nachhaltige Alternativen umzulenken und damit – so sein Argument – einer ökologischen Modernisierung Vorschub zu leisten, sondern darum, Konsumhandlungen generell zu hinterfragen und so eine Postwachstumsökonomie zu etablieren. Damit widerspricht er ausdrücklich der zuvor von Grunwald formulierten „Überforderungsthese". Verantwortungsübernahme in Form materieller Selbstbegrenzung kann ihm zufolge nur auf der individuellen Ebene realisiert werden.

Diese abschließende Kontroverse lädt dazu ein, weiter über Fragen der Responsibilisierung nachzudenken. Dabei ließen sich noch andere Perspektiven und Positionen einbringen. So leisten die Forschungen aus dem Bereich Gender und Nachhaltigkeit seit langem (macht-)kritische Beiträge zu Fragen der Verantwortungszuschreibung und -übernahme. Kritisiert werden dabei etwa die „Feminisierung der Umweltverantwortung" und das mangelnde „Empowerment" von Frauen in Produktions- und Entscheidungsprozessen. Auch die aus Geschlechterperspektiven immer wieder kritisierten Naturalisierungstendenzen im Nachhaltigkeitsdiskurs – zu denen einige ökofeministische Autorinnen selbst einen Beitrag geleistet haben – ließen sich argumentativ noch weiterentwickeln. Eine solche Fokussierung würde

die Kategorie Natur zum Gegenstand der Auseinandersetzung machen, wie es im vorgestellten Band im Beitrag von Katharina Bloch der Fall ist.
Es ist ein Verdienst dieser Publikation, zu solcherart Weiterdenken anzuregen. Wer also an einer gesellschaftlichen Transformation in Richtung nachhaltige Entwicklung interessiert ist, dem sei die Lektüre empfohlen.

Die Rezensentin

Prof. Dr. Tanja Mölders, Leibnitz Universität Hannover
t.moelders@archland.uni-hannover.de

Wendt, Matthias (2018): „Weil es nur zusammen geht." Commons-basierte Selbstorganisation in der Leipziger Hausprojekteszene
(= Interdisziplinäre Stadtforschung, 23)
Frankfurt am Main: Campus Verlag. 386 Seiten
ISBN: 978-3-5935-0896-2. Preis: 45,00 €.

Ana Rogojanu

Die 2018 in der Reihe „Interdisziplinäre Stadtforschung" veröffentlichte Dissertation des Wirtschaftsgeographen Matthias Wendt ist Teil einer größeren Bewegung der Beschäftigung mit Commons als alternativer Form der Verwaltung von Gütern jenseits neoliberaler kapitalistischer Systeme. Die Diskussionen, die sowohl in den Wirtschafts- und Politikwissenschaften als auch in den Sozial- und Kulturwissenschaften geführt werden, sind dabei zuweilen getragen von einem überaus positiven Blick auf Commons, die als hoffnungsvoller Weg in eine selbstbestimmte Zukunft jenseits von Markt und Staat gesehen werden (Helfrich&Boller 2012; Baier; Müller&Werkner). Auf den ersten Blick scheint sich das Buch von Matthias Wendt, das Leipziger Hausprojekte untersucht, die als selbstorganisierte Initiativen Kollektiveigentum realisieren und damit Merkmale von Commons aufweisen, in diesen Trend einzureihen. Der Titel „Weil es nur zusammen geht", ein Zitat aus der empirischen Forschung, wirkt ohne eine Präzisierung des „es" etwas absolut und auch die Kurzbeschreibung des Bandes knüpft mit ihrem Verweis auf die Notwendigkeit alternativer Organisationsformen auf dem Wohnungsmarkt an einen normativen Diskurs an. Diesem ersten Eindruck zum Trotz argumentiert der Autor überaus differenziert und distanziert sich von romantisierenden Blicken auf gemeinschaftliche Selbstorganisation.

Die Arbeit beginnt mit einem Abschnitt zu den theoretischen Grundlagen der Commons-Forschung, der einen klaren und differenzierten Überblick über den Forschungsstand gibt und zudem konsequent Bezüge zum empirischen Gegenstand der Forschung herstellt. Als zentrale theoretische Grundlagen arbeitet Wendt den institutionenökonomischen Ansatz sowie den Embeddedness-Ansatz heraus und erläutert als analytische Grundlage für das Verständnis konkreter empirischer Fälle unterschiedliche „Dimensionen" von Commons. Dazu gehören die Dynamiken, die die Art der Güter, um die es sich jeweils handelt, mit sich bringen, ebenso wie unterschiedliche Formen der „institutionellen Verfasstheit" (S. 34) von Commons, die mit verschiedenen Rechten und Pflichten der an der Nutzung der Güter beteiligten Personen einhergehen. Der Aspekt der institutionellen Verfasstheit wird schließlich anhand verschiedener Wohnformen, konkret Eigentum, Miete, Proprietät und Hausbesetzung, insbesondere mit Blick auf die damit einhergehenden Verfügungsrechte und Rechtspositionen durchdekliniert, womit eine hilfreiche Grundlage für die Einordnung der in der Studie untersuchten Projekte geschaffen wird. Mit Blick auf die sozialen Aspekte von Commons führt der Autor als weitere theoretische Grundlage Forschungen zu sozialen und intentionalen Gemeinschaften an. Vor diesem Hintergrund formuliert Wendt sein eigenes Verständnis von Commons als „selbstorganisierte Gemeineigentumsarrangements [...], die durch Gemeinschaften interdependenter Mitglieder begründet werden" (S. 77 f.). Der Fokus seiner Untersuchung weist durch die besondere Aufmerksamkeit für kollektive Steuerungsarrangements Bezüge zum institutionenökonomischen Strang der Commons-Forschung auf, wird aber durch den im Embeddedness-Ansatz verankerten Blick auf die sozialen Hintergründe und die gesellschaftliche Einbettung der beteiligten Akteur*innen ergänzt.

Auf diese eigene Positionierung folgt ein Abschnitt, der sich mit Entwicklungen der neueren Commons-Forschung beschäftigt. Unter anderem lasse sich eine Ausweitung des Commons-Konzepts auf immer breitere Felder beobachten, insbesondere auf Organisationsformen im urbanen Raum und konkret im Bereich des Wohnens. Diese Erweiterung des Commons-Begriffs gehe, so Wendt, zuweilen zu Lasten seiner theoretischen Schärfe. So bleibe beispielsweise oft unklar „ob die Spezifizierung von Commons als urban lediglich die Verortung in einem städtischen Kontext angibt oder die Zuschreibung typischer Wesensmerkmale einschließt" (S. 85). Darüber hinaus gehen mit der Betonung des widerständigen Potenzials von Commons in der neueren Forschung häufig positive Konnotationen wie Gerechtigkeit, Nachhaltigkeit und Gemeinschaftlichkeit einher, die Commons für soziale Bewegungen anschlussfähig machen, die sich durch eine antikapitalistische und globalisierungskritische Haltung auszeichnen. Wendts umfangreiche und überaus differenzierte und reflektierte Darstellung des Forschungsstandes zu Commons gehört zu den großen Stärken dieser Arbeit.

Daran schließt ein Kapitel an, das Wohnungsgenossenschaften und Hausbesetzungen – wesentliche Vorläufer der von Wendt untersuchten Hausprojekte – als Commons betrachtet und somit als wesentlicher Schritt der Operationalisierung des Konzepts für die eigene empirische Forschung gesehen werden. Diese zielt auf ein Erfassen der „Logik der szenehaft vernetzten Leipziger Hausprojekte, also der Sichtweisen, Intentionen, Handlungs- und Organisationsformen der beteiligten Akteure" (S. 133). Der Geograph Wendt bedient sich dafür verschiedener Methoden der qualitativen Sozialforschung, womit sich seine Arbeit tatsächlich gut in die Reihe „Interdisziplinäre Stadtforschung" einfügt. Konkret stützt er sich insbesondere auf leitfadengestützte Interviews mit kleinen Gruppen von Beteiligten aus insgesamt 22 Hausprojektgruppen und mit anderen mit der Szene in Verbindung stehenden Akteur*innen sowie auf eine sechsmonatige teilnehmende Beobachtung in einem Hausprojekt, im Rahmen derer er selbst mit Mitgliedern dieses Projekts im Nachbarhaus wohnte und bei der Renovierung des neu erworbenen Hauses half. Auch wenn in der eingehenden Reflexion des methodischen Vorgehens darauf verwiesen wird, dass es in den Interviews um die „Bandbreite biographischer Prägungen, individueller Motivationen und gemeinschaftlicher Einstellungen" (S. 146) ging, zu denen es größtenteils schon umfangreiche Diskussionen in den Projekten gab, bleibt die Frage nach den Implikationen der Auswahl der für die Projekte sprechenden Personen und nach möglichen innerhalb der Projekte divergierenden Positionen offen.

Der Darstellung der empirischen Ergebnisse ist ein überaus aufschlussreiches Kapitel zu den „Rahmenbedingungen und Formen selbstorganisierten Wohnens in Leipzig" (S. 155) vorangestellt. Wendt geht dabei auf den demographischen und sozioökonomischen Wandel der Stadt und die damit einhergehenden Veränderungen auf dem Wohnungsmarkt seit Beginn des 20. Jahrhunderts und insbesondere seit dem Ende der DDR ein. Auch wenn sich nach Phasen der Schrumpfung der Stadt und einer entsprechend entspannten Lage auf dem Wohnungsmarkt nun in den vergangenen Jahren bei steigender Bevölkerungszahl ein „Immobilienboom" (S. 166) feststellen lasse, so böten sich dennoch für selbstorganisierte Projekte „Gelegenheitsfenster" (ebd.), um an renovierungsbedürftigen, günstigen Wohnraum zu kommen. In der Vergangenheit hätte sich angesichts einer großen Zahl an unsanierten leerstehenden Altbauten „eine vielfältige Landschaft selbstorganisierter Wohnformen" (ebd.) herausbilden können. Wendt legt in seiner Untersuchung einen Fokus auf Hausprojekte, die günstigen Wohnraum in Kollektiveigentum erwerben, diesen instand setzen und an ihre Bedürfnisse anpassen. Diese zeichnen sich im Unterschied zu anderen selbstorganisierten Wohnformen durch eine langfristige Perspektive und ein verhältnismäßig starkes Ausmaß an Dekommodifizierung aus.

Im Abschnitt „Empirie" werden zunächst noch einmal, etwas detaillierter und mit Bezug auf Aussagen beteiligter Akteur*innen, die aktuellen Kontextbedingungen für Hausprojekte in Leipzig umrissen. Danach widmet sich ein längerer Abschnitt den Akteur*innen, die an solchen Projekten beteiligt sind. Es handle sich dabei mehrheitlich um Personen mit akademischem Hintergrund am Ende oder kurz nach ihrer Ausbildung, ohne besondere finanzielle Möglichkeiten, denen eine politisch eher links zuzuordnende Orientierung gemeinsam ist. Die Entscheidung für das Wohnen in einem Hausprojekt dient dabei häufig der Realisierung eines „freiheitlich-engagierten Lebensstils" (S. 206), wie Wendt dies bezeichnet, der sich beispielsweise in der Ablehnung konventioneller Berufsbiographien niederschlägt. Als Motivationen für die Beteiligung am Hausprojekt arbeitet Wendt insbesondere Gemeinschaftlichkeit, Gestaltungsfreiheit und Autonomie heraus, sowie das Ziel, Räume für experimentelles Wohnen zu sichern und dauerhaft dem Immobilienmarkt zu entziehen.

Inspiriert durch die theoretischen Perspektiven der Commons-Debatte, geht es in weiterer Folge um die „institutionelle Verfasstheit" der Hausprojekte. Wendt diskutiert im Zuge dessen unter anderem die unterschiedlich stark ausgeprägte Gemeinschaftsorientierung, analysiert die Selbstorganisationsprozesse und beschreibt dabei die Ansprüche der Gleichberechtigung ebenso wie den zentralen Topos des Selbermachens, die Koordination von Aufgaben und den Umgang mit Konflikten. Des Weiteren beleuchtet der Autor die Implikationen des Kollektiveigentums und des Ziels der Dekommodifizierung sowie den Anspruch der Solidarität, der sich in solidarischen Mietmodellen ebenso niederschlägt wie in der Öffnung der Räume des Projekts für die Umgebung und Formen weitergehenden sozialen Engagements.

Der letzte Teil des Empirie-Abschnitts fragt nach den Bezügen der einzelnen Hausprojekte nach außen und zwar sowohl zueinander – im Sinne einer im Entstehen begriffenen Hausprojektszene – als auch zur Stadtverwaltung und zum Wohnungsmarkt mit seinen professionellen Akteur*innen sowie zum weiteren städtischen Umfeld. Dabei wird in anschaulicher Weise deutlich, dass Hausprojekten im Zuge von Stadtentwicklungsprozessen eine ambivalente Rolle zukommt. Sie wollen über ihre eigene Gruppe hinaus in den Stadtraum hineinwirken, verwehren sich aber gegen Instrumentalisierungen durch die Stadtverwaltung und vor allem gegen die mit der Aufwertung von Stadtteilen einhergehende Gentrifizierung.

Der empirische Teil der Arbeit gibt ein plastisches Bild der beteiligten Akteur*innen, der inneren Organisationsstrukturen sowie der Positionierungen nach außen. Die Intensität der Forschung könnte vielleicht eine noch dichtere Form der Darstellung erwarten lassen. Der Autor präsentiert eine recht glatte Analyse, die durch – größtenteils nicht kontextualisierte – wörtliche Zitate gestützt wird und dabei Widersprüche und Spannungen im Material eher verdeckt denn als Quelle nutzt.

Der letzte Abschnitt des Buches ist als „Synthese" betitelt und präsentiert im Wesentlichen eine Zusammenfassung des empirischen Materials entlang der Kategorien „Commons", „Bezüge zu Wohnungsgenossenschafts- und Hausbesetzerbewegung", „sozioökonomische Logik" und „stadträumliche Logik". Auch wenn diese Ordnung noch einmal analytische Perspektiven schärft, hätte man sich für diesen Abschnitt mutigere Schlussfolgerungen und eine tiefergehende Anbindung, an die zuvor so präzise erläuterten theoretischen Modelle wünschen können. Diese ist zwar vorhanden, wenn Wendt etwa darauf eingeht, dass die von ihm untersuchten Hausprojekte, anders als im institutionenökonomischen Ansatz der Commons-Forschung angenommen, „nicht primär nutzenrationalen Zielsetzungen wie der Minimierung der individuellen Wohnungskosten [folgen], sondern […] in erster Linie Ausdruck bestimmter Wohn- und Lebensvorstellungen von Solidarität und Nichtkommerzialität [sind]" (S. 347) und „entgegen dem Postulat der Notwendigkeit von Regeln, Sanktions- und Überwachungsmechanismen" (S. 348) ohne formalisierte Systeme zur Reglementierung der Investition von Arbeitszeit und Kapital in das Projekt auskommen. Wesentliche Erweiterungen und Modifikationen der Perspektiven der Commons-Forschung, die die Qualität des empirischen Materials sicher ermöglicht hätte, nimmt er aber nicht vor. Gleichwohl hat Wendt mit seiner Dissertation einen wertvollen Beitrag hinsichtlich einer umfassenden und differenzierten Diskussion aktueller Tendenzen der Commons-Forschung geleistet und einen fundierten Einblick in die Leipziger Hausprojekteszene gegeben, dessen Stärke insbesondere in der präzisen Herausarbeitung der politischen, ökonomischen und sozialen Rahmenbedingungen solcher Projekte im lokalen Kontext liegt.

Literatur

Helfrich, S. & Bollier, D. (2012). Commons als transformative Kraft. Zur Einführung. In Helfrich, S. & Heinrich-Böll-Stiftung (Hrsg.). *Commons. Für eine neue Politik jenseits von Markt und Staat* (S. 15–23). Bielefeld.
Baier, A.; Müller, C. & Werner, K. (2013). *Stadt der Commonisten. Neue urbane Räume des Do it yourself*. Bielefeld.

Die Rezensentin

Dr. Ana Rogojanu, Universität Wien, Institut für Europäische Ethnologie
ana.rogojanu@univie.ac.at

Doppelrezension zu:
Rink, Dieter & Haase, Annegret (Hrsg.) (2014): Handbuch Stadtkonzepte. Analysen, Diagnosen, Kritiken und Visionen
Opladen; Toronto: utb; Barbara Budrich. 494 Seiten
ISBN: 978-3-8252-4955-7. 1. Preis Print: 44,99 €

Gestring, Norbert & Wehrheim, Jan (Hrsg.) (2018): Urbanität im 21. Jahrhundert. Eine Fest- und Freundschaftsschrift für Walter Siebel
Frankfurt; New York: campus. 366 Seiten
ISBN: 978-3-5935-0970-9. Preis: 45,00 €

Jens Wietschorke

Viele soziologische, ökonomische oder politikwissenschaftliche Gesellschaftsbeschreibungen der letzten Jahrzehnte sind insbesondere auf der städtischen Ebene diskutiert und mal mehr, mal weniger empirisch weiterverfolgt worden. Dabei hat auch die Stadtforschung gesellschaftsdiagnostische Züge angenommen. So spiegeln sich Entwicklungen einer Soziologie der Kreativität und des Kreativitätsdispositivs in Untersuchungen zur „Kreativen Stadt", rezente Diskussionen um Nachhaltigkeit finden sich in der Idee der „Nachhaltigen Stadt" wieder, und Analyse und Kritik des Neoliberalismus beziehen sich spezifisch immer auch auf die „Neoliberale Stadt". In vielen Variationen wird die Stadt so zu einem konkreten Schauplatz und Experimentierfeld erklärt, auf dem sich allgemeine Entwicklungen in verdichteter Form beobachten lassen. Hier gilt es unter anderem eine neuere Publikation vorzustellen, die sich als Handbuch unterschiedlicher „Stadtkonzepte" versteht. Nach der Definition der Herausgeber*innen Dieter Rink und Annegret Haase sind Stadtkonzepte „Entwürfe für die Stadt von morgen. Sie enthalten Analysen und Diagnosen aktueller Stadtentwicklungen, Kritiken problematischer bzw. erwünschter Trends sowie Prognosen, Programmatiken und Visionen einer neuen, anderen, besseren Stadt". Und weiter: „Stadtkonzepte nehmen Städte als Ganzes in den Blick, sie adressieren grundlegende Probleme, Erfordernisse und Funktionen des Städtischen" (S. 10).

Schon diese knappe Definition zeigt an, welches Naheverhältnis die „Stadtkonzepte" zu den soziologischen Generaldiagnosen der letzten Jahrzehnte einnehmen. Es geht weniger um theoretische und methodische Zugänge der Stadtforschung als vielmehr um die Bestandsaufnahme thematischer Trends: um problematische und erwünschte Entwicklungen, um Prognosen, Programme und Visionen der besseren Stadt. Wer sich vom „Handbuch Stadtkonzepte" also eine Einführung in stadtsoziologische Theorien erwartet, wird mit Sicherheit enttäuscht. In 21 Kapiteln werden stattdessen Aspekte der spätmodernen Stadt vorgestellt, die – vom „Austerity Urbanism" bis zur „überwachten Stadt" – derzeit intensiv diskutiert werden und die insbesondere in der Praxis der Stadtplanung und Stadtentwicklung von zentraler Bedeutung sind. Dazu gehören beispielsweise der Aspekt der ökologischen und sozial-ökologischen Resilienz von Städten und städtischem Leben, die Auseinandersetzung um das von Henri Lefebvre konzeptualisierte „Recht auf die Stadt", das von vielfältigen sozialen Bewegungen eingeklagt wird, oder das Konzept der „Europäischen Stadt", das von verschiedenen Disziplinen und mit unterschiedlichen Akzentsetzungen als Blaupause für bestimmte Kerneigenschaften westlicher Urbanität gelesen wird.

Die einzelnen Beiträge des Bandes sind logisch und nachvollziehbar aufgebaut und von kompetenten Fachleuten – vornehmlich aus den Disziplinen Soziologie und Geographie – verfasst. Sie vermitteln einen guten Überblick über die Herkunftslinien der einzelnen Stadtkonzepte und die aktuellen Diskussionen zum Thema. Dabei wird in den meisten Fällen auch transparent gemacht, auf welchen Ebenen die Konzepte angesiedelt sind und wie sie zwischen diesen Ebenen zirkulieren. Denn während einige der Begriffe aus ganz spezifischen Theorie- und Forschungszusammenhängen stammen und eher analytische Konzepte kennzeichnen, sind andere Begriffe eher Gegenstand planerischer Praxis oder öffentlicher Debatten. So spiegelt etwa die „Postpolitische Stadt" avancierte Theoriedebatten wider und ist außerhalb gewisser Spezialistendiskurse kaum bekannt, dagegen fasst der Beitrag zur „Grünen Stadt" ein ganzes Bündel sehr geläufiger Ideen zur planerischen Verbesserung städtischen Lebens zusammen, die im Artikel dann auch bis zu den Grünanlagen der Antike und des Mittelalters zurückverfolgt werden (S. 156–157). „Cittaslow" wiederum ist ein Konzept, das einer ganz konkreten transnationalen Initiative zur Entschleunigung städtischen Lebens und zur Vermarktung bestimmter Formen urbaner Lebensqualität entstammt. Und der Begriff „Megastadt" bezeichnet eine Kategorie räumlicher Skalierung und ist daher nochmals auf einer anderen

Ebene angesiedelt. Die Diskussion um Stadtkonzepte berührt somit die Frage nach Wissenstransfers zwischen Wissenschaft, Wirtschaft, Planung und Öffentlichkeit. Ein schwieriges Thema bleibt freilich die Auswahl der thematischen Beiträge. Man kann einem solchen Handbuch kaum mangelnde Vollständigkeit vorwerfen – dazu ist das Thema „Stadtkonzepte" zu umfassend. Allerdings macht es schon zumindest nachdenklich, dass sich beim Abgleich zwischen den vor einigen Jahren von Oliver Frey herausgearbeiteten 49 Stadtkonzepten und den bei Rink und Haase zusammengestellten 21 Konzepten nur fünf Übereinstimmungen ergeben: Lediglich die Begriffe „Globale Stadt", „Just City", „Kreative Stadt", „Nachhaltige Stadt" und „Schrumpfende Stadt" finden sich in beiden Darstellungen (Frey 2011). Das liegt keineswegs nur daran, dass sich der Diskurs in den sieben Jahren zwischen 2011 und 2018 so signifikant verschoben hätte, sondern auch daran, dass es eben kaum eine verbindliche Systematik der Stadtkonzepte geben kann. Erst recht dann nicht, wenn verschiedenste Diskurse über Stadt und Urbanität darunter gefasst werden – von der „Disneyfizierung der Stadt" bis hin zur „Ludic City", um nur zwei der bei Frey (2011) genannten Begriffe zu nennen. Andere, auch stadthistorisch bedeutsame Konzepte wie die „Gartenstadt", die „Autogerechte Stadt", die „Gegliederte und Aufgelockerte Stadt", die „Postindustrielle Stadt" oder die „Netzstadt" vermisst man bei Rink und Haase, die in ihrer Auswahl vor allem neuere und neueste Theorieentwicklungen aufgreifen. Letztlich wird deutlich, dass der Komplex der „Stadtkonzepte" zu offen ist, um irgendeine Art von Theoriezusammenhang zu gewährleisten. Insofern ist das „Handbuch Stadtkonzepte" als eine pointierte Auswahl neuerer Diskussionen um Stadt und städtisches Leben zu lesen, die keineswegs das gesamte Spektrum der Stadtforschung abbildet. Im Sinne einer solchen Auswahl ist das Handbuch ausgesprochen gelungen; es informiert zuverlässig über Diskurszusammenhänge und erschließt von dort aus viele aktuelle Forschungsfragen.

Die zweite hier zu besprechende Sammelpublikation setzt sich in gewisser Weise auch mit Stadtkonzepten auseinander – und zwar insofern, als sie aus verschiedenen Perspektiven das ‚Superkonzept' unter den Stadtkonzepten beleuchtet: den Urbanitätsbegriff. Der von Norbert Gestring und Jan Wehrheim herausgegebene Band „Urbanität im 21. Jahrhundert" ist eine Festschrift zum 80. Geburtstag des Oldenburger Soziologen und Stadtforschers Walter Siebel, der in zahlreichen Forschungsarbeiten den Urbanitätsbegriff bearbeitet und ihn im Sinne einer „Kultur der Stadt" – so seine große Monographie von 2015 – in Stellung gebracht hat. Schon bei der Durchsicht der Beitragstitel wird deutlich, dass viele der hier publizierten Aufsätze an aktuellen Stadtkonzepten im Sinne des oben besprochenen Handbuchs ansetzen. Sie liefern insofern Fallstudien, die die Konzepte – etwa die „Soziale Stadt" (im Beitrag von Dieter Läpple), die „Smart City" (im Beitrag von Martina Löw und Jörg Stollmann), die „Europäische Stadt" (im Beitrag von

Jens S. Dangschat) oder die „Diverse City" (im Beitrag von Ayça Polat) – in der konkreten Diskussion vorführen und ihre Relevanz verdeutlichen. Der Band ist insgesamt in vier Teile gegliedert, die Urbanitätsbegriffe und -konzepte, die Stadt als Ort des Fremden, soziale Ungleichheit und soziale Konflikte sowie Politik und Planung thematisieren. Ein Thema, das Walter Siebel besonders am Herzen liegt, wird von den Autor*innen des zweiten Teils bearbeitet: der Zusammenhang von Stadt und Migration. Für Siebel ist „Fremdheit die Grundkategorie des Urbanen" (S. 81) – eine These, der Felicitas Hillmann, Andreas Farwick, Andrea Janßen und Ingrid Breckner auf unterschiedliche Weise nachgehen. Dabei ist wenig erstaunlich, dass die kurzen Beiträge das Thema eher auf der Makro- als auf der Mikroebene verhandeln und allenfalls eine Perspektive mittlerer Reichweite entwickeln; neuere empirische Forschungsergebnisse werden in Festschriften eher selten ausgebreitet. Dafür aber gelingen den Autor*innen hier komprimierte Abhandlungen, die Migration als urbane Ressource und als Ressource für Urbanität sichtbar machen.

Ein kleines Glanzstück des Bandes ist der Beitrag „Urbanität durch soziale Mischung?" des Autorenduos Moritz Rinn und Jan Wehrheim. Den beiden gelingt es, die Diskussion sozialer Mischungspolitiken in der Stadtplanung sowohl mit historischer Tiefenschärfe als auch mit einem wachen Blick für neueste Entwicklungen sozialer Ausgrenzung in der – um ein Stadtkonzept zu zitieren – neoliberalen Stadt zu führen. Rinn und Wehrheim zeigen, dass die notorischen Mischungspolitiken der Stadtplanung vielfach so mit Gentrifizierungsprozessen verzahnt sind, dass die Strategien der „Mischung" und „Integration" teilweise das Gegenteil von dem erreichen, was eigentlich beabsichtigt ist (S. 228). Dabei kommen die Autoren auch zu erhellenden Schlüssen, was den Umgang mit dem ubiquitären Urbanitätsbegriff angeht. Sie empfehlen eindringlich, Urbanität nicht als analytische Kategorie zu verwenden, sondern vielmehr „die Frageperspektive darauf zu richten, welche städtischen Vergesellschaftungsweisen und entsprechende räumliche Formationen mit ‚Urbanität' repräsentiert werden, und welche Stadtpolitiken damit legitimiert werden sollen" (S. 230). Nur so können faktische Ausgrenzungsprozesse, die aktuell im Namen von „Urbanität" und „urbaner Mischung" stattfinden, angemessen kritisch erfasst werden. Wenn hier nebenbei die ideologischen und mythologischen Qualitäten des Urbanitätsbegriffs thematisiert werden, dann gilt das beispielsweise auch für den pointierten planungskritischen Beitrag von Klaus Selle, der sich mit der „feierliche[n] Unschärfe" (S. 43) der Worte „urban" und „Urbanität" auseinandersetzt und sogar vom „U-Wort" (S. 29) spricht – was eine verdächtige Nähe zum „Unwort" anzeigt.

Nicht alle Beiträge des Bandes folgen einem solchen Verständnis von Urbanität als Begriff, der kaum noch analytisch verwendbar ist, sondern dessen Funktionslogiken innerhalb konkreter Praxis- und Diskursfelder untersucht werden müssen.

So beschreibt etwa Felicitas Hillmann – im Anschluss an Überlegungen Walter Siebels – das Ineinandergreifen von „verschiedenen Typen der Migration" (S. 93) als die „Essenz des Städtischen". Die Argumentation ist im Einzelnen durchaus plausibel, allerdings lässt sich fragen, welchen heuristischen Nutzen es mit sich bringt, von einer solchen Essenz zu sprechen. Ausgehend davon erscheinen vor allem die Aufsätze in „Urbanität im 21. Jahrhundert" innovativ und weiterführend, die dazu beitragen, Begriffe und Konzepte der Stadtplanung und Stadtforschung in ihrer feldübergreifenden Dynamik und situativen Spezifik zu verfolgen, anstatt sie definitorisch zu setzen oder lediglich als Analyseinstrumente zu denken. Ein sehr gelungenes Beispiel für diesen Zugang stellt der Text von Susanne Frank dar, der überzeugend darlegt, warum auch der Begriff „Gentrifizierung" eine differenzierte Perspektive auf die Übergänge zwischen Analyse- und Feldbegriffen und die Wissenstransfers zwischen Wissenschaft und Öffentlichkeit verlangt. Am Beispiel der „großen Erzählung" vom „Neuen Dortmund" (S. 200) und des Stadtentwicklungsgebiets Phönix-Hörde zeigt sie auf, dass die Gentrifizierungsdiskussion vor Ort viele Ebenen aufweist: die Ebene einer „gefühlten Gentrifizierung" aus Sicht eingesessener Bewohner*innen, die Ebene der Gentrifizierungskritik aus Sicht künstlerischer Interventionsprojekte sowie die Ebene einer sozialwissenschaftlichen Strukturanalyse, aus deren Sicht hier von „Diskussionen um Gentrifizierung ohne (bislang) empirisch nachweisbare Gentrifizierungsprozesse" (S. 197) gesprochen werden muss.

Die beiden hier vorgestellten Bände liefern gute Überblicke zu neueren und neuesten Entwicklungen der Stadtforschung und zeigen, dass die Konzeptualisierung der Stadt ein komplexer Vorgang ist, der nur multiperspektivisch und „multi-sited" in den Griff zu bekommen ist. Stadt- wie Urbanitätskonzepte sind – so eine mögliche Bilanz der Lektüre – längst nicht mehr nur als wissenschaftliche Instrumentarien zu sehen, sondern als fluide Begriffe, die in unterschiedlichen Kontexten immer wieder neu und immer wieder anders verhandelt werden. Diese Konstellation im Sinne von „Rücklaufeffekten" wissenschaftlichen Wissens zu verstehen, würde viel zu kurz greifen. Gerade die Stadtforschung liefert zahllose Beispiele dafür, dass Diskurse und Praktiken sowie emische und etische Dimensionen von Konzepten nicht zu trennen sind.

Literatur

Frey, O. (2011). Stadtkonzepte in der europäischen Stadt: In welcher Stadt leben wir eigentlich? In: Frey, O. & Koch, F. (Hrsg.), *Die Zukunft der Europäischen Stadt. Stadtpolitik, Stadtplanung und Stadtgesellschaft im Wandel* (S. 280–316). Wiesbaden.

Der Rezensent

Priv. Doz. Dr. Jens Wietschorke, Universität Wien
jens.wietschorke@univie.ac.at

IV
Dokumentation und Statistik

Monitoring StadtRegionen
Ein Rückblick auf knapp 20 Jahre Raumentwicklung im 21. Jahrhundert

Stefan Fina, Frank Osterhage, Jutta Rönsch, Karsten Rusche, Stefan Siedentop, Kati Volgmann, Ralf Zimmer-Hegmann[1]

Zusammenfassung

Die aktuelle Ausgabe des Monitorings StadtRegionen[2] des ILS – Institut für Landes- und Stadtentwicklungsforschung präsentiert erstmalig eine Zeitreihe für ausgewählte Indikatoren der Raumentwicklung in Deutschland, die so weit wie möglich den bisherigen Verlauf des 21. Jahrhunderts wiedergibt. So lassen sich für die Bevölkerungsentwicklung Konzentrationsprozesse in dynamischen Großstädten nachzeichnen, die zu einem sozialräumlichen Selektionsprozess, aber auch zu neuen Verdrängungstendenzen ins Stadtumland führen. Wohnraum in diesen Städten wird knapp, was auch wirtschaftliche Folgen hat: Beschäftigungszentren und Arbeitsorte verlagern sich im Wettbewerb um innerstädtische Flächennutzungen tendenziell vermehrt ins Stadtumland, wobei diese Trends je nach wirtschaftlicher Ausrichtung und Gesamtsituation einer StadtRegion durchaus differenziert zu bewerten sind. So weist zum Beispiel die Bautätigkeit der letzten 20 Jahre darauf hin, dass der Umgang mit neuen Flächenkonkurrenzen zwischen den StadtRegionen sehr unterschiedlich ausfällt. Je nach Ausgangssituation und Wachstumsdruck zeigen die im Beitrag interpretierten Kennziffern im Zeitverlauf, welche Trends im Gesamtkontext den Leitbildern nachhaltiger Raumentwicklung entsprechen, und wo auf eher kritische Entwicklungen hingewiesen werden muss.

---

1 unter Mitarbeit von Jigeeshu Joshi, Katinka Gehrig-Fitting, Pamela Sanwald, Julian Schmitz und Lea Vanhöfen.
2 Der Begriff der StadtRegionen wird in diesem Beitrag durchgehend als Eigenname des ILS-Monitorings in der Schreibweise mit großem R für Regionen verwendet.

Abstract

The current version of the Monitoring of City Regions by ILS – Research Institute for Regional and Urban Development presents a new time series for selected indicators of spatial development in Germany, covering the timeframe since the beginning of the 21st century as far as currently possible. The monitoring results address, for instance, processes of population concentration in dynamic major cities. Such trends have consequences on the social structure and can lead to exclusion and displacement. Residential areas in inner cities are in high demand, which also affects economy and business. In some regions large numbers of businesses and workplaces relocate to suburban and peripheral locations. The overall trends, however, differ widely between city regions. Building activities, for example, stand as a proxy for regional planning strategies to address new urban land use demand. This chapter presents representative measures over time and interprets them in the light of strategic guidelines for sustainable development. The results can be used to identify critical development paths in a comparative manner, taking specific development pressures of German city regions into account.

Schlüsselbegriffe

StadtRegionen, Metropolen, Großstadt, Monitoring, Suburbanisierung, Reurbanisierung, Bevölkerung, Beschäftigung, soziale Lage, Flächennutzung, Deutschland

Dieser Beitrag beschäftigt sich mit den aktuellen Trends der Raumentwicklung in deutschen StadtRegionen. Im Vergleich zu früheren Ausgaben des Jahrbuchs Stadt-Region wird erstmalig über eine längere Zeitreihe von knapp 20 Jahren berichtet (je nach Indikator von frühestens 2001 bis zum aktuellsten Stand von Ende 2017). Im Fokus steht die Entwicklung ausgewählter Kennziffern aus den Themenbereichen Bevölkerungsentwicklung, Beschäftigung, soziale Lage und Baufertigstellungen. Als Grundlage dient das räumlich detaillierteste Datenangebot, das die bundesdeutsche Regionalstatistik flächendeckend für 11.264 Gemeinden (Gebietsstand 31.12.2017) in Deutschland bereitstellt.

Mit dieser Zeitspanne findet eine bedeutende Erweiterung der Datenbasis statt. Die längere Zeitreihe trifft auf einen methodischen Ansatz zur Abgrenzung von StadtRegionen, der die funktionalen Beziehungen zwischen Kernstadt und Stadtumland in den Fokus stellt. Dieses Zusammenspiel aus Indikatorik und räumlicher Vergleichskulisse erlaubt es den Autorinnen und Autoren, für aktuell 33 bundesdeutsche StadtRegionen differenziert Konzentrationstendenzen und Verdrängungsdynamiken in den Blick zu nehmen, die für aktuelle raumstrukturelle Nachhaltigkeitsziele bedeutsam sind. Unterstützt werden die resultierenden fachlichen Bewertungen durch Grafiken und einen detaillierten Zahlenanhang, der für weiterführende Analysen durch die Leserschaft genutzt werden kann. Zeitgleich zur Ausarbeitung dieses Abschnitts geht ein neues Informationsangebot zum Monitoring StadtRegionen online, das die Grafiken und Karte der StadtRegionen für interaktive Werkzeuge und die Möglichkeiten von WebGIS-Technologien erschließt, und interessierten Nutzern unter der Webadresse www.ils-stadtregionen.de öffentlich zur Verfügung steht.

In den folgenden Abschnitten wird zunächst über eine Fortführung der Methodik berichtet, die mit aktuellem Zahlenmaterial die größten Bevölkerungs- und Beschäftigungszentren (= „Kernstädte") in Deutschland identifiziert und deren Einzugsbereiche (= „Stadtumland") im Hinblick auf Pendlerverflechtungen abgrenzt – je nach Bedeutung der Kernstadt mit unterschiedlich langen maximalen Fahrzeiten als Parameter. Das Monitoring StadtRegionen erlaubt für diese Zwecke sehr bewusst, dass sich Einzugsbereiche von Kernstädten überlappen, zum Beispiel in den Agglomerationsräumen des Rhein- und Ruhrgebietes oder in der Region Rhein-Neckar.

Es folgen thematisch gegliederte Ausführungen zu den Themenbereichen Bevölkerung, Beschäftigung, soziale Lage und Bautätigkeiten, mit jeweils einem ausgewählten Kernindikator als repräsentativem Kennwert für den Themenbereich. So zeigt zum Beispiel die Bevölkerungsentwicklung insgesamt für Deutschland, wie sich Konzentrationstendenzen im Zeitverlauf von 2001 bis Ende 2017 manifestiert haben. Die lange Zeitreihe für die einzelnen Regionen ermöglicht es zudem, zwischen aufholenden oder sogar ausweichenden Tendenzen zu unterscheiden. Erstere spielen auch 30 Jahre nach der Wiedervereinigung eine Rolle, und treffen auf neue räumliche Disparitäten, zum Beispiel durch den Strukturwandel in altindustriell geprägten Regionen. Ausweichende Tendenzen wiederum lassen sich dort feststellen, wo Überlastungserscheinungen von Wohnungsmarkt und Infrastrukturen die eigentlichen Trends und Treiber der Raumentwicklung hemmen und Alternativen gefunden werden müssen, zum Beispiel im Bereich der Ansiedlung von Betrieben und Gewerbetreibenden. Die Autorinnen und Autoren stützen sich bei ihren Ausführungen dabei nicht ausschließlich auf die Aussagekraft quantitativer Kennziffern. Es findet eine Kontextualisierung der Ergebnisse im Hinblick auf Erkenntnisse aus der Literatur und anderer Fachveröffentlichungen statt, die wertvolle Hinweise auf die Wechselwirkungen raumpolitischer Impulse und globaler Trends der Raumentwicklung liefern.

So finden sich zum Beispiel im Abschnitt zur Entwicklung von Beschäftigungsverhältnissen (von 2003 bis 2017) Erkenntnisse, die für einzelne StadtRegionen auf Verlagerungen von Arbeitsplatzangeboten aus den Kernstädten in Beschäftigungszentren im Stadtumland hinweisen. Als mögliche Ursachen gelten steigende Preise in dynamisch wachsenden Innenstadtlagen für gewerbliche Nutzungen, die im Zusammenhang mit dem Arbeitskräfteangebot, einer stadtregionalen Erreichbarkeit, aber sicherlich auch im Hinblick auf die Wettbewerbsfähigkeit einzelner Wirtschaftszweige in Zeiten von Globalisierung und digitaler Transformation neue Standortpräferenzen nach sich ziehen. Das Monitoring StadtRegionen erkennt in diesem Zusammenhang eine zunehmende Bedeutung von Pendlerverflechtungen zwischen Wohn- und Arbeitsorten, die durch Stauzeiten im Straßennetz die theoretische Erreichbarkeit von Standorten potenziell beeinträchtigen. Aus diesem Grunde werden für die Abgrenzung des Stadtumlands in der aktuellen Version Fahrzeiten auf dem belasteten Straßennetz modelliert. Pendlerverflechtungen werden damit realistischer abgebildet als in früheren Versionen.

Für den Bereich der sozialen Lage, im darauf folgenden Abschnitt repräsentiert durch den Anteil an Leistungsempfängerinnen und -empfängern in Bedarfsgemeinschaften nach Sozialgesetzbuch (aktuell von 2008 bis 2017 verfügbar), gelten neue Formen der sozialräumlichen Polarisierung als kennzeichnend für die aktuelle Dynamik. In bundesdeutschen StadtRegionen treffen Faktoren der sozialen Exklusion benachteiligter Bevölkerungsschichten nicht nur auf steigende Lebenshaltungskosten, insbesondere induziert durch den Wohnungsmarkt: Die Beschäftigungsmöglichkeiten auf einem sich verändernden Arbeitsmarkt werden für weniger qualifizierte Arbeitnehmerinnen und Arbeitnehmer gleichermaßen als ein Problem angesehen, das die Handlungsmöglichkeiten des Sozialstaats vor neue Herausforderungen stellt und stellen wird. Nicht umsonst sind Fragen von sozialer Gerechtigkeit ein wichtiger Gegenstand aktueller politischer Diskurse, unter anderem zur Gleichwertigkeit von Lebensverhältnissen in Deutschland (vgl. Fina et al. 2019a).

Im letzten Themenabschnitt des Kapitels wird die Bautätigkeit im Zeitraum von 2002 bis 2017 analysiert und als Reaktion kommunaler und regionaler Planungsträger auf Entwicklungsimpulse und Wohnraumbedarfe in der Region bewertet. Dieser Indikator hat Erklärungsgehalt für mehrere raumstrukturelle Ziele. Auf der einen Seite wird deutlich, welche Städte unter hohem Wachstumsdruck neuen Wohnraum schaffen konnten. Auf der anderen Seite zeigt sich, wo eine Verknappung von Wohnraum erkennbare Ausweichtendenzen ins Stadtumland bewirkt, mit entsprechenden Folgen auf raumstrukturelle Verflechtungen zwischen Kernstadt und Umland. Die lange Zeitreihe ermöglicht hier einen Einblick in die Dynamik seit Beginn des 21. Jahrhunderts, die maßgeblich von Wachstumsphasen geprägt war, unterbrochen von der konjunkturdämpfenden Wirkung der Finanzkrise 2008. In guter Tradition der früheren Ausgaben des Jahrbuchs StadtRegion schließt das Kapitel mit einem Anhang, der die StadtRegionen charakterisiert, sowie einer ausführlichen Dokumentation des Zahlenmaterials, das für die vorliegenden Auswertungen genutzt wurde. Als weiterer Anhang und Anschauungsbeispiel für die neue Webseite www.ils-stadtregionen.de ist beispielhaft ein Steckbrief für die StadtRegion Dortmund beigefügt, verbunden mit der Einladung an die Leserschaft, die interaktiven Möglichkeiten der Webseite auszuprobieren und zu nutzen.

1 Daten und Methoden

Wie eingangs beschrieben hat sich das für das Monitoring StadtRegionen verantwortliche Team am ILS seit Erscheinen des Jahrbuchs StadtRegion 2017/18 (Fina et al. 2019b) der Beschaffung und der Aufbereitung längerer Zeitreihen für die Indikatorenbildung gewidmet. Die diesbezüglichen Erfahrungen sind möglicherweise, auch wenn sie nicht vollumfänglich zu veröffentlichungswürdigen Ergebnissen geführt haben, aufschlussreich für Wissenschaftlerinnen und Wissenschaftler, die sich mit regionalstatistischen Datengrundlagen und der Bildung von Zeitreihen beschäftigen. Sie sollen deshalb hier wiedergegeben werden.

In einem ersten Schritt wurde über die Koordinierungsstelle des Statistischen Landesamtes Nordrhein-Westfalen ein ausgewählter Satz an regionalstatistischen Variablen zu den oben genannten Themenbereichen Bevölkerung, Beschäftigung und Flächennutzung rückwirkend bis 1996 angefragt. Datenbestände von 1996 bis 2001 mussten kostenpflichtig von den Statistischen Landesämtern beschafft werden, wobei sich leider einige Lücken ergaben: Nicht alle Bundesländer konnten Datengrundlagen liefern, sodass dieser Zeitraum für das Ziel der flächendeckenden Indikatorentwicklung für alle bundesdeutschen Gemeinden nicht abgebildet werden konnte. Die Zeitreihe seit 2001 konnte direkt vom Statistischen Landesamt Nordrhein-Westfalen aus dort vorliegenden Datenbeständen zugeliefert werden. Für einige Indikatoren hielten die ersten Jahre des Beobachtungszeitraums den Konsistenzprüfungen und der Plausibilisierung des ILS mit Erfahrungswerten und Referenzdaten nicht stand, sodass auf deren Weiterverarbeitung und Veröffentlichung schließlich verzichtet wurde (z. B. 2001 bei den Baufertigstellungen, 2001 und 2002 bei der Anzahl sozialversicherungspflichtig Beschäftigter). Weitere relevante Indikatoren werden von der Bundesagentur für Arbeit herausgegeben (z. B. Anzahl der Leistungsempfängerinnen und -empfänger in Bedarfsgemeinschaften), in konsistenter Form allerdings erst seit 2007 (für diesen Beitrag aufbereitet ab 2008). Darüber hinaus wurde die Zeitreihe gegenüber dem früheren Jahrbuch StadtRegion, das bis Ende 2015 berichtete, um zwei weitere Jahre bis Ende 2017 aktualisiert.

Im weiteren Verlauf erwies es sich als datentechnisch überaus anspruchsvoll, die zahlreichen Gebietsstandänderungen durch Umschlüsselungen, Umbenennungen, Eingemeindungen, aber auch Aufteilung von Gemeinden in benachbarte Administrationen nachzuvollziehen. Ab dem Jahr 2001 stellt das Bundesamt für Statistik für diese Aufgabe detaillierte Dokumentationen von Gebietsstandänderungen bereit, die im Abgleich mit den jeweiligen Verwaltungsgebieten des Bundesamtes für Kartographie und Geodäsie (erscheinen jeweils zum 1.1. und 31.12. eines Jahres) eine Zuordnung alter in neue Gebietsstände ermöglichen. Diese Zuordnung erfordert allerdings eine iterative Vorgehensweise, die mit einer gewissen konzeptionellen Weitsicht programmiert werden muss: Es kann nämlich durchaus vorkommen, dass Gemeinden im Zeitverlauf mehreren Änderungen unterliegen, auch unterjährig. Die Konsequenz ist, dass regelbasierte Zuordnungen regionalstatistischer Variablen (z. B. bei der Aufteilung einer Kommune nach der Fläche oder Bevölkerungsanteilen, die in benachbarte Verwaltungsgebiete übergehen) sich diese Umlegungen „merken" müssen, um dann bei einer erneuten Änderung auf diesen Stand zurückgreifen zu können. Darüber hinaus muss der Algorithmus in der Lage sein, Daten gleichermaßen rückwirkend und für aktuellere Zeitstände auf einen fest definierten Zeitpunkt (hier: 31.12.2017), über den berichtet werden soll, anzugleichen.

In der Folge wurden die in diesem Beitrag beschriebenen Kernindikatoren aufbereitet und für die Raumkategorien der bevölkerungsreichsten Kernstädte Deutschlands, dem jeweils dazugehörigen Stadtumland, sowie Gebieten außerhalb der StadtRegionen (das heißt alle Werte aus Gemeinden, die nicht einer StadtRegion angehören) aufbereitet. Je nach Berechnungsvorschrift eines Indikators sind dafür Summenbildungen (Beispiel: Bevölkerungsentwicklung absolut), teilweise aber auch Normierungen der Daten notwendig (Beispiel: Baufertigstellungen je 1.000 Einwohner/Einwohnerinnen), für die Zähler (Baufertigstellungen) und Nenner (Bevölkerung) jeweils erst aufsummiert werden müssen, bevor der Indikator berechnet werden kann. Weitere Ergänzungsindikatoren, für die am ILS Datengrundlagen vorliegen, die für dieses Jahrbuch aber noch nicht aufbereitet werden konnten, betreffen zum Beispiel Statistiken zu Wanderungen, Flächennutzung und Bevölkerung nach Altersgruppen. Darüber hinaus soll zukünftig über Pendlerverflechtungen berichtet werden, die sich aus dem Wohnort und dem Arbeitsort sozialversicherungspflichtig Beschäftigter der Bundesagentur für Arbeit seit 2002 ermitteln lassen.

Die Erzeugung der Raumkategorien zwischen Kernstadt und Umland folgt einem Verfahren, das bereits 2015 in Grundzügen definiert und in den Jahrbüchern 2015/16 und 2017/18 beschrieben wurde (Fina et al. 2019b; Baumgart et al. 2016): Zugrunde liegt die Annahme, dass Pendlerverflechtungen die raumstrukturellen Beziehungen zwischen Kernstadt und Stadtumland einer StadtRegion maßgeblich prägen. Die Abgrenzung der StadtRegionen erfolgt dabei prinzipiell in zwei Schritten:

1. Definition einer Kernstadt mit mindestens 200.000 Einwohnern/Einwohnerinnen und 100.000 sozialversicherungspflichtig Beschäftigten.
2. Definition des Einzugsbereichs einer Kernstadt basierend auf einer von der Beschäftigtenzahl abgeleiteten Anziehungskurve.

Mit diesen Regeln wurden auf der Grundlage der Bevölkerungs- und Beschäftigungszahlen von 2017 33 Kernstädte abgegrenzt, die in der Regionalstatistik als kreisfreie Städte geführt werden. Gegenüber dem Jahrbuch StadtRegion 2017/18 kommt die StadtRegion Kassel neu hinzu, die seit 2012 eine Anzahl sozialversicherungspflichtig Beschäftigter über 100.000 und im Jahr 2017 erstmalig über 200.000 Einwohner/Einwohnerinnen registrierte. Es wird davon ausgegangen, dass die hier identifizierten Großstädte eine besondere funktionale Rolle für ihr Umland im Sinne einer übergeordneten zentralörtlichen Bedeutung als Wirtschaftsknoten und Beschäftigungszentrum innehaben, allerdings nicht im gleichen Umfang: Die nachfolgende Modellierung von Einzugsbereichen basiert auf der Logik, dass größere Beschäftigungszentren eine Anziehungskraft auf Berufspendler und -pendlerinnen ausüben, die weiter ins Stadtumland wirkt.

Abbildung 1 zeigt die darauf basierende Ermittlung des Schlüsselparameters für die Größe einer StadtRegion: Die maximale Fahrzeit, die Pendler/Pendlerinnen von ihrem (hypothetischen) Wohnort in das (hypothetische) Beschäftigungszentrum mit dem motorisierten Individualverkehr benötigen. Die maximale und minimale Fahrzeit von 60 bzw. 30 Minuten (sekundäre Y-Achse) für die – nach der Anzahl der sozialversicherungspflichtig Beschäftigen (primäre Y-Achse) bemessenen – größten und kleinsten Kernstadt im Sample sind gesetzt. Dazwischenliegende Kernstädte erhalten eine Fahrzeit für die Abgrenzung ihres Stadtumlandes auf Grundlage einer Näherungskurve, die als zweite Wurzel der Datenreihe modelliert wird (siehe die zu einer Linie verbundenen Punkte in der Abbildung).

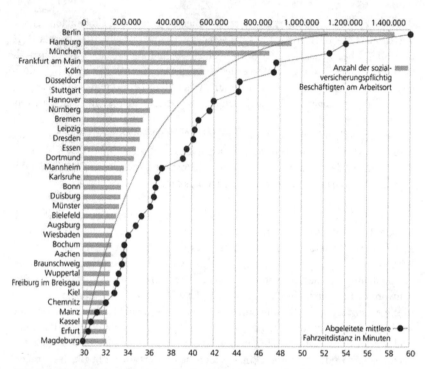

Abb. 1 Ableitung von Fahrzeiten für die Abgrenzung von StadtRegionen in Abhängigkeit von der Bedeutung einer Kernstadt als Beschäftigungszentrum (eigener Entwurf, Grafik: Jutta Rönsch).

Anschließend werden die Einzugsbereiche für diese Kernstädte definiert, indem mit einem Online Routing Service der Firma ESRI Fahrzeiten zwischen den zentralen Punkten von Kernstadt und Gemeinden im Stadtumland ermittelt werden. Diese zentralen Punkte sind dem Datensatz der Geographischen Namen des Bundesamtes für Kartographie und Geodäsie entnommen und liefern eine funktionale Verortung des bedeutendsten zentralen Punktes einer Kommune (z. B. für ein Rathaus, einen Marktplatz oder einen Hauptbahnhof). Die Nutzung des ESRI Routing Service bietet zudem den Vorteil, dass auf Grundlage gemessener Fahrtdauern auf den einzelnen Straßenabschnitten eine mittlere Fahrtdauer im belasteten Netz ermittelt werden kann. Zugrunde liegen Auswertungen der Firma Here Now, die mit Hilfe von Mobilfunkdaten Belastungszustände des Netzes ermitteln und als sogenannte „predictive travel time" eine Aussage über die wahrscheinliche Fahrzeit zwischen den zentralen Punkten einer Kernstadt und einer Umlandgemeinde ermöglichen[3]. Im Gegensatz zu früheren Regionalisierungsverfahren, die eine Fahrzeit auf der Grundlage mittlerer Fahrzeiten nach Straßenklasse (z. B. durchschnittliche Geschwindigkeiten auf Autobahnen von 120 Kilometer pro Stunde) nutzten, fallen die Reisezeiten damit realistischer, in vielen Fällen aber auch deutlich länger aus. Dies ist insbesondere dann der Fall, wenn das Zentrum einer Gemeinde nur über stark belastete Lokalstraßen erreichbar ist.

Abbildung 2 zeigt das Regionalisierungsverfahren für das Beispiel der neu ins Monitoring aufgenommenen StadtRegion Kassel: Zunächst werden die Fahrzeiten zu allen zentralen Punkten von Gemeinden im Stadtumland bis zur maximalen Fahrzeit einer StadtRegion (für Kassel ca. 31 Minuten, siehe Abbildung 1) ermittelt. In der Karte werden die damit als zugehörig identifizierten Gemeinden über einfache Verbindungslinien einer sogenannten Quelle-Ziel-Matrix dargestellt. Im Nachgang wird ein Harmonisierungsverfahren für Mitgliedsgemeinden von Verwaltungsgemeinschaften durchgeführt, wie es im Nordosten der StadtRegion Kassel auftritt. Hier sind zwei Mitgliedsgemeinden einer Verwaltungsgemeinschaft innerhalb der für Kassel gültigen maximalen Fahrzeit von knapp 31 Minuten erreichbar (hellgrau eingefärbt mit Schraffur), drei weitere Mitgliedsgemeinden sind nur mit längeren Fahrzeiten erreichbar (dunkelgrau eingefärbt mit Schraffur). In solchen Fällen wird dann automatisiert nach der Bevölkerung der Mitgliedsgemeinden außerhalb und innerhalb der StadtRegion entschieden: Ist die Summe der Einwohner/Einwohnerinnen in den Mitgliedsgemeinden innerhalb der Fahrzeit kleiner (hier: 1.948 + 985 = 2.933 Einwohner/Einwohnerinnen) als die Summe der Einwohner/Einwohnerinnen der Mitgliedsgemeinden mit längeren Fahrzeiten (hier: 1.493 + 4.344 + 541 = 6.378 Einwohner/Einwohnerinnen), dann gehören die Mitgliedsgemeinden dieser Verwaltungsgemeinschaft nicht zur StadtRegion. Ist dieses Verhältnis umgekehrt, dann werden alle Mitgliedsgemeinden der StadtRegion zugeordnet. Auf diese Weise setzen sich StadtRegionen ausschließlich aus Verwaltungsgemeinschaften und sogenannten Einheitsgemeinden (d. h. nicht gemeinschaftsangehörigen Gemeinden) zusammen.

Diese Harmonisierung der Gebietskulisse des Stadtumlandes nach Verbandsgemeinden hat den Vorteil, dass

a. eine räumlich und verwaltungstechnisch harmonischere Grundgesamtheit berücksichtigt wird, als dies bei den durchaus sehr unterschiedlich groß geschnittenen Gemeinden zum Beispiel im Vergleich von Nordrhein-Westfalen

---

3   vgl. auch https://www.arcgis.com/home/item.html?id=ff11eb5b930b4fabba15c47feb-130de4, zuletzt abgerufen am 24.2.2020.

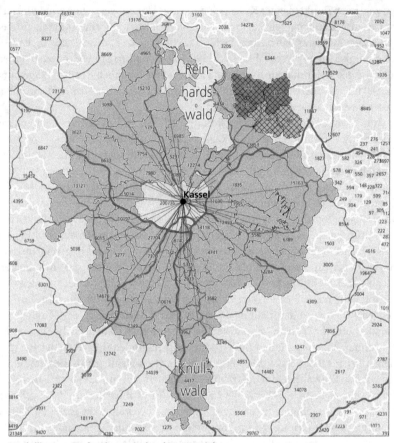

Modellierung Umlandgemeinden (OD Matrix)

● Siedlungsschwerpunkt Kernstadt

―― ESRI Online Fahrzeiten (straigth line Visualisierung, exakte Fahrzeit als Attribut verfügbar)

Verwaltungsgemeinschaften 2017

Gemeinden und kreisfreie Städte 2017 (Beschriftung: Einwohner 2017)

Gemeinden außerhalb max. Fahrzeit

Gemeinden innerhalb max. Fahrzeit

⨯⨯⨯⨯ zum Streichen markiert: VWG mit höherem Bevölkerungsanteil außerhalb der max. Fahrzeit

Abb. 2 Die Abgrenzung von StadtRegionen am Beispiel der Stadt Kassel (eigener Entwurf, Kartografie: Jutta Rönsch, Abkürzungen: OD Matrix = Origin-Destination-Matrix; VWG: Verwaltungsgemeinschaft).

(ausschließlich Einheitsgemeinden), den in der Mehrzahl verbandangehörigen Gemeinden in Rheinland-Pfalz („Ortsgemeinden") oder Niedersachsen („Samtgemeinden") der Fall ist;

b. und dass mit dieser Vorgehensweise potenziell nur auf Ebene von Verwaltungsgemeinschaften verfügbare Datengrundlagen im Monitoring StadtRegionen künftig genutzt werden können (zum Beispiel derzeit schon vorliegende, aber noch nicht aufbereitete Daten der Bundesagentur für Arbeit für Wohn- und Arbeitsorte sozialversicherungspflichtig Beschäftigter).

Darüber hinaus ist aus Abbildung 2 ersichtlich, dass die Abgrenzungslogik nach funktionalen Kriterien eine Orientierung entlang der Verkehrswege nachzeichnet. So ist die Gemeinde Knüllwald mit 4.417 Einwohnern/Einwohnerinnen, die südlich von Kassel entlang der Autobahn A7 innerhalb der Fahrzeit noch erreichbar ist, entsprechend zugeordnet, die Zuordnungslinie verweist auf einen zentralen Ort nahe des Autobahnverlaufs. Die nördlich der Stadt Kassel gelegene Gemeinde mit 0 Einwohnern/Einwohnerinnen ist der Gutsbezirk Reinhardswald. Dessen zentraler Punkt ist aufgrund der fehlenden Straßeninfrastruktur schlecht erreichbar und liegt deshalb außerhalb der maximal für Kassel ermittelten Fahrzeit.

Zusammengefasst entsteht mit dieser Abgrenzungslogik ein automatisiertes und reproduzierbares Verfahren, das den Schwerpunkt auf eine konsistente Umsetzung der raumfunktionalen Zusammenhänge legt. Das Resultat wird nicht nach möglicherweise erwarteten ästhetischen Gesichtspunkten eines „harmonischen Grenzverlaufs" oder unter Ausschluss von durchaus vorkommenden Insellagen (z. B. bei Gemeinden mit Ortszentrum in der Nähe einer Autobahnauffahrt) weiter bearbeitet, mit einer Ausnahme: Unbewohnte Exklaven von Gemeinden, deren administrativer Kernraum in der StadtRegion, der unbewohnte Teil aber außerhalb der StadtRegion liegt[4]. Der Grund für diese Entscheidung ist, dass sich für derartige ästhetische Gesichtspunkte kaum konsistente Kriterien finden lassen, die alle Sichtweisen und Ansprüche erfüllen könnten. Ausschlaggebend ist deshalb letztlich die für jedes Monitoring entscheidende Zukunftsfähigkeit des gewählten Ansatzes.

Abbildung 3 stellt die auf dieser Grundlage neu abgegrenzten StadtRegionen dar. Deutlich wird die starke Tendenz zur räumlichen Überlappung von StadtRe-

---

4   Derartige Gebilde kommen zum Beispiel vor, wenn eingemeindete, aber unbewohnte Waldflächen Teil des administrativen Gebietes der Kerngemeinde sind, aber räumlich isoliert von dieser liegen (Beispiel: Landau in der Pfalz). Die Gemeinden werden dann geographisch als sogenannte Multipart-Polygone geführt, d.h. mehrere Polygone, die tabellarisch zusammengefasst in einer Zeile beschrieben werden.

gionen insbesondere in den bereits erwähnten polyzentralen Siedlungsstrukturen des Ruhrgebiets, der Rheinschiene und der Region Rhein-Main. Aber auch die Anziehungskraft der Arbeitsmärkte von Städten wie München führt dazu, dass zum Beispiel Augsburg im Einzugsbereich der bayerischen Landeshauptstadt liegt. Andersrum ist das nicht so: Der Einzugsbereich Augsburgs erstreckt sich aufgrund der geringeren Strahlkraft der Stadt nicht bis nach München.

Wie oben bereits angeführt dokumentiert Anhang A das Ergebnis des Abgrenzungsverfahrens mit wichtigen Kennziffern. So wird dort für alle Kernstädte die resultierende Anzahl an Gemeinden im Einzugsbereich aufgeführt, ebenso ihre Fläche und die Anzahl der Beschäftigten in der Kernstadt (genau: sozialversicherungspflichtig Beschäftigte am Arbeitsort 2017) und die daraus resultierende maximale Fahrzeit. Zusätzlich werden diese Kennziffern um Informationen zur Anzahl der Beschäftigten ergänzt, die im Umland wohnen (genau: sozialversicherungspflichtig Beschäftigte am Wohnort), und wie viele davon theoretisch als Pendler/Pendlerinnen im Einzugsbereich mehrerer Zentren leben (Anteil der Beschäftigten am Wohnort in Gemeinden im Überlappungsbereich mehrerer StadtRegionen). Die Anzahl an Gemeinden und die Fläche überlappender StadtRegionen, die Namen dieser Nachbarregionen sowie die mögliche Abdeckung einer anderen Kernstadt im Einzugsbereich werden in Anhang A ebenfalls aufgelistet.

Die nachfolgend präsentierte Auswertung nutzt die beschriebene Regionalisierung zur Gruppierung von Kennziffern der Raumentwicklung nach den Raumkategorien der Kernstädte, des Stadtumlandes und den Gebieten außerhalb der StadtRegionen. Eine wichtige Differenzierung betrifft dabei das Stadtumland: In den Fällen, in denen durch Überlappungen des Stadtumlandes andere Kernstädte Teil eines Stadtumlands sein können (und umgekehrt), sind die Interpretationen unter anderen Vorzeichen zu lesen, als wenn ein Stadtumland ohne größere Subzentren strukturiert ist. Als Interpretationshilfe für die Autorinnen und Autoren der nachfolgenden Abschnitte wurden deshalb alle Indikatorausprägungen für eine weitere Raumkategorie nachrichtlich bereitgestellt: Das Stadtumland ohne weitere Kernstädte.

Und ganz ohne Einschränkungen kommt das Monitoring StadtRegionen, trotz aller Bemühungen für eine kohärente und konsistente Datenlage, leider doch nicht aus: In den Ausführungen werden aus Gründen der Datenverfügbarkeit unterschiedlich lange Zeiträume dargestellt und untersucht. Dies führt zu uneinheitlichen Abbildungen und ist beim Vergleich einzelner Auswertungen zu berücksichtigen. Weiterhin muss darauf hingewiesen werden, dass in den älteren Zeitständen in einigen Gemeinden keine Daten publiziert wurden, teilweise aus Gründen des Datenschutzes, teilweise aber auch durch fehlende Meldungen der Gemeinden. In diesen Fällen wurde die Zeitreihe mit einer linearen Interpolation

Monitoring StadtRegionen 237

von Fehlwerten aus verfügbaren Datenpunkten aufgefüllt. Dies kann zu Abweichungen von aggregierten amtlichen Zahlen führen, was bei einem Vergleich mit Referenzdaten zu beachten ist.

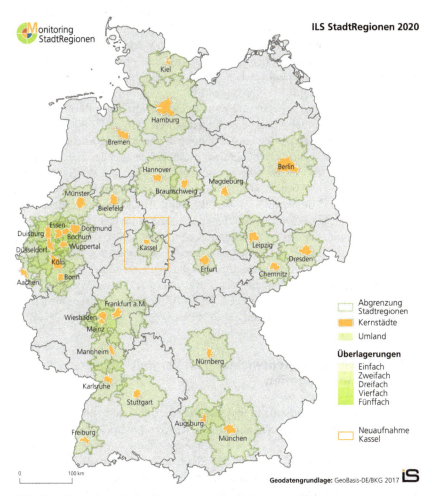

Abb. 3 Abgrenzung der StadtRegionen 2020 mit Markierung der neu hinzugekommenen StadtRegion Kassel (eigener Entwurf; Kartografie: Jutta Rönsch).

2 Bevölkerungsentwicklung

Seit etwa Mitte der 2000er Jahre wurden zahlreiche Studien und Artikel veröffentlicht, die empirische Belege für das neue Bevölkerungswachstum in vielen deutschen Städten liefern (u. a. Siedentop 2008; Geppert/Gornig 2010; Herfert/ Osterhage 2012). In der Folge ist es in der jüngeren Vergangenheit zu einer intensiven öffentlichen Debatte gekommen, bei der die mit dem Wachstumsdruck verbundenen Begleiterscheinungen – Stichwort „Wohnungsnot" – in den prosperierenden StadtRegionen im Mittelpunkt stehen (Deutscher Mieterbund 2019; Holm et al. 2015; Reiß-Schmidt 2018).

Tatsächlich hat sich die seit 2012 anhaltende Zunahme der Bevölkerung in Deutschland in den hier näher betrachteten Jahren 2016 und 2017 fortgesetzt. Dabei profitiert die Bevölkerungsentwicklung weiterhin von einem deutlichen Plus bei der Wanderungsbilanz gegenüber dem Ausland. Die Zahl der Zuzüge hat die Zahl der Fortzüge über die Grenzen des Bundesgebiets pro Jahr um 500.000 bzw. 416.000 Menschen übertroffen. Damit konnte das im selben Zeitraum bestehende jährliche Defizit bei der natürlichen Bevölkerungsentwicklung (Lebendgeburten minus Sterbefälle) in Höhe von 119.000 bzw. 147.000 Personen mehr als ausgeglichen werden. Im Zusammenspiel der beiden Komponenten der Bevölkerungsentwicklung ist es insgesamt zu einem jährlichen Bevölkerungswachstum um 0,4 bzw. 0,3 % gekommen. Im Vergleich zum Jahr 2015, das durch die besonders starke Zuwanderung von geflüchteten Menschen gekennzeichnet war, hat die Wachstumsrate zwar erheblich abgenommen, bewegt sich aber dennoch mit Blick auf die letzten Jahrzehnte nach wie vor auf einem hohen Niveau.

2.1 Bevölkerungsentwicklung im Vergleich der Raumkategorien

Die eingangs für Deutschland insgesamt skizzierten Trends sind als wichtige Rahmenbedingungen zu berücksichtigen; dahinter verbergen sich jedoch bedeutsame räumliche Unterschiede bei der Bevölkerungsentwicklung. Dies zeigt sich bereits, wenn bei der Betrachtung zwischen den Raumkategorien Kernstädte, Umland, Umland ohne Kernstädte und Gebiete außerhalb der StadtRegionen differenziert wird. In Abbildung 4 werden die Bevölkerungszahlen am 31.12.2001 als Basiswert herangezogen und davon ausgehend die Veränderungen bis zum 31.12.2017 abgebildet, sodass die aktuelle Situation in einen längerfristigen Entwicklungsverlauf eingeordnet werden kann.

Monitoring StadtRegionen 239

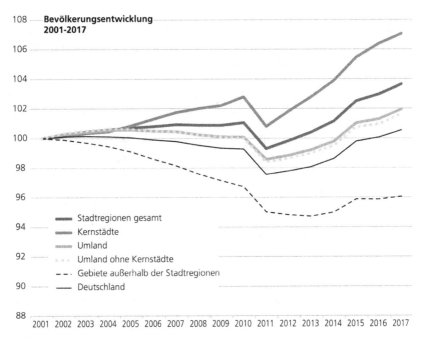

Abb. 4 Index-Entwicklung der Bevölkerung nach Raumkategorien vom 31.12.2001 (= 100) bis 31.12.2017 (Quelle: Statistische Ämter des Bundes und der Länder – Regionaldatenbank Deutschland; ohne Zensuskorrektur 2011).

Dabei wird sichtbar, dass die Entwicklung in diesem 16 Jahre umfassenden Zeitraum keinen gleichmäßigen Verlauf genommen hat. Im Sinne einer groben Unterteilung können im ersten Schritt die Zeitabschnitte vor und nach dem Jahr 2011 getrennt voneinander betrachtet werden. Mit diesem Jahr kommt es zu einem auffälligen Bruch in der Datenreihe. Hintergrund ist die unter dem Titel Zensus 2011 durchgeführte Bestandsaufnahme der Einwohnerzahl in Deutschland. Infolge dieser „kleinen Volkszählung" wurde der Bevölkerungsstand bei allen dargestellten Raumkategorien deutlich nach unten korrigiert. Doch auch über diese statistisch bedingte Korrektur hinaus ergibt sich um das Jahr 2011 ein Wendepunkt bei der Bevölkerungsentwicklung. Im Zeitraum davor ist für Deutschland insgesamt der Übergang zu einer Phase auszumachen, die in Bezug auf die Einwohnerzahl durch Stagnation und leichte Schrumpfung gekennzeichnet ist. Nach der Zensusumstellung zeigt sich ein ganz anderes Bild, da sich angetrieben durch die Zuwanderung aus dem Ausland eine mehrjährige Wachstumsphase einstellt. Ab 2012 sind ansteigende

Wachstumsraten zu verzeichnen, im Jahr 2015 kommt es zu einer sprunghaften Zunahme, bevor sich das Wachstum dann wieder auf niedrigerem Niveau fortsetzt. Diese zwei beschriebenen Phasen der Bevölkerungsentwicklung für Deutschland insgesamt schlagen sich in unterschiedlicher Form im Entwicklungsverlauf der einzelnen Raumkategorien nieder. Bei dieser weiterreichenden Analyse im zweiten Schritt zeigen sich jedoch zudem zeitliche Verschiebungen, relevante Abweichungen vom deutschlandweiten Trend und bemerkenswerte Besonderheiten. So weist die Gruppe der Kernstädte im Vergleich zur Entwicklung in Deutschland insgesamt eine deutlich günstigere Bevölkerungsentwicklung auf. Sie kann – mit Ausnahme des Zensusjahres 2011 – im betrachteten Zeitraum durchgängig eine Zunahme der Bevölkerung verbuchen, sodass diese Kategorie über die letzten Jahre hinweg erheblich an Einwohnerinnen und Einwohnern hinzugewonnen hat. Das Umland weist zu Beginn des Betrachtungszeitraums noch eine besonders dynamische Bevölkerungsentwicklung auf. Im Abschnitt zwischen 2005/2006 und 2010 kommt es bei dieser Raumkategorie aber zu leichten Verlusten. Ab 2012 erfährt auch die Gruppe der Umlandkommunen dann wieder Bevölkerungswachstum; im Ergebnis dieses wechselhaften Verlaufs wird die Bevölkerungszahl des Basisjahres 2001 zum Abschluss des Jahres 2017 übertroffen. Die Gebiete außerhalb der StadtRegionen müssen dagegen lange Zeit recht kontinuierlich Verluste hinnehmen. Diese Raumkategorie partizipiert in den letzten Jahren zwar ebenfalls vom weit verbreiteten Wachstum, doch bleibt der Indexwert am Ende des betrachteten Zeitraums deutlich hinter dem Wert des Basisjahres zurück.

Weiteren Aufschluss über die Entwicklung der unterschiedlichen Raumkategorien ermöglicht die Betrachtung der jährlichen Veränderung der Bevölkerungszahlen (vgl. Abbildung 5). Blickt man auf den gesamten Betrachtungszeitraum, so lässt sich feststellen, dass die Entwicklung in den Gebieten außerhalb der StadtRegionen in allen Jahren gegenüber den Veränderungsraten der StadtRegionen zurückbleibt. Als ein durchgängiges Muster kommt es somit innerhalb des Bundesgebietes zu einer großräumigen Konzentration der Bevölkerung; der Bevölkerungsanteil der StadtRegionen nimmt zu, während der Anteil der in den Gebieten außerhalb der StadtRegionen lebenden Menschen abnimmt.

Beim Vergleich der Veränderungsraten zwischen den Kernstädten und dem Umland zeigt sich ein weniger konstantes Bild. Phasen intraregionaler Konzentration und Dekonzentration scheinen sich abzuwechseln. Zu Beginn des Betrachtungszeitraums liegt das Umland bei diesem Vergleich der Raumkategorien noch vorne. Diese Reihenfolge ändert sich jedoch nach den vorgenommenen Analysen spätestens mit dem Jahr 2005 und es kommt auch auf der stadtregionalen Ebene zu einer mehrere Jahre andauernden Phase der räumlichen Konzentration. Bis zur Zensusumstellung 2011 kann von einer absoluten Reurbanisierung gesprochen werden. Während die

Kategorie der Kernstädte wächst, kommt es bei der Umland-Kategorie zu einem Rückgang der Bevölkerung. Aber auch unter den Vorzeichen des weit verbreiteten Bevölkerungswachstums liegen die Kernstädte in den Jahren 2012 bis 2016 vor dem Umland, sodass die Bedingungen einer relativen Reurbanisierung gegeben sind. Bemerkenswert sind daher die ermittelten Zahlen für das Jahr 2017: Zum ersten Mal seit mehr als einer Dekade liegt nicht die Gruppe der Kernstädte bei der Bevölkerungsentwicklung vor den anderen Raumkategorien. Stattdessen wächst das Umland in diesem Jahr ein wenig stärker als die Kernstadt-Kategorie. Dieser Befund wirft die Frage auf, ob es sich lediglich um einen kurzfristigen Pendelschlag oder um den Beginn einer längeren Phase mit neuen Suburbanisierungsprozessen handelt (Fina et al. 2019b).

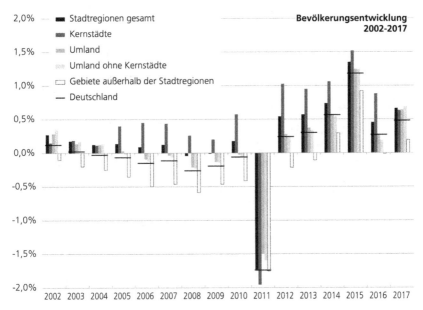

Abb. 5 Jährliche Veränderung der Bevölkerungszahlen vom 31.12.2001 bis 31.12.2017 nach Raumkategorien in Prozent (Quelle: Statistische Ämter des Bundes und der Länder – Regionaldatenbank Deutschland; schwarzer Querbalken: Mittelwert für Deutschland; ohne Zensuskorrektur 2011).

2.2 Bevölkerungsentwicklung im interregionalen Vergleich

Mit der Abbildung 6 wird der Blick auf die Unterschiede zwischen den 33 StadtRegionen bei der Bevölkerungsentwicklung gerichtet. Gegenstand der Betrachtung ist der zweite Abschnitt des gesamten Beobachtungszeitraums, der den Zeitraum 31.12.2011 bis 31.12.2017 abdeckt und somit auf der Fortschreibung des Bevölkerungsstandes auf der Grundlage des Zensus 2011 beruht. Die in der Abbildung fast ausnahmslos nach rechts ausgerichteten Balken machen deutlich, dass innerhalb dieses Zeitraums ein weit verbreitetes Wachstum vorherrscht. Unterdurchschnittliche Wachstumsraten kennzeichnen StadtRegionen, die durch tiefgreifende strukturelle Veränderungen auf dem Arbeitsmarkt Wanderungsverluste bei den Binnenwanderungen erlebt haben (z. B. Strukturwandel des Ruhrgebiets, Nachwendeeffekte in den ostdeutschen StadtRegionen).

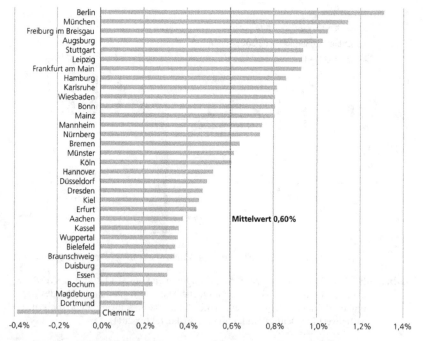

Abb. 6 Durchschnittliche Wachstumsrate bei der Bevölkerungsentwicklung der einzelnen StadtRegionen in Prozent, Mittelwert der Jahre vom 31.12.2011 bis 31.12.2017 (Quelle: Statistische Ämter des Bundes und der Länder – Regionaldatenbank Deutschland).

Über die zuletzt in den Jahren 2016 und 2017 beobachtbaren Tendenzen soll hier zusätzlich auch ohne Abbildung berichtet werden: Mit Ausnahme der StadtRegion Chemnitz (-0,7 %) ist es weiterhin in allen StadtRegionen zu einem Zuwachs an Bevölkerung gekommen. Allerdings haben die Wachstumsraten im Vergleich zu den unmittelbaren Vorjahren abgenommen. Dies kann als eine Normalisierung der für die Verhältnisse hierzulande zuvor stürmischen Bevölkerungsentwicklung interpretiert werden. In der Folge sind die aktuellen Wachstumsraten in Braunschweig und mehreren nordrhein-westfälischen StadtRegionen wie Dortmund, Aachen, Bochum und Bielefeld nur noch schwach ausgeprägt (< 0,1 % pro Jahr). An der Spitze der Liste hat sich mittlerweile die Hauptstadtregion Berlin festgesetzt (1,3 %). Nur dort wurde zuletzt eine jährliche Wachstumsrate von mehr als einem Prozent verbucht. Auf den nachfolgenden Plätzen sind StadtRegionen unterschiedlicher Größe wie Augsburg (0,9 %) und Freiburg im Breisgau (0,8 %) sowie Hamburg (0,9 %) und Stuttgart (0,8 %) zu finden. Zudem gehört die Region Leipzig mittlerweile zu den am stärksten wachsenden Regionen (0,9 %). Die Ermittlung von statistischen Streuungsmaßen lässt erkennen, dass die Unterschiede zwischen den betrachteten StadtRegionen unter den Vorzeichen einer insgesamt abnehmenden Wachstumsdynamik wieder etwas größer geworden sind.

2.3 Bevölkerungsentwicklung zwischen Kernstadt und Umland

Mit dem nächsten Analyseschritt wird ein Vergleich der Bevölkerungsentwicklung von Kern und Umland (inkl. Kernstädten) für die 33 StadtRegionen vorgenommen. Abbildung 7 stellt als Streudiagramm die durchschnittliche Wachstumsrate der beiden Regionsteile dar (Abszisse: Kernstädte, Ordinate: Umland). Erneut bezieht sich die Darstellung auf die Jahre nach der Umstellung der Bevölkerungsfortschreibung, also auf den Zensus 2011 und somit auf den zweiten Abschnitt des gesamten

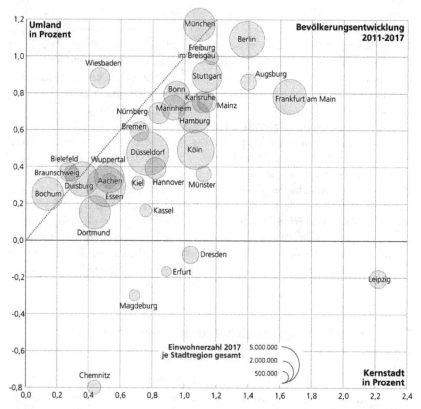

Abb. 7 Durchschnittliche Wachstumsrate bei der Bevölkerungsentwicklung differenziert nach Kern (X-Achse) und Umland (Y-Achse) in Prozent, Mittelwert der Jahre vom 31.12.2011 bis 31.12.2017[5], die Größe eines Kreises entspricht der Bevölkerungszahl der entsprechenden StadtRegion 2017 (Quelle: Statistische Ämter des Bundes und der Länder – Regionaldatenbank Deutschland).

Beobachtungszeitraums.[6] Entsprechend der Verortung der Wertepaare sind in der Mehrzahl der StadtRegionen Zentralisierungstendenzen wirksam gewesen.

---

5   Die in dieser Diagrammform abgetragenen Zahlen für das Umland enthalten in Fällen von Überlappungen benachbarte Kernstädte.

6   Wenn die Achsen gleich skaliert sind, ist eine 45-Grad-Linie im Diagramm eine wichtige Lesehilfe:

Das stadtregionale Wachstum wird somit zumeist durch die Entwicklung in den Kernstädten getragen. Gleichzeitig dominieren in fünf von 33 Regionen Prozesse der räumlichen Dezentralisierung, in den meisten Fällen allerdings ohne großen Abstand vom Verlauf in den Kernstädten (Punktsymbole nahe der diagonalen Hilfslinie). Auffällig ist der relativ große „Vorsprung" des Umlandes in der StadtRegion Wiesbaden, zu dem nach der vorgenommenen Regionsabgrenzung aber auch die dynamische Kernstadt Mainz gehört. Zentralisierungstendenzen sind dagegen in den ostdeutschen StadtRegionen besonders ausgeprägt. Dies gilt vor allem für die Region Leipzig, aber in weniger ausgeprägtem Maße auch für die Regionen Chemnitz, Dresden, Erfurt und Magdeburg. Bei diesen Fällen hat die Bevölkerungszahl der Kernstadt teilweise deutlich zugenommen, während es im Umland zu Verlusten gekommen ist.

Für die letzten beiden Jahre des Beobachtungszeitraums 2016 und 2017 zeigt diese Form der Darstellung noch einmal deutliche Verschiebungen, die auch ohne weitere Abbildung Erwähnung finden sollten: Es lässt sich ein neuer Trend zu einer intraregionalen Dezentralisierung feststellen, sodass mittlerweile wieder in zwölf StadtRegionen die Bevölkerungsentwicklung im Umland höher ausfällt als in der Kernstadt. Führend in dieser Entwicklung sind die StadtRegionen Braunschweig und München, gefolgt von den Regionen Wiesbaden, Mannheim, Bielefeld, Freiburg im Breisgau und Nürnberg. Wie bereits im letzten Jahrbuch StadtRegion andiskutiert (Fina et al. 2019b), setzt sich damit ein Trend der Suburbanisierung fort, der allerdings verschiedenen Erklärungsmustern offensteht. Unterschiedliche stadtregionale Konstellationen der Boden- und Immobilienmärkte und die Möglichkeiten der Baulandmobilisierung und Wohnraumschaffung dürften eine Rolle spielen, indem sie das Preis-Leistungs-Verhältnis der vorhandenen Angebote maßgeblich beeinflussen (Siedentop et al. 2019).

---

1. Liegt das Punktsymbol einer StadtRegion im Quadrant rechts oben über der Linie, so ist das Wachstum im Umland höher als in der Kernstadt, liegt ein Punkt unterhalb, so ist das Wachstum in der Kernstadt größer.
2. Spiegelbildlich dazu zeigen Punktsymbole im Quadranten links unten mit Lage oberhalb der Hilfslinie einen höheren Rückgang in der Kernstadt als im Umland an (kommt in Abbildung 7 nicht vor, gilt aber z. B. für die ähnlich aufgebaute Abbildung 15).
3. Zudem sind die Punktsymbole größenskaliert nach der jüngsten Ausprägung eines Indikatorwerts für Kern und Umland zusammen (hier: absolute Einwohnerzahl der gesamten StadtRegion 2017).

3 Beschäftigungsentwicklung

Die StadtRegionen waren in den vergangenen Jahren Schauplatz eines dynamischen Wirtschafts- und Beschäftigungswachstums (Growe 2016). Dabei spielen die sozialversicherungspflichtig Beschäftigten innerhalb der Gruppe der Erwerbstätigen eine besondere Rolle: Einerseits tragen sie maßgeblich zur Finanzierung der sozialen Sicherungssysteme bei, andererseits erwerben sie über ihre Beitragszahlungen auch Leistungsansprüche. Die Anzahl der sozialversicherungspflichtig Beschäftigten gilt deshalb als aussagekräftiger Indikator für die Analyse der gesamtwirtschaftlichen Entwicklung der Arbeitsmärkte in den 33 StadtRegionen, hier ausgewertet für den Betrachtungszeitraum von 2003 bis 2017 (jeweils zum Stichtag 30. Juni). Für die regionale Analyse ist vor diesem Hintergrund interessant, wie sich (a) die Zahl der Beschäftigten in den deutschen StadtRegionen entlang bestimmter wirtschaftlicher Konjunkturzyklen entwickelt hat, wie sich (b) die einzelnen Regionen im Vergleich untereinander einordnen lassen, und ob (c) Veränderungen eher in den Kernen oder den Umlandgemeinden einer StadtRegion verortet werden können. Zu diesem Zweck werden die sozialversicherungspflichtig Beschäftigten am Arbeitsort (nachfolgend synonym als „Beschäftigte" bezeichnet) betrachtet. Im Gegensatz zu den Beschäftigten am Wohnort zeigen sie standortgenau die Arbeitsmarktlage einer Region auf.

3.1 Beschäftigungsentwicklung im Vergleich der Raumkategorien

In den Jahren von 2003 bis 2017 verläuft die Entwicklung der Beschäftigten zwischen den Raumkategorien im Trend ähnlich, die in Abbildung 8 ersichtlichen Linienverläufe für Kernstädte, Umland sowie Gebiete außerhalb der StadtRegionen liegen nahe beieinander. Diese Verläufe werden der Entwicklung der Beschäftigten in Deutschland gegenübergestellt. Insgesamt lässt sich im Untersuchungszeitraum sowohl ein positiver Trend für Gesamtdeutschland, als auch für die deutschen StadtRegionen konstatieren, ungeachtet konjunktureller Schwankungen wie der Finanzmarktkrise in den Jahren nach 2008. Der parallele Verlauf der Entwicklungslinien zwischen StadtRegionen und dem Bundesmittel ist nicht überraschend, da die StadtRegionen im Jahr 2003 zusammen etwa 62 % der Beschäftigten in Deutschland auf sich vereinen. Bis 2017 erhöht sich dieser Anteil auf 63 %. Insgesamt steigt die Anzahl in Gesamtdeutschland in diesem Zeitraum um 5,25 Millionen Beschäftigte. Dieser Trend wird unter anderem auf weitreichende Arbeitsmarktreformen zu Beginn der 2000er Jahre, wie der Liberalisierung von Minijobs, der Deregulierung der Zeitarbeit, oder dem System der Grundsicherung (Arbeitslosengeld II), zurückgeführt. Der starke konjunkturelle Aufschwung bis Ende 2008 führt zu einem bis dahin historischen Höchststand von 27,6 Millionen Beschäftigten. Dies ist aber nicht allein bedingt durch einen wachsenden Anteil atypischer Beschäftigungsverhältnisse und gering entlohnter Tätigkeiten, sondern auch durch einen generellen Anstieg unbefristeter Anstellungen und Vollzeitstellen (Eichhorst et al. 2009).

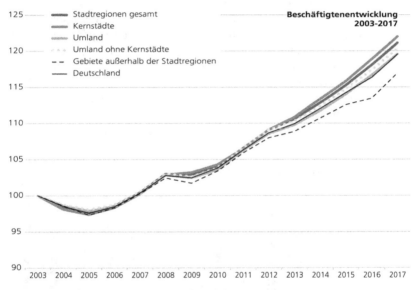

Abb. 8 Index-Entwicklung der Beschäftigten nach Raumkategorien vom 30.6.2003 (= 100) bis 30.6.2017 (Quelle: Bundesagentur für Arbeit).

Mit der weltweiten Finanz- und Wirtschaftskrise im zweiten Halbjahr 2008 haben sich die Wachstumsraten zwar abgekühlt. Auswirkungen auf den deutschen Arbeitsmarkt, insbesondere in den Kernstädten, waren kaum spürbar. Trotz labiler ökonomischer Rahmenbedingungen hat sich die deutsche Volkswirtschaft in den Jahren nach der Krise relativ schnell erholt, sodass bereits im Jahr 2011 das Beschäftigungsniveau der Vorkrisenjahre erreicht wurde. Die darauffolgenden Jahre sind durch ein stetiges Beschäftigungswachstum gekennzeichnet, zwischen 2011 und 2017 stieg die Anzahl der Beschäftigten um 12 %. Seit dem Jahr 2012 sind größere Abweichungen zwischen den Raumkategorien zu beobachten. Wachstumsträger sind die Kernstädte mit einem Anstieg von 15 Indexpunkten zwischen 2011 und 2017, ihre Entwicklung verläuft über dem bundesdeutschen Trend mit einem Anstieg von 13 Indexpunkten. Das gilt auch für die Krisenjahre 2008 und 2009, in denen sich die Entwicklung in den Kernstädten deutlich nach oben absetzt. Die Entwicklung des Umlands zwischen 2011 und 2017 liegt mit 14 Indexpunkten höher als die Entwicklung in den Gebieten außerhalb der StadtRegionen mit elf Indexpunkten. Die Volatilität in den Wachstumsunterschieden lässt sich insbesondere durch die Konzentration der Wissensökonomie in den Kernstädten und durch neue ökonomische Suburbanisierungsprozesse erklären.

Detaillierte Entwicklungen der verschiedenen Raumkategorien lassen sich gegenüberstellen, wenn die durchschnittlichen prozentualen Veränderungen für die einzelnen Jahre berechnet werden (vgl. Abbildung 9). In den Anfangsjahren 2003 bis 2005 sind alle Raumkategorien von einer negativen Beschäftigungsentwicklung betroffen, was sich von 2005 bis 2008 umkehrt. Während der Wirtschaftskrise konnten die Arbeitsmärkte in den Kernstädten ihre starke Rolle beibehalten und erreichten zwischen 2008 und 2009 ein Wachstum von 0,3 %. Sowohl das Umland als auch die Gebiete außerhalb der StadtRegionen wiesen eine maximale Abnahme

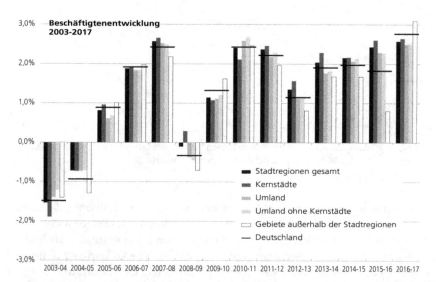

Abb. 9 Jährliche Veränderung der Beschäftigtenzahlen vom 30.6.2003 bis 30.6.2017 nach Raumkategorien in Prozent (Datenquelle: Bundesagentur für Arbeit; schwarzer Querbalken: Mittelwert für Deutschland).

von -0,7 % auf. Ab 2009/2010 entwickeln sich alle Raumkategorien positiv, wenn auch auf unterschiedlichem Niveau. Zwischen 2009 und 2011 sind es vor allem die Gebiete außerhalb der StadtRegionen (2010–2011 um 2,5 %) und das Umland (2010–2011 um 2,6 %), die prozentual an Beschäftigung dazugewinnen und sogar das Wachstum der Kernstädte übersteigen. Danach setzen sich die Kernstädte deutlich von den anderen Raumkategorien ab und liegen fortwährend über dem nationalen Durchschnitt. Im aktuellen Betrachtungszeitraum 2016 bis 2017 können die Kernstädte und die Umlandräume ihr Wachstum bei jeweils 2,8 % stabilisieren. Bemerkenswert ist das Wachstum für die Gebiete außerhalb der StadtRegionen, das mit 3,4 % deutlich über den urbanen Raumkategorien sowie über dem Bundesdurchschnitt mit 3 % liegt.

3.2 Beschäftigungsentwicklung im interregionalen Vergleich

Eine vergleichende interregionale Analyse der 33 StadtRegionen ermöglicht ein differenziertes Bild über regionale Unterschiede und Entwicklungsverläufe hinsichtlich der Beschäftigungsentwicklung. In Abbildung 10 werden die durchschnittlichen jährlichen Wachstumsraten (geometrisches Mittel) der Jahre 2003 bis 2017 dargestellt, um zunächst die Entwicklungen der langen Zeitreihe in den Blick zu nehmen. Die Werte sind absteigend sortiert, zusätzlich ist der Mittelwert für die gesamtdeutsche Entwicklung (1,27 %) als vertikale Hilfslinie eingezeichnet.

In allen 33 StadtRegionen kommt es zu einem Beschäftigungsanstieg, angeführt von den großen Arbeitsmärkten Berlins und Münchens, die weiterhin kontinuierlich hohe Zuwachsraten verzeichnen konnten. Es folgen die StadtRegionen mit stark aufholenden Arbeitsmärkten, die neue Beschäftigungsmöglichkeiten nach sich ziehen. Darunter sind bedeutende Universitätsstädte wie Freiburg im Breisgau und Münster, aber auch die StadtRegion Leipzig mit deutlichem Bedeutungszuwachs als Wirtschaftsstandort in Sachsen. Am unteren Ende des Rankings liegen die StadtRegionen im Strukturwandel des Ruhrgebiets (Essen, Dortmund, Wuppertal, Bochum) und die ostdeutschen StadtRegionen Magdeburg und Erfurt. Hier verbleibt der Beschäftigungsaufbau im Vergleich der 33 StadtRegionen auf einem vergleichsweise geringen Niveau.

In einer weiterführenden Auswertung der Daten, über die hier ohne Abbildung berichtet wird, liegt der Fokus auf den jüngsten Entwicklungen seit 2015. Es zeigt sich, dass sich 17 StadtRegionen besser als der nationale Durchschnitt entwickeln. Zu den StadtRegionen mit den höchsten Wachstumsraten gehören mit Abstand Berlin (3,9 %) und München (3,1 %). Beachtenswert ist, dass neben den bevölkerungsstarken Regionen zunehmend auch StadtRegionen aus der „zweiten Reihe" mit mittelgroßen Zentren von einem starken Beschäftigungsaufbau profitieren. Dies betrifft, wie in Abbildung 10 bereits ersichtlich, weiterhin Freiburg (2,8 %), aber auch Bonn (2,8 %), Wiesbaden (2,7 %) und Augsburg (2,7 %). Strukturschwächere westdeutsche StadtRegionen wie Bochum (1,7 %), Mannheim (1,7 %), Hannover (1,8 %) verbleiben am unteren Ende des Rankings, zusätzlich Chemnitz (1,5 %) als einzige ostdeutsche StadtRegion mit geringem Beschäftigungsaufbau.

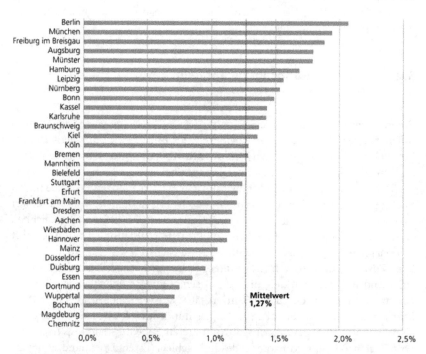

Abb. 10 Durchschnittliche Wachstumsrate bei der Beschäftigtenentwicklung der einzelnen StadtRegionen in Prozent, Mittelwert der Jahre vom 30.6.2003 bis 30.6.2017 (Datenquelle: Bundesagentur für Arbeit).

Monitoring StadtRegionen

3.3 Beschäftigtenentwicklung zwischen Kernstadt und Umland

Der Vergleich der Wachstumsraten zwischen Kernstadt und Umland ermöglicht es, intraregionale Unterschiede in der Beschäftigtenentwicklung aufzudecken. Für den Zeitraum 2003 bis 2017 werden die durchschnittlichen Wachstumsraten (geo-

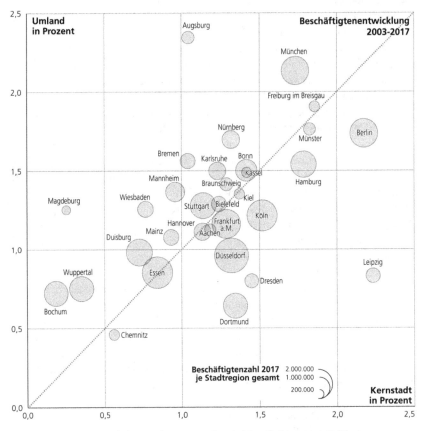

Abb. 11 Durchschnittliche Wachstumsrate bei der Beschäftigtenentwicklung differenziert nach Kern (X-Achse) und Umland (Y-Achse) in Prozent, Mittelwert der Jahre vom 30.6.2003 bis 30.6.2017, die Größe eines Kreises entspricht der Beschäftigtenzahl der entsprechenden StadtRegion für 2017 (Datenquelle: Bundesagentur für Arbeit).

metrisches Mittel) getrennt nach Kernstädten (Abszisse) und Umland (Ordinate) abgetragen (siehe die Lesehilfe für Abbildung 7 auf Seite 244 u. 245). Deutlich wird, dass ohne Ausnahme sowohl alle Kernstädte als auch alle Umlandräume eine durchschnittlich positive Beschäftigungsentwicklung aufweisen[7].

Was zunächst bei der Betrachtung der 45-Grad-Trennungslinie auffällt, ist, dass 18 StadtRegionen ein deutlich dynamischeres Umland aufweisen als ihre Kernstädte. Demgegenüber stehen 15 StadtRegionen mit einem höheren Beschäftigungswachstum in der Kernstadt. Insbesondere für Leipzig, Dortmund, Dresden und Berlin zeigt sich ein stadtregionales Beschäftigungswachstum mit einer hohen Kernstadtdominanz, gefolgt von Düsseldorf, Köln und Hamburg. Auf der anderen Seite der 45-Grad-Linie befinden sich StadtRegionen wie Augsburg, dessen Beschäftigungsaufbau im Umland sicherlich mit den räumlichen Einflüssen des Münchener Arbeitsmarkts zusammenhängt. So haben auch das Umland Münchens selbst, aber auch die Umlandgebiete von Magdeburg, Bremen, Nürnberg, Mannheim, Bochum, Wuppertal und Wiesbaden einen sehr viel höheren Beschäftigungsaufbau als ihre Kerne erlebt. Die anderen StadtRegionen verzeichnen ein relativ ausgeglichenes Stadt-Umland-Wachstum mit geringeren Abständen von der diagonalen Hilfslinie im Diagramm. Vermutet werden kann, dass der Beschäftigungsaufbau vornehmlich in infrastrukturell gut erschlossenen Knotenpunkten und Zentralen Orten stattfindet, die selbst nicht als Kernstadt im Monitoring StadtRegionen auftauchen. In StadtRegionen, in denen Entwicklungen im Kern durch Flächenknappheit und hohe Bodenpreise gebremst werden, scheint ein derartiges Ausweichen auf sekundäre, und womöglich auch besser erreichbare, Zentren im Umland hoch plausibel.

In den beiden letzten Jahren des Beobachtungszeitraums, die hier ergänzend ohne Abbildung beschrieben werden, treten insbesondere Berlin, Dortmund, Aachen, Wuppertal und Köln sowie mit etwas geringerer Dynamik die sächsischen Städte Leipzig und Dresden als StadtRegionen hervor, deren Beschäftigungswachstum sich stark auf die Kernstadt konzentriert. Ein höheres Wachstum im Umland zeigte sich zuletzt für die StadtRegionen Augsburg, Kiel, Freiburg im Breisgau, Hamburg, Mainz, Bonn, Wiesbaden, Frankfurt a. M., Stuttgart und Braunschweig. Hier haben offensichtlich deutliche Verlagerungen im Beschäftigungsaufbau in das Stadtumland stattgefunden. Gleiches gilt allerdings auch für Erfurt und Magdeburg. Relativ ausgeglichen erscheint das Stadt-Umland-Wachstum in den StadtRegionen Chemnitz, Kassel, Duisburg, Bielefeld, Bremen und Münster.

Die beschriebenen Entwicklungen für den aktuellen Rand des betrachteten Zeitraums (2015–2017) lassen Aussagen über Re- und Suburbanisierungsprozesse

---

7   Die in dieser Diagrammform abgetragenen Zahlen für das Umland enthalten in Fällen von Überlappungen benachbarte Kernstädte.

zu. Die These, dass eine dynamische Umlandentwicklung vermutlich solche Stadt Regionen betrifft, in denen ein sehr knappes Flächenangebot in den Kernstädten herrscht und in denen der Druck, ins Umland auszuweichen, ansteigt, müsste dort überprüft werden, wo der Indikator Umlandkonzentrationen aufzeigt. Positives Kernstadt-Wachstum in den ostdeutschen und westdeutschen StadtRegionen lässt sich dagegen dadurch erklären, dass in diesen Städten noch ausreichende Flächenreserven im Kerngebiet für den Beschäftigungsaufbau mobilisiert werden konnten. Insbesondere in StadtRegionen im Strukturwandel ist zu vermuten, dass freiwerdende innerstädtische Flächenpotenziale neuen gewerblichen Nutzungen zugeführt werden.

Gerade für die kommenden Jahre ist ein kontinuierliches Monitoring der Entwicklungen geboten, um frühzeitig identifizieren zu können, ob sich zum Beispiel Verlagerungstendenzen von Beschäftigungszentren und Arbeitsorten ins Stadtumland verstetigen. Raumpolitik muss sich in solchen Fällen vorausschauend mit nachgelagerten Effekten wie einer Zunahme des Pendlerverkehrs, aber auch mit dem Rückzug von Gewerbebetrieben aus innerstädtischen Lagen beschäftigen.

4 Soziale Lage

Probleme der sozialen Ungleichheit und der Verteilung des gesellschaftlichen Wohlstandes bestimmen im Wesentlichen die soziale Lage der Menschen und beeinflussen unterschiedliche sozialräumliche Entwicklungen. Obwohl die StadtRegionen in den vergangenen Jahren Mittelpunkte eines dynamischen Wirtschafts- und Beschäftigungswachstums waren, unterliegen sie auch weiterhin einer hohen Betroffenheit von sozialen Problemlagen. Urbane Räume sind Anziehungspunkte für Menschen unterschiedlicher sozialer Lagen. Neben einkommensstärkeren Gruppen sind es gerade auch Personen in sozial prekären Lebenssituationen, die ihre Hoffnungen auf die städtischen Ballungsräume konzentrieren. Aufgrund steigender Lebenshaltungskosten, insbesondere durch die Knappheit und Verteuerung von Wohnraum, sind die Belastungen und Armutsrisiken in den städtischen Ballungsräumen in den letzten Jahren gestiegen. Die Anzahl der Haushalte, die mehr als 30 % ihres Haushaltseinkommens für Wohnen aufwenden müssen, ist deutlich angestiegen (Holm et al. 2018). In der ILS-Untersuchung „Ungleiches Deutschland" (Fina et al. 2019a) wurde auf diese gestiegenen Exklusionsgefahren gerade auch in den dynamischen Großstadtbereichen hingewiesen.

Die Polarisierung von Lebenslagen („Armut im Wohlstand") und sozialräumlichen Spaltungsprozessen zwischen Armut und Reichtum bleiben eine zentrale

Herausforderung für Struktur- und Sozialpolitik. Gerade im Zusammenhang mit der Verteuerung von Wohnraum finden Verdrängungsprozesse („Gentrifizierung") aus aufgewerteten Innenstadtlagen an den Stadtrand und zunehmend auch über die Stadtgrenzen in das Umland statt. Somit sind für die Entwicklung in den Stadt-Regionen weiterhin auch unterschiedliche soziale Entwicklungsprozesse zwischen Stadtkernen und Umland relevant. Es gibt deutliche Hinweise, dass aufgrund der oben beschriebenen Entwicklung einkommensschwächere Menschen und Haushalte in das Umland ausweichen müssen, und somit ein Entwicklungstrend der „Suburbanisierung von Armut" verstärkt wird (Fina et al. 2019b).

4.1 Die Entwicklung sozialer Lagen im Vergleich der Raumkategorien

Anhand der aktuellen Daten für die Jahre 2008 bis 2017 zu Personen in Bedarfsgemeinschaften, die einen Leistungsbezug nach SBG II erhalten (= SBG II-Quote[8]), lässt sich dieser Trend verstärkt beobachten. Verwendet werden Datengrundlagen der Bundesagentur für Arbeit (Anzahl der Leistungsempfänger und -empfängerinnen in Bedarfsgemeinschaften) und des Statistischen Bundesamtes (Bevölkerung unter 65 Jahre), um die Quote jeweils für den Dezember eines Jahres zu ermitteln. Mit dieser Definition wird sichergestellt, dass die Daten über die Jahre in vergleichbarer Form die Entwicklung der sozialen Lage beschreiben.

Abbildung 12 macht den Rückgang der SBG II-Quote bundesweit im Zeitverlauf deutlich, was im Wesentlichen auf die positive Wirtschafts- und Beschäftigungsentwicklung zurückzuführen ist. Die Quote sinkt in Gebieten außerhalb der StadtRegionen stärker, wobei die jährlichen Entwicklungsverläufe durchaus uneinheitlich ausfallen. Beachtlich ist die deutlich unterschiedliche Entwicklung zwischen den Kernen und dem Umland der StadtRegionen. In den Kernen gleicht sich die positive Entwicklung der Kurve der gesamtdeutschen Entwicklung zunehmend an, die SBG II-Quote sinkt in den Jahren nach 2015 auf ein ähnliches Niveau. Dieser Befund ist dahingehend zu relativieren, dass die Entwicklungsverläufe zwar die Dynamik aufzeigen, aber keine Aussage über die unterschiedlichen Ausgangsniveaus der SGB II-Quote zwischen den Raumkategorien ermöglichen. So bleibt die SGB II-Quote im Jahr 2017 trotz aller Dynamik in den Stadtkernen mit 14,0 % (2008: 15,1 %) weiterhin sehr viel höher als im Stadtumland mit 8,4 %

---

8 Die SGB II-Quote setzt die Anzahl an Personen in Bedarfsgemeinschaften in Bezug zu allen Personen unter 65 Jahren.

(Umland ohne Kernstädte; 2008: 8,5 %). Armut ist demnach weiterhin vorrangig ein Problem der großen Städte.

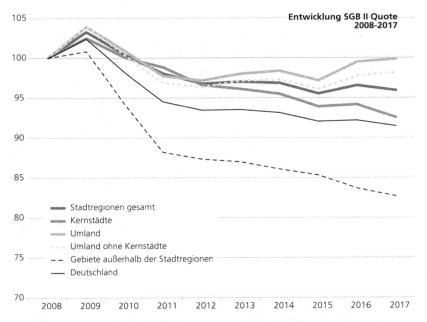

Abb. 12 Index-Entwicklung der SGB II-Quote nach Raumkategorien von Dezember 2008 (= 100) bis Dezember 2017 (Quelle: Bundesagentur für Arbeit).

Dennoch ist bemerkenswert, dass der Entwicklungsverlauf in den Umlandgemeinden der StadtRegionen seit etwa 2011 gegenläufig ist und seit 2015 deutlich ansteigt, vor allem in Hinblick auf die positive konjunkturelle Entwicklung auf dem Arbeitsmarkt in diesem Zeitraum. Diese zentrale Erkenntnis steht symbolisch für einen vermuteten Verdrängungs- bzw. Ausweicheffekt von Armutsbetroffenen aus den Kernstädten in das Stadtumland, dem Raumforschung auch im Hinblick auf die Trends der Beschäftigungsentwicklung im Umland detaillierter nachgehen sollte. Zwar können neue Armutslagen und -konzentrationen im Stadtumland auch mit einem Gleichverteilungsmechanismus von Geflüchteten in alle Regionen zusammenhängen, oder durch eine „Verarmung" vor Ort begründet sein. Vermutet wird aber insbesondere ein Zusammenhang mit steigenden Lebenshaltungskosten: So stellen zum Beispiel Holm et al. 2018 fest, dass eine steigende Wohnkostenbelastung in Großstädten auf einen eklatanten Mangel an bezahlbarem Wohnraum trifft. Inwiefern betroffene Haushalte allerdings einen Umzug realisieren, ist weitgehend unbekannt. Festzuhalten bleibt in diesem Zusammenhang, dass das Monitoring StadtRegionen deutliche Indizien für eine Verschiebung von Armutslagen in das Stadtumland erkennt.

Die durchschnittlichen jährlichen Veränderungsraten in Abbildung 13 zeigen dabei eine noch deutlichere und differenziertere Darstellung von diskontinuierlichen Verläufen als in der reinen Indexbetrachtung in Abbildung 12. Während sich das Umland der StadtRegionen in den Jahren von 2009 und 2010 noch deutlich positiver mit sinkenden SBG II-Quoten gegenüber den Kernen entwickelt, zeichnet sich später eine Trendumkehr ab. Seit 2012 sinken die SBG II-Quoten in den Kernen der StadtRegionen, während sie im Umland steigen. Eine Ausnahme bildet die Veränderung zwischen 2014 und 2015, hier sind über alle Raumkategorien die Quoten rückläufig. Diese Korrektur wird aber durch den starken Anstieg im Folgejahr wieder umgedreht, auch in 2016–17 gibt es leichte Anstiege im Umland.

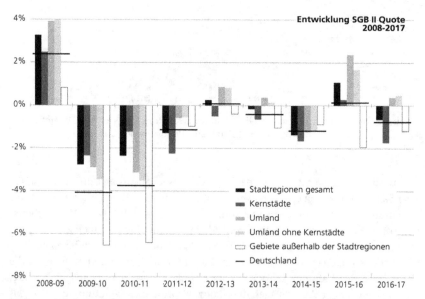

Abb. 13 Jährliche Veränderung der SGB II-Quote von Dezember 2008 bis Dezember 2017 nach Raumkategorien in Prozent (Quelle: Bundesagentur für Arbeit; schwarzer Querbalken: Mittelwert für Deutschland).

4.2 Die Entwicklung sozialer Lagen im interregionalen Vergleich

Bei der differenzierten Betrachtung sozialer Lagen im Vergleich einzelner Stadt-Regionen lassen sich deutliche Veränderungen und Abweichungen feststellen. In Abbildung 14 wird für den gesamten Zeitverlauf von 2008 bis 2017 die mittlere jährliche prozentuale Veränderung der SBG II-Quote für alle StadtRegionen sichtbar. Es lässt sich eine Dreiteilung in der Entwicklung beobachten. Erstens sinken die SBG II-Quoten in den ostdeutschen StadtRegionen einschließlich Berlins deutlich. In einigen meist wohlhabenden StadtRegionen sinken die Quoten im Jahresdurchschnitt moderat (u. a. Hamburg, München). Zweitens steigen in den allermeisten StadtRegionen der westdeutschen Bundesländer die SBG II-Quoten,

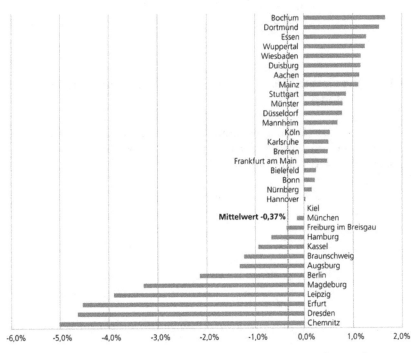

Abb. 14 Durchschnittliche jährliche Veränderung der SGB II-Quote der einzelnen StadtRegionen in Prozent, Mittelwerte der Jahre von Dezember 2008 bis Dezember 2017 (Quelle: Bundesagentur für Arbeit).

wobei sich – drittens – insbesondere die StadtRegionen des Ruhrgebiets nochmals deutlich ungünstiger entwickeln: Gerade in diesen vom Strukturwandel betroffenen Kommunen müssen Wege gefunden werden, um die steigende Anzahl an Leistungsempfängerinnen und -empfängern und die Kosten für Unterstützungsleistungen zu finanzieren.

Für den Zeitraum von 2015 bis 2017 (ohne Abbildung) verstärkt sich dieser Trend nochmal insofern, dass in vielen westdeutschen StadtRegionen die SBG II-Quote um 2 % bis über 4 % steigt. Stuttgart und Bochum liegen mit über 4 % an der Spitze einer Negativentwicklung. Auch hier lässt sich eine deutliche Dreiteilung der oben beschriebenen Entwicklung erkennen: (1) rückläufige Quoten in ostdeutschen StadtRegionen, (2) Zunahme in StadtRegionen westdeutscher Bundesländer, (3) besonders hohe Zuwächse in Regionen im Strukturwandel. Eine Ausnahme bei dieser Beobachtung ist die StadtRegion Stuttgart, die von einem vergleichsweise geringen Ausgangswert (5,4 % in 2016) auf einen Wert von 5,9 % im Jahr 2017 kommt, der Unterschied ist also sehr gering. StadtRegionen wie Bochum und Dortmund dagegen erleben Anstiege auf Quoten von 17,3 % bzw. 17,9 %.

4.3 Die Entwicklung sozialer Lagen zwischen Kernstadt und Umland

Abbildung 15 stellt die durchschnittliche jährliche Entwicklung für die folgenden drei Typen im Zeitverlauf dar und erlaubt durch die Lage der Punkte eine Unterscheidung nach Kernstadt und Umland[9]:

1. Die ostdeutschen StadtRegionen (links unten), in denen in Kernen und dem Umland die SBG II-Quote sinkt. Zu beachten ist, dass in den meisten StadtRegionen der Entwicklungsverlauf im Umland positiver als in den Kernen verläuft. Lediglich in Leipzig sinken die Quoten in Umland und Kern etwa gleichauf.
2. In vielen StadtRegionen der alten Bundesländer steigen die SBG II-Quoten vor allem im Umland deutlich an, in den (strukturschwächeren) nord- und westdeutschen StadtRegionen auch im Kern (z. B. Bochum, Essen, Duisburg, Wuppertal, Bremen).
3. Gegenläufig ist die Entwicklung in vielen Boom-Regionen mit steigenden Wohnungs- und Mietpreisen. Hier sinkt die SBG II-Quote in den Kernen, während sie im Umland steigt. Darunter fallen die StadtRegionen Augsburg, Karlsruhe,

---

9 Siehe hierzu auch die Erläuterung zum Aufbau der Grafik in Abbildung 7.

Freiburg, Nürnberg, Düsseldorf und Frankfurt. Die Entwicklung in Hamburg und München hingegen stagniert für Kernstädte und Umland in gleichem Maße.

Die vorliegenden Erkenntnisse zur Entwicklungsdynamik weisen darauf hin, dass die Wohnungsmarktdynamik und vermutete Verdrängungsprozesse von Leistungsempfängerinnen und -empfängern neue räumliche Konzentrationen von Armut bewirken. Vermutet wird, dass Umzüge über die Stadtgrenzen hinaus bei Leistungsempfängerinnen und -empfängern bislang nur in geringer Zahl vorkommen. Die sozialen Sicherungssysteme dürften weiterhin in der Lage sein, einer großen Mehrheit der von Transferleistungen abhängigen Bevölkerung Wohnraum bereitzustellen. Gleichzeitig werden aber Tendenzen deutlich, die auf neue Verdrängungsimpulse hinweisen. Dazu gehört das Abschmelzen des bezahlbaren Wohnraums auf den Wohnungsmärkten bei gleichzeitigem Verlust staatlicher Wohnbaubestände durch Verkauf oder Beendung der Mietpreisbindung (vgl. Fina et al. 2019a). Aber auch der verhinderte Zuzug von geringverdienenden Wohnungssuchenden in teure Innenstadtlagen mit mangelndem Wohnraumangebot kann eine relative Zunahme von einkommensschwachen Haushalten im Stadtumland begründen – allerdings in der hier gewählten Indikatorik nur dann, wenn betroffene Haushalte Transferleistungen beantragen und damit in der Statistik der Leistungsempfängerinnen und -empfänger auftauchen. Die Triebkräfte einer sogenannten Peripherisierung von Armut, wie sie im angelsächsischen Raum seit Längerem konstatiert wird (Allard 2017), treffen in Deutschland auf soziale Absicherungsmechanismen im Wandel und unter Druck (Beran & Nuissl 2019).

Deutlich wird, dass im betrachteten Zeitraum alle ostdeutschen StadtRegionen einen starken Rückgang der SGB II-Quoten erlebt haben. Davon haben die Menschen im Umland ostdeutscher StadtRegionen besonders profitiert, hier sind die Quoten stärker zurückgegangen als in den Kernstädten. Vermutet werden kann, dass im generellen Beschäftigungsaufbau dieses Zeitraums mehr Menschen aus dem Umland in Arbeit gefunden haben, und dass in den Kernstädten eine für Großstädte nicht unübliche überproportionale SGB II-Quote verbleibt.

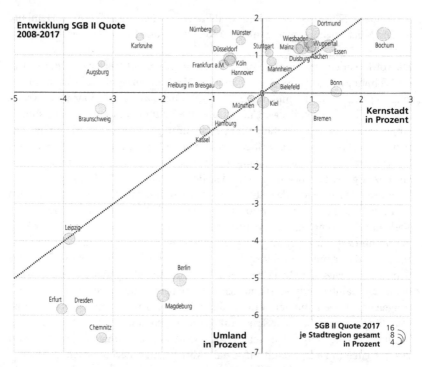

Abb. 15 Durchschnittliche jährliche Veränderung der SGB II-Quote differenziert nach Kern (X-Achse) und Umland (Y-Achse) in Prozent, Mittelwert der Jahre von Dezember 2008 bis Dezember 2017, die Größe eines Kreises entspricht der SGB II-Quote der entsprechenden StadtRegion (Datenquelle: Bundesagentur für Arbeit).

Der Trend einer relativ (Quadrant links oben) oder absolut (Quadrant rechts oben, Städte über der diagonalen Hilfslinie) zunehmenden SBG II-Quote ist dagegen schwieriger zu deuten: Die Zahlen sagen zunächst nur aus, dass es für die in der Grafik am weitesten von der Hilfslinie entfernten StadtRegionen (Augsburg, Karlsruhe, Braunschweig, Münster, Nürnberg) in den Kernstädten zu einem stärkeren Rückgang der Quoten gekommen ist. Eine Beobachtung der jüngsten Veränderungsraten (hier nicht abgebildet) deutet jedoch darauf hin, dass insbesondere in den dynamisch wachsenden StadtRegionen auch absolute Zuwächse an SGB II-Empfängerinnen und Empfängern im Umland stattfinden. Die SBG II-Quoten sinken in den Kernen zum Teil deutlich, während sie im Umland zum Teil steigen. Der Erklärungsansatz, dass

Verdrängungs- und Ausweicheffekte durch einen angespannten Wohnungsmarkt in den Kernen in ein (noch) preisgünstigeres Umland ursächlich sein könnten, wird dadurch gestärkt, aber nicht abschließend belegt. Weitere Studien zu diesem Thema sind dringend erforderlich.

Insgesamt lässt sich auf dieser Grundlage eine äußerst differenzierte Entwicklung der SBG II-Quote zwischen den StadtRegionen und innerhalb der StadtRegionen konstatieren. Es zeigt sich, dass sich hinter dem Durchschnittswert der Entwicklung aller StadtRegionen sehr gegenläufige Entwicklungen zwischen den StadtRegionen verbergen. Zusammengefasst entwickeln sich die ostdeutschen StadtRegionen deutlich positiver als die meisten westdeutschen StadtRegionen, in denen die SGB II-Quoten steigen. Dieser Trend hat sich insbesondere in den letzten Jahren des beobachteten Zeitverlaufes verstärkt.

5 Bautätigkeit

Die Wohnbautätigkeit hat in den vergangenen Jahren deutlich zugelegt, wenngleich die Anzahl fertig gestellter Wohnungen nach wie vor weit entfernt von den Werten der 1990er Jahre liegt. Wurden unmittelbar nach der Finanzkrise 2009 – dem Jahr mit dem geringsten Neubauvolumen – lediglich knapp 127.000 Wohnungen in den StadtRegionen neu gebaut, waren es 2017 bereits fast 219.000. Besonders ausgeprägt war der Zuwachs der Bautätigkeit in den Kernstädten. Hier lag das Niveau der Bautätigkeit im Jahr 2017 bei über 171 % des Wertes von 2002. Dagegen rangierte das Wohnungsbauvolumen im Umland zuletzt sogar noch unter dem Ausgangsniveau von 2002.

Auch der Trend zum Geschosswohnungsbau hat sich fortgesetzt. Im Jahr 2017 wurden fast zwei Drittel aller in StadtRegionen neu gebauten Wohnungen in Gebäuden mit drei oder mehr Wohnungen realisiert. Zehn Jahre zuvor waren es noch weniger als 40 %. Diese Entwicklung geht nicht alleine auf die bauliche Verdichtung der Kernstädte zurück, sondern lässt sich auch im Umland beobachten. Im Mittel wurden 2017 dort knapp über 50 % aller Wohnungen in Mehrfamilienhäusern gebaut.

5.1 Die Entwicklung der Bautätigkeit im Vergleich der Raumkategorien

Obwohl in den vergangenen Jahren vor allem die Kernstädte unter besonderem demografischen Wachstumsdruck standen, vollzog sich die Wohnbautätigkeit innerhalb der StadtRegionen anteilig stärker im Stadtumland (vgl. Abbildung 16). Dies gilt ungeachtet der oben erwähnten Zuwächse der kernstädtischen Wohnungsbauproduktion. In den Jahren 2002 bis 2017 wurden nur etwa 32 % aller neuen Wohnungen in den Kernstädten errichtet, obwohl diese für 74 % des Bevölkerungszuwachses im gleichen Zeitraum aufkamen. Allerdings hat der Kernstadtanteil seit 2002 nahezu kontinuierlich zugenommen, von etwa 24 % im Jahr 2002 auf 38 % in 2017. Das Wohnen in der Stadt bleibt somit ein offenkundiger Trend, aber die zunehmenden Engpässe der kernstädtischen Baulandmärkte werden einer anhaltend starken Expansion der Bautätigkeit in den Regionskernen auch in Zukunft enge Grenzen setzen. In den kommenden Jahren werden die Wohnungssuchenden aus Gründen des geringen Angebots und hoher Miet- und Kaufpreise vermutlich verstärkt auf Wohnungsmärkte im Stadtumland ausweichen müssen. Dies wird nicht ohne Auswirkungen auf die Entwicklung der Flächeninanspruchnahme bleiben, da die mittleren Baudichten im Umland nach wie vor stark hinter denen der Kernstädte

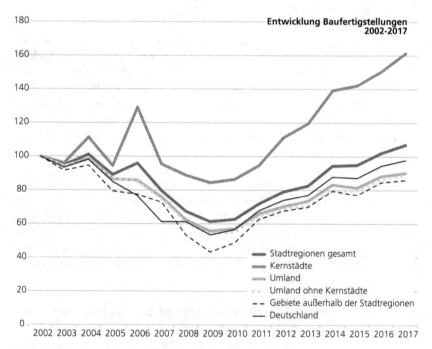

Abb. 16 Index-Entwicklung der Anzahl neu gebauter Wohnungen in Wohngebäuden nach Raumkategorien vom 31.12.2002 (= 100) bis 31.12.2017 (Quelle: Statistische Ämter des Bundes und der Länder).

zurückbleiben. Eine weitere wahrscheinliche Folge dieser Entwicklung sind Zunahmen der in die Regionskerne gerichteten Pendlerströme und damit zunehmende Belastungen der ohnehin bereits stark beanspruchten radialen Verkehrsachsen. Die Wohnbautätigkeit ist im Zeitverlauf insgesamt großen Schwankungen ausgesetzt. Abbildung 17 macht deutlich, dass der Beobachtungszeitraum in zwei Phasen unterteilt werden kann: Im Vergleich zum jeweiligen Vorjahr zeigen die Balkenrichtungen und -höhen an, dass der starke Rückgang der Bautätigkeit (Veränderung in der Anzahl neu gebauter Wohnungen je 1.000 Einwohner/Einwohnerinnen auf der X-Achse) bis 2009 abgelöst wurde von kontinuierlich steigenden Wachstumsraten in den Folgejahren, mit einem Jahr der Stagnation zwischen 2015 und 2016. Die Bauwirtschaft hat demnach ihre Produktionsraten neuen Wohnraums stetig gesteigert, zuletzt allerdings mit einer tendenziell rückläufigen Wachstumsrate.

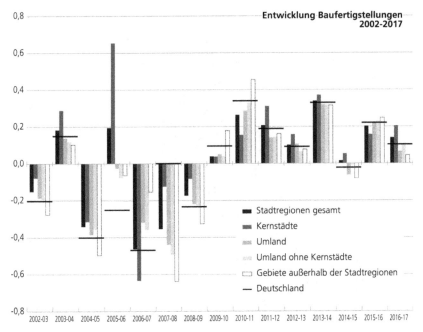

Abb. 17 Jährliche Veränderung der Anzahl neu gebauter Wohnungen in Wohngebäuden je 1.000 Einwohner/Einwohnerinnen vom 31.12.2002 bis 31.12.2017 nach Raumkategorien in Prozent (Quelle: Statistische Ämter des Bundes und der Länder – Regionaldatenbank Deutschland; schwarzer Querbalken: Mittelwert für Deutschland).

5.2 Die Entwicklung der Bautätigkeit im interregionalen Vergleich

Die in Abbildung 18 ersichtliche Anzahl der neu errichteten Wohnungen im Zeitverlauf gibt die Angebotsdynamik auf dem Wohnungsmarkt wieder. Die stärkste Wohnbautätigkeit fand demnach in der StadtRegion München statt (knapp 65 neu gebaute Wohnungen zwischen 2002 und 2017 je 1.000 Einwohner/Einwohnerinnen), mit einem gewissen Abstand gefolgt von Münster und Augsburg (jeweils ca. 54 neu gebauten Wohnungen je 1.000 Einwohner/Einwohnerinnen). Den geringsten Wert zeigt die StadtRegion Chemnitz (mit ca. 18 neu gebauten Wohnungen je 1.000 Einwohner/Einwohnerinnen). Die Werte sind jeweils für vier aufeinanderfolgende Jahre kumuliert und farblich differenziert dargestellt, um mögliche Unterschiede im Zeitverlauf aufzuzeigen. So wird zum Beispiel für Dresden sehr deutlich, dass

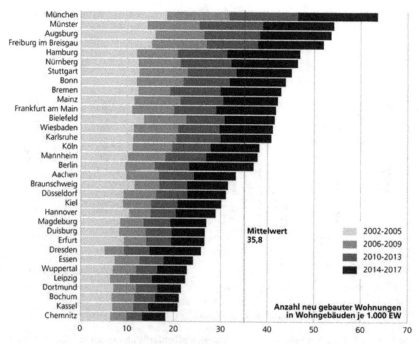

Abb. 18 Kumulierter Zuwachs an neu gebauten Wohnungen in Wohngebäuden je 1.000 Einwohner/Einwohnerinnen in den StadtRegionen vom 31.12.2002 bis 31.12.2017.

die Wohnbautätigkeit in der jüngeren Vergangenheit deutlich angezogen hat, in den früheren Jahren war sie vergleichsweise gering. Diese Erkenntnis spricht dafür, dass in der StadtRegion Dresden die Nachfrage nach Wohnungen gestiegen und zugleich das Leerstandpotenzial aus der Schrumpfungsphase der 1990er und frühen 2000er Jahre abgeschmolzen ist.

Wie auch in anderen Studien konstatiert wurde, lassen sich zwischen den Regionen große Unterschiede bei der Verteilung der Bautätigkeit in den Kernstädten und ihrem Umland beobachten (BBSR 2017; Henger & Voigtländer 2019). Im Durchschnitt aller StadtRegionen zeigt der Vergleich neu gebauter Wohnungen je 1.000 Einwohner/Einwohnerinnen von 2002 bis 2017 zwischen Kernstädten (34) und Umland (41)[10] eine Tendenz der Suburbanisierung.

In Abbildung 19, die entsprechend der aus Abbildung 7 bekannten Darstellung die Dynamik zwischen Kernstadt und Umland je StadtRegion aufzeigt, fällt vor allem Berlin auf. Hier ist die kernstädtische Bautätigkeit gemessen an der Bevölkerungsgröße auffallend niedrig. Mit umgekehrten Vorzeichen schafften es Regionen wie Frankfurt a. M., Mainz und Münster, in den Kernstädten gegenüber dem Umland wesentlich mehr Wohnbautätigkeit zu realisieren. Der Blick auf diese Fälle soll aber nicht darüber hinwegtäuschen, dass die große Mehrheit der StadtRegionen im Umland deutlich mehr Wohnungen im Beobachtungszeitraum gebaut hat als in der Kernstadt – die Mehrheit aller Punktsymbole liegt entsprechend über der Hilfslinie, die für eine ausgeglichene Bautätigkeit im Kernstadt-Umland-Vergleich steht. Erklärungen verweisen auf lokal- und regionalspezifische Kontexte, in denen unter anderem die Baulandverfügbarkeit, die Leistungsfähigkeit der Bauverwaltungen, Konstellationen der bauenden Akteure und ihre gezielte Aktivierung, sowie die grundsätzliche Akzeptanz von Verdichtung und Neubau eine Rolle spielen dürften (vgl. Siedentop et al. 2019).

Die Tendenz zur Suburbanisierung der Bautätigkeit hat sich zuletzt allerdings abgeschwächt. Für die Jahre 2012 bis 2017 lagen die Werte der neu gebauten Wohnungen je 1.000 Einwohner/Einwohnerinnen zwischen Kernstadt und Umland in etwa gleichauf (15 bzw. 16). Einige Regionen offenbaren aber weiterhin starke intraregionale Disparitäten.

---

10 Die in dieser Diagrammform abgetragenen Zahlen für das Umland enthalten in Fällen von Überlappungen benachbarte Kernstädte.

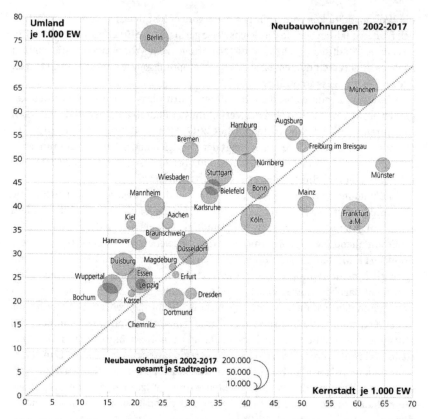

Abb. 19 Anzahl der neu gebauten Wohnungen in Wohngebäuden je 1.000 Einwohner/Einwohnerinnen differenziert nach Kern (X-Achse) und Umland (Y-Achse), kumuliert über die Jahre vom 31.12.2002 bis 31.12.2017, die Größe eines Kreises entspricht der Anzahl der neu gebauten Wohnungen in Wohngebäuden je 1.000 Einwohner/Einwohnerinnen in diesem Zeitraum (Quelle: Statistische Ämter des Bundes und der Länder – Regionaldatenbank Deutschland).

In den kommenden Jahren wird sich zeigen, ob eine weitere bauliche Verdichtung der Kernstädte gelingen kann, um die anhaltende Nachfrage nach innerstädtischen Wohnangeboten zu befriedigen. Ansteigende Bodenpreise und die zum Teil massiven sozialen Widerstände gegen Maßnahmen der Nachverdichtung und Arrondierung lassen diesbezüglich Zweifel aufkommen. Es dürfte eine der entscheidenden Aufgaben der Raumordnung sein, einer dispersen Siedlungsentwicklung im Umland der Großstädte, wie sie zuletzt in den 1990er Jahren zu beobachten war, entgegenzutreten. Bündnisse für Wohnungsbau an integrierten Standorten könnten ein Baustein einer gleichermaßen sozial und ökologisch verantwortbaren regionalen Baulandpolitik sein.

6 Ausblick

Die in diesem Beitrag dargestellten Auswertungen, deren Kernaussagen zusammenfassend bereits im einführenden Abschnitt erläutert wurden, sind das Ergebnis einer erweiterten Datensammlung im Monitoring StadtRegionen des ILS und einer aktualisierten Methodik. Mit neuen Zeitreihen und ihrer Überführung in eine fachliche Indikatorik können knapp 20 Jahre Raumentwicklung in Deutschland vergleichend für 33 StadtRegionen, differenziert nach Kernstadt, Stadtumland und Gebieten außerhalb der StadtRegionen porträtiert werden. In diesen Zeitreihen steckt aber noch sehr viel mehr, als in diesem Beitrag Platz finden kann. Gerade die Vielfalt an Auswertungsmöglichkeiten und die mitunter durchaus schwierige Einordnung von Trends in das Zusammenspiel aus raumpolitischen, planerischen und gesamtgesellschaftlichen Impulsen legt neue Formen der Präsentation der zugrundeliegenden Daten nahe.

Der Bereich Geoinformation und Monitoring des ILS macht die Datengrundlagen deshalb in einer leicht zugänglichen Form der Aufbereitung auf der auch eingangs schon erwähnten neuen Internetseite www.ils-stadtregionen.de erfahrbar (siehe Abbildung 20). In Zusammenarbeit mit Webdesignern des MagicMappingClubs Berlin wurden auf diese Art die im Beitrag skizzierten Informationen aufbereitet und stehen Raumwissenschaftlerinnen und Raumwissenschaftlern sowie der interessierten Öffentlichkeit für vertiefende eigene Recherchen zur Verfügung.

Für die Zukunft ist geplant, weitere Indikatoren für die hier vorgestellten Themenbereiche und einen neuen Themenbereich „Mobilität" aufzubereiten. Selbstverständlich werden die Zeitreihen mit neu erscheinenden Daten beständig aktualisiert. Darüber hinaus können künftig mit geeigneten Schätzverfahren auch lückenhaft vorliegende Datensätze aus den 1990er Jahren in die Zeitreihe eingepflegt werden. Die Möglichkeiten dazu sind mannigfaltig.

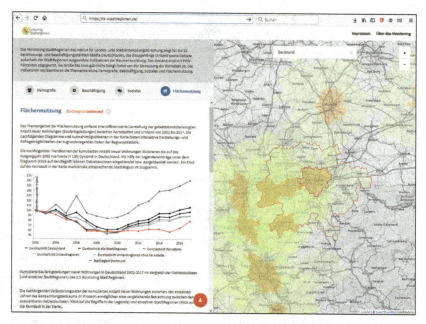

Abb. 20 Ausschnitt aus der Anwendung www.ils-stadtregionen.de (hier: Entwicklung der Anzahl neu fertiggestellter Wohnungen in Wohngebäuden in der StadtRegion Dortmund vom 31.12.2002 bis 31.12.2017).

Literatur

Allard, Scott W. (2017). *Places in need. The changing geography of poverty.* New York: Russell Sage Foundation.

Baumgart, C., Kaup, S., Osterhage, F., Rusche, K., Siedentop, S., & Zimmer-Hegmann, R. (2016). Monitoring StadtRegionen. In F. Othengrafen, B. Schmidt-Lauber, C. Hannemann, J. Pohlan, & F. Roost (Hrsg.), *Jahrbuch StadtRegion.* Schwerpunkt: Planbarkeiten. (S. 219–264). Leverkusen: Verlag Barbara Budrich.

BBSR (Bundesinstitut für Bau-, Stadt- und Raumforschung) (2017). *Aktuelle Trends der Wohnungsbautätigkeit in Deutschland – Wer baut wo welche Wohnungen?* Bonn.

Beran, F., & Nuissl, H. (2019). *Verdrängung auf angespannten Wohnungsmärkten. Das Beispiel Berlin.* Ludwigsburg, Wüstenrot Stiftung.

Deutscher Mieterbund (2019). *Wohnungsnot und steigende Mieten: Bundesregierung muss endlich handeln.* Pressemitteilung vom 05.06.19. Berlin.

Eichhorst, W., Marx, P., & Thode E. (2009). *Arbeitsmarkt und Beschäftigung in Deutschland 2000–2009. Benchmarking Deutschland: Beschäftigungserfolge bei zunehmender Differenzierung.* Bertelsmann Stiftung (Hrsg.) https://www.bertelsmann-stiftung.de/de/publikationen/publikation/did/arbeitsmarkt-und-beschaeftigung-in-deutschland-2000-2009.

Fina, S., Osterhage, F., Rönsch, J., Rusche, K., Siedentop, S., Zimmer-Hegmann, R., & Danielzyk, R. (2019a). *Ungleiches Deutschland. Sozioökonomischer Disparitätenbericht 2019: Hintergründe zu Trends, Indikatoren, Analysen.* Bonn.

Fina, S., Osterhage, F., Rönsch, J., Siedentop, S., Volgmann, K., & Zimmer-Hegmann, R. (2019b). Monitoring StadtRegionen. Neue Suburbanisierungsprozesse. In C. Hannemann, F. Othengrafen, J. Pohlan, & B. Schmidt-Lauber (Hrsg.). *Jahrbuch StadtRegion 2017/2018. Schwerpunkt: Housing Policies in Europe* (S. 187–260). Wiesbaden: Springer VS.

Geppert, K., & Gornig, M. (2010). Mehr Jobs, mehr Menschen: die Anziehungskraft der großen Städte wächst. In *Wochenbericht des DIW Berlin*, Nr. 19/2010, S. 2-10.

Growe, A. (2016). Where do KIBS workers work in Germany? Shifting patterns of KIBS employment in metropoles, regiopoles and industrialised hinterlands. In *Erdkunde.* Jg. 70, H. 3, 201–215. doi: 10.3112/erdkunde.2016.03.01.

Henger, R., & Voigtländer, M. (2019). Ist der Wohnungsbau auf dem richtigen Weg? Aktuelle Ergebnisse des IW-Wohnungsbedarfsmodells. *IW-Report 28/2019*. Köln.

Herfert, G., & Osterhage, F. (2012). Wohnen in der Stadt: Gibt es eine Trendwende zur Reurbanisierung? Ein quantitativ-analytischer Ansatz. In K. Brake, & G. Herfert (Hrsg.), *Reurbanisierung: Materialität und Diskurs in Deutschland* (S. 86–112). Wiesbaden.

Holm, A., Schönig, B., Gardemin, D., & Rink, D. (2015). Städte unter Druck: Die Rückkehr der Wohnungsfrage. In *Blätter für deutsche und internationale Politik*, Heft 6/2015, S. 69-79.

Holm, A., Lebuhn, H., Junger, S. & Neitzel, K. (2018). Wie viele Wohnungen fehlen in deutschen Großstädten? Die soziale Versorgungslücke nach Einkommen und Wohnungsgröße. *Working Paper Forschungsförderung*, 063. Hans-Böckler-Stiftung.

Reiß-Schmidt, S. (2018). Wachsende Stadt, entfesselter Bodenmarkt – wo bleibt der soziale Frieden? In *vhw FWS 3 / Mai – Juni 2018*, S. 119-122.

Siedentop, S. (2008). Die Rückkehr der Städte? Zur Plausibilität der Reurbanisierungshypothese. In *Informationen zur Raumentwicklung*, Heft 3/4.2008, S. 193–210.

Siedentop, S., Fleischer, J. J., Münter, A., Osterhage, F., Volgmann, K., Rönsch, J., Joshi, J., & Klee, K. (2019). *„Stadt oder Umland?" Aktuelle Trends des Bauens und Wohnens in deutschen StadtRegionen.* Dortmund = ILS-Trends 2/19.

Anhang A

Kernstadt		Umland		Abgrenzung		
Name	Fläche	Gemeinden	Fläche	Beschäftigte in der Kernstadt*	Beschäftigte mit Wohnort im Umland**	Max. Fahrzeit
Name (Kfz-Kürzel)	km²	Anzahl	km²	Tsd.	Tsd.	Minuten
Aachen (AC)	162	20	1.138	129	289	34
Augsburg (A)	146	131	3.694	143	391	35
Berlin (B)	893	115	8.246	1.426	1.818	60
Bielefeld (BI)	259	33	2.492	151	504	35
Bochum (BO)	145	28	2.190	130	1.399	34
Bonn (BN)	142	77	2.842	174	972	37
Braunschweig (BS)	192	83	2.840	128	358	34
Bremen (HB)	318	62	3.899	273	505	41
Chemnitz (C)	221	80	2.273	116	278	32
Dortmund (DO)	280	41	2.768	232	1.392	39
Dresden (DD)	329	86	3.520	259	443	40
Duisburg (DU)	233	46	3.332	171	1.529	37
Düsseldorf (D)	217	74	5.622	409	2.544	44
Erfurt (EF)	270	83	1.397	109	145	31
Essen (E)	210	48	3.680	241	2.104	39
Frankfurt am Main (F)	248	255	6.866	565	1.746	48
Freiburg im Breisgau (FR)	154	75	1.975	123	256	33
Hamburg (HH)	733	527	8.723	953	1.492	54
Hannover (H)	204	85	4.636	319	649	42
Karlsruhe (KA)	174	139	3.253	176	666	37
Kassel (KS)	104	42	2.066	110	215	31
Kiel (KI)	112	190	2.485	121	239	33
Köln (K)	406	113	6.121	553	2.017	47
Leipzig (L)	299	63	3.703	263	474	40
Magdeburg (MD)	201	26	2.439	109	180	30
Mainz (MZ)	98	156	2.197	112	560	31
Mannheim (MA)	145	220	3.699	185	868	37
München (M)	311	322	9.670	850	1.664	53
Münster (MS)	303	32	2.783	165	350	36
Nürnberg (N)	188	180	4.997	306	691	42
Stuttgart (S)	210	234	4.972	405	1.453	44
Wiesbaden (WI)	204	134	2.416	134	604	34
Wuppertal (W)	168	32	2.017	125	1.245	33

* Sozialversicherungspflicht Beschäftigte am Arbeitsort 2017
** Sozialversicherungspflicht Beschäftigte am Wohnort 2017

Gemein-den	Fläche	Anteil der Beschäftigten am Wohnort**		StadtRegionen, zu denen Überlappungen bestehen	andere Kernstädte im Umland
Anzahl	km²	Tsd.	%	Kfz-Kürzel	Kfz-Kürzel
10	608	94	32 %	K, D	
47	1.480	127	33 %	M	
28	2.190	1.272	91 %	DO, DU, D, E, K, W	DO, E, W
58	2.630	838	86 %	D, K	K
10	471	38	11 %	H	
3	183	7	3 %	DD	
24	1.721	952	68 %	BO, DU, D, E, K, MS, W	BO, E, W
3	183	7	2 %	C	
42	2.977	1.318	86 %	BO, DO, D, E, K, W	D, E
65	4.878	2.118	83 %	AC, BO, BN, DO, DU, E, K, W	DU, E, K, W
48	3.680	1.906	91 %	BO, DO, DU, D, K, W	BO, DO, DU, D, W
110	2.433	636	36 %	MZ, MA, WI	MZ, WI
10	471	38	6 %	BS	
48	1.059	222	33 %	MA, S	
96	4.729	1.383	69 %	AC, BO, BN, DO, DU, D, E, W	BN, D
122	1.944	465	83 %	F, MA, WI	WI
62	1.363	248	29 %	F, KA, MZ	
47	1.480	127	8 %	A	A
2	120	28	8 %	DO	
4	189	66	5 %	KA	
130	2.181	486	80 %	F, MZ	MZ
31	1.958	1.119	90 %	BO, DO, DU, D, E, K	E

Anhang B

StadtRegion (inkl. Gliederung nach Kern/Umland)	Bevölkerung 2001	Bevölkerung 2017	Mittlere jährliche Entwicklung 2001-2017	Relative Entwicklung 2001-2017
Aachen	813.369	808.753	-0,04 %	-0,57 %
Kern	245.778	246.272	0,01 %	0,20 %
Umland	567.591	562.481	-0,06 %	-0,90 %
Augsburg	882.663	957.781	0,53 %	8,51 %
Kern	257.836	292.851	0,85 %	13,58 %
Umland	624.827	664.930	0,40 %	6,42 %
Berlin	4.535.294	4.919.265	0,53 %	8,47 %
Kern	3.388.434	3.613.495	0,42 %	6,64 %
Umland	1.146.860	1.305.770	0,87 %	13,86 %
Bielefeld	1.259.826	1.280.348	0,10 %	1,63 %
Kern	323.373	332.552	0,18 %	2,84 %
Umland	936.453	947.796	0,08 %	1,21 %
Bochum	4.221.730	4.034.846	-0,28 %	-4,43 %
Kern	390.087	365.529	-0,39 %	-6,30 %
Umland	3.831.643	3.669.317	-0,26 %	-4,24 %
Bonn	2.453.938	2.623.825	0,43 %	6,92 %
Kern	306.016	325.490	0,40 %	6,36 %
Umland	2.147.922	2.298.335	0,44 %	7,00 %
Braunschweig	953.872	942.179	-0,08 %	-1,23 %
Kern	245.516	248.023	0,06 %	1,02 %
Umland	708.356	694.156	-0,13 %	-2,00 %
Bremen	1.309.027	1.361.768	0,25 %	4,03 %
Kern	540.950	568.006	0,31 %	5,00 %
Umland	768.077	793.762	0,21 %	3,34 %
Chemnitz	813.957	716.469	-0,75 %	-11,98 %
Kern	255.798	246.855	-0,22 %	-3,50 %
Umland	558.159	469.614	-0,99 %	-15,86 %

StadtRegion (inkl. Gliederung nach Kern/Umland)	Bevölkerung 2001	Bevölkerung 2017	Mittlere jährliche Entwicklung 2001–2017	Relative Entwicklung 2001–2017
Dortmund	**4.183.736**	**3.969.282**	**−0,32 %**	**−5,13 %**
Kern	589.240	586.600	−0,03 %	−0,45 %
Umland	3.594.496	3.382.682	−0,37 %	−5,89 %
Dresden	**1.078.511**	**1.103.581**	**0,15 %**	**2,32 %**
Kern	478.631	551.072	0,95 %	15,14 %
Umland	599.880	552.509	−0,49 %	−7,90 %
Duisburg	**4.371.291**	**4.305.856**	**−0,09 %**	**−1,50 %**
Kern	512.030	498.110	−0,17 %	−2,72 %
Umland	3.859.261	3.807.746	−0,08 %	−1,33 %
Düsseldorf	**6.926.172**	**6.985.745**	**0,05 %**	**0,86 %**
Kern	570.765	617.280	0,51 %	8,15 %
Umland	6.355.407	6.368.465	0,01 %	0,21 %
Erfurt	**365.587**	**362.853**	**−0,05 %**	**−0,75 %**
Kern	200.126	212.988	0,40 %	6,43 %
Umland	165.461	149.865	−0,59 %	−9,43 %
Essen	**6.110.390**	**5.955.820**	**−0,16 %**	**−2,53 %**
Kern	591.802	583.393	−0,09 %	−1,42 %
Umland	5.518.588	5.372.427	−0,17 %	−2,65 %
Frankfurt am Main	**4.181.572**	**4.468.120**	**0,43 %**	**6,85 %**
Kern	641.076	746.878	1,03 %	16,50 %
Umland	3.540.496	3.721.242	0,32 %	5,11 %
Freiburg im Breisgau	**616.513**	**672.038**	**0,56 %**	**9,01 %**
Kern	208.294	229.636	0,64 %	10,25 %
Umland	408.219	442.402	0,52 %	8,37 %
Hamburg	**3.593.627**	**3.812.824**	**0,38 %**	**6,10 %**
Kern	1.726.363	1.830.584	0,38 %	6,04 %
Umland	1.867.264	1.982.240	0,38 %	6,16 %
Hannover	**1.715.425**	**1.730.565**	**0,06 %**	**0,88 %**
Kern	516.415	535.061	0,23 %	3,61 %

StadtRegion (inkl. Gliederung nach Kern/Umland)	Bevölkerung 2001	Bevölkerung 2017	Mittlere jährliche Entwicklung 2001–2017	Relative Entwicklung 2001–2017
Karlsruhe	1.561.302	1.653.036	0,37 %	5,88 %
Kern	279.578	311.919	0,72 %	11,57 %
Umland	1.281.724	1.341.117	0,29 %	4,63 %
Kassel	584.319	574.259	−0,11 %	−1,72 %
Kern	194.748	200.736	0,19 %	3,07 %
Umland	389.571	373.523	−0,26 %	−4,12 %
Kiel	665.329	677.780	0,12 %	1,87 %
Kern	232.281	247.943	0,42 %	6,74 %
Umland	433.049	429.837	−0,05 %	−0,74 %
Köln	5.211.968	5.389.785	0,21 %	3,41 %
Kern	967.940	1.080.394	0,73 %	11,62 %
Umland	4.244.028	4.309.391	0,10 %	1,54 %
Leipzig	1.182.407	1.190.604	0,04 %	0,69 %
Kern	493.052	581.980	1,13 %	18,04 %
Umland	689.355	608.624	−0,73 %	−11,71 %
Magdeburg	466.653	452.685	−0,19 %	−2,99 %
Kern	229.755	238.478	0,24 %	3,80 %
Umland	236.898	214.207	−0,60 %	−9,58 %
Mainz	1.343.684	1.435.082	0,43 %	6,80 %
Kern	185.293	215.110	1,01 %	16,09 %
Umland	1.158.391	1.219.972	0,33 %	5,32 %
Mannheim	2.174.392	2.250.551	0,22 %	3,50 %
Kern	308.385	307.997	−0,01 %	−0,13 %
Umland	1.866.007	1.942.554	0,26 %	4,10 %
München	3.468.311	3.963.320	0,89 %	14,27 %
Kern	1.227.958	1.456.039	1,16 %	18,57 %
Umland	2.240.353	2.507.281	0,74 %	11,91 %
Münster	864.969	914.200	0,36 %	5,69 %
Kern	267.197	313.559	1,08 %	17,35 %
Umland	597.772	600.641	0,03 %	0,48 %

StadtRegion (inkl. Gliederung nach Kern/Umland)	Bevölkerung 2001	Bevölkerung 2017	Mittlere jährliche Entwicklung 2001–2017	Relative Entwicklung 2001–2017
Nürnberg	1.581.066	1.652.239	0,28 %	4,50 %
Kern	491.307	515.201	0,30 %	4,86 %
Umland	1.089.759	1.137.038	0,27 %	4,34 %
Stuttgart	3.384.085	3.559.888	0,32 %	5,19 %
Kern	587.152	632.743	0,49 %	7,76 %
Umland	2.796.933	2.927.145	0,29 %	4,66 %
Wiesbaden	1.461.665	1.556.069	0,40 %	6,46 %
Kern	271.076	278.654	0,17 %	2,80 %
Umland	1.190.589	1.277.415	0,46 %	7,29 %
Wuppertal	3.534.515	3.436.513	−0,17 %	−2,77 %
Kern	364.784	353.590	−0,19 %	−3,07 %
Umland	3.169.731	3.082.923	−0,17 %	−2,74 %
Deutschland	82.346.226	82.792.259	0,03 %	0,54 %
Stadtregionen	48.660.038	50.436.968	0,23 %	3,65 %
Kernstadt	18.089.036	19.365.018	0,44 %	7,05 %
Umland	35.577.872	36.268.951	0,12 %	1,94 %
Umland ohne Kernstädte	30.571.003	31.071.950	0,10 %	1,64 %
Rest Deutschland	33.686.187	32.355.291	−0,25 %	−3,95 %

StadtRegion (inkl. Gliederung nach Kern/Umland)	SV-Beschäftigte 2003	SV-Beschäftigte 2017	Mittlere jährliche Entwicklung	Relative Entwicklung 2003–2017
Aachen	**254.722**	**298.389**	**1,22 %**	**17,14 %**
Kern	109.788	129.137	1,26 %	17,62 %
Umland	144.934	169.252	1,20 %	16,78 %
Augsburg	**280.474**	**359.337**	**2,01 %**	**28,12 %**
Kern	123.974	143.195	1,11 %	15,50 %
Umland	156.500	216.142	2,72 %	38,11 %
Berlin	**1.396.317**	**1.856.140**	**2,35 %**	**32,93 %**
Kern	1.058.274	1.426.462	2,49 %	34,79 %
Umland	338.043	429.678	1,94 %	27,11 %
Bielefeld	**441.889**	**526.841**	**1,37 %**	**19,22 %**
Kern	127.372	151.171	1,33 %	18,68 %
Umland	314.517	375.670	1,39 %	19,44 %
Bochum	**1.285.025**	**1.409.300**	**0,69 %**	**9,67 %**
Kern	126.854	130.040	0,18 %	2,51 %
Umland	1.158.171	1.279.260	0,75 %	10,46 %
Bonn	**874.999**	**1.074.527**	**1,63 %**	**22,80 %**
Kern	142.649	173.531	1,55 %	21,65 %
Umland	732.350	900.996	1,64 %	23,03 %
Braunschweig	**332.659**	**401.521**	**1,48 %**	**20,70 %**
Kern	107.036	127.827	1,39 %	19,42 %
Umland	225.623	273.694	1,52 %	21,31 %
Bremen	**442.127**	**528.063**	**1,39 %**	**19,44 %**
Kern	236.596	273.068	1,10 %	15,42 %
Umland	205.531	254.995	1,72 %	24,07 %
Chemnitz	**254.091**	**272.035**	**0,50 %**	**7,06 %**
Kern	107.153	115.677	0,57 %	7,95 %
Umland	146.938	156.358	0,46 %	6,41 %
Dortmund	**1.260.895**	**1.398.523**	**0,78 %**	**10,92 %**
Kern	192.378	231.529	1,45 %	20,35 %
Umland	1.068.517	1.166.994	0,66 %	9,22 %

StadtRegion (inkl. Gliederung nach Kern/Umland)	SV-Beschäftigte 2003	SV-Beschäftigte 2017	Mittlere jährliche Entwicklung	Relative Entwicklung 2003-2017
Dresden	387.351	454.562	1,24 %	17,35 %
Kern	211.955	258.758	1,58 %	22,08 %
Umland	175.396	195.804	0,83 %	11,64 %
Duisburg	1.466.549	1.673.452	1,01 %	14,11 %
Kern	154.770	171.054	0,75 %	10,52 %
Umland	1.311.779	1.502.398	1,04 %	14,53 %
Düsseldorf	2.393.472	2.752.349	1,07 %	14,99 %
Kern	341.253	409.195	1,42 %	19,91 %
Umland	2.052.219	2.343.154	1,01 %	14,18 %
Erfurt	140.218	165.456	1,29 %	18,00 %
Kern	97.845	109.414	0,84 %	11,82 %
Umland	42.373	56.042	2,30 %	32,26 %
Essen	1.989.308	2.237.710	0,89 %	12,49 %
Kern	214.450	240.680	0,87 %	12,23 %
Umland	1.774.858	1.997.030	0,89 %	12,52 %
Frankfurt am Main	1.626.267	1.919.246	1,29 %	18,02 %
Kern	472.986	564.826	1,39 %	19,42 %
Umland	1.153.281	1.354.420	1,25 %	17,44 %
Freiburg im Breisgau	200.964	260.629	2,12 %	29,69 %
Kern	95.216	123.082	2,09 %	29,27 %
Umland	105.748	137.547	2,15 %	30,07 %
Hamburg	1.243.950	1.570.949	1,88 %	26,29 %
Kern	744.427	952.959	2,00 %	28,01 %
Umland	499.523	617.990	1,69 %	23,72 %
Hannover	579.239	676.415	1,20 %	16,78 %
Kern	272.670	318.934	1,21 %	16,97 %
Umland	306.569	357.481	1,19 %	16,61 %
Karlsruhe	564.367	687.681	1,56 %	21,85 %
Kern	148.665	176.296	1,33 %	18,59 %
Umland	415.702	511.385	1,64 %	23,02 %

StadtRegion (inkl. Gliederung nach Kern/Umland)	SV-Beschäftigte 2003	SV-Beschäftigte 2017	Mittlere jährliche Entwicklung	Relative Entwicklung 2003-2017
Kassel	188.066	228.503	1,54 %	21,50 %
Kern	90.437	109.905	1,54 %	21,53 %
Umland	97.629	118.598	1,53 %	21,48 %
Kiel	208.071	251.047	1,48 %	20,65 %
Kern	100.376	121.304	1,49 %	20,85 %
Umland	107.695	129.743	1,46 %	20,47 %
Köln	1.859.068	2.221.078	1,39 %	19,47 %
Kern	449.131	553.442	1,66 %	23,23 %
Umland	1.409.937	1.667.636	1,31 %	18,28 %
Leipzig	385.986	478.689	1,72 %	24,02 %
Kern	193.142	262.537	2,57 %	35,93 %
Umland	192.844	216.152	0,86 %	12,09 %
Magdeburg	170.840	186.686	0,66 %	9,28 %
Kern	105.424	109.018	0,24 %	3,41 %
Umland	65.416	77.668	1,34 %	18,73 %
Mainz	480.443	555.330	1,11 %	15,59 %
Kern	98.098	111.573	0,98 %	13,74 %
Umland	382.345	443.757	1,15 %	16,06 %
Mannheim	720.539	859.683	1,38 %	19,31 %
Kern	162.426	185.371	1,01 %	14,13 %
Umland	558.113	674.312	1,49 %	20,82 %
München	1.386.744	1.813.094	2,20 %	30,74 %
Kern	669.604	850.395	1,93 %	27,00 %
Umland	717.140	962.699	2,45 %	34,24 %
Münster	269.322	344.977	2,01 %	28,09 %
Kern	127.946	164.707	2,05 %	28,73 %
Umland	141.376	180.270	1,97 %	27,51 %
Nürnberg	587.470	726.224	1,69 %	23,62 %
Kern	254.791	305.674	1,43 %	19,97 %
Umland	332.679	420.550	1,89 %	26,41 %

StadtRegion (inkl. Gliederung nach Kern/Umland)	SV-Beschäftigte 2003	SV-Beschäftigte 2017	Mittlere jährliche Entwicklung	Relative Entwicklung 2003–2017
Stuttgart	**1.296.632**	**1.538.705**	**1,33 %**	**18,67 %**
Kern	346.491	405.383	1,21 %	17,00 %
Umland	950.141	1.133.322	1,38 %	19,28 %
Wiesbaden	**518.809**	**607.755**	**1,22 %**	**17,14 %**
Kern	120.575	134.125	0,80 %	11,24 %
Umland	398.234	473.630	1,35 %	18,93 %
Wuppertal	**1.283.737**	**1.416.102**	**0,74 %**	**10,31 %**
Kern	119.238	124.801	0,33 %	4,67 %
Umland	1.164.499	1.291.301	0,78 %	10,89 %
Deutschland	26.875.834	32.125.729	1,40 %	19,53 %
Stadtregionen	16.740.141	20.271.583	1,51 %	21,10 %
Kernstadt	7.923.990	9.665.070	1,57 %	21,97 %
Umland	10.899.521	13.029.678	1,40 %	19,54 %
Umland ohne Kernstädte	8.816.151	10.606.513	1,45 %	20,31 %
Rest Deutschland	10.135.693	11.854.146	1,21 %	16,95 %

StadtRegion (inkl. Gliederung nach Kern/Umland)	SGB II-Quote 2008	SGB II-Quote 2017	Mittlere jährliche Entwicklung 2008–2017	Relative Entwicklung 2008–2017
Aachen	11,26 %	12,45 %	1,17 %	10,55 %
Kern	11,89 %	12,94 %	0,98 %	8,84 %
Umland	10,96 %	12,22 %	1,27 %	11,46 %
Augsburg	4,75 %	4,16 %	-1,39 %	-12,51 %
Kern	10,22 %	7,53 %	-2,93 %	-26,33 %
Umland	2,56 %	2,67 %	0,48 %	4,34 %
Berlin	19,16 %	15,73 %	-1,99 %	-17,90 %
Kern	21,59 %	18,55 %	-1,56 %	-14,06 %
Umland	12,26 %	7,67 %	-4,16 %	-37,44 %
Bielefeld	9,28 %	9,44 %	0,19 %	1,72 %
Kern	14,22 %	14,48 %	0,20 %	1,80 %
Umland	7,59 %	7,65 %	0,10 %	0,88 %
Bochum	15,52 %	17,95 %	1,74 %	15,66 %
Kern	13,08 %	16,22 %	2,67 %	23,99 %
Umland	15,77 %	18,12 %	1,66 %	14,92 %
Bonn	10,84 %	11,05 %	0,21 %	1,88 %
Kern	10,72 %	12,21 %	1,54 %	13,89 %
Umland	10,86 %	10,88 %	0,02 %	0,17 %
Braunschweig	11,58 %	10,32 %	-1,21 %	-10,89 %
Kern	12,93 %	9,59 %	-2,87 %	-25,82 %
Umland	11,08 %	10,60 %	-0,49 %	-4,39 %
Bremen	12,68 %	13,21 %	0,47 %	4,20 %
Kern	16,93 %	18,51 %	1,03 %	9,30 %
Umland	9,74 %	9,38 %	-0,41 %	-3,69 %
Chemnitz	14,93 %	9,32 %	-4,17 %	-37,56 %
Kern	17,86 %	13,28 %	-2,85 %	-25,68 %
Umland	13,57 %	7,21 %	-5,20 %	-46,84 %
Dortmund	15,11 %	17,26 %	1,58 %	14,24 %
Kern	17,50 %	19,12 %	1,03 %	9,27 %
Umland	14,71 %	16,94 %	1,68 %	15,15 %

Monitoring StadtRegionen

StadtRegion (inkl. Gliederung nach Kern/Umland)	SGB II-Quote 2008	SGB II-Quote 2017	Mittlere jährliche Entwicklung 2008–2017	Relative Entwicklung 2008–2017
Dresden	**14,11 %**	**9,16 %**	**-3,90 %**	**-35,11 %**
Kern	14,57 %	10,40 %	-3,17 %	-28,57 %
Umland	13,68 %	7,84 %	-4,74 %	-42,70 %
Duisburg	**13,81 %**	**15,29 %**	**1,19 %**	**10,70 %**
Kern	18,44 %	19,71 %	0,76 %	6,87 %
Umland	13,21 %	14,70 %	1,25 %	11,26 %
Düsseldorf	**13,00 %**	**13,92 %**	**0,78 %**	**7,06 %**
Kern	13,48 %	12,69 %	-0,65 %	-5,84 %
Umland	12,96 %	14,04 %	0,93 %	8,36 %
Erfurt	**16,44 %**	**10,81 %**	**-3,81 %**	**-34,26 %**
Kern	18,70 %	12,90 %	-3,44 %	-31,00 %
Umland	13,39 %	7,77 %	-4,67 %	-42,00 %
Essen	**14,44 %**	**16,14 %**	**1,31 %**	**11,82 %**
Kern	18,20 %	20,44 %	1,37 %	12,33 %
Umland	14,04 %	15,68 %	1,30 %	11,66 %
Frankfurt am Main	**8,63 %**	**8,99 %**	**0,46 %**	**4,11 %**
Kern	12,87 %	11,98 %	-0,77 %	-6,95 %
Umland	7,83 %	8,35 %	0,75 %	6,72 %
Freiburg im Breisgau	**6,06 %**	**5,83 %**	**-0,42 %**	**-3,78 %**
Kern	9,19 %	8,45 %	-0,89 %	-8,01 %
Umland	4,37 %	4,39 %	0,06 %	0,53 %
Hamburg	**11,53 %**	**10,83 %**	**-0,67 %**	**-6,02 %**
Kern	13,88 %	12,92 %	-0,77 %	-6,94 %
Umland	9,29 %	8,81 %	-0,57 %	-5,13 %
Hannover	**12,71 %**	**12,73 %**	**0,01 %**	**0,12 %**
Kern	17,09 %	16,36 %	-0,48 %	-4,28 %
Umland	10,77 %	11,02 %	0,26 %	2,32 %
Karlsruhe	**5,69 %**	**5,89 %**	**0,40 %**	**3,61 %**
Kern	8,69 %	6,92 %	-2,26 %	-20,32 %
Umland	5,02 %	5,65 %	1,39 %	12,55 %

StadtRegion (inkl. Gliederung nach Kern/Umland)	SGB II-Quote 2008	SGB II-Quote 2017	Mittlere jährliche Entwicklung 2008–2017	Relative Entwicklung 2008–2017
Kassel	**10,96 %**	**10,00 %**	**-0,98 %**	**-8,80 %**
Kern	17,57 %	15,64 %	-1,22 %	-11,01 %
Umland	7,49 %	6,78 %	-1,04 %	-9,38 %
Kiel	**12,87 %**	**12,85 %**	**-0,02 %**	**-0,15 %**
Kern	17,66 %	17,65 %	-0,01 %	-0,07 %
Umland	10,13 %	9,89 %	-0,27 %	-2,41 %
Köln	**10,59 %**	**11,09 %**	**0,53 %**	**4,76 %**
Kern	14,35 %	13,52 %	-0,65 %	-5,82 %
Umland	9,69 %	10,45 %	0,87 %	7,87 %
Leipzig	**18,72 %**	**12,97 %**	**-3,41 %**	**-30,71 %**
Kern	20,58 %	14,38 %	-3,35 %	-30,11 %
Umland	17,21 %	11,53 %	-3,67 %	-33,02 %
Magdeburg	**18,83 %**	**13,91 %**	**-2,90 %**	**-26,11 %**
Kern	20,92 %	17,46 %	-1,84 %	-16,53 %
Umland	16,61 %	9,95 %	-4,45 %	-40,07 %
Mainz	**8,25 %**	**9,09 %**	**1,14 %**	**10,26 %**
Kern	9,11 %	9,67 %	0,69 %	6,20 %
Umland	8,10 %	8,99 %	1,22 %	10,95 %
Mannheim	**7,63 %**	**8,08 %**	**0,66 %**	**5,95 %**
Kern	11,54 %	11,70 %	0,15 %	1,33 %
Umland	6,98 %	7,49 %	0,82 %	7,39 %
München	**4,50 %**	**4,42 %**	**-0,21 %**	**-1,93 %**
Kern	6,51 %	6,35 %	-0,27 %	-2,43 %
Umland	3,35 %	3,27 %	-0,27 %	-2,43 %
Münster	**7,11 %**	**7,61 %**	**0,78 %**	**7,01 %**
Kern	9,10 %	8,70 %	-0,49 %	-4,37 %
Umland	6,20 %	7,01 %	1,45 %	13,04 %
Nürnberg	**6,22 %**	**6,24 %**	**0,04 %**	**0,34 %**
Kern	12,16 %	11,13 %	-0,94 %	-8,45 %
Umland	3,55 %	4,02 %	1,48 %	13,28 %

StadtRegion (inkl. Gliederung nach Kern/Umland)	SGB II-Quote 2008	SGB II-Quote 2017	Mittlere jährliche Entwicklung 2008–2017	Relative Entwicklung 2008–2017
Stuttgart	**5,53 %**	**5,91 %**	**0,75 %**	**6,77 %**
Kern	8,23 %	8,26 %	0,05 %	0,45 %
Umland	4,96 %	5,38 %	0,95 %	8,55 %
Wiesbaden	**8,01 %**	**8,87 %**	**1,19 %**	**10,73 %**
Kern	13,58 %	14,75 %	0,96 %	8,60 %
Umland	6,75 %	7,58 %	1,38 %	12,40 %
Wuppertal	**13,52 %**	**15,08 %**	**1,28 %**	**11,53 %**
Kern	16,80 %	18,27 %	0,97 %	8,71 %
Umland	13,14 %	14,70 %	1,32 %	11,90 %
Deutschland	10,38 %	9,49 %	-0,95 %	-8,54 %
Stadtregionen	11,01 %	10,57 %	-0,45 %	-4,07 %
Kernstadt	15,13 %	14,00 %	-0,83 %	-7,46 %
Umland	9,40 %	9,39 %	-0,02 %	-0,15 %
Umland ohne Kernstädte	8,51 %	8,36 %	-0,20 %	-1,79 %
Rest Deutschland	9,42 %	7,79 %	-1,92 %	-17,31 %

StadtRegion (inkl. Gliederung nach Kern/Umland)	Wohnungen je 1.000 Einwohner/Einwohnerinnen 2002	Wohnungen je 1.000 Einwohner/Einwohnerinnen 2017	Absolute Anzahl neu errichteter Wohnungen 2002–2017	Nachrichtlich: Absolute Bevölkerungsentwicklung 2002–2017
Aachen	2,59	2,69	27.051	-9.445
Kern	1,82	1,94	6.441	-1.468
Umland	2,93	3,01	20.610	-7.977
Augsburg	**3,81**	**3,89**	**48.935**	**69.130**
Kern	2,17	3,49	13.199	33.620
Umland	4,48	4,07	35.736	35.510
Berlin	**2,65**	**4,04**	**173.946**	**369.051**
Kern	1,30	3,54	81.005	221.070
Umland	6,63	5,44	92.941	147.981
Bielefeld	**3,33**	**2,62**	**52.532**	**15.752**
Kern	1,00	1,95	11.110	7.737
Umland	4,13	2,86	41.422	8.015
Bochum	**1,77**	**1,58**	**86.355**	**-171.625**
Kern	1,11	1,38	5.628	-23.340
Umland	1,84	1,60	80.727	-148.285
Bonn	**2,96**	**2,60**	**110.995**	**156.828**
Kern	3,04	3,87	13.322	16.569
Umland	2,94	2,42	97.673	140.259
Braunschweig	**2,80**	**2,39**	**29.712**	**-12.517**
Kern	2,38	1,11	5.794	2.631
Umland	2,95	2,84	23.918	-15.148
Bremen	**3,31**	**3,34**	**57.012**	**46.446**
Kern	1,97	2,65	16.480	25.019
Umland	4,25	3,82	40.532	21.427
Chemnitz	**1,92**	**1,31**	**13.814**	**-88.521**
Kern	2,20	1,94	5.214	-5.763
Umland	1,80	0,99	8.600	-82.758

StadtRegion (inkl. Gliederung nach Kern/Umland)	Wohnungen je 1.000 Einwohner/Einwohnerinnen 2002	Wohnungen je 1.000 Einwohner/Einwohnerinnen 2017	Absolute Anzahl neu errichteter Wohnungen 2002–2017	Nachrichtlich: Absolute Bevölkerungsentwicklung 2002–2017
Dortmund	**1,92**	**1,52**	**87.118**	**-200.793**
Kern	2,82	2,24	15.749	-4.231
Umland	1,77	1,39	71.369	-196.562
Dresden	**1,55**	**2,97**	**28.104**	**28.214**
Kern	1,75	4,07	15.825	70.844
Umland	1,40	1,86	12.279	-42.630
Duisburg	**2,04**	**2,17**	**114.528**	**-56.226**
Kern	1,72	1,08	8.833	-10.554
Umland	2,09	2,31	105.695	-45.672
Düsseldorf	**2,35**	**2,12**	**214.291**	**63.225**
Kern	1,99	3,36	18.021	45.394
Umland	2,38	2,00	196.270	17.831
Erfurt	**2,55**	**2,27**	**9.568**	**-1.613**
Kern	2,49	1,92	5.582	13.021
Umland	2,63	2,75	3.986	-14.634
Essen	**1,96**	**1,91**	**144.047**	**-140.906**
Kern	1,34	1,80	12.076	-2.002
Umland	2,02	1,93	131.971	-138.904
Frankfurt am Main	**2,74**	**3,68**	**179.398**	**268.534**
Kern	2,17	5,42	41.162	103.152
Umland	2,84	3,34	138.236	165.382
Freiburg im Breisgau	**3,73**	**3,80**	**33.441**	**49.568**
Kern	3,42	3,91	10.990	19.402
Umland	3,89	3,75	22.451	30.166
Hamburg	**3,12**	**4,02**	**173.343**	**203.448**
Kern	1,96	3,73	69.599	101.778
Umland	4,19	4,29	103.744	101.670

StadtRegion (inkl. Gliederung nach Kern/Umland)	Wohnungen je 1.000 Einwohner/Einwohnerinnen 2002	Wohnungen je 1.000 Einwohner/Einwohnerinnen 2017	Absolute Anzahl neu errichteter Wohnungen 2002–2017	Nachrichtlich: Absolute Bevölkerungsentwicklung 2002–2017
Hannover	**2,84**	**2,25**	**49.510**	**10.169**
Kern	1,52	1,75	10.743	17.751
Umland	3,40	2,47	38.767	-7.582
Karlsruhe	**2,73**	**2,91**	**65.287**	**81.303**
Kern	1,61	1,68	9.821	30.585
Umland	2,98	3,20	55.466	50.718
Kassel	**2,69**	**1,56**	**11.988**	**-9.074**
Kern	1,59	1,34	3.775	6.590
Umland	3,24	1,67	8.213	-15.664
Kiel	**2,49**	**2,26**	**20.125**	**10.060**
Kern	1,80	1,29	4.599	14.635
Umland	2,86	2,82	15.525	-4.575
Köln	**2,85**	**2,53**	**201.790**	**160.206**
Kern	2,31	1,90	42.283	111.755
Umland	2,97	2,69	159.507	48.451
Leipzig	**1,59**	**2,03**	**26.152**	**14.383**
Kern	1,24	1,95	11.124	87.185
Umland	1,84	2,11	15.028	-72.802
Magdeburg	**2,15**	**1,99**	**12.222**	**-11.047**
Kern	2,09	1,81	6.175	10.308
Umland	2,21	2,19	6.047	-21.355
Mainz	**2,88**	**3,30**	**58.321**	**84.947**
Kern	2,91	1,67	10.169	29.007
Umland	2,87	3,58	48.152	55.940
Mannheim	**2,88**	**2,85**	**83.202**	**67.968**
Kern	1,42	1,97	7.168	-762
Umland	3,12	2,98	76.034	68.730

Monitoring StadtRegionen

StadtRegion (inkl. Gliederung nach Kern/Umland)	Wohnungen je 1.000 Einwohner/Einwohnerinnen 2002	Wohnungen je 1.000 Einwohner/Einwohnerinnen 2017	Absolute Anzahl neu errichteter Wohnungen 2002–2017	Nachrichtlich: Absolute Bevölkerungsentwicklung 2002–2017
München	**4,60**	**4,57**	**235.896**	**468.318**
Kern	2,70	5,33	82.615	221.347
Umland	5,64	4,13	153.281	246.971
Münster	**3,53**	**3,98**	**48.058**	**43.875**
Kern	2,48	4,24	18.670	44.614
Umland	3,99	3,84	29.388	-739
Nürnberg	**3,33**	**4,24**	**74.705**	**64.997**
Kern	2,57	4,25	20.085	21.804
Umland	3,67	4,23	54.620	43.193
Stuttgart	**3,22**	**2,71**	**155.403**	**155.865**
Kern	1,45	3,10	21.243	44.266
Umland	3,59	2,63	134.160	111.599
Wiesbaden	**2,90**	**3,21**	**61.738**	**87.790**
Kern	1,93	1,35	7.929	7.101
Umland	3,12	3,62	53.809	80.689
Wuppertal	**1,82**	**1,74**	**78.698**	**-86.481**
Kern	1,49	0,42	5.596	-9.932
Umland	1,86	1,90	73.102	-76.549
Deutschland	3,03	2,96	3.154.374	348.054
Stadtregionen	2,86	3,06	1.946.564	1.644.916
Kernstadt	1,88	3,03	631.729	1.249.133
Umland	3,24	2,93	1.468.705	589.171
Umland ohne Kernstädte	3,44	3,07	1.314.836	395.784
Rest Deutschland	3,27	2,81	1.274.714	-1.296.863

Anhang C (siehe auch https://ils-stadtregionen.de/pdf/ILS_StadtRegionen_Dortmund.pdf)

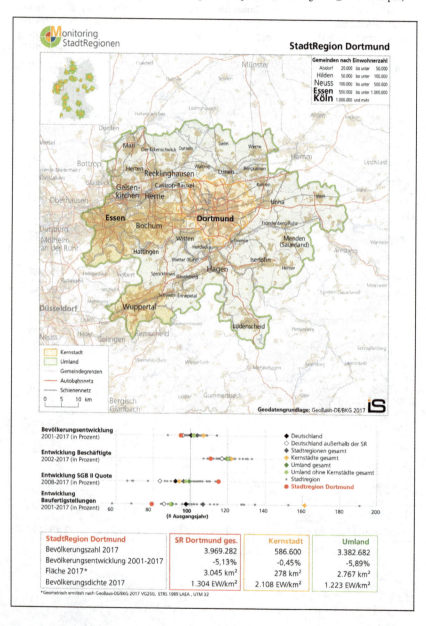

CPSIA information can be obtained
at www.ICGtesting.com
Printed in the USA
LVHW081921141120
671730LV00004B/15